Peter

Das 1x1 des Opferanwalts

AnwaltsPraxis

Das 1x1 des Opferanwalts

2. Auflage 2013

Von
Rechtsanwalt und Fachanwalt für Strafrecht,
Fachanwalt für Familienrecht
Frank K. Peter, Worms

DeutscherAnwaltVerlag

Zitiervorschlag:
Peter, Opferanwalt, § 1 Rn 1

Anregungen und Kritik zu diesem Werk senden Sie bitte an
kontakt@anwaltverlag.de
Autoren und Verlag freuen sich auf Ihre Rückmeldung.

Copyright 2013 by Deutscher Anwaltverlag, Bonn
Satz: Griebsch + Rochol Druck GmbH, Hamm
Druck: Medienhaus Plump GmbH, Rheinbreitbach
Umschlaggestaltung: gentura, Holger Neumann, Bochum
ISBN 978-3-8240-1190-2

Bibliografische Information der Deutschen Nationalbibliothek
Die Deutsche Nationalbibliothek verzeichnet diese Publikation in der Deutschen
Nationalbibliografie; detaillierte bibliografische Daten sind im Internet über
http://dnb.d-nb.de abrufbar.

Vorwort

Das „1x1 des Opferanwalts" soll Rechtsanwälten und Rechtsanwältinnen, die Opfer von Straftaten vertreten, helfen, die Rechte der Opfer im Strafverfahren gegen den Täter wahrzunehmen und durchzusetzen. Es wendet sich sowohl an erfahrene Strafverteidiger, die meist das Strafverfahren lediglich auf Täterseite kennen, als auch an Rechtsanwälte und Rechtsanwältinnen, die strafrechtlich eher unerfahren sind. Letztere übernehmen oft die Opfervertretung als Annex zu z.b. einem familienrechtlichen Verfahren oder Gewaltschutzverfahren. Leider ist dann allzu oft eine optimale Opfervertretung nicht gewährleistet. Das „1x1 des Opferanwalts" stellt alle Facetten der Opfervertretung vom Beginn des Ermittlungsverfahrens gegen den Täter bis zur Hauptverhandlung und dem Rechtsmittelverfahren dar und enthält zahlreiche Musterschriftsätze und Praxistipps. Es beinhaltet zudem alle opfertypischen Verfahrensarten, wie z.b. die Nebenklage oder das Adhäsionsverfahren. Es befindet sich auf dem Rechtsstand Anfang 2013 und berücksichtigt damit die zahlreichen Änderungen, die die Opferrechte durch das am 1.10.2009 in Kraft getretene 2. Opferrechtsreformgesetz erfahren haben. Durch das 2. Opferrechtsreformgesetz wurden sowohl die Rechte der Zeugen und Verletzten einer Straftat gestärkt und ein verbesserter Zeugenschutz gewährleistet. Auch wurde nunmehr das Recht eines Zeugen, sich eines anwaltlichen Beistandes zu bedienen, der ihm unter Umständen auch beigeordnet werden kann, in die StPO aufgenommen. Im Bereich der Nebenklage führt das 2. Opferrechtsreformgesetz zu einer Erweiterung der Anschlussbefugnis und damit zu einer praktischen Ausdehnung der Nebenklage. Der Autor verkennt nicht, dass im Bereich der Opfervertretung, etwa bei Opfern von Unfällen, weitere Problemfelder außerhalb des Strafrechts, wie etwa im Sozial- oder Versicherungsrecht, bestehen. Die Abhandlung dieser weiteren Problemfelder würde zum Einen den Rahmen des Werkes sprengen und zum Anderen die Zielrichtung des Werkes, die Opfervertretung von Opfern von Straftaten, verfehlen. Der Autor ist erfahrener Strafverteidiger, Lehrbeauftragter der Fachhochschule Worms und Dozent im Rahmen der Fachanwaltsfortbildung sowie Initiator und 1. Vorsitzender des Verbandes Deutscher Opferanwälte (VDOA). Er kennt die Nöte und Bedürfnisse der Opfer. Er ist erfahrener Opferanwalt, der seine praktischen Erfahrungen bei der Vertretung und Betreuung zahlreicher Opfer gesammelt hat. Er kennt damit die Verfahren sowohl aus Sicht des den Täter verteidigenden Strafverteidigers, als auch aus der des Opferanwalts.

Die zweite Auflage wurde innerhalb kürzester Zeit erforderlich, da die erste Auflage rasch vergriffen war, was den Autor in seiner Auffassung bestätigt hat, dass im Bereich der Opfervertretung das vorliegende Werk seinen ihm gebührenden

Platz finden wird. In die zweite Auflage wurde das Gewaltschutzverfahren, ein eigentlich zivilrechtliches Thema, welches aber aufgrund des Sachzusammenhangs auch im Bereich der strafprozessualen Opfervertretung praktisch bedeutsam ist, mit eingearbeitet. Gleichzeitig wurden weitere praktische Probleme des Opferanwaltes mit eingearbeitet oder vertieft.

Die Neuauflage berücksichtigt sowohl das soeben in Kraft getretene Gesetz zur Stärkung der Rechte von Opfern sexuellen Missbrauchs (StORMG), die möglichen Änderungen durch das geplante 2. Kostenrechtsmodernisierungsgesetz und die Änderungen durch das Gesetz zur Intensivierung des Einsatzes von Video-Konferenztechnik im gerichtlichen und staatsanwaltschaftlichen Verfahren, welches zum 1.11.2013 in Kraft treten wird.

Worms, im Mai 2013 *Frank K. Peter*

Inhaltsverzeichnis

9

Musterverzeichnis

Literaturverzeichnis

Kommentare

AnwaltKommentar StPO Strafprozessordnung hrsg. von Krekeler/Löffelmann/ Sommer, 2. Auflage 2010, zitiert: AnwK-StPO/*Bearbeiter*

Brunner/Dölling, Jugendgerichtsgesetz, 12. Auflage 2011

Graf, Strafprozessordnung, 1. Auflage 2010

Karlsruher Kommentar zur Strafprozessordnung mit GVG, EGGVG und EMRK, hrsg. von Hannich, 6. Auflage 2008, zitiert: KK-*Bearbeiter*

Kleinknecht/Müller/Reitberger, hrsg. von Heintschel-Heinegg/Stöckel, KMR Kommentar zur Strafprozessordnung, Loseblatt 65. Lieferung Stand Dezember 2012, zitiert: KMR-*Bearbeiter*

Kunz/Zellner/Gelhausen/Weiner, Opferentschädigungsgesetz, 5. Auflage 2010

Löwe/Rosenberg, hrsg. von Erb/Esser/Franke/Graalmann-Scherer/Hilger/Ignor, Die Strafprozessordnung und das Gerichtsverfassungsgesetz, 26. Auflage 2006– 2011, zitiert: LR-*Bearbeiter*

Meyer-Goßner, Strafprozessordnung, 55. Auflage 2012

Palandt, Bürgerliches Gesetzbuch, 72. Auflage 2013

Systematischer Kommentar zur Strafprozessordnung und zum Gerichtsverfassungsgesetz, hrsg. von Wolter, 4. Auflage 2011, zitiert: SK-*Bearbeiter*

Thomas/Putzo, Zivilprozessordnung, 33. Auflage 2012

Zöller, Zivilprozessordnung, 29. Auflage 2012, zitiert: Zöller-*Bearbeiter*

Fachbücher

Barton/Flotho, Opferanwälte im Strafverfahren, 1. Auflage 2010

Burhoff, RVG Straf- und Bußgeldsachen, 3. Auflage 2011

Gerhardt/v. Heintschel-Heinegg/Klein, Handbuch des Fachanwalts Familienrecht, 9. Auflage 2013

Gerold/Schmidt, Rechtsanwaltsvergütungsgesetz, 20. Auflage 2012

Gollwitzer, Festschrift für Karl Schäfer zum 80. Geburtstag (1979)

Haupt/Weber, Handbuch Opferschutz und Opferhilfe, 2. Auflage 2003

Jansen, Zeuge- und Aussagepsychologie, 2. Auflage 2011

Köhnken, Glaubwürdigkeit, 1990

Raskin, Psychological methods in criminal investigation and evidence, 1989

Schroth, Die Rechte des Opfers im Strafverfahren, 2. Auflage 2011

Steller/Volbert, Psychologie im Strafverfahren, 1997

Tondorf, Psychologie und psychiatrische Sachverständige im Strafverfahren, 2. Auflage 2005

Weiner/Ferber, Handbuch des Adhäsionsverfahrens, 1. Auflage 2008

Aufsätze

Boetticher, Das Urteil über die Einführung von Mindeststandards in aussagepsychologischen Gutachten und seine Wirkungen, Sonderheft zur Vollendung des 65. Lebensjahres von Gerhard Schäfer, 2000

Burkhardt, Erklärungsrecht des Verteidigers, § 257 Abs. 2 StPO, StV 2004, 390 ff.

Granderath, Opferschutz – Totes Recht?, NStZ 1984, 399 ff.

Hinz, Nebenklage im Verfahren gegen Jugendliche, JR 2007, 140 ff.

Hoffmann, Die Akteneinsicht des Verletzten nach § 406e, StRR 2007, 249 ff.

Kleinknecht, Anmerkung zu Beschl. OLG Celle v. 17.3.1952, JZ 1952, 488 ff.

Meier/Dürre, Das Adhäsionsverfahren, JZ 2006, 19 ff.

Plüür/Herbst, Das Adhäsionsverfahren im Strafprozess, NJ 2005, 153 ff.

Rieß/Hilger, Das neue Strafverfahrensrecht, NStZ 1987, 145 ff.

Schirmer, Das Adhäsionsverfahren nach neuem Recht – die Stellung der Unfallbeteiligten und deren Versicherer, DAR 1988, 121 ff.

Schneider, Abrechnung im strafrechtlichen Adhäsionsverfahren, AGS 2009, 1

von Pechstaedt, Zivilrechtliche Abwehrmaßnahmen gegen Stalking, NJW 2007, 1233 f.

§ 1 Einleitung

A. Opferrollen im Strafverfahren

Jeder kann Opfer einer Straftat werden. Die Polizeiliche Kriminalstatistik des Bundesministeriums des Innern zeigt, dass es im Jahr 2011 insgesamt 5.990.679 bekannt gewordene Straftaten gab. **1**

Verteilung der Straftaten 2011 nach Straftatengruppen

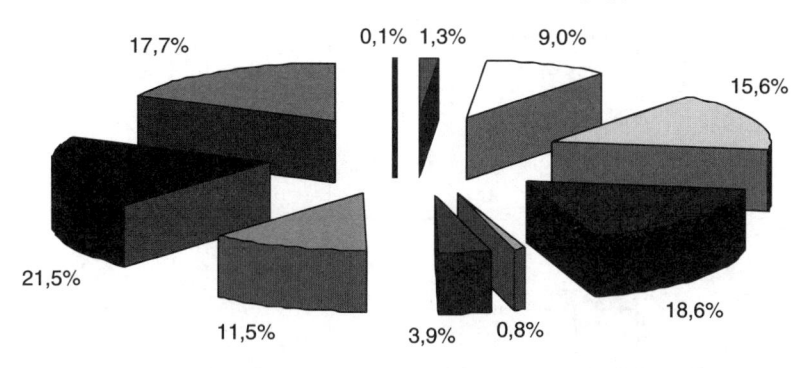

- ■ Straftaten an das Leben (0,1%)
- ☐ Betrug (15,6%)
- ■ Rauschgiftdelikte (3,9%)
- ■ Sonstige Straftaten (17,7%)
- ▦ ausländerrechtliche Straftaten (1,3%)
- ■ Schwerer Diebstahl (18,6%)
- ▦ Sachbeschädigung (11,5%)
- ☐ Körperverletzung insgesamt (9,0%)
- ▦ Sexualdelikte (0,8%)
- ■ Einfacher Diebstahl (21,5%)

Die Aufklärungsquote betrug in 2011 danach durchschnittlich 54,7 %. Bei den einzelnen Straftatengruppen sind die einzelnen Aufklärungsquoten sehr unterschiedlich. **2**

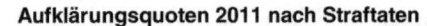

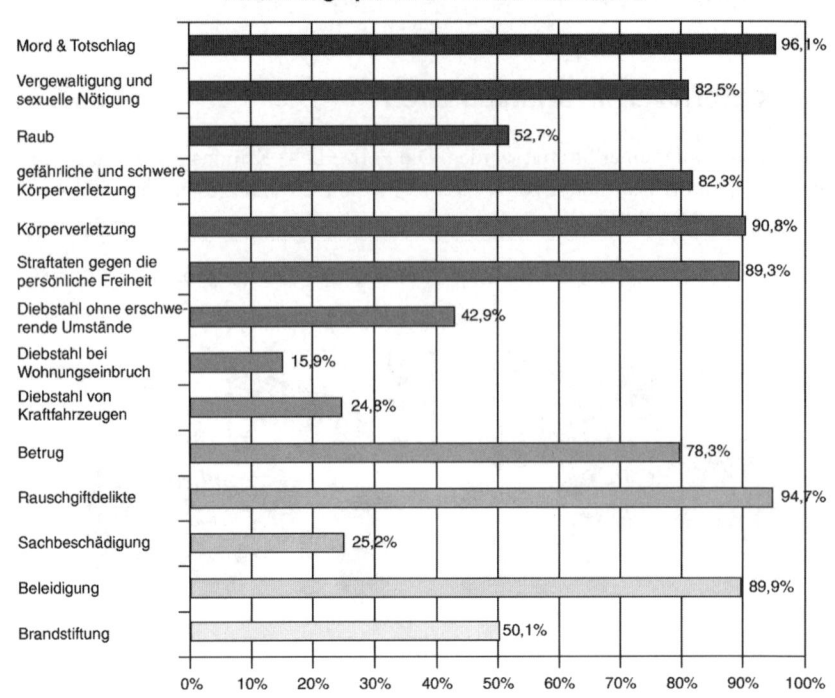

Aufklärungsquoten 2011 nach Straftaten

- Mord & Totschlag: 96,1%
- Vergewaltigung und sexuelle Nötigung: 82,5%
- Raub: 52,7%
- gefährliche und schwere Körperverletzung: 82,3%
- Körperverletzung: 90,8%
- Straftaten gegen die persönliche Freiheit: 89,3%
- Diebstahl ohne erschwerende Umstände: 42,9%
- Diebstahl bei Wohnungseinbruch: 15,9%
- Diebstahl von Kraftfahrzeugen: 24,8%
- Betrug: 78,3%
- Rauschgiftdelikte: 94,7%
- Sachbeschädigung: 25,2%
- Beleidigung: 89,9%
- Brandstiftung: 50,1%

3 Das Opfer einer Straftat kann in verschiedenen Rollen in einem Strafverfahren gegen den Täter mitwirken. Einige Rollen sind in der Regel für das Opfer zwingend, einige dagegen hängen von seinem freien Willen ab. Das Opfer wird in der Regel als Zeuge gegen den Täter am Strafverfahren teilnehmen müssen, da für einen Zeugen üblicherweise eine Aussagepflicht besteht. Hier kann es sich eines Zeugenbeistandes bedienen. Selbst wenn das Opfer den Täter nicht gesehen hat, weil z.b. ein Angriff von hinten erfolgte, wird es immer noch über die Folgen der Straftat berichten können bzw. müssen. Die Aussagepflicht wird lediglich bei einer nahen Verwandtschaft von Opfer und Täter aufgehoben.

4 Weil viele Opfer oft Angst vor einem weiteren Zusammentreffen mit dem Täter im Ermittlungsverfahren oder in der Hauptverhandlung haben, gilt es hier, die Opfer entsprechend zu beraten und zu schützen. Angesprochen seien in diesem Zusammenhang kurz die Vorschriften der StPO über die Entfernung des Angeklagten aus der Hauptverhandlung oder die Videovernehmung des Zeugen von einem anderen Ort aus. Auch kann dem Opfer-Zeugen an einem Ausschluss der Öffentlichkeit in der Hauptverhandlung gelegen sein, damit er seine Aussage nicht öffentlich machen muss.

Daneben steht dem Opfer, welches durch eine bestimmte Straftat verletzt worden ist, die Möglichkeit zu, sich als Nebenkläger am Strafverfahren gegen den Täter zu beteiligen und dort gewisse Rechte, wie z.B. ein Fragerecht in der Hauptverhandlung, auszuüben. Das Opfer kann zudem entscheiden, ob es gleich im Strafverfahren seine Schadensersatzansprüche, insbesondere seinen Schmerzensgeldanspruch, gegen den Täter geltend macht, um sich so später ein zusätzliches, ggf. langwieriges Zivilverfahren, zu ersparen. **5**

Daneben kann das Opfer, ggf. als sog. Privatkläger, seinen Wunsch auf Bestrafung des Täters unabhängig von der Staatsanwaltschaft verfolgen oder gegen die Einstellung des Strafverfahrens gegen den Täter mit Rechtsmitteln vorgehen. **6**

In den letzten Jahren hat der Gesetzgeber immer wieder durch Neuerungen im Strafprozessrecht die Rechte der Opfer gestärkt und damit ein neues Betätigungsfeld für Rechtsanwälte geschaffen. Leider zeigt die Praxis oft, dass die Opfervertretung eher von nicht strafrechtlich geschulten Kollegen erfolgt, so dass eine gute Opfervertretung dort nicht gewährleistet ist, weil diese auch Kenntnis und Erfahrung in der strafrechtlichen Hauptverhandlung voraussetzt. **7**

Das vorliegende Werk beschäftigt sich umfassend mit den Möglichkeiten, das Opfer adäquat zu vertreten und stellt die dafür erforderlichen Vorschriften ausführlich im Zusammenhang mit der Beratungssituation des Opfers dar. Es soll ein Leitfaden für eine gute und gewissenhafte Opfervertretung sein. **8**

9

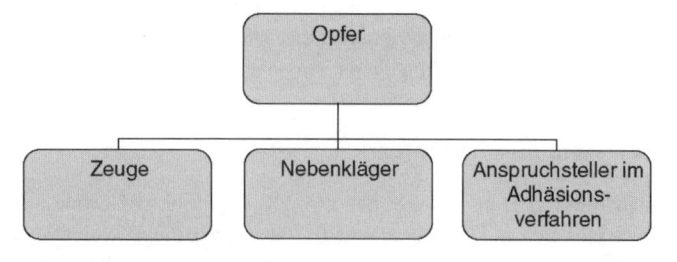

Übersicht: typische Opferrollen im Strafverfahren

B. Der anwaltliche Umgang mit Opfern und traumatisierten Opfern

I. Allgemeines

10 Für den Umgang mit Opfern und traumatisierten Opfern gelten zunächst die Regeln wie für den Umgang mit Mandanten, die nicht Opfer einer Straftat geworden sind. Der Rechtsanwalt sollte gegenüber jedem Mandanten höflich, sachlich, aber bestimmt und kompetent auftreten. Er sollte auch unabhängig von der Beachtung von (gesetzlichen) Fristen zuverlässig sein, d.h. insbesondere sich an Zusagen gegenüber dem Mandanten halten. Leider hört man immer wieder, dass ein Kollege oder eine Kollegin die Erledigung einer bestimmten Angelegenheit bis zu einem bestimmten Zeitpunkt dem Mandanten gegenüber zugesagt hat, aber tatsächlich nichts passiert ist. Der Mandant ist ständig über den Verfahrensfortgang auf dem Laufenden zu halten, insbesondere durch Zurverfügungstellung von Abschriften sämtlicher beim Rechtsanwalt ein- oder ausgehender Schriftsätze.

II. Das Opfer als Mandant

11 Der Rechtsanwalt sollte sich zunächst vergegenwärtigen, dass es „das Opfer" nicht gibt. Jeder reagiert vollkommen anders auf eine Straftat. Jeder Mensch geht anders mit einer Straftat oder einem traumatisierenden Ereignis um, auch wenn es sich an sich um eine vergleichbare Straftat handelt. Man kann also niemals davon ausgehen, dass ein Mandant oder Opfer einer eher harmlosen Straftat weniger belastet ist, als der einer eher schwereren Straftat. Auch gehen Männer und Frauen, die Opfer einer Straftat geworden sind, unterschiedlich mit der Situation um. Männer weigern sich eher, sich als Opfer zu sehen und lehnen eher Hilfsangebote ab oder bagatellisieren die Tat. Frauen hingegen nehmen eher beratende Unterstützung an.

III. Das traumatisierte Opfer

12 Der Mandant, der ein Trauma erlebt hat, also z.B. Opfer einer Gewalttat geworden ist, ist meist plötzlich und unvorbereitet in diese Situation gekommen. In dieser Situation befand er sich meist in Todesangst, wähnte sich dem Tode bedroht, litt unter der Kontrolle des Täters oder fand sich ohnmächtig. Er hat diese Situation wahrscheinlich als unwirklich, „wie in einem Film" oder sogar als Außenstehender wahrgenommen. Traumatisierte Opfer können sich manchmal an einige Ausschnitte nicht erinnern, an andere Ausschnitte aber überdeutlich. Manche Opfer sind verwirrt. Des Weiteren wird auf traumatische Ereignisse mit einem Tunnelblick, Totstellreflex, Dissoziation, Selbstaufgabe oder Erschütterung des Selbst- und Weltverständnisses reagiert.

Die Verarbeitung der erlebten Gewalt erfolgt in drei Phasen. **13**

Als erste Reaktion auf die Gewalt, also auf das traumatische Erlebnis, kommt es **14** beim Opfer zu einer akuten Stressreaktion, danach zu einer akuten Belastungsreaktion. Kann das traumatische Ereignis nicht (vollständig) verarbeitet werden, bleibt eine posttraumatische Belastungsstörung (PTBS) bestehen.

Die (normale) akute Stressreaktion auf ein Ereignis, die bis zu einem Tag dauern kann, geht in eine akute Belastungsreaktion über. Diese kann Tage bis Wochen dauern. Kann das Ereignis nicht oder nicht vollständig verarbeitet werden, bleibt eine posttraumatische Belastungsstörung bestehen, die mehrere Monate bis Jahre anhalten kann.

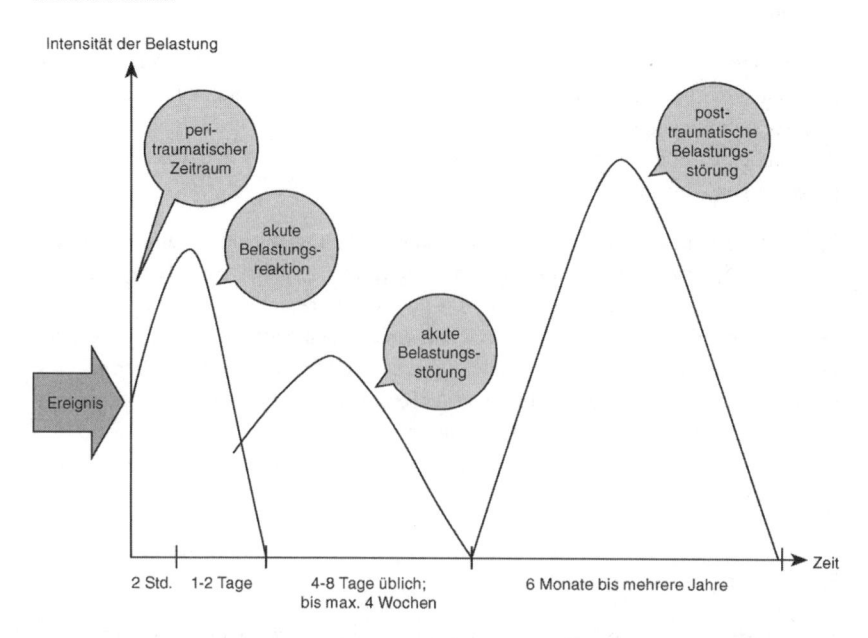

Eine akute Stressreaktion ist u.a. gekennzeichnet durch ein angespanntes Herz- **15** und Kreislaufsystem (z.B. erhöhter Puls), schnelle Atmung, Muskelanspannung, Konzentrationserhöhung und eine Stoffwechselanpassung zur Energiebereitstellung.

16 Eine akute Belastungsstörung zeichnet sich durch ein Sich-Immer-Wieder-Erinnern (flash-back) an die Tat aus, durch soziale Verhaltensstörungen, wie Rückzug (inkl. Suche von Hilfe mit Suchtmitteln) oder einer Veränderung des Ess- oder Trinkverhaltens, durch Vermeidung von Aktionen oder Situationen, welche an die Tat erinnern oder ein erhöhtes Erregungsniveau, inkl. Kreislaufprobleme, Nervosität, Gereiztheit, Konzentrations- oder Schlafstörungen.

17 Eine posttraumatische Belastungsstörung weist in der Regel die gleichen Symptome wie die akute Belastungsstörung auf. Die posttraumatische Belastungsstörung unterscheidet sich im Wesentlichen von der akuten Belastungsstörung darin, dass die posttraumatische Belastungsstörung über Monate hin andauert und nicht nach max. vier Wochen nach der Tat beendet ist. Die posttraumatische Belastungsstörung stellt damit ein klinisch bedeutsames Leiden dar, unter Beeinträchtigung des sozialen und beruflichen Handlungsniveaus und bedarf daher zwingend einer Behandlung.

18 Traumatisierte Mandanten sind daher meist ängstlich, hilflos und leiden meist unter Kontrollverlust. Ihr Selbst- und Weltverständnis ist erschüttert. Sie denken, sie können sich auf andere Menschen und die Welt insgesamt nicht mehr verlassen. Sie glauben nicht mehr an die Planbarkeit ihres Lebens und daran, dass sie für sich selbst sorgen können.

19 Traumatisierte Mandanten bzw. alle Mandanten, die Opfer einer Straftat geworden sind, sind daher zu stabilisieren, das traumatische Ereignis ist in ihr Leben zu integrieren, nachdem eine Konfrontation mit dem Ereignis stattgefunden hat. Dies hat selbstverständlich hauptsächlich durch eine fachgerechte ärztliche Betreuung stattzufinden. Da aber auch der Opferanwalt mit seiner Mandantschaft, oft bereits kurz nach der Tat, in Verbindung steht, muss dieser auch mit der Mandantschaft fachgerecht und sorgfältig umgehen, um bei dieser nicht noch zu einer weiteren Re-Traumatisierung beizutragen und um auch eine erfolgreiche Zusammenarbeit sichern zu können.

IV. Umgang mit Opfern

20 Bei Opfern oder traumatisierten Mandanten, die oft den Glauben an sich selbst oder an die Welt verloren haben, sollten immer die genauen Abläufe (z.B. des Verfahrens) dargestellt werden. Es ist eine möglichst hohe Transparenz der zu erwartenden Abläufe herzustellen. Die Information des Mandanten hilft ihm, dass er sein Leben wieder unter Kontrolle bringen kann, da er meist nach der Tat denkt, er habe sein Leben nicht mehr unter Kontrolle. Zusagen von anwaltlicher Seite sind zwingend einzuhalten, um nicht noch den verlorenen Glauben des Mandanten weiter zu vertiefen und zu einem weiteren Misstrauen zu führen. Auf den Mandanten kann und muss stabilisierend und beruhigend eingewirkt werden, indem eine persönliche und menschliche Betreuung neben dem juristischen Beistand mit erfolgt. So kann und wird, nach und nach, Vertrauen zwischen Anwalt und Mandant aufgebaut.

Darüber hinaus kann, sofern der Mandant zustimmt, sein familiäres oder soziales **21** Umfeld mit in die Betreuung einbezogen werden. Angehörige können auch sehr bei der Verarbeitung der Tat helfen. Ggf. können Beratungs- und Strategiegespräche zusammen mit diesen Personen geführt werden. Dem Mandanten sollte aber nicht jegliche Eigenverantwortung genommen werden, da er nur so wieder seine eigene Handlungsfähigkeit erlangen kann.

Ein Opfer möchte, dass anerkannt wird, dass es Opfer geworden ist, quasi dass **22** sein „Opferstatus" anerkannt wird. Der Rechtsanwalt sollte daher seinem Mandanten, der Opfer einer Straftat geworden ist, klar zu verstehen geben, dass er seine Nöte versteht und sich für ihn einsetzen wird. Auch kann es dem Opfer bei der Verarbeitung der Tat helfen, wenn in einem Gerichtsverfahren der Täter zu seiner Tat steht und sich ggf. entschuldigt. Ganz wichtig ist es auch, wenn das Gericht im Rahmen der Gerichtsverhandlung gegen den Täter feststellt, sei es in der Hauptverhandlung, im Urteil oder informell, dass dem Opfer Unrecht geschehen ist.

Gespräche mit dem traumatisierten Mandanten können sich sehr schwierig gestal- **23** ten. Diese sind aber zur Informationsgewinnung für den Anwalt, zum Festlegen der Ziele der anwaltlichen Tätigkeit und zur Absprache der weiteren Vorgehensweise und Strategie von überragender Bedeutung. Der Anwalt muss seinem Mandanten ein Gefühl der Sicherheit vermitteln, diesem aber die Kontrolle überlassen (der Mandant hat im Rahmen des traumatischen Erlebnisses einen Kontrollverlust erleiden müssen) und im Falle von getroffenen Absprachen diese auch einhalten.

Bei jedem Gespräch mit dem Mandanten über das traumatische Ereignis besteht **24** hier die Gefahr, dass beim Mandanten wieder physiologische Stressreaktionen auftreten und der Mandant dissoziiert. Auch wenn ein Anwalt sicherlich kein Arzt ist, muss hier durch ihn frühzeitig entgegengewirkt werden. Es muss versucht werden, auf den Mandanten beruhigend einzuwirken, z.B. durch Vermittlung der Tatsache, dass der Mandant jetzt und hier im anwaltlichen Beratungszimmer sicher ist oder der Mandant sich vorstellt, sich an einem anderen, sicheren Ort zu befinden.

Befindet sich der Mandant in einer Stresssituation, redet er ggf. viel, kann aber we- **25** nig verstehen und sich wenig merken. Darauf ist die anwaltliche Sprache auch abzustimmen. Es bieten sich daher geschlossene Fragen („ja"/„nein"-Fragen) eher an, als offene Fragen. Anweisungen an den Mandanten, auch was von diesem noch zu erledigen ist, müssen knapp und deutlich sein.

V. Beratung über das Strafverfahren

26 Der Mandant sollte, Schritt für Schritt, über das informiert werden, was auf ihn im Rahmen des Strafverfahrens gegen den Täter zukommt. Hierbei sind die Einflussmöglichkeiten des Opfers, z.b. als Nebenkläger, auf das Strafverfahren darzustellen, aber auch welche Belastungen auf das Opfer zukommen und mit welchen Rechtsinstituten man diesen begegnen kann (z.B. Entfernung des Angeklagten, Videovernehmung oder Ausschluss der Öffentlichkeit). Auch sollte der Mandant auf eine eventuell für diesen schwierige Befragung durch den Verteidiger vorbereitet und ihm die Ängste davor genommen werden.

27 Es kann durchaus sinnvoll sein, sich mit dem Mandanten vorher einmal den Gerichtssaal oder das Zeugenzimmer anzusehen, um ihm so einen Teil seiner Angst vor dem ihm unbekannten Verfahren zu nehmen.

28 Nach der Hauptverhandlung bietet sich ein weiteres Gespräch mit dem Mandanten an. Hier kann eine Information erfolgen, welche weiteren Möglichkeiten, wie z.B. Rechtsmittel oder Informationsmöglichkeiten über Haftlockerungen des Täters, noch bestehen. Dieses „Debriefing" ist auch geeignet, um einen Spannungsabfall beim Opfer nach der „hinter sich gebrachten" Hauptverhandlung gegen den Täter aufzufangen.

§ 2 Das Opfer als Zeuge

A. Einleitung

Das Opfer ist i.d.R. immer als Zeuge am Strafverfahren gegen den Täter beteiligt. **1**
Selbst, wenn das Opfer den Täter nicht gesehen hat, weil z.b. ein Angriff von hinten erfolgte, wird es immer noch über die Folgen der Straftat oder die Straftat berichten können. Das Opfer wird daher immer bei der Polizei, ggf. noch bei der Staatsanwaltschaft und/oder dem Ermittlungsrichter sowie in der Hauptverhandlung als Zeuge vernommen werden. Bei einem geständigen Täter in der Hauptverhandlung kann eine Zeugenaussage des Opfers u.U. entbehrlich sein.

Durch die Neufassung des § 69 Abs. 2 StPO durch das StORMG[1] ist Zeugen, die durch die Straftat verletzt wurden, die Gelegenheit zu geben, sich zu den Auswirkungen, die die Tat auf sie hatte, zu äußern. Dies kann allerdings nur gelten, wenn sie dies auch wirklich wünschen, wie sich aus der Formulierung „ist Gelegenheit zu geben" ergibt.

Viele Opfer haben Angst davor, immer wieder die Tat durchleben zu müssen, weil **2**
sie diese im Rahmen einer (erneuten) Aussage wieder abrufen müssen. Auch haben viele Opfer Angst davor, ihrem Peiniger im Rahmen einer gerichtlichen Hauptverhandlung gegenübertreten zu müssen. Auch besteht oft Angst davor, die Aussage, insbesondere wenn sie intime Details, z.B. bei einer Vergewaltigung oder einem Missbrauch betrifft, in einer öffentlichen Hauptverhandlung vor Zuschauern zu machen. Das Opfer ist daher auf diese Situationen vorzubereiten. Ihm sind die gesetzlichen Möglichkeiten, mit denen dies jeweils verhindert werden kann, darzustellen. Diese sind dann ggf. durch den Opferanwalt für das Opfer zu ergreifen und durchzusetzen.

3

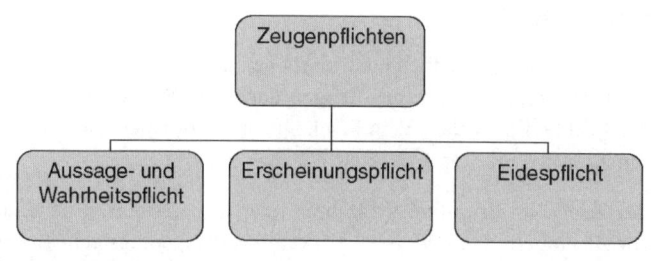

Übersicht: Zeugenpflichten im Strafverfahren

---

1 Gesetz zur Stärkung der Rechte von Opfern sexuellen Missbrauchs.

B. Allgemeine Zeugenpflichten

4 Die Zeugenaussage ist eine allgemeine staatsbürgerliche Pflicht, die von der StPO nicht begründet, sondern vorausgesetzt wird.[2] Diese beinhaltet grundsätzlich eine Erscheinungs-, Wahrheits- und Beeidigungspflicht. Die nähere Ausgestaltung regelt die Strafprozessordnung.

I. Aussage- und Wahrheitspflicht

5 Jeder Zeuge hat grundsätzlich (wahrheitsgemäß) nach § 48 StPO auszusagen, sofern keine gesetzliche Ausnahme vorliegt. Weigert sich der Zeuge bei Gericht auszusagen, kann nach § 70 StPO gegen ihn durch den Richter ein Ordnungsgeld oder Beugehaft verhängt werden, sofern der Zeuge nicht wegen eines ihm zustehenden Zeugnis- oder Aussageverweigerungsrechtes berechtigt ist, die Aussage zu verweigern. Die Staatsanwaltschaft kann bei einem Ausbleiben des Zeugen zu einer staatsanwaltschaftlichen Vernehmung ebenfalls gegen den Zeugen ein Ordnungsgeld festsetzen, die Verhängung von Ordnungs- oder Beugehaft bleibt allerdings nach § 161a Abs. 2 StPO dem Richter vorbehalten. Zu einer Aussage und einem Erscheinen bei der Polizei kann der Zeuge nicht gezwungen werden. Hier kommt nur die Vorladung zu einer staatsanwaltschaftlichen oder richterlichen Vernehmung in Betracht.

6 Sagt der Zeuge vor Gericht nicht wahrheitsgemäß aus, macht er sich wegen einer Falschaussage nach § 153 StGB strafbar. § 153 StGB gilt allerdings nur für die gerichtliche Aussage des Zeugen, nicht für die bei der Polizei oder Staatsanwaltschaft. Der Zeuge kann sich aber in allen Fällen auch einer Strafvereitelung nach § 258 StGB strafbar machen.

II. Erscheinungspflicht

7 Ein Zeuge muss selbstverständlich bei Gericht gemäß § 48 Abs. 1 StPO erscheinen. Gleiches gilt für Vernehmungen des Zeugen durch die Staatsanwaltschaft gemäß § 161a Abs. 1 StPO. Eine Pflicht zum Erscheinen auf Vorladung der Polizei besteht hingegen nicht.

8 Möchte der Zeuge im Ermittlungsverfahren oder in der Hauptverhandlung nicht aussagen, weil ihm ein Zeugnis- oder Auskunftsverweigerungsrecht zusteht, wird er aber dennoch von der Staatsanwaltschaft oder vom Gericht vorgeladen, reicht

---

2 BVerfGE 49, 280, 284.

meist schon der Hinweis, dass der Zeuge nicht aussagen wird, damit die Ladung aufgehoben und der Zeuge von seiner Erscheinungspflicht entbunden wird (vgl. unten Rn 15 ff.).

III. Eidespflicht

Nach §§ 59 ff. StPO können Zeugen vereidigt werden, wobei die Vereidigung mit oder ohne religiöse Beteuerung erfolgen kann. **9**

Nach § 59 StPO werden Zeugen nur vereidigt, wenn es das Gericht wegen der ausschlaggebenden Bedeutung der Aussage oder zur Herbeiführung einer wahren Aussage nach seinem Ermessen für notwendig hält. **10**

§ 59 StPO Vereidigung

(1) Zeugen werden nur vereidigt, wenn es das Gericht wegen der ausschlaggebenden Bedeutung der Aussage oder zur Herbeiführung einer wahren Aussage nach seinem Ermessen für notwendig hält. Der Grund dafür, dass der Zeuge vereidigt wird, braucht im Protokoll nicht angegeben zu werden, es sei denn, der Zeuge wird außerhalb der Hauptverhandlung vernommen.

(2) Die Vereidigung der Zeugen erfolgt einzeln und nach ihrer Vernehmung. Soweit nichts anderes bestimmt ist, findet sie in der Hauptverhandlung statt.

Nach § 60 StPO bestehen Vereidigungsverbote. Hiernach dürfen Personen unter 18 Jahren ebenso wenig vereidigt werden, wie Personen, die in Bezug auf den Gegenstand der Untersuchung selbst in Tatverdacht stehen, sei es als Mittäter, Gehilfe oder auch wegen der Tatbestände der Hehlerei oder der Begünstigung. **11**

§ 60 StPO Vereidigungsverbote

Von der Vereidigung ist abzusehen
1. bei Personen, die zur Zeit der Vernehmung das 18. Lebensjahr noch nicht vollendet haben oder die wegen mangelnder Verstandesreife oder wegen einer psychischen Krankheit oder einer geistigen oder seelischen Behinderung vom Wesen und der Bedeutung des Eides keine genügende Vorstellung haben;
2. bei Personen, die der Tat, welche den Gegenstand der Untersuchung bildet, oder der Beteiligung an ihr oder der Begünstigung, Strafvereitelung oder Hehlerei verdächtig oder deswegen bereits verurteilt sind.

Praxistipp: Zeugenpflichten **12**
Die Zeugenpflicht beinhaltet grundsätzlich eine Erscheinungs-, Wahrheits- und Beeidigungspflicht.

Eine Pflicht zum Erscheinen auf Vorladung der Polizei besteht allerdings nicht.

> Der Opferanwalt sollte darauf achten, dass das Opfer durch eine geeignete Person (z.B. Polizeibeamtin bei Sexualdelikten) vernommen wird.

C. Allgemeine Zeugenrechte

13 Neben den Pflichten hat ein Zeuge selbstverständlich auch Rechte. Diese sollen ihn zum Einen vor einer Selbstbelastung oder der Belastung seiner Familie schützen und zum Anderen zu seinem Schutz vor dem Beschuldigten dienen.

14

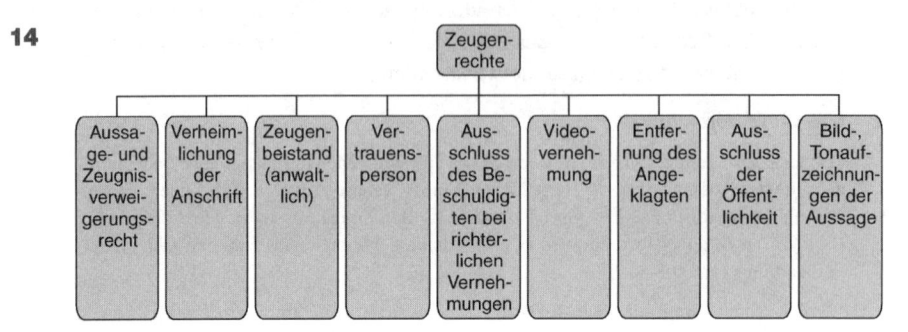

Übersicht: Zeugenrechte

I. Zeugnisverweigerungsrecht

15 Aus persönlichen (§ 52 StPO) oder beruflichen (§§ 53, 53a StPO) Gründen kommt für den Zeugen ein Zeugnisverweigerungsrecht in Betracht.

Möchte ein Zeuge von seinem, ihm zustehenden Zeugnisverweigerungsrecht Gebrauch machen, muss er dies nicht erst in der Hauptverhandlung machen. Er hat zwar einer Ladung zu seiner Zeugenaussage Folge zu leisten. Allerdings kann im Vorfeld seiner Vernehmung auf die Geltendmachung seines Zeugnisverweigerungsrechts hingewiesen werden und um Abladung des Zeugen ersucht werden. Macht ein Zeuge von seinem Zeugnisverweigerungsrecht Gebrauch, wird er zum „ungeeigneten Beweismittel", so dass sie/er nicht als Zeuge geladen werden muss.[3]

---

3 BGH StV 1986, 181; BGH 1982, 126 f.

▼

Muster 2.1: Ankündigung Zeugnisverweigerung mit der Bitte um Abladung **16**

An das Amtsgericht/Landgericht ▨

In dem Strafverfahren

gegen ▨

zeige ich unter Vorlage auf mich lautender Vollmacht an, dass ich Frau/ Herrn ▨ als Zeugenbeistand vertrete.

Mein(e) Mandantin/Mandant wird von ihrem/seinem ihr/ihm zustehenden Zeugnisverweigerungsrecht nach § 52 StPO Gebrauch machen.

Frau/Herr ▨ ist als Mutter/Vater des Angeklagten nach § 52 StPO unstreitig zeugnisverweigerungsberechtigt.

Aufgrund des Zeugnisverweigerungsrechtes ist Frau/Herr ▨ ein „ungeeignetes Beweismittel", so dass sie/er nicht als Zeuge geladen werden muss, damit sie/er in der Hauptverhandlung vom Zeugnisverweigerungsrecht Gebrauch macht (BGH StV 1986, 181; BGH NStZ 1982, 126 f.). Ich bitte daher um Abladung von Frau/Herrn ▨.

Rechtsanwalt

§ 52 StPO Zeugnisverweigerungsrecht aus persönlichen Gründen **17**

(1) Zur Verweigerung des Zeugnisses sind berechtigt
1. der Verlobte des Beschuldigten oder die Person, mit der der Beschuldigte ein Versprechen eingegangen ist, eine Lebenspartnerschaft zu begründen;
2. der Ehegatte des Beschuldigten, auch wenn die Ehe nicht mehr besteht;
2a. der Lebenspartner des Beschuldigten, auch wenn die Lebenspartnerschaft nicht mehr besteht;
3. wer mit dem Beschuldigten in gerader Linie verwandt oder verschwägert, in der Seitenlinie bis zum dritten Grad verwandt oder bis zum zweiten Grad verschwägert ist oder war.

(2) Haben Minderjährige wegen mangelnder Verstandesreife oder haben Minderjährige oder Betreute wegen einer psychischen Krankheit oder einer geistigen oder seelischen Behinderung von der Bedeutung des Zeugnisverweigerungsrechts keine genügende Vorstellung, so dürfen sie nur vernommen werden, wenn sie zur Aussage bereit sind und auch ihr gesetzlicher Vertreter der Vernehmung zustimmt. Ist der gesetzliche Vertreter selbst Beschuldigter, so kann er über die Ausübung des Zeugnisverweigerungsrechts nicht entscheiden; das gleiche gilt für den nicht beschuldigten Elternteil, wenn die gesetzliche Vertretung beiden Eltern zusteht.

(3) Die zur Verweigerung des Zeugnisses berechtigten Personen, in den Fällen des Absatzes 2 auch deren zur Entscheidung über die Ausübung des Zeugnisverweigerungs-

rechts befugte Vertreter, sind vor jeder Vernehmung über ihr Recht zu belehren. Sie können den Verzicht auf dieses Recht auch während der Vernehmung widerrufen.

§ 53 StPO   Zeugnisverweigerungsrecht aus beruflichen Gründen

(1) Zur Verweigerung des Zeugnisses sind ferner berechtigt
1. Geistliche über das, was ihnen in ihrer Eigenschaft als Seelsorger anvertraut worden oder bekannt geworden ist;
2. Verteidiger des Beschuldigten über das, was ihnen in dieser Eigenschaft anvertraut worden oder bekannt geworden ist;
3. Rechtsanwälte, Patentanwälte, Notare, Wirtschaftsprüfer, vereidigte Buchprüfer, Steuerberater und Steuerbevollmächtigte, Ärzte, Zahnärzte, Psychologische Psychotherapeuten, Kinder- und Jugendlichenpsychotherapeuten, Apotheker und Hebammen über das, was ihnen in dieser Eigenschaft anvertraut worden oder bekannt geworden ist, Rechtsanwälten stehen dabei sonstige Mitglieder einer Rechtsanwaltskammer gleich;
3a. Mitglieder oder Beauftragte einer anerkannten Beratungsstelle nach den §§ 3 und 8 des Schwangerschaftskonfliktgesetzes über das, was ihnen in dieser Eigenschaft anvertraut worden oder bekannt geworden ist;
3b. Berater für Fragen der Betäubungsmittelabhängigkeit in einer Beratungsstelle, die eine Behörde oder eine Körperschaft, Anstalt oder Stiftung des öffentlichen Rechts anerkannt oder bei sich eingerichtet hat, über das, was ihnen in dieser Eigenschaft anvertraut worden oder bekannt geworden ist;
4. Mitglieder des Deutschen Bundestages, der Bundesversammlung, des Europäischen Parlaments aus der Bundesrepublik Deutschland oder eines Landtages über Personen, die ihnen in ihrer Eigenschaft als Mitglieder dieser Organe oder denen sie in dieser Eigenschaft Tatsachen anvertraut haben, sowie über diese Tatsachen selbst;
5. Personen, die bei der Vorbereitung, Herstellung oder Verbreitung von Druckwerken, Rundfunksendungen, Filmberichten oder der Unterrichtung oder Meinungsbildung dienenden Informations- und Kommunikationsdiensten berufsmäßig mitwirken oder mitgewirkt haben.

Die in Satz 1 Nr. 5 genannten Personen dürfen das Zeugnis verweigern über die Person des Verfassers oder Einsenders von Beiträgen und Unterlagen oder des sonstigen Informanten sowie über die ihnen im Hinblick auf ihre Tätigkeit gemachten Mitteilungen, über deren Inhalt sowie über den Inhalt selbst erarbeiteter Materialien und den Gegenstand berufsbezogener Wahrnehmungen. Dies gilt nur, soweit es sich um Beiträge, Unterlagen, Mitteilungen und Materialien für den redaktionellen Teil oder redaktionell aufbereitete Informations- und Kommunikationsdienste handelt.

(2) Die in Absatz 1 Satz 1 Nr. 2 bis 3b Genannten dürfen das Zeugnis nicht verweigern, wenn sie von der Verpflichtung zur Verschwiegenheit entbunden sind. Die Berechtigung zur Zeugnisverweigerung der in Absatz 1 Satz 1 Nr. 5 genannten über den Inhalt selbst erarbeiteter Materialien und den Gegenstand entsprechender Wahrnehmungen entfällt, wenn die Aussage zur Aufklärung eines Verbrechens beitragen soll oder wenn Gegenstand der Untersuchung
1. eine Straftat des Friedensverrats und der Gefährdung des demokratischen Rechtsstaats oder des Landesverrats und der Gefährdung der äußeren Sicherheit (§§ 80a,

85, 87, 88, 95, auch in Verbindung mit § 97b, §§ 97a, 98 bis 100a des Strafgesetzbuches),

2. eine Straftat gegen die sexuelle Selbstbestimmung nach den §§ 174 bis 176, 179 des Strafgesetzbuches oder

3. eine Geldwäsche, eine Verschleierung unrechtmäßig erlangter Vermögenswerte nach § 261 Abs. 1 bis 4 des Strafgesetzbuches ist und die Erforschung des Sachverhalts oder die Ermittlung des Aufenthaltsortes des Beschuldigten auf andere Weise aussichtslos oder wesentlich erschwert wäre. Der Zeuge kann jedoch auch in diesen Fällen die Aussage verweigern, soweit sie zur Offenbarung der Person des Verfassers oder Einsenders von Beiträgen und Unterlagen oder des sonstigen Informanten oder der ihm im Hinblick auf seine Tätigkeit nach Absatz 1 Satz 1 Nr. 5 gemachten Mitteilungen oder deren Inhalts führen würde.

§ 53a StPO Zeugnisverweigerungsrecht der Hilfspersonen

(1) Den in § 53 Abs. 1 Satz 1 Nr. 1 bis 4 Genannten stehen ihre Gehilfen und die Personen gleich, die zur Vorbereitung auf den Beruf an der berufsmäßigen Tätigkeit teilnehmen. Über die Ausübung des Rechtes dieser Hilfspersonen, das Zeugnis zu verweigern, entscheiden die in § 53 Abs. 1 Satz 1 Nr. 1 bis 4 Genannten, es sei denn, dass diese Entscheidung in absehbarer Zeit nicht herbeigeführt werden kann.

(2) Die Entbindung von der Verpflichtung zur Verschwiegenheit (§ 53 Abs. 2 Satz 1) gilt auch für die Hilfspersonen.

§ 54 StPO Aussagegenehmigung für Richter, Beamte und andere Personen des öffentliches Dienstes

(1) Für die Vernehmung von Richtern, Beamten und anderen Personen des öffentlichen Dienstes als Zeugen über Umstände, auf die sich ihre Pflicht zur Amtsverschwiegenheit bezieht, und für die Genehmigung zur Aussage gelten die besonderen beamtenrechtlichen Vorschriften.

(2) Für die Mitglieder des Bundestages, eines Landtages, der Bundes- oder einer Landesregierung sowie für die Angestellten einer Fraktion des Bundestages und eines Landtages gelten die für sie maßgebenden besonderen Vorschriften.

(3) Der Bundespräsident kann das Zeugnis verweigern, wenn die Ablegung des Zeugnisses dem Wohl des Bundes oder eines deutschen Landes Nachteile bereiten würde.

(4) Diese Vorschriften gelten auch, wenn die vorgenannten Personen nicht mehr im öffentlichen Dienst oder Angestellte einer Fraktion sind oder ihre Mandate beendet sind, soweit es sich um Tatsachen handelt, die sich während ihrer Dienst-, Beschäftigungs- oder Mandatszeit ereignet haben oder ihnen während ihrer Dienst-, Beschäftigungs- oder Mandatszeit zur Kenntnis gelangt sind.

18

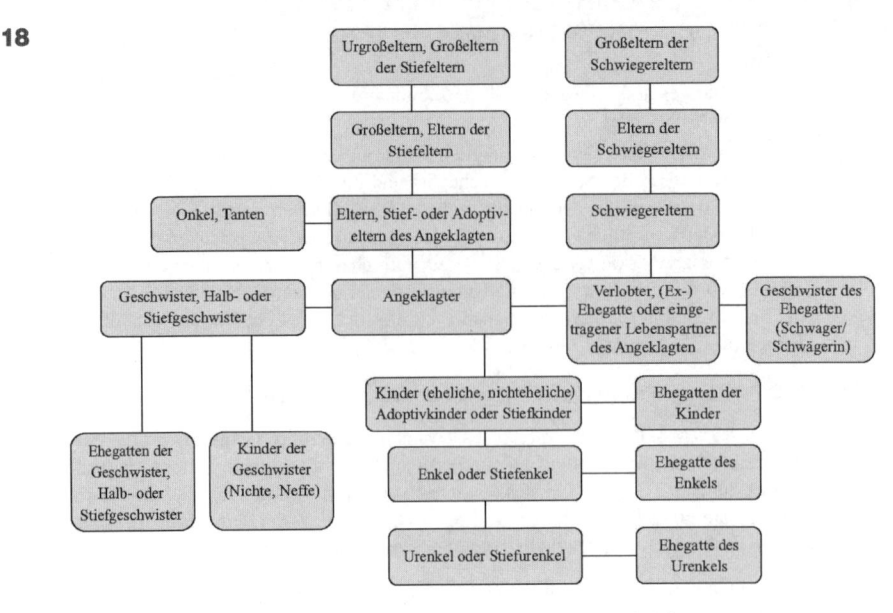

Übersicht: Zeugnisverweigerungsberechtigte Personen nach § 52 StPO

19 Probleme bei der Ausübung eines Zeugnisverweigerungsrechtes können immer dann entstehen, wenn das Zeugnisverweigerungsrecht einem Minderjährigen zusteht. Nach § 52 Abs. 2 S. 1 StPO dürfen Minderjährige, die wegen mangelnder Verstandesreife oder wenn sie keine genügende Vorstellung von der Bedeutung eines Zeugnisverweigerungsrechtes haben, nur vernommen werden, wenn sie zur Aussage bereit sind und ihr gesetzlicher Vertreter der Vernehmung zustimmt.[4] Der minderjährige Zeuge hat dann die notwendige Verstandesreife, wenn er selbst erkennen kann, dass ein Beschuldigter etwas Unrechtes getan hat, dass ihm hierfür Strafe droht und dass die Zeugenaussage des Minderjährigen möglicherweise zu der Bestrafung beitragen kann.[5] Der Tatrichter, der über die Frage des Bestehens eines Zeugnisverweigerungsrechtes zu entscheiden hat, hat dies zu beurteilen.[6] Bei der Frage, ab welchem Alter ein minderjähriger Zeuge die notwendige Verstandesreife hat, gibt es keinerlei feste Altersgrenze. Bis zu einem Alter von sieben Jahren

---

4 Gleiches gilt für die Einwilligung in Untersuchungen oder zur Blutprobenentnahme nach § 81c Abs. 3
5 BGHSt 14, 159.
6 BGHSt 13, 394, 397.

wird die notwendige Verstandesreife üblicherweise fehlen.[7] Bei über 14jährigen Zeugen wird die notwendige Verstandesreife dagegen vorhanden sein.[8] Kann nicht eindeutig geklärt werden, ob ein Minderjähriger über die notwendige Verstandesreife verfügt, ist im Zweifelsfall davon auszugehen, dass er über die notwendige Verstandesreife nicht verfügt.[9] Verfügt ein minderjähriger Zeuge nicht über die notwendige Verstandesreife oder hat ein Minderjähriger oder Betreuter wegen einer psychischen Krankheit oder einer geistigen oder seelischen Behinderung von der Bedeutung des Zeugnisverweigerungsrechtes keine genügende Vorstellung, darf er nur vernommen werden, wenn sein gesetzlicher Vertreter zustimmt. Der Zustimmung bedarf es also bei minderjährigen Zeugen nicht automatisch, sondern erst dann, wenn der minderjährige Zeuge nicht über die notwendige Verstandesreife verfügt.

Die Frage, wer gesetzlicher Vertreter ist, bestimmt sich hierbei nach bürgerlichem Recht. Hat ein erwachsener Zeuge keinen gesetzlichen Vertreter, so ist gemäß § 1896 BGB ein Betreuer zu bestellen.

20 Wird ein minderjähriger Zeuge durch seine beiden Elternteile vertreten, hat jeder von den beiden Elternteilen in die Vernehmung einzuwilligen.[10] Insbesondere bei getrennt lebenden oder geschiedenen Eltern muss also immer die Zustimmung des anderen mitsorgeberechtigten Elternteils eingeholt werden. Stimmt dieser nicht zu oder meldet sich nicht, bedarf es einer Entscheidung des Familiengerichts. Erteilt der oder die gesetzlichen Vertreter die Einwilligung zur Vernehmung, wird der Zeuge zur Aussage allerdings nicht gezwungen.[11] Erfolgte die Vernehmung eines minderjährigen Zeugen, der nicht über die notwendige Verstandesreife verfügt, ohne die vorherige Zustimmung des gesetzlichen Vertreters einzuholen, so muss diese nachgeholt werden. Stimmt der gesetzliche Vertreter zu, ist die Aussage verwertbar. Stimmt er nicht zu, besteht ein Verwertungsverbot bezüglich der Aussage.[12]

21 Ist der gesetzliche Vertreter des minderjährigen Zeugen selbst Beschuldigter, so kann dieser gemäß § 52 Abs. 2 S. 2 StPO über die Ausübung des Zeugnisverweigerungsrechts nicht entscheiden. Das gleiche gilt für den nichtbeschuldigten Elternteil, wenn die gesetzliche Vertretung beiden Eltern zusteht. Steht die gesetzliche

---

7   BGHSt 14, 159, 162.
8   BGHSt 20, 234; BGH NStZ 1997, 145; BGH NStZ 85, 493; BGHSt 14, 21, 24.
9   BGHSt 23, 221.
10 BGH MDR 72, 923.
11 BGHSt 23, 221.
12 *Meyer-Goßner*, § 52 Rn 19.

Vertretung nur einem Elternteil zu und zwar demjenigen Elternteil, der nicht beschuldigt ist, kann dieser allerdings über die Ausübung des Zeugnisverweigerungsrechtes des Minderjährigen entscheiden.[13] Ist der oder sind die gesetzlichen Vertreter ausgeschlossen, ist ein Ergänzungspfleger nach § 1909 Abs. 1 S. 1 BGB zu bestellen.

Der dann mit der Bestellung eines Ergänzungspflegers befasste Vormundschaftsrichter ist an die Einschätzung der antragstellenden Behörde bzw. des antragstellenden Richters, dass der minderjährige Zeuge entweder die notwendige Verstandesreife nicht hat oder der gesetzliche Vertreter ausgeschlossen ist, gebunden.[14]

22 **Muster 2.2: Aufforderungsschreiben an anderen Ehegatten zur Zustimmung zur Aussage**

Sehr geehrter Herr ▓▓▓▓,

hiermit dürfen wir Ihnen anzeigen, dass wir Ihre geschiedene Ehefrau ▓▓▓▓, anwaltlich vertreten.

Gegenstand unserer Beauftragung ist die Tatsache, dass Ihre gemeinsame fünfjährige Tochter in einem Strafverfahren gegen Herrn ▓▓▓▓ eine Zeugenaussage tätigen soll. Das Strafverfahren richtet sich gegen Herrn ▓▓▓▓, einen nahen Verwandten, so dass Ihrer Tochter grundsätzlich ein Zeugnisverweigerungsrecht zusteht. Da ein fünfjähriges Kind regelmäßig nicht über die notwendige Verstandesreife verfügt, um selbst entscheiden zu können, ob es von einem ihm zustehenden Zeugnisverweigerungsrecht Gebrauch machen soll, bedarf es für die Vernehmung Ihrer Tochter der Zustimmung der beiden sorgeberechtigten Elternteile.

Ich darf Sie bitten, Ihre Zustimmung zur Zeugenaussage Ihrer Tochter bis spätestens zum ▓▓▓▓ zu erklären. Anderenfalls wäre meine Mandantin gezwungen, eine Entscheidung des dafür zuständigen Vormundschaftsgerichts herbeizuführen.

Rechtsanwalt

---

13 LR-*Ignor/Bertheau*, 32.
14 LG Memmingen MDR 82, 145.

▼

Muster 2.3: Übertragung Entscheidungsrecht bzgl. Zeugenaussage bei be-   **23**
stehendem Zeugnisverweigerungsrecht bei keinem Elternteil als Beschuldig-
ten

An das Amtsgericht ▨▨▨▨

– Familiengericht –

Antrag

der Frau ▨▨▨▨

                      – Antragstellerin –

Verfahrensbevollmächtigte: RAe ▨▨▨▨

gegen

Herrn ▨▨▨▨

                      – Antragsgegner –

wegen: Übertragung des Entscheidungsrechts nach § 1628 BGB

Namens und in Vollmacht der Antragstellerin werden wir beantragen,

das Recht zur Entscheidung über die Ausübung eines Zeugnisverweigerungsrechtes für das Kind ▨▨▨▨ geb. am ▨▨▨▨ wird auf die Antragstellerin alleine übertragen.

Begründung:

Die Beteiligten sind Inhaber des gemeinsamen Sorgerechtes betreffend des Kindes ▨▨▨▨ geb. am ▨▨▨▨.

Das Kind ist als Opfer Beteiligter an einem Strafverfahren. Dem Täter wird vorgeworfen ▨▨▨▨ zum Nachteil des Kindes begangen zu haben. Gegen den Täter wird unter dem AZ ▨▨▨▨ bei der Staatsanwaltschaft ▨▨▨▨ ein Strafverfahren geführt.

Die Beteiligten können sich nicht einigen, ob ihr gemeinsames Kind von einem Zeugnisverweigerungsrecht Gebrauch machen soll.

Der Antragsgegner wurde mit Schreiben des Unterzeichners vom ▨▨▨▨ zur Zustimmung zur Aussage aufgefordert, reagierte hierauf nicht, weshalb der vorliegende Antrag geboten war.

Rechtsanwalt

▲

II.   Aussageverweigerungsrecht

24   Nach § 55 StPO kann der Zeuge die Auskunft verweigern, wenn er sich selbst oder einen nahen Angehörigen der Gefahr der Strafverfolgung aussetzt. Da der Schutz bereits bei der Gefahr der Verfolgung einsetzt, beschränkt sich das Auskunftsverweigerungsrecht nicht auf Fragen, aus denen sich positiv eine Strafbarkeit ergibt, sondern umfasst alle Fragen, aus denen sich bei Beantwortung ein Verdacht ergeben könnte (sog. Mosaiktheorie).

Möchte ein Zeuge von seinem, ihm zustehenden globalen Auskunftsverweigerungsrecht Gebrauch machen, muss er dies nicht erst in der Hauptverhandlung machen. Er hat zwar einer Ladung zu seiner Zeugenaussage Folge zu leisten. Allerdings kann im Vorfeld seiner Vernehmung auf die Geltendmachung seines globalen Auskunftsverweigerungsrechts hingewiesen werden und um Abladung des Zeugen ersucht werden. Macht ein Zeuge von seinem Auskunftsverweigerungsrecht Gebrauch, wird er zum „ungeeigneten Beweismittel", so dass sie/er nicht als Zeuge geladen werden muss.[15]

25   **Muster 2.4: Ankündigung globale Auskunftsverweigerung mit der Bitte um Abladung**

An das Amtsgericht/Landgericht ▮▮▮▮▮

In dem Strafverfahren

gegen ▮▮▮▮

zeige ich unter Vorlage auf mich lautender Vollmacht an, dass ich Frau/ Herrn ▮▮▮▮ als Zeugenbeistand vertrete.

Mein(e) Mandantin/Mandant wird von ihrem/seinem ihr/ihm zustehenden umfassenden Auskunftsverweigerungsrecht nach § 55 StPO Gebrauch machen.

Das umfassende Auskunftsverweigerungsrecht ergibt sich aufgrund folgender Umstände: ▮▮▮▮.

Aufgrund des umfassenden Auskunftsverweigerungsrechtes ist Frau/Herr ▮▮▮▮ ein „ungeeignetes Beweismittel", so dass sie/er nicht als Zeuge geladen werden muss, damit sie/er in der Hauptverhandlung vom Auskunftsverweigerungsrecht

---

15   BGH StV 1986, 181; BGH 1982, 126 f.

Gebrauch macht (BGH StV 1986, 181; BGH NStZ 1982, 126 f.). Ich bitte daher um Abladung von Frau/Herrn ▨.

Rechtsanwalt

§ 55 StPO Recht der Verweigerung der Auskunft

26

(1) Jeder Zeuge kann die Auskunft auf solche Fragen verweigern, deren Beantwortung ihm selbst oder einem der in § 52 Abs. 1 bezeichneten Angehörigen die Gefahr zuziehen würde, wegen einer Straftat oder einer Ordnungswidrigkeit verfolgt zu werden.

(2) Der Zeuge ist über sein Recht zur Verweigerung der Auskunft zu belehren.

27

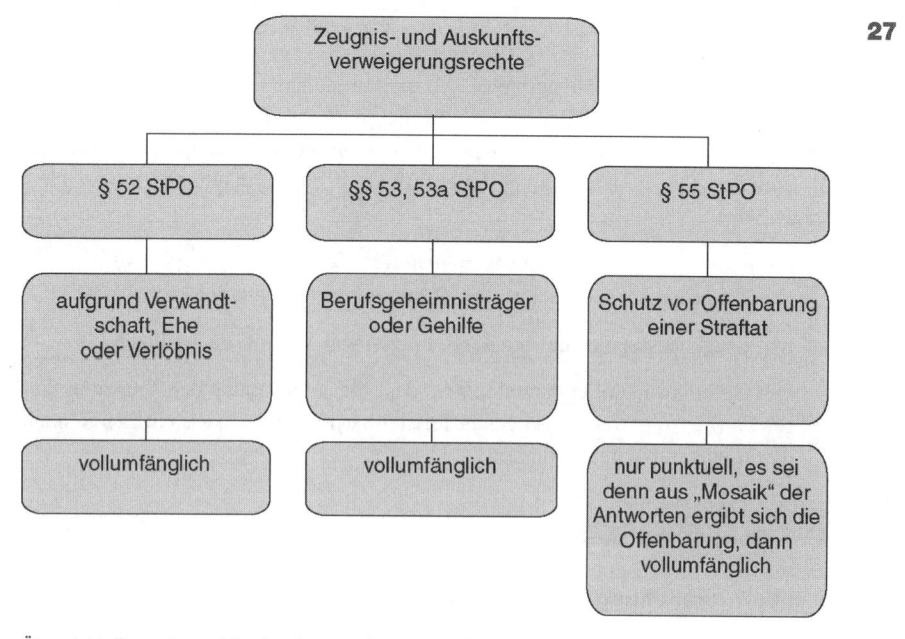

Übersicht: Zeugnis- und Auskunftsverweigerungsrechte

Praxistipp: Allgemeine Zeugenrechte
28
Ein Zeuge muss nicht aussagen, wenn ihm ein Zeugnis- oder Auskunftsverweigerungsrecht zusteht.

Wird ein Zeuge, dem ein Verweigerungsrecht zusteht von der Staatsanwaltschaft oder dem Gericht vorgeladen, reicht oft schon der Hinweis, dass der Zeuge nicht aussagen wird, damit er von seiner Erscheinungspflicht entbunden wird.

Der Opferanwalt sollte vorher mit dem Opfer abklären, ob dieses von einem Verweigerungsrecht Gebrauch machen möchte und es ggf. von seiner Erscheinungspflicht entbinden lassen.

D. Ablauf der Zeugenvernehmung

29 Die Vernehmung der Zeugen selbst erfolgt entsprechend §§ 68 ff. StPO.

Der Zeuge wird zunächst zu seiner Person befragt. Bei der Vernehmung zur Sache (§ 69 StPO) soll der Zeuge zunächst „im Zusammenhang" berichten (Feststellung der konkreten Erinnerungsleistung) und sodann durch Fragen und Vorhalte seine Aussage ergänzen.

30 Gemäß § 58b StPO[16] kann nunmehr auch die Vernehmung eines Zeugen außerhalb der Hauptverhandlung in der Weise erfolgen, dass dieser sich an einem anderen Ort als die vernehmende Person aufhält und die Vernehmung zeitgleich in Bild und Ton von dem Ort, an dem sich der Zeuge aufhält, in das Vernehmungszimmer übertragen wird.

31 *Praxistipp: Ablauf der Zeugenvernehmung*
Der Zeuge hat zunächst selbst „im Zusammenhang" zu berichten.

Die Zeugenaussage ist danach durch Fragen und Vorhalte zu ergänzen.

Der Opferanwalt sollte darauf achten, dass die Vernehmung der Zeugen in dieser Form erfolgt, da nur so genau feststellbar ist, an was sich ein Zeuge noch direkt oder auf Vorhalt erinnert.

E. Schutz des Zeugen

I. Verheimlichung der Anschrift

32 Nach § 68 Abs. 2 StPO soll jedem Zeugen gestattet werden, anstatt seines Wohnortes seinen Geschäfts- oder Dienstort oder eine andere ladungsfähige Anschrift anzugeben, wenn durch die Angabe des Wohnortes des Zeugen für ihn oder eine andere Person eine Gefahr besteht. Als eine andere ladungsfähige Anschrift kommt z.B. auch die Kanzleianschrift des ihn als Zeugenbeistand vertretenden Rechtsanwalts infrage. Als andere Personen, für die eine Gefahr besteht, kommen ins-

---

16 Eingefügt durch das Gesetz zur Intensivierung des Einsatzes von Videokonferenztechnik in gerichtlichen und staatsanwaltschaftlichen Verfahren, welches zum 1.11.2013 in Kraft treten wird.

besondere nahe Angehörige, Freunde oder Bekannte des Zeugen in Betracht. Gleiches gilt aber auch für Personen, über die die Anschrift des Zeugen in Erfahrung gebracht werden könnte.

Hierzu muss eine Gefahr an Leib, Leben, Besitz für den Zeugen oder die sonstigen Personen bestehen. Bloße Belästigungen des Zeugen genügen nach wie vor nicht.[17] **33**

Eine Gefahr ist immer dann anzunehmen, wenn entweder bereits früher ein Anschlag auf den Zeugen erfolgt ist oder angedroht wurde, oder nach kriminalistischen Erfahrungen oder der Lebenserfahrung ein solcher zu befürchten ist. **34**

Besteht sogar ein begründeter Anlass zu der Besorgnis, dass durch die Offenbarung der Identität oder des Wohn- oder Aufenthaltsortes des Zeugen Leben, Leib oder Freiheit des Zeugen oder einer anderen Person gefährdet wird, kann ihm nach § 68 Abs. 3 StPO gestattet werden, seine Angaben zur Person oder seine Identität komplett zu verschweigen. **35**

§ 68 StPO soll den Zeugen auch z.B. vor Denunziationen im Internet, z.B. durch rechtsextreme Gruppierungen, vor Stalking, oder Beeinflussungsversuchen, schützen. **36**

Dem Schutz des Zeugen steht auch im Allgemeinen die Wahrheitsfindung nicht entgegen, da es dafür nicht auf den Wohnort des Zeugen, sondern den Inhalt seiner Aussage und sein Aussageverhalten ankommt.[18] **37**

Ist dem Zeugen gestattet worden, Daten nicht anzugeben, ist auch nach seiner Vernehmung, z.B. bei Auskünften aus Einsichtnahmen in die Akten, sicherzustellen, dass diese Daten anderen Personen nicht bekannt werden, es sei denn, eine Gefährdung erscheint ausgeschlossen. **38**

▼

Muster 2.5: Antrag auf Nichtangabe der ladungsfähigen Anschrift **39**

An das Amtsgericht/Landgericht

In dem Strafverfahren

gegen

zeige ich unter Vorlage auf mich lautender Vollmacht an, dass ich Frau/ Herrn als Zeugenbeistand vertrete.

---

17 LR-*Dahrs*, § 68 Rn 10.
18 BGH NStZ 1990, 352.

Es wird beantragt, meiner Mandantin/meinem Mandanten nach § 68 Abs. 2 StPO zu gestatten, als ladungsfähige Anschrift die Kanzleianschrift des Unterzeichners anzugeben.

Begründung:

Nach § 68 Abs. 2 StPO soll einem Zeugen gestattet werden, statt seines Wohnortes eine andere ladungsfähige Anschrift anzugeben, wenn ein begründeter Anlass für die Besorgnis besteht, dass durch die Angabe der Anschrift Rechtsgüter des Zeugen oder einer anderen Person gefährdet werden oder dass auf den Zeugen oder eine andere Person in unlauterer Weise eingewirkt werden wird.

Der Angeklagte hat bereits dem Zeugen für den Fall einer Aussage vor Gericht/ bei der Polizei mit massiven Körperverletzungshandlungen gedroht. Derartige Drohungen, die mit dem gegenwärtigen Verfahren zusammenhängen, sind ausreichend, um dem Zeugen die Verheimlichung seiner Anschrift zu gestatten (vgl. Meyer-Goßner, § 68 Rn 12).

Rechtsanwalt

§ 68 StPO   Vernehmung zur Person

(1) Die Vernehmung beginnt damit, dass der Zeuge über Vornamen, Nachnamen, Geburtsnamen, Alter, Beruf und Wohnort befragt wird. Ein Zeuge, der Wahrnehmungen in amtlicher Eigenschaft gemacht hat, kann statt des Wohnortes den Dienstort angeben.

(2) Einem Zeugen soll zudem gestattet werden, statt des Wohnortes seinen Geschäfts- oder Dienstort oder eine andere ladungsfähige Anschrift anzugeben, wenn ein begründeter Anlass zu der Besorgnis besteht, dass durch die Angabe des Wohnortes Rechtsgüter des Zeugen oder einer anderen Person gefährdet werden oder dass auf Zeugen oder eine andere Person in unlauterer Weise eingewirkt werden wird. In der Hauptverhandlung soll der Vorsitzende dem Zeugen bei Vorliegen der Voraussetzungen des Satzes 1 gestatten, seinen Wohnort nicht anzugeben.

(3) Besteht ein begründeter Anlass zu der Besorgnis, dass durch die Offenbarung der Identität oder des Wohn- oder Aufenthaltsortes des Zeugen Leben, Leib oder Freiheit des Zeugen oder einer anderen Person gefährdet wird, so kann ihm gestattet werden, Angaben zur Person nicht oder nur über eine frühere Identität zu machen. Er hat jedoch in der Hauptverhandlung auf Befragen anzugeben, in welcher Eigenschaft ihm die Tatsachen, die er bekundet, bekannt geworden sind.

(4) Liegen Anhaltspunkte dafür vor, dass die Voraussetzungen der Absätze 2 oder 3 vorliegen, ist der Zeuge auf die dort vorgesehenen Befugnisse hinzuweisen. Im Fall des Absatzes 2 soll der Zeuge bei der Benennung einer ladungsfähigen Anschrift unterstützt werden. Die Unterlagen, die die Feststellung des Wohnortes oder der Identität des Zeugen gewährleisten, werden bei der Staatsanwaltschaft verwahrt. Zu den Akten sind sie erst zu nehmen, wenn die Besorgnis der Gefährdung entfällt.

(5) Die Absätze 2 bis 4 gelten auch nach Abschluss der Zeugenvernehmung. Soweit dem Zeugen gestattet wurde, Daten nicht anzugeben, ist bei Auskünften aus und Einsichtnahmen in Akten sicherzustellen, dass diese Daten anderen Personen nicht bekannt werden, es sei denn, dass eine Gefährdung im Sinne der Absätze 2 und 3 ausgeschlossen erscheint.

II. Ausschluss des Beschuldigten bei richterlichen Vernehmungen

Zeugen können im Ermittlungsverfahren nicht nur von der Polizei oder der Staatsanwaltschaft vernommen werden. Es besteht auch die Möglichkeit, dass sie vom Ermittlungsrichter vernommen werden. Dies kommt insbesondere immer dann in Betracht, wenn ihre Aussage entweder von einer überragenden Bedeutung für das Verfahren ist, oder wenn zu befürchten ist, dass sie später keine Aussage mehr tätigen, weil ihnen z.B. ein Zeugnisverweigerungsrecht (z.B. als Ehefrau) zusteht. Richterliche Vernehmungen eines Zeugen können nämlich immer, insbesondere auch nach einer späteren Zeugnisverweigerung des Zeugen in der Hauptverhandlung, durch Vernehmung des Richters in die Hauptverhandlung eingeführt werden, sofern der Zeuge bei der richterlichen Vernehmung über sein Zeugnisverweigerungsrecht belehrt worden ist oder nur deshalb nicht belehrt werden konnte, weil er sein Angehörigenverhältnis damals verschwiegen hat.[19]

40

Da nach § 168c Abs. 2 StPO für den Beschuldigten bei solchen richterlichen Vernehmungen grundsätzlich ein Anwesenheitsrecht besteht, ist eine richterliche Zeugenaussage für einen Zeugen oft unangenehm, da er dann dem Täter gegenübertreten müsste. Es besteht daher nach § 168c Abs. 3 StPO die Möglichkeit, dass der Beschuldigte bei einer richterlichen Vernehmung des Zeugen durch den Ermittlungsrichter ausgeschlossen wird. Diese Möglichkeit ist immer dann eröffnet, wenn entweder durch die Anwesenheit des Beschuldigten der Untersuchungszweck gefährdet würde, oder zu befürchten ist, dass der Zeuge in Gegenwart des Beschuldigten nicht die Wahrheit sagen wird.

41

---

19 *Meyer-Goßner*, § 252 Rn 13; BGHSt 32, 25, 31.

42

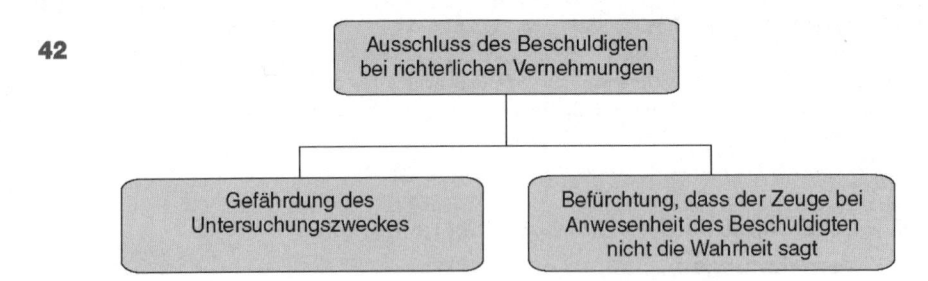

Übersicht: Ausschluss des Beschuldigten bei richterlichen Vernehmungen

43 Der Untersuchungszweck ist üblicherweise dann gefährdet, wenn zu erwarten ist, dass der Beschuldigte die im Rahmen der Aussage des Zeugen erlangten Kenntnisse zu Verdunklungsmaßnahmen, z.B. durch die Beseitigung oder Verfälschung von Beweismitteln oder die Beeinflussung von Zeugen, nutzen wird.[20]

44 Die Befürchtung, dass der Zeuge bei Anwesenheit des Beschuldigten nicht die Wahrheit sagt, besteht immer dann, wenn ein konkreter Anlass dafür besteht, dass der Zeuge aus Angst vor Repressalien des Beschuldigten entweder lügt oder von einem ihm zustehenden Aussage- oder Zeugnisverweigerungsrecht Gebrauch machen wird.[21]

Nach § 168e StPO kann auch die richterliche Vernehmung so erfolgen, dass der Richter den Zeugen in einem Raum vernimmt, wobei die anderen eventuellen Anwesenheitsberechtigten (insbesondere der Verteidiger und der Beschuldigte, wenn er nicht ausgeschlossen werden konnte) sich in einem anderen Raum aufhalten.

45 Muster 2.6: Ausschluss des Beschuldigten bei richterlicher Zeugenvernehmung

An das

Amtsgericht/Landgericht ▨

In dem Strafverfahren

gegen ▨

AZ: ▨

---

20 KK-*Wache*, § 168c Rn 6.
21 KK-*Wache*, § 168c Rn 6; BayObLG JR 1978, 173.

wird beantragt, den Beschuldigten ▮▮▮▮▮ von der richterlichen Vernehmung des Zeugen ▮▮▮▮▮ gemäß § 168c Abs. 2 StPO auszuschließen.

Begründung:

Mit Verfügung vom ▮▮▮▮▮ hat das Amtsgericht – Ermittlungsrichter – die richterliche Vernehmung des Zeugen ▮▮▮▮▮ angeordnet. Gemäß § 168c Abs. 1 StPO besteht ein grundsätzliches Anwesenheitsrecht des Beschuldigten.

Ausnahmsweise ist der Beschuldigte von der richterlichen Vernehmung des Zeugen ▮▮▮▮▮ auszuschließen, da dessen Anwesenheit den Untersuchungszweck gefährden würde.

Der Beschuldigte hat bereits mehrfach zum Ausdruck gebracht, dass er die Zeugenaussage des Zeugen ▮▮▮▮▮ und die darin enthaltenen Beweise gegen ihn dazu nutzen wird, Verdunkelungsmaßnahmen zu ergreifen. So hat er z.B. am ▮▮▮▮▮ gegenüber dem weiteren Zeugen XY geäußert, dass der Beschuldigte die vom Zeugen ▮▮▮▮▮ im Rahmen seiner richterlichen Vernehmung anzugebenden Zeugen jeweils bedrängen werde.

Rechtsanwalt

> *Praxistipp: Ausschluss des Beschuldigten*   **46**
> Der Beschuldigte kann bei einer richterlichen Vernehmung des Zeugen ausgeschlossen werden, wenn der Untersuchungszweck ansonsten gefährdet wird oder zu befürchten ist, dass der Zeuge in Anwesenheit des Beschuldigten nicht die Wahrheit sagt.
>
> Der Opferanwalt sollte daher zum Schutz des Opfers auf den Ausschluss des Beschuldigten hinwirken und dies beantragen.

III. Videovernehmung

1998 wurde durch das Gesetz zum Schutz von Zeugen bei Vernehmungen im Strafverfahren und zur Verbesserung des Opferschutzes[22] die Videovernehmung, welche in § 247a StPO geregelt ist, in die StPO eingeführt.   **47**

§ 247a StPO Audiovisuelle Zeugenvernehmung

(1) Besteht die dringende Gefahr eines schwerwiegenden Nachteils für das Wohl des Zeugen, wenn er in Gegenwart der in der Hauptverhandlung Anwesenden vernommen wird, so kann das Gericht anordnen, dass der Zeuge sich während der Vernehmung an

---

22 BGBl I 1998, S. 820.

einem anderen Ort aufhält; eine solche Anordnung ist auch unter den Voraussetzungen des § 251 Abs. 2 zulässig, soweit dies zur Erforschung der Wahrheit erforderlich ist. Die Entscheidung ist unanfechtbar. Die Aussage wird zeitgleich in Bild und Ton in das Sitzungszimmer übertragen. Sie soll aufgezeichnet werden, wenn zu besorgen ist, dass der Zeuge in einer weiteren Hauptverhandlung nicht vernommen werden kann und die Aufzeichnung zur Erforschung der Wahrheit erforderlich ist. § 58a Abs. 2 findet entsprechende Anwendung.

(2) Das Gericht kann anordnen, dass die Vernehmung eines Sachverständigen in der Weise erfolgt, dass dieser sich an einem anderen Ort als das Gericht aufhält und die Vernehmung zeitgleich in Bild und Ton an den Ort, an dem sich der Sachverständige aufhält, und in das Sitzungszimmer übertragen wird. Dies gilt nicht in den Fällen des § 246a StPO. Die Entscheidung nach Satz 1 ist unanfechtbar.[23]

48 Eine Videovernehmung wird dergestalt durchgeführt, dass sich das Gericht mit den Verfahrensbeteiligten, also auch dem Angeklagten, im Gerichtssaal befindet, während die Aussage des Zeugen, ggf. im Beisein seines Zeugenbeistandes, per Video-Live-Schaltung von einem anderen, geheimen Ort in den Gerichtssaal übertragen wird.

49 Die Videovernehmung ist insbesondere zum Schutz von Zeugen nach § 247a Satz 1 Hs. 1 StPO möglich. Sie ist insbesondere nicht auf bestimmte Straftatengruppen oder bestimmte Gruppen von Zeugen beschränkt.

50 Die Videovernehmung zum Schutz eines Zeugen gemäß § 247a Satz 1 Hs. 1 StPO ist zulässig, falls für den Zeugen eine dringende Gefahr oder ein schwerwiegender Nachteil für dessen Wohl besteht, wenn er in der Hauptverhandlung vernommen werden würde.

51

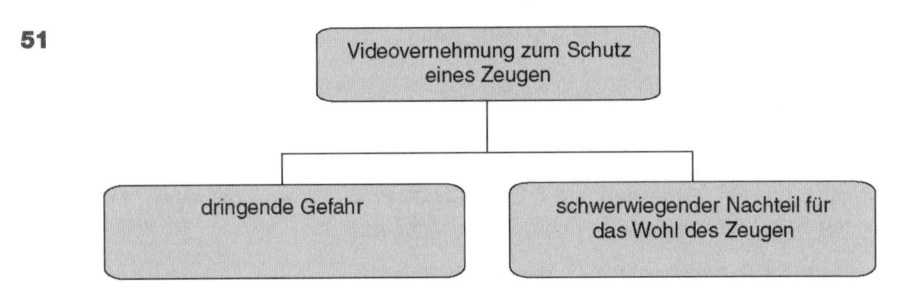

Übersicht: Videovernehmung zum Schutz des Zeugen

---

23 § 247a Abs. 2 StPO neu eingefügt durch das Gesetz zur Intensivierung des Einsatzes von Videokonferenztechnik in gerichtlichen und staatsanwaltschaftlichen Verfahren, welches am 1.11.2013 in Kraft tritt.

Als schwerwiegende Nachteile kommen physische Beeinträchtigungen oder auch seelische Nachteile für den Zeugen in Betracht,[24] wobei leichte Belästigungen nicht ausreichend sind. Ziel des § 247a StPO ist es, den Zeugen vor massiven Belastungen zu schützen.[25] Für eine Videovernehmung des Zeugen nach § 247a Satz 1 Hs. 1 StPO ist es nicht ausreichend, dass die Befürchtung besteht, der Zeuge werde in Gegenwart des Angeklagten nicht die Wahrheit sagen.

52

Die Gefahr für den Zeugen muss für die Anordnung der Videovernehmung nicht allein von der Aussage in Gegenwart des Angeklagten ausgehen, sondern gerade von der Präsenz des Zeugen in der Hauptverhandlung.[26]

53

Die dringende Gefahr für den Zeugen bei einer Aussage in der Hauptverhandlung muss aufgrund bestimmter Tatsachen positiv feststehen, so dass mindestens eine hohe Wahrscheinlichkeit für den Eintritt des befürchteten Nachteils gegeben sein muss.[27]

54

Soll eine Videovernehmung aufgrund der Zustimmung der Verfahrensbeteiligten nach § 247a Satz 1 Hs. 2 StPO i.V.m. § 251 Abs. 2 Nr. 3 StPO, die damit der Verfahrensbeschleunigung und nicht vorrangig dem Opferschutz dient, angeordnet werden, bedarf es der Zustimmung des Staatsanwaltes, des Verteidigers und des Angeklagten. Auf die Zustimmung des Nebenklägers oder des Privatklägers und damit auch deren Vertreter kommt es hierbei nicht an.[28]

55

Den Ort, an dem der Zeuge vernommen wird, bestimmt der Vorsitzende oder der gesamte Spruchkörper. Als ein anderer Ort i.S.d. § 247a StPO kann ein anderes Zimmer im Gerichtsgebäude oder auch in einem anderen Gebäude oder in einer anderen Stadt in Betracht kommen.

56

Die Vernehmung in einer anderen Stadt bietet sich immer dann an, wenn eine Gefahr für den Zeugen auf seinem Weg zum oder vom Gericht besteht.
Hierbei hat das Justizministerium oder die ihm nachgeordneten Behörden sicherzustellen, dass die Technik für eine Videovernehmung vorhanden ist.[29]

57

---

24 *Meyer-Goßner*, § 247a Rn 3.
25 BT-Drucks 13/7165, S. 4, 9.
26 *Meyer-Goßner*, § 247a Rn 3.
27 KK-*Diemer*, § 247a Rn 9.
28 *Meyer-Goßner*, § 251 Rn 26.
29 BGHSt 51, 232.

58 Gemäß § 247a Abs. 2 StPO[30] kann nunmehr auch die Vernehmung eines Sachverständigen als Videovernehmung erfolgen.

▼

59 **Muster 2.7: Antrag auf audio-visuelle Zeugenvernehmung**

An das

Amtsgericht/Landgericht

In dem Strafverfahren

gegen

AZ:

wird beantragt, die Nebenklägerin/Zeugin nach § 247a StPO im Wege der audio-visuellen Zeugenvernehmung an einem anderen Ort als Zeugin zu vernehmen.

Begründung:

Nach § 247a StPO kann ein Zeuge im Wege der audio-visuellen Zeugenvernehmung vernommen werden, wenn die dringende Gefahr eines schwerwiegenden Nachteils für das Wohl des Zeugen besteht, wenn er in Gegenwart der in der Hauptverhandlung Anwesenden vernommen wird.

§ 247a StPO dient dem umfassenden Zeugenschutz für alle schutzbedürftigen Zeugen, denen schwerwiegende Nachteile erwachsen können (KK-Diemer, § 247a Rn 2). Es sollen nach § 247a StPO auch Zeugen geschützt werden, die bei einer unter üblichen Bedingungen stattfindenden Vernehmung in der Hauptverhandlung besonderen Risiken und Gefahren ausgesetzt wären (KK-Diemer, a.a.O.).

§ 247a StPO dient gerade dazu, den Zeugen zu schützen, wenn die Gefahr nicht allein von der Gegenwart des Angeklagten, sondern von der Präsenz des Zeugen in der Hauptverhandlung ausgeht (Meyer-Goßner, § 247a Rn 3).

Rechtsanwalt

▲

60 *Praxistipp: Videovernehmung*
Der Opferanwalt kann die Videovernehmung des Opfers beantragen, wenn zu befürchten ist, dass für das Opfer eine dringende Gefahr oder schwerwiegende Nachteile bei einer Vernehmung in der Hauptverhandlung zu befürchten sind.

Die Videovernehmung kommt allerdings nicht zur Vermeidung bloßer Unannehmlichkeiten des Opfers in Betracht.

---

30 Neu eingefügt durch das Gesetz zur Intensivierung des Einsatzes von Videokonferenztechnik in gerichtlichen und staatsanwaltschaftlichen Verfahren, welches am 1.11.2013 in Kraft tritt.

Die Videovernehmung kann auch nicht angeordnet werden, wenn das Opfer in Gegenwart des Angeklagten nicht aussagen möchte. Hier ist der Angeklagte aus der Hauptverhandlung zu entfernen.

IV. Entfernung des Angeklagten

Zum Schutz eines Zeugen kann auch die Entfernung des Angeklagten aus der Hauptverhandlung, die in § 247 StPO geregelt ist, beantragt werden. **61**

§ 247 StPO Vorübergehende Entfernung des Angeklagten

Das Gericht kann anordnen, dass sich der Angeklagte während einer Vernehmung aus dem Sitzungszimmer entfernt, wenn zu befürchten ist, ein Mitangeklagter oder ein Zeuge werde bei seiner Vernehmung in Gegenwart des Angeklagten die Wahrheit nicht sagen. Das gleiche gilt, wenn bei der Vernehmung einer Person unter 18 Jahren als Zeuge in Gegenwart des Angeklagten ein erheblicher Nachteil für das Wohl des Zeugen zu befürchten ist oder wenn bei einer Vernehmung einer anderen Person als Zeuge in Gegenwart des Angeklagten die dringende Gefahr eines schwerwiegenden Nachteils für ihre Gesundheit besteht. Die Entfernung des Angeklagten kann für die Dauer von Erörterungen über den Zustand des Angeklagten und die Behandlungsaussichten angeordnet werden, wenn ein erheblicher Nachteil für seine Gesundheit zu befürchten ist. Der Vorsitzende hat den Angeklagten, sobald dieser wieder anwesend ist, von dem wesentlichen Inhalt dessen zu unterrichten, was während seiner Abwesenheit ausgesagt oder sonst verhandelt worden ist.

Fälle für die Entfernung des Angeklagten benennt das Gesetz in § 247 Satz 1 StPO. **62**

Eine Entfernung des Angeklagten aus der Hauptverhandlung kann erfolgen, wenn es im Interesse der Sachaufklärung geboten ist, weil die begründete Besorgnis besteht, dass ein Zeuge (oder auch ein Mitangeklagter) in Gegenwart des in der Hauptverhandlung anwesenden Angeklagten nicht die Wahrheit sagen wird. **63**

Die Entfernung des Angeklagten ist demgemäß z.B. möglich bei Angst eines Zeugen, wenn er vom Angeklagten bedroht wird[31] oder wenn der Zeuge[32] erklärt, er werde in Anwesenheit des Angeklagten keine Aussage bzw. von seinem Zeugnis- bzw. Aussageverweigerungsrecht Gebrauch machen.[33] **64**

Nach § 247 Satz 2 StPO ist die Entfernung des Angeklagten aus der Hauptverhandlung außerdem zum Schutz eines Zeugen zulässig, wenn beim Zeugen gesundheit- **65**

---

31 BGH NStZ 1990, 27.
32 BGHSt 22, 18, 21.
33 BGH Beschl. v. 4.8.2009 – 4 StR 171/09.

liche Nachteile zu erwarten sind oder wenn bei Vernehmung eines unter 18-jährigen Zeugen die Gefahr eines erheblichen Nachteils für dessen Wohl besteht.

66

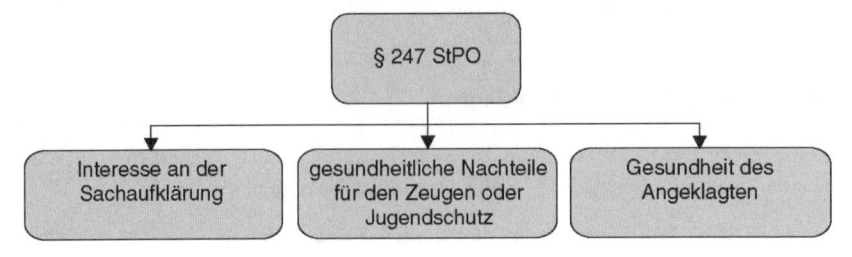

Übersicht: Entfernung des Angeklagten nach § 247 StPO

67 Muster 2.8: Antrag auf Entfernung des Angeklagten

An das

Amtsgericht/Landgericht ▨▨▨▨

In dem Strafverfahren

gegen ▨▨▨▨

AZ: ▨▨▨▨

wird beantragt, den Angeklagten für die Dauer der Vernehmung der Nebenklägerin/Zeugin gemäß § 247 StPO aus dem Sitzungssaal zu entfernen.

Begründung:

Dem Angeklagten werden mehrere Vergewaltigungen zum Nachteil der Zeugin vorgeworfen. Sie leidet heute immer noch deswegen unter starken psychischen Beeinträchtigungen. Müsste die Nebenklägerin/Zeugin in Gegenwart des Angeklagten aussagen, würde dies zu einer weiteren Verschlechterung ihres gesundheitlichen Zustandes führen. Insofern wird auf das beigefügte ärztliche Attest des Dr. XY verwiesen.

Rechtsanwalt

68   *Praxistipp: Entfernung des Angeklagten*
Zum Schutz des Zeugen kann die Entfernung des Angeklagten aus der Hauptverhandlung beantragt werden.

Der Opferanwalt kann die Entfernung des Angeklagten beantragen, wenn die begründete Besorgnis besteht, dass der Zeuge/das Opfer in der Hauptverhandlung in Gegenwart des Angeklagten nicht die Wahrheit sagen wird oder dass beim Zeugen gesundheitliche Nachteile zu erwarten sind.

V. Ausschluss der Öffentlichkeit

Nach § 171b GVG kann die Öffentlichkeit zum Schutz der Privatsphäre eines Zeugen ausgeschlossen werden. **69**

Dies bedeutet, dass dann alle Zuschauer im Gerichtssaal diesen während der Zeugenaussage verlassen müssen und der Zeuge seine Aussage nur noch vor den am Gerichtsverfahren unmittelbar beteiligten Personen machen muss. Eine gerichtlich zugelassene Vertrauensperson nach § 406f Abs. 2 StPO kann hierbei aber im Sitzungssaal bleiben. **70**

§ 171b GVG

(1) Die Öffentlichkeit kann ausgeschlossen werden, soweit Umstände aus dem persönlichen Lebensbereich eines Prozessbeteiligten, eines Zeugen oder eines durch eine rechtswidrige Tat (§ 11 Absatz 1 Nummer 5 des Strafgesetzbuchs) Verletzten zur Sprache kommen, deren öffentliche Erörterung schutzwürdige Interessen verletzen würde. Das gilt nicht, soweit das Interesse an der öffentlichen Erörterung dieser Umstände überwiegt. Die besonderen Belastungen, die für Kinder und Jugendliche mit einer öffentlichen Hauptverhandlung verbunden sein können, sind dabei zu berücksichtigen. Entsprechendes gilt bei volljährigen Personen, die als Kinder oder Jugendliche durch die Straftat verletzt worden sind.

(2) Die Öffentlichkeit soll ausgeschlossen werden, soweit in Verfahren wegen Straftaten gegen die sexuelle Selbstbestimmung (§§ 174 bis 184g des Strafgesetzbuchs) oder gegen das Leben (§§ 211 bis 222 des Strafgesetzbuchs), wegen Misshandlung von Schutzbefohlenen (§ 225 des Strafgesetzbuchs) oder wegen Straftaten gegen die persönliche Freiheit nach den §§ 232 bis 233a des Strafgesetzbuchs ein Zeuge unter 18 Jahren vernommen wird. Absatz 1 Satz 3 gilt entsprechend.

(3) Die Öffentlichkeit ist auszuschließen, wenn die Voraussetzungen der Absätze 1 oder 2 vorliegen und der Ausschluss von der Person, deren Lebensbereich betroffen ist, beantragt wird. Für die Schlussanträge in Verfahren wegen der in Absatz 2 genannten Straftaten ist die Öffentlichkeit auszuschließen, ohne dass es eines hierauf gerichteten Antrags bedarf, wenn die Verhandlung unter den Voraussetzungen der Absätze 1 oder 2 oder des § 172 Nummer 4 ganz oder zum Teil unter Ausschluss der Öffentlichkeit stattgefunden hat.

(4) Abweichend von den Absätzen 1 und 2 darf die Öffentlichkeit nicht ausgeschlossen werden, soweit die Personen, deren Lebensbereiche betroffen sind, dem Ausschluss der Öffentlichkeit widersprechen.

(5) Die Entscheidungen nach den Absätzen 1 bis 4 sind unanfechtbar.

Umstände aus dem persönlichen Lebensbereich sind insbesondere solche, die private Eigenschaften und Neigungen des Zeugen betreffen, also insbesondere die Sexualsphäre, den Gesundheitszustand, das Familienleben und die politische oder religiöse Weltanschauung. Es handelt sich damit um Umstände, die Schutz vor dem Einblick Dritter verdienen[34] und üblicherweise im Sozialleben nicht gefragt zu werden gepflegt und in der Regel nicht spontan unbefangen mitgeteilt werden.[35]

71 Bei der Abwägung, ob die Öffentlichkeit ausgeschlossen werden soll, ist zwischen der Wahrung des Öffentlichkeitsgrundsatzes einerseits und dem Schutz der Privatsphäre andererseits zu unterscheiden. Nach der durch das StORMG[36] geänderten Gesetzesfassung sind hierbei die besonderen Belastungen, die für Kinder und Jugendliche in einer öffentlichen Hauptverhandlung verbunden sein können, zu berücksichtigen. Gleiches gilt bei volljährigen Personen, die als Kinder oder Jugendliche durch die Tat verletzt worden sind. Nach der ebenfalls durch das StORMG[37] geänderten Fassung des § 171b Abs. 2 GVG soll die Öffentlichkeit ausgeschlossen werden, bei Vernehmungen eines Zeugen unter 18 Jahren bei den dort aufgeführten Straftaten, wobei auch hier wiederum die besonderen Belastungen für den Zeugen, die mit einer öffentlichen Hauptverhandlung verbunden sein können, zu berücksichtigen sind. Nach der durch das StORMG[38] geänderten Gesetzesfassung des § 171b Abs. 3 S. 1 GVG ist die Öffentlichkeit (zwingend) auszuschließen, wenn die Voraussetzungen des Abs. 1 bzw. Abs. 2 vorliegen, und der Ausschluss von der Person, deren Lebensbereich betroffen ist, beantragt wird. Weiter ist nunmehr nach § 171b Abs. 3 S. 2 GVG die Öffentlichkeit für die Plädoyers in Verfahren betreffend die in § 171b Abs. 2 GVG genannten Taten auszuschließen, ohne dass es eines Antrags diesbezüglich bedarf, wenn die Verhandlung unter den Voraussetzungen des § 171b Abs. 1 oder 2 oder des § 172 Nr. 4 GVG ganz oder zum Teil unter Ausschluss der Öffentlichkeit stattgefunden hat. Nach dem nunmehr neu eingefügten § 171b Abs. 4 GVG[39] darf allerdings die Öffentlichkeit entgegen den Regelungen des § 171b Abs. 1 und 2 GVG nicht ausgeschlossen werden, soweit die Person, deren Lebensbereich betroffen ist, dem Ausschluss der Öffentlichkeit widerspricht.

Nach wie vor sind die Entscheidungen über den Ausschluss der Öffentlichkeit unanfechtbar (vgl. § 171b Abs. 5 GVG).

---

34 BGHSt 30, 212.
35 *Rieß/Hilger*, NStZ 87, 150.
36 Gesetz zur Stärkung der Rechte von Opfern sexuellen Missbrauchs.
37 Gesetz zur Stärkung der Rechte von Opfern sexuellen Missbrauchs.
38 Gesetz zur Stärkung der Rechte von Opfern sexuellen Missbrauchs.
39 Eingefügt durch das Gesetz zur Stärkung der Rechte von Opfern sexuellen Missbrauchs (StORMG), bzgl. Art. 2 mit Wirkung zum 1.9.2013.

Nach § 174 Abs. 1 S. 1 GVG ist u.a. über den Ausschluss der Öffentlichkeit in **72** nichtöffentlicher Verhandlung zu verhandeln, wenn dies beantragt wird. Ein derartiger Antrag ist zwingend mit dem Antrag auf Ausschluss der Öffentlichkeit selbst zu verbinden, da ansonsten im Rahmen der Verhandlung über den Ausschluss der Öffentlichkeit in öffentlicher Verhandlung gerade die Aspekte zur Sprache kommen können, vor deren öffentlicher Erörterung der Zeuge/das Opfer gerade geschützt werden soll.

Neben dem Ausschluss der Öffentlichkeit im Rahmen der Beweisaufnahme kann **73** nach § 173 Abs. 2 GVG die Öffentlichkeit auch bei der Verkündung der Urteilsgründe oder eines Teils der Urteilsgründe ausgeschlossen werden. Dies kann unter den Voraussetzungen der §§ 171b und 172 GVG erfolgen.

Muster 2.9: Antrag auf Ausschluss der Öffentlichkeit nach § 171b GVG **74**

An das

Amtsgericht/Landgericht ▨

In dem Strafverfahren

gegen ▨

AZ: ▨

wird beantragt, die Öffentlichkeit während der Vernehmung der Zeugin ▨ auszuschließen.

Gleichzeitig wird beantragt, die Verhandlung über die Ausschließung nach § 174 Abs. 1 GVG in nichtöffentlicher Verhandlung durchzuführen.

Begründung:

Dem Angeklagten werden mehrere Vergewaltigungen zum Nachteil der Zeugin vorgeworfen. Die Zeugin soll nunmehr über diese Vergewaltigungen berichten. Die hierfür erforderliche Darstellung der genauen Tatvorgänge sind Umstände, deren Erörterung in öffentlicher Hauptverhandlung die schutzwürdigen Interessen der Zeugin verletzen würden. Die Voraussetzungen des Ausschlusses der Öffentlichkeit nach § 171b GVG liegen damit vor.

Da auch im Rahmen der Verhandlung über den Ausschluss der Öffentlichkeit gerade diese Details zur Sprache kommen könnten, ist auch die Verhandlung über die Ausschließung gemäß § 174 Abs. 1 GVG in nichtöffentlicher Sitzung durchzuführen.

Rechtsanwalt

Nach § 172 GVG kann zudem die Öffentlichkeit ausgeschlossen werden, wenn eine Gefährdung der Staatssicherheit, der öffentlichen Ordnung oder der Sittlichkeit zu besorgen ist, eine Gefährdung des Lebens, des Leibes oder der Freiheit eines Zeugen oder einer anderen Person zu besorgen ist, ein wichtiges Geschäfts-, Betriebs-, Erfindungs- oder Steuergeheimnis zur Sprache kommt, durch dessen öffentliche Erörterung überwiegende schutzwürdige Interessen verletzt würden, ein privates Geheimnis erörtert wird, dessen unbefugte Offenbarung durch den Zeugen oder Sachverständigen mit Strafe bedroht ist, oder eine Person unter 18 Jahren vernommen wird.

§ 172 GVG Ausschluss der Öffentlichkeit

Das Gericht kann für die Verhandlung oder für einen Teil davon die Öffentlichkeit ausschließen, wenn

1. eine Gefährdung der Staatssicherheit, der öffentlichen Ordnung oder der Sittlichkeit zu besorgen ist,

1a. eine Gefährdung des Lebens, des Leibes oder der Freiheit eines Zeugen oder einer anderen Person zu besorgen ist,

2. ein wichtiges Geschäfts-, Betriebs-, Erfindungs- oder Steuergeheimnis zur Sprache kommt, durch dessen öffentliche Erörterung überwiegende schutzwürdige Interessen verletzt würden,

3. ein privates Geheimnis erörtert wird, dessen unbefugte Offenbarung durch den Zeugen oder Sachverständigen mit Strafe bedroht ist,

4. eine Person unter 18 Jahren vernommen wird.

75   *Praxistipp: Ausschluss der Öffentlichkeit*
Die Öffentlichkeit kann zum Schutz der Privatsphäre des Zeugen ausgeschlossen werden.

Der Opferanwalt sollte immer dann, wenn z.B. das Opfer einer Sexualtat diese im Rahmen seiner Aussage schildern muss, den Ausschluss der Öffentlichkeit beantragen.

VI. Bild-Ton-Aufzeichnung der Zeugenaussage

76   Im Gegensatz zu der Videovernehmung nach § 247a StPO liegt bei der Aufzeichnung einer Aussage auf einen Bild-Tonträger nach § 58a StPO keine Live-Übertragung der Zeugenaussage von einem anderen (geheimen) Ort in den Gerichtssaal vor. Der Zeuge macht vielmehr seine Aussage bereits im Ermittlungsverfahren, entweder bei der Staatsanwaltschaft oder bei der Polizei.[40] Diese wird auf Video

---

40   Vgl. § 163 Abs. 3 S. 1 StPO.

aufgenommen und dann in der Hauptverhandlung abgespielt, ohne dass der Zeuge hier noch irgendwie beteiligt ist, z.B. zur Begutachtung der Aussagekontinuität. Eine die im Ermittlungsverfahren aufgezeichnete Zeugenvernehmung ersetzende Vorführung in der Hauptverhandlung kommt nur nach § 255a Abs. 2 StPO in Betracht. Lediglich in den Fällen, in denen die aufgezeichnete Aussage des Zeugen noch Fragen offen lässt, kann das Gericht dann eine ergänzende Vernehmung des Zeugen in der Hauptverhandlung anordnen. Für diese Vernehmung kann für den Zeugen, wie bei einer normalen Aussage, wieder die Entfernung des Angeklagten nach § 247 StPO oder die audiovisuelle Zeugenvernehmung nach § 247a StPO beantragt werden, sofern deren Voraussetzungen vorliegen.

§ 58a StPO Aufzeichnung auf Bild-Ton-Träger

(1) Die Vernehmung eines Zeugen kann auf Bild-Ton-Träger aufgezeichnet werden. Sie soll nach Würdigung der dafür jeweils maßgeblichen Umstände aufgezeichnet werden und als richterliche Vernehmung erfolgen, wenn

1. damit die schutzwürdigen Interessen von Personen unter 18 Jahren sowie von Personen, die als Kinder oder Jugendliche durch eine der in § 255a Absatz 2 genannten Straftaten verletzt worden sind, besser gewahrt werden können oder
2. zu besorgen ist, dass der Zeuge in der Hauptverhandlung nicht vernommen werden kann und die Aufzeichnung zur Erforschung der Wahrheit erforderlich ist.

(2) Die Verwendung der Bild-Ton-Aufzeichnung ist nur für Zwecke der Strafverfolgung und nur insoweit zulässig, als dies zur Erforschung der Wahrheit erforderlich ist. § 101 Abs. 8 gilt entsprechend. Die §§ 147, 406e sind entsprechend anzuwenden, mit der Maßgabe, dass den zur Akteneinsicht Berechtigten Kopien der Aufzeichnung überlassen werden können. Die Kopien dürfen weder vervielfältigt noch weitergegeben werden. Sie sind an die Staatsanwaltschaft herauszugeben, sobald kein berechtigtes Interesse an der weiteren Verwendung besteht. Die Überlassung der Aufzeichnung oder die Herausgabe von Kopien an andere als die vorbezeichneten Stellen bedarf der Einwilligung des Zeugen.

(3) Widerspricht der Zeuge der Überlassung einer Kopie der Aufzeichnung seiner Vernehmung nach Absatz 2 Satz 3, so tritt an deren Stelle die Überlassung einer Übertragung der Aufzeichnung in ein schriftliches Protokoll an die zur Akteneinsicht Berechtigten nach Maßgabe der §§ 147, 406e. Wer die Übertragung hergestellt hat, versieht die eigene Unterschrift mit dem Zusatz, dass die Richtigkeit der Übertragung bestätigt wird. Das Recht zur Besichtigung der Aufzeichnung nach Maßgabe der §§ 147, 406e bleibt unberührt. Der Zeuge ist auf sein Widerspruchsrecht nach Satz 1 hinzuweisen.

Die Aufzeichnung der Aussage auf einen Bild-Ton-Träger soll besonders schutzwürdige Zeugen vor Mehrfachvernehmungen, auch die in der Hauptverhandlung nach einer vorherigen Vernehmung bei der Polizei, bewahren. **77**

Nach § 58a Abs. 1 StPO kann jede Vernehmung eines Zeugen aufgezeichnet werden, nicht nur die von Minderjährigen. **78**

79   Nach § 58a Abs. 1 S. 2 StPO[41] soll nach Würdigung der dafür maßgeblichen Umstände die Vernehmung eines Zeugen auf Bild-Ton-Träger aufgezeichnet werden und als richterliche Vernehmung erfolgen, wenn damit die schutzbedürftigen Interessen von Personen unter 18 Jahren sowie von Personen, die als Kinder oder Jugendliche durch eine der in § 255a Abs. 2 StPO genannten Straftaten verletzt worden sind, besser gewahrt werden können (§ 58a Abs. 1 S. 2 Nr. 1 StPO), oder wenn zu besorgen ist, dass der Zeuge in der Hauptverhandlung nicht vernommen werden kann und die Aufzeichnung zur Erforschung der Wahrheit erforderlich ist (§ 58a Abs. 1 S. 2 Nr. 2 StPO). Wenn die Voraussetzungen des § 58a Abs. 1 S. 2 Nr. 1 bzw. Nr. 2 StPO vorliegen, wird im Hinblick auf die Einführungsmöglichkeiten in die Hauptverhandlung nach § 255a Abs. 2 StPO in der Regel die Vernehmung als richterliche Vernehmung durchzuführen und aufzuzeichnen sein. Nachdem allerdings nach dem Gesetzeswortlaut eine Würdigung der dafür maßgebenden Umstände vorzunehmen ist, kann immer noch im Einzelfall geprüft werden, ob die Durchführung als richterliche Vernehmung, die ggf. eine zusätzliche Belastung für den Zeugen darstellen kann, für den Zeugen noch vorteilhaft ist. So kann z.B. eine polizeiliche oder staatsanwaltschaftliche Vernehmung üblicherweise direkt durchgeführt und auch aufgezeichnet werden, eine richterliche Vernehmung wird schon wegen der Einbeziehung weiterer Beteiligter gemäß § 168c Abs. 2 StPO in der Regel nur im Rahmen eines neuen Vernehmungstermins für den Zeugen, der mit Wartezeiten verbunden ist, durchzuführen sein.[42]

80   Nach § 58a Abs. 1 S. 2 Nr. 1 StPO können insbesondere Zeugenaussagen von Kindern und Jugendlichen unter 18 Jahren, die Opfer einer Sexualstraftat geworden sind, aber selbstverständlich auch Opfer aller anderer Straftaten, aufgezeichnet werden, wenn damit die schutzwürdigen Interessen von Personen unter 18 Jahren bzw. von Personen, die als Kinder oder Jugendliche durch eine der in § 255a Abs. 2 StPO genannten Straftaten verletzt worden sind, besser gewahrt werden können.[43]

Dass die Vorführung der Bild-Ton-Aufzeichnung als ersetzende Vorführung in der Hauptverhandlung eine Durchbrechung des Unmittelbarkeitsgrundsatzes darstellt und eine sorgfältige Verhältnismäßigkeitsprüfung voraussetzt,[44] bedeutet aller-

---

41   Neu gefasst durch das Gesetz zur Stärkung der Rechte von Opfern sexuellen Missbrauchs (StORMG), bzgl. Art. 1 mit Wirkung zum 1.9.2013.

42   Gesetzentwurf der Bundesregierung zum StORMG, BR-Drucks 213/11, S. 12.

43   Wortlaut geändert durch das Gesetz zur Stärkung der Rechte von Opfern sexuellen Missbrauchs (StORMG), bzgl. Art. 1 mit Wirkung zum 1.9.2013.

44   *Meyer-Goßner*, § 58a Rn 4.

dings nicht, dass zu hohe Anforderungen an den opferschonenden Mehrwert einer Bild-Ton-Aufzeichnung gestellt werden dürfen.[45] Schutzbedürftige Belange des Verletzten werden nicht nur dann gewahrt, wenn die Bild-Ton-Aufzeichnung eine erneute Vernehmung in der Hauptverhandlung gemäß § 255a Abs. 2 StPO vermeidet, sondern auch, wenn eine Reduzierung der Anzahl der Vernehmungen im Ermittlungsverfahren[46] und andere mit einer Bild-Ton-Aufzeichnung möglicherweise verbundene Aspekte, wie beispielsweise eine erhöhte Geständnisbereitschaft, zu einer Reduzierung der Belastung des Verletzten führen können.[47] Nach § 58a Abs. 1 S. 2 Nr. 1 StPO kommt nunmehr nicht nur die Bild-Ton-Aufzeichnung bei Zeugen unter 18 Jahren in Betracht, sondern auch bei Personen, die als Kinder oder Jugendliche, also unter 18 Jahren (Alter zum Tatzeitpunkt), durch eine der in § 255a Abs. 2 StPO genannten Straftaten verletzt wurden. Die Ausdehnung des Anwendungsbereiches der Vorschrift erfolgte, weil die Folgen einer als Minderjährige erlittenen Straftat, insbesondere des sexuellen Missbrauchs, bis weit in das Erwachsenenalter andauern können und bei diesen Verletzten auch das Ermittlungs- und Strafverfahren zu einer besonderen Belastung führen kann.[48] Erfolgt die Bild-Ton-Aufzeichnung als richterliche Vernehmung, muss es damit nicht zwingend nochmals zu einer Vernehmung des Zeugen in der Hauptverhandlung kommen. Eine Vernehmung des Zeugen käme hier nur ausnahmsweise[49] noch als ergänzende Vernehmung in Betracht. Nach der eindeutigen Regelung in § 255a Abs. 2 Satz 2 StPO ist in den Fällen der Vorführung einer Bild-Ton-Aufzeichnung nach § 255a Abs. 2 StPO die ergänzende Vernehmung eines Zeugen zulässig.[50] Diese kann im Rahmen der gerichtlichen Aufklärungspflicht sogar geboten sein, wobei das Gericht bei der von ihm zu treffenden Ermessensentscheidung auch den Opferschutz mitzubedenken hat. Eine ergänzende Vernehmung kann hier aber immer dann in Betracht kommen, wenn z.B. relevante Tatsachen erst nach der Bild-Ton-Aufzeichnung bekannt geworden sind oder wenn Angeklagter oder Verteidiger bei der Aufzeichnung nicht ausreichend mitwirken konnten, d.h. insbesondere das ihnen zustehende Fragerecht nicht ausreichend ausüben konnten. Nach der Rechtsprechung des BGH[51] soll aber eine ergänzende Vernehmung die Ausnahme sein.

---

45 Gesetzesentwurf der Bundesregierung zum StORMG, BR-Drucks 213/11, S. 11.
46 Vgl. BGH Beschl. v. 3.8.2004 – 1 StR 288/04.
47 Gesetzentwurf der Bundesregierung zum StORMG, BR-Drucks 213/11, S. 11.
48 Gesetzentwurf der Bundesregierung zum StORMG, BR-Drucks 213/11, S. 11.
49 BGH NStZ-RR 2005, 45.
50 BGHSt 48, 268.
51 BGH NStZ-RR 2005, 45.

81 § 58a Abs. 1 Satz 2 Nr. 2 StPO dient dagegen insbesondere der Beweissicherung. Nach § 58a Abs. 1 Satz 2 Nr. 2 StPO soll insbesondere bei gefährdeten, gebrechlichen oder lebensgefährlich erkrankten Zeugen oder kindlichen Zeugen bei denen die Befürchtung besteht, dass deren erziehungsberechtigte Eltern aus berechtigter Sorge um ihr Wohl eine Aussage in der Hauptverhandlung nicht gestatten werden,[52] eine Bild-Ton-Aufzeichnung erfolgen.

82

```
                    Bild-Ton-Aufzeichnung
                         § 58a

        S. 1:                          S. 2:
Aufzeichnung kann erfolgen     Aufzeichnung soll erfolgen

                    Nr. 1:                        Nr. 2:
            • Opferzeuge unter 18 Jahren   • Besorgnis, dass Zeuge in HV
            • Personen, die als Kinder oder   nicht vernommen werden kann
              Jugendliche durch eine der in  • Erforderlichkeit zur Erforschung
              § 255a Abs. 2 StPO genannten     der Wahrheit
              Straftaten verletzt wurden
```

Übersicht: Bild-Ton-Aufzeichnung

83 Die Duldung der Bild-Ton-Aufzeichnung durch den Zeugen ist Zeugenpflicht.[53]

84 Der Verteidiger und der Beschuldigte haben grds. ein Akteneinsichtsrecht in die Bild-Ton-Aufzeichnung. Hierzu wird üblicherweise eine Kopie hergestellt und an den Verteidiger übersandt. Widerspricht allerdings der Zeuge der Überlassung der Aufzeichnung, dann ist das Einsichtsrecht des Verteidigers auf die Besichtigung der Aufzeichnung bei der Staatsanwaltschaft oder auf die Überlassung eines Protokolls nach § 58a Abs. 3 StPO beschränkt. Nach § 58a Abs. 2 Satz 4 StPO ist eine Weitergabe oder Vervielfältigung der Kopie der Bild-Ton-Aufzeichnung unzuläs-

---

52 BGH StV 1996, 162.
53 SK-*Rogall*, § 58a Rn 8.

sig, so dass es dem Verteidiger untersagt ist, eine Kopie der Bild-Ton-Aufzeichnung an den Beschuldigten zu geben.

Im Ergebnis darf, selbst wenn der Zeuge nicht der Überlassung der Aufzeichnung widersprochen hat, die Aufzeichnung damit nicht an den Beschuldigten gelangen.

Es ist damit als Opferanwalt zu prüfen, ob nicht der Überlassung der Aufzeichnung widersprochen werden soll, damit nicht der Verteidiger eine Kopie der Bild-Ton-Aufzeichnung erhält. **85**

Die im Ermittlungsverfahren gewonnene Bild-Ton-Aufzeichnung kann nach § 255a StPO in die Hauptverhandlung eingeführt werden. Insbesondere kommt nach § 255a Abs. 2 StPO eine die erneute Zeugenvernehmung in der Hauptverhandlung ersetzende Vorführung der Bild-Ton-Aufzeichnung in Betracht. Hierzu muss es sich bei der angeklagten Tat um eine der in § 255a Abs. 2 StPO genannten Taten handeln. Soll die Bild-Ton-Aufzeichnung nach § 58a StPO als eine die Zeugenvernehmung in der Hauptverhandlung ersetzende Aufnahme nach § 255a StPO in die Hauptverhandlung eingeführt werden, muss es sich bei der Bild-Ton-Aufzeichnung nach § 58a StPO um eine richterliche Vernehmung des Zeugen handeln, wie sich eindeutig aus § 255a Abs. 2 StPO ergibt. **86**

Nach § 168e StPO, der nach seinem Wortlaut auch für die Bild-Ton-Aufzeichnung nach § 58a StPO gilt, kann auch die richterliche Vernehmung, die nach § 58a StPO aufgezeichnet wird, so erfolgen, dass der Richter den Zeugen in einem Raum vernimmt, wobei die anderen Anwesenheitsberechtigten (insbesondere der Verteidiger und der Beschuldigte) sich in einem anderen Raum aufhalten.

Überblick:[54] Straftaten nach § 255a Abs. 2 StPO **87**

§ 174 StGB	Sexueller Missbrauch von Schutzbefohlenen
§ 174a StGB	Sexueller Missbrauch von Gefangenen, behördlich Verwahrten oder Kranken und Hilfsbedürftigen in Einrichtungen
§ 174b StGB	Sexueller Missbrauch unter Ausnutzung einer Amtsstellung
§ 174c StGB	Sexueller Missbrauch unter Ausnutzung eines Beratungs-, Behandlungs- oder Betreuungsverhältnisses
§ 176 StGB	Sexueller Missbrauch von Kindern
§ 176a StGB	Schwerer sexueller Missbrauch von Kindern
§ 176b StGB	Sexueller Missbrauch von Kindern mit Todesfolge

---

54 Die Tabelle bezeichnet lediglich die in der Vorschrift genannten Tatbestände. Aufgrund der Formulierung der Vorschrift kann es zu einer eingeschränkten oder erweiterten Anwendung des Tatbestandes führen.

§ 177 StGB	Sexuelle Nötigung, Vergewaltigung
§ 178 StGB	Sexuelle Nötigung und Vergewaltigung mit Todesfolge
§ 179 StGB	Sexueller Missbrauch widerstandsunfähiger Personen
§ 180 StGB	Förderung sexueller Handlungen Minderjähriger
§ 180a StGB	Ausbeutung von Prostituierten
§ 181a StGB	Zuhälterei
§ 182 StGB	Sexueller Missbrauch von Jugendlichen
§ 183 StGB	Exhibitionistische Handlungen
§ 183a StGB	Erregung öffentlichen Ärgernisses
§ 184 StGB	Verbreitung pornographischer Schriften
§ 184a StGB	Verbreitung gewalt- oder tierpornographischer Schriften
§ 184b StGB	Verbreitung, Erwerb und Besitz kinderpornographischer Schriften
§ 184c StGB	Verbreitung, Erwerb und Besitz jugendpornographischer Schriften
§ 184d StGB	Verbreitung pornographischer Darbietungen durch Rundfunk, Medien oder Teledienste
§ 184e StGB	Ausübung der verbotenen Prostitution
§ 184f StGB	jugendgefährdende Prostitution
§ 211 StGB	Mord
§ 212 StGB	Totschlag
§ 213 StGB	Minder schwerer Fall des Totschlags
§ 216 StGB	Tötung auf Verlangen
§ 218 StGB	Schwangerschaftsabbruch
§ 218b StGB	Schwangerschaftsabbruch ohne ärztliche Feststellung, unrichtige ärztliche Feststellung
§ 218c StGB	Ärztliche Pflichtverletzung bei einem Schwangerschaftsabbruch
§ 219a StGB	Werbung für den Abbruch der Schwangerschaft
§ 219b StGB	Inverkehrbringen von Mitteln zum Abbruch der Schwangerschaft
§ 221 StGB	Fahrlässige Tötung
§ 222 StGB	Aussetzung
§ 225 StGB	Misshandlung von Schutzbefohlenen
§ 232 StGB	Menschenhandel zum Zweck der sexuellen Ausbeutung
§ 233 StGB	Menschenhandel zum Zweck der Ausbeutung der Arbeitskraft
§ 233a StGB	Förderung des Menschenhandels

88 Außerdem musste, da es sich bei der Anfertigung der Bild-Ton-Aufzeichnung im Ermittlungsverfahren um eine Art vorweggenommene Hauptverhandlung handelt, sowohl dem Verteidiger, als auch dem Beschuldigten ein Mitwirkungsrecht zugestanden worden sein. Dies bedeutet, dass entgegen den Vorschriften über eine richterliche Zeugenvernehmung, der Beschuldigte immer ein Anwesenheits- bzw. Mitwirkungsrecht bei der Anfertigung der Bild-Ton-Aufzeichnung im Ermittlungsverfahren hat und es nicht ausreichend ist, wenn lediglich der Verteidiger an der Bild-Ton-Aufzeichnung teilgenommen hat.[55] In diesem Fall wäre die spätere Vorführung in der Hauptverhandlung als Ersatz für die Zeugenaussage unzulässig.[56]

Der Verteidiger und der Angeklagte haben daher mehr als ein bloßes Anwesenheitsrecht. Mitwirkungsrecht bedeutet, dass diese insbesondere Gelegenheit hatten, das Fragerecht auszuüben.[57] **89**

Sowohl Verteidiger, als auch der anwaltliche Vertreter eines Verletzten oder Nebenklägers haben ein Akteneinsichtsrecht in die Bild-Ton-Aufzeichnung als Bestandteil der Sachakten.[58] Das Akteneinsichtsrecht des Verteidigers ergibt sich aus § 147 StPO, das des Vertreters des Verletzten nach § 406e StPO und das des Vertreters des Nebenklägers aus § 397 Abs. 1 Satz 2 i.V.m. § 385 Abs. 3 StPO. **90**

Muster 2.10: Bild-Ton-Aufzeichnung der Zeugenaussage **91**

An das Amtsgericht/Landgericht ▮▮▮▮

In dem Strafverfahren

gegen ▮▮▮▮

zeige ich unter Vorlage auf mich lautender Vollmacht an, dass ich Frau/ Herrn ▮▮▮▮ als Zeugenbeistand vertrete.

Es wird beantragt,

1. meine Mandantin/meinen Mandanten richterlich zu vernehmen
2. die richterliche Vernehmung meiner Mandantin/meines Mandanten gemäß § 58a Abs. 1 S. 2 Nr. 1 StPO auf Bild-Ton-Träger aufzuzeichnen.

Begründung:

Meine Mandantin/mein Mandant ist derzeit 14 Jahre alt und unmittelbar Verletzte(r) der Straftat. Dem Beschuldigten wird zu Last gelegt ▮▮▮▮ zum Nachteil meiner Mandantin/meines Mandanten begangen zu haben.

Nach § 58a Abs. 1 S. 1 Nr. 1 StPO soll bei Personen unter 18 Jahren, die durch die Straftat verletzt sind, die Aufzeichnung der Aussage erfolgen, wenn dies zur Wahrung der schutzwürdigen Interessen des Opfers geboten ist.

---

55 BGH NStZ 2004, 390.
56 BGHSt 49, 72.
57 OLG München StV 2000, 352.
58 *Meyer-Goßner*, § 58a Rn 13.

Die Aufzeichnung der Aussage ist auch zur Wahrung der schutzwürdigen Interessen meiner Mandantin/meines Mandanten geboten. Lediglich bei Alltagsfällen oder geringfügigen Straftaten soll eine Aufzeichnung der Aussage nicht in Betracht kommen, da dort keine schutzwürdigen Interessen des Opfers dies gebieten. Bei Sexualstraftaten an Kindern gebietet aber gerade das schutzwürdige Interesse des Opfers eine Aufzeichnung der Aussage (vgl. BGH NStZ-RR 2004, 336). Die Aufzeichnung der Aussage soll das kindliche oder jugendliche Opfer gerade vor der Belastung einer Mehrfachvernehmung, z.b. in der Hauptverhandlung, schützen.

Damit eine Ersetzung der persönlichen Vernehmung meiner Mandantin/meines Mandanten in der Hauptverhandlung durch Vorspielen der Aufzeichnung in der Hauptverhandlung nach § 255a Abs. 2 StPO später möglich ist, wird ferner beantragt, dem Beschuldigten und seinem Verteidiger Gelegenheit zu geben, an der Vernehmung mitzuwirken.

Rechtsanwalt

92   *Praxistipp: Bild-Ton-Aufzeichnung der Zeugenaussage*
Die Zeugenaussage eines Opfers kann schon im Ermittlungsverfahren auf Video aufgezeichnet werden.

Diese kann dann in die Hauptverhandlung durch Vorspielen des Videos eingeführt werden, ohne dass das Opfer ggf. nochmals in der Hauptverhandlung aussagen muss.

Eine ergänzende Vernehmung des Opfers in der Hauptverhandlung ist allerdings zulässig, z.B. weil noch Fragen offen sind.

Der Opferanwalt sollte daher schon frühzeitig auf eine Bild-Ton-Aufzeichnung der Aussage des Opfers hinwirken.

93   § 255a StPO ermöglicht es Bild-Ton-Aufzeichnungen sodann in der Hauptverhandlung vorzuführen. Eine Vorführung ist nach § 255a Abs. 1 StPO entweder zulässig, wenn auch eine Niederschrift über eine Vernehmung gemäß §§ 251, 252, 253, 255 StPO verlesen werden könnte oder wenn, gemäß § 255a Abs. 2 StPO bei Verfahren wegen Straftaten gegen die sexuelle Selbstbestimmung, der Zeuge, dessen Vernehmung vorgeführt werden soll, unter 18 Jahre alt ist oder zur Zeit einer Tat nach § 255a Abs. 2 StPO unter 18 Jahre alt war.[59]

---

59   Neu eingefügt durch das Gesetz zur Stärkung der Rechte von Opfern sexuellen Missbrauchs (StORMG), bzgl. Art. 1 mit Wirkung zum 1.9.2013.

Nach der eindeutigen Regelung in § 255a Abs. 2 S. 2 StPO ist in den Fällen der **94** Vorführung einer Bild-Ton-Aufzeichnung nach Abs. 2 die ergänzende Vernehmung eines Zeugen zulässig.[60] Diese kann im Rahmen der gerichtlichen Aufklärungspflicht sogar geboten sein, wobei das Gericht bei der von ihm zu treffenden Ermessensentscheidung auch den Opferschutz mitzubedenken hat. Eine ergänzende Vernehmung kann hier aber immer dann in Betracht kommen, wenn z.B. relevante Tatsachen erst nach der Bild-Ton-Aufzeichnung bekannt geworden sind oder wenn Angeklagter oder Verteidiger bei der Aufzeichnung nicht ausreichend mitwirken konnten, d.h. insbesondere das ihnen zustehende Fragerecht nicht ausreichend ausüben konnten. Nach der Rechtsprechung des BGH[61] soll eine ergänzende Vernehmung aber die Ausnahme sein.

Für die Einführung der Bild-Ton-Aufzeichnung nach § 255a StPO in die Hauptverhandlung ist die Anordnung des Vorsitzenden im Rahmen seiner Verhandlungsleitung ausreichend. Es bedarf keines Gerichtsbeschlusses.[62]

95

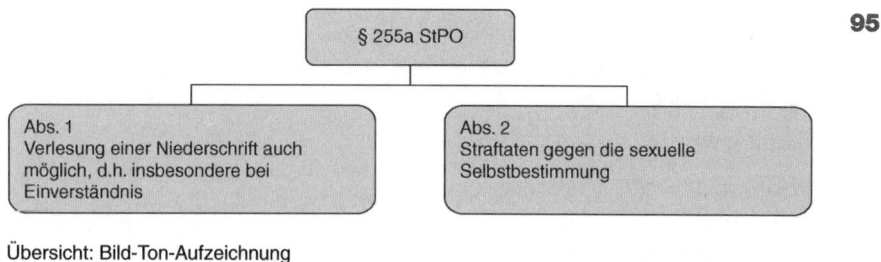

Übersicht: Bild-Ton-Aufzeichnung

Muster 2.11: Einführung der Bild-Ton-Aufzeichnung

An das Amtsgericht/Landgericht

In dem Strafverfahren

gegen

zeige ich unter Vorlage auf mich lautender Vollmacht an, dass ich Frau/ Herrn als Zeugenbeistand vertrete.

---

60 BGHSt 48, 268.
61 BGH NStZ-RR 2005, 45.
62 BGH NStZ 2011, 712 f.

Es wird beantragt,

die im Ermittlungsverfahren gefertigte Bild-Ton-Aufzeichnung der richterlichen Zeugenvernehmung meiner Mandantin/meines Mandanten gemäß § 255a Abs. 2 StPO durch Vorführen in die Hauptverhandlung einzuführen.

Begründung:

Im Ermittlungsverfahren wurde die richterliche Vernehmung meiner Mandantin/ meines Mandanten gemäß § 58a Abs. 1 S. 2 Nr. 1 StPO aufgezeichnet.

Nach § 255a Abs. 2 StPO kann u.a. bei Straftaten gegen die sexuelle Selbstbestimmung die Vernehmung eines Zeugen unter 18 Jahren in der Hauptverhandlung durch die Vorführung der Bild-Ton-Aufzeichnung seiner früheren richterlichen Aussage ersetzt werden, wenn der Angeklagte und sein Verteidiger Gelegenheit hatten, an dieser mitzuwirken.

Dem Angeklagten wird eine Sexualstraftat nach § ▮▮▮▮ StGB zum Nachteil meiner Mandantin/meines Mandanten vorgeworfen.

Meine Mandantin/mein Mandant ist heute 15 Jahre alt.

Sowohl der Angeklagte als auch sein Verteidiger hatten die Möglichkeit damals an der Vernehmung mitzuwirken.

Rechtsanwalt

VII. Verhinderung entwürdigender Zeugenbefragung

96 Das Gericht ist zwar zur Wahrheitsermittlung verpflichtet, hierbei hat es aber auch die Menschenwürde eines Zeugen zu beachten. Nach § 68a StPO sollen Fragen zum Privat- oder Intimleben des Zeugen nur statthaft sein, wenn sie unerlässlich sind. Dies hat das Gericht bei der Zulassung der Fragen und bei der Bestimmung des Umfangs der Beweisaufnahme zu beachten.[63]

§ 68a StPO Bloßstellen von Zeugen

(1) Fragen nach Tatsachen, die dem Zeugen oder einer Person, die im Sinne des § 52 Abs. 1 StPO sein Angehöriger ist, zur Unehre gereichen können oder deren persönlichen Lebensbereich betreffen, sollen nur gestellt werden, wenn es unerlässlich ist.

(2) Fragen nach Umständen, die die Glaubwürdigkeit des Zeugen in der vorliegenden Sache betreffen, insbesondere nach seinen Beziehungen zu dem Beschuldigten oder der verletzten Person, sind zu stellen, soweit dies erforderlich ist. Der Zeuge soll nach Vor-

---

63   BGH NJW 2005, 1519; BGH NStZ-RR 2007, 21.

strafen nur gefragt werden, wenn ihre Feststellung notwendig ist, um über das Vorliegen der Voraussetzungen des § 60 Nr. 2 StPO zu entscheiden oder um seine Glaubwürdigkeit zu beurteilen.

Eine Frage ist hierbei nur unerlässlich, wenn ansonsten die Wahrheit nicht aufzuklären ist.[64] In diesem Zusammenhang ist es gleichgültig, ob die Frage sich auf unmittelbare Tatsachen oder lediglich auf Hilfstatsachen bezieht.[65] Bei Sexualstraftaten soll insbesondere verhindert werden, dass das Opfer über sein Sexualleben ausgefragt wird, wenn erkennbar kein Zusammenhang mit der Tat besteht.[66]

Stellt der Verteidiger in der Hauptverhandlung z.B. derartige Fragen, muss der Zeugenbeistand diese nach § 241 Abs. 2 StPO beanstanden[67] und darauf hinwirken, dass der Vorsitzende diese zurückweist. Gleiches gilt, wenn diese im Rahmen des Ermittlungsverfahrens, sei es durch die Ermittlungsbehörden oder den Verteidiger, gestellt werden. **97**

Das Gericht braucht im Rahmen der Zurückweisung von ungeeigneten, nicht zur Sache gehörenden Fragen oder entwürdigenden Fragen nicht jede einzelne Frage für sich zurückweisen. Bei einem wiederholten Missbrauch des Fragerechts durch den Verteidiger, z.B. durch das Stellen vieler entwürdigender Fragen, kann der Vorsitzende als ultima ratio dem Verteidiger das Stellen dieser Fragen für die weitere Beweisaufnahme verbieten.[68]

Nach § 68a Abs. 2 StPO sind zudem Fragen, z.B. zum Sexualverhalten des Opfers, auch in der Beziehung mit dem Täter nur zulässig, wenn sie für die Glaubwürdigkeitsbeurteilung unerlässlich sind. Sie sind damit nicht per se zulässig,[69] dies dürfte sogar die Ausnahme sein. Insofern sollten diesbezügliche, unzulässige, Fragen des Verteidigers sofort beanstandet werden.

Im Übrigen muss nicht jede einzelne, diesbezüglich unzulässige Frage eines Prozessbeteiligten beanstandet werden. Das Gericht kann Fragen mit derselben unzulässigen Zielrichtung vorab für unzulässig erklären.[70]

---

64 BGH St 21, 334, 360.
65 BGH St 13, 252, 255.
66 *Meyer-Goßner*, § 68a Rn 4 m.w.N.
67 Zum Beanstandungsrecht des Nebenklägers siehe unten § 8 Rn 155.
68 BGH MDR 1973, 371; OLG Karlsruhe NJW 1978, 436.
69 BGH, Beschl. v. 11.1.2005 – 1 StR 498/04.
70 BGH MDR 1973, 371; OLG Karlsruhe NJW 1978, 436.

F. Zeugenbeistand

I. Recht auf Zeugenbeistand

98 Durch das Gesetz zur Stärkung der Rechte von Verletzten und Zeugen im Strafverfahren (2. Opferrechtsreformgesetz) vom 29.7.2009,[71] welches zum 1.10.2009 in Kraft trat, wurde die bisher gängige Praxis, wonach sich Zeugen eines Beistandes bedienen können, als gesetzliche Regelung in die Strafprozessordnung aufgenommen. Hiernach hat jeder Zeuge das Recht, sich eines Zeugenbeistandes zu bedienen.

§ 68b StPO Zeugenbeistand

(1) Zeugen können sich eines anwaltlichen Beistands bedienen. Einem zur Vernehmung des Zeugen erschienenen anwaltlichen Beistand ist die Anwesenheit gestattet. Er kann von der Vernehmung ausgeschlossen werden, wenn bestimmte Tatsachen die Annahme rechtfertigen, dass seine Anwesenheit die geordnete Beweiserhebung nicht nur unwesentlich beeinträchtigen würde. Dies wird in der Regel der Fall sein, wenn aufgrund bestimmter Tatsachen anzunehmen ist, dass

1. der Beistand an der zu untersuchenden Tat oder an einer mit ihr im Zusammenhang stehenden Begünstigung, Strafvereitelung oder Hehlerei beteiligt ist,
2. das Aussageverhalten des Zeugen dadurch beeinflusst wird, dass der Beistand nicht nur den Interessen des Zeugen verpflichtet erscheint, oder
3. der Beistand die bei der Vernehmung erlangten Erkenntnisse für Verdunkelungshandlungen im Sinne des § 112 Abs. 2 Nr. 3 nutzt oder in einer den Untersuchungszweck gefährdenden Weise weitergibt.

(2) Einem Zeugen, der bei seiner Vernehmung keinen anwaltlichen Beistand hat und dessen schutzwürdigen Interessen nicht auf andere Weise Rechnung getragen werden kann, ist für deren Dauer ein solcher beizuordnen, wenn besondere Umstände vorliegen, aus denen sich ergibt, dass der Zeuge seine Befugnisse bei seiner Vernehmung nicht selbst wahrnehmen kann. § 142 Absatz 1 gilt entsprechend.

(3) Entscheidungen nach Absatz 1 Satz 3 und Absatz 2 Satz 1 sind unanfechtbar. Ihre Gründe sind aktenkundig zu machen, soweit dies den Untersuchungszweck nicht gefährdet.

99 Von dem grundsätzlichen Recht auf einen Zeugenbeistand ist sowohl die Frage zu unterscheiden, welche Rechte der Zeugenbeistand hat, als auch die Frage, ob eine gerichtliche Beiordnung des Beistandes erfolgen kann, d.h. ob der Zeugenbeistand aus der Staatskasse bezahlt wird, so dass der Zeuge seinen Beistand nicht vergüten muss.

---

71   BGBl I 2009, 2280.

Für die Vertretung des Zeugen durch einen Zeugenbeistand gilt das Mehrfachver- **100**
teidigungsverbot des § 146 StPO nicht, so dass ein Zeugenbeistand gleichzeitig
mehrere Zeugen vertreten kann.[72]

II. Rechte des Zeugenbeistandes

In § 68b Abs. 1 Satz 1 StPO ist die schon bislang gängige Praxis und Rechtspre- **101**
chung des BVerfG[73] durch das 2. Opferrechtsreformgesetz verankert worden, wonach sich ein Zeuge bei seiner Aussage eines anwaltlichen Beistandes bedienen
kann, dem auch die Anwesenheit bei der Vernehmung des Zeugen gestattet ist.
§ 68b StPO gilt, da dort keine Differenzierung vorgenommen wird, für alle Formen
der Vernehmung, also polizeiliche, staatsanwaltliche und richterliche Vernehmungen.

Zwar ist es Aufgabe des Zeugen, die Anwesenheit des Beistandes zu bewirken. **102**
Die Strafverfolgungsbehörden sind allerdings gehalten, soweit dies ohne Beeinträchtigung ihrer Aufgabenerfüllung möglich ist, die Vernehmung so zu terminie-
ren, dass der Zeuge sich seines Beistandes bedienen kann.[74] Bei polizeilichen Zeu-
genvernehmungen ist dies sowieso unproblematisch, da dort für den Zeugen selbst
weder eine Erscheinungs- noch Aussagepflicht besteht. Der Zeuge kann hier also
leicht eine Terminsverlegung erreichen, da er ansonsten gar nicht aussagt oder die
Terminierung der staatsanwaltschaftlichen Vernehmung abwarten.

Nach § 68b Abs. 1 Satz 3 StPO kann der anwaltliche Zeugenbeistand von der Teil- **103**
nahme an der Vernehmung ausgeschlossen werden, wenn bestimmte Tatsachen die
Annahme rechtfertigen, dass seine Anwesenheit die geordnete Beweiserhebung
nicht nur unwesentlich beeinträchtigen würde. Dies käme dann in Betracht, wenn
die Teilnahme des Beistandes an der Vernehmung erkennbar dazu missbraucht
wird, eine geordnete und effektive Beweiserhebung zu erschweren oder zu verhindern und damit das Auffinden einer materiell richtigen und gerechten Entscheidung zu beeinträchtigen.[75] Diese den Ausschluss des Beistandes rechtfertigende
Annahme muss sich nach dem eindeutigen Gesetzeswortlaut auf bestimmte Tatsachen gründen, bloße Spekulationen und Verdachtsmomente reichen nicht aus.

---

72 KK-*Laufhütte*, § 146 Rn 4; BVerfG NJW 2000, 2660.
73 BVerfGE 38, 105 ff.
74 Begründung Entwurf zum 2. Opferrechtsreformgesetz, BT Drucks 178/09, S. 23.
75 BVerfGE 38, 105, 120.

104 § 68b Abs. 1 Satz 4 StPO führt Regelbeispiele für Sachverhalte auf, die einen Ausschluss des Beistandes nach § 68b Abs. 1 Satz 3 StPO rechtfertigen können. Da es in der Praxis sehr viele Fallkonstellationen geben kann, die einen Ausschluss des Beistandes erfordern, hat der Gesetzgeber hier die sog. Regelbeispielsmethode gewählt, d.h. die dort aufgezählten Fälle sind nicht abschließend, sondern gerade nur beispielhaft aufgezählte Regelfälle, bei denen üblicherweise die Vermutung besteht, dass ein Fall vorliegt, bei dem der Beistand auszuschließen ist.

105 Dies bedeutet aber, dass im Einzelfall bei gleichwertigen ähnlichen Fällen, bei denen ein Regelfall nicht vorliegt, auch ein Ausschluss in Betracht kommt oder im Einzelfall, dass trotz der grundsätzlichen Verwirklichung eines Regelbeispiels nicht zwingend ein Ausschluss erfolgen muss.

106 Im Rahmen der Neufassung des § 68b StPO durch das 2. Opferrechtsreformgesetz wurde allerdings nicht geregelt, ob der Zeugenbeistand zur Vorbereitung auf die Vernehmung des Zeugen ein Akteneinsichtsrecht hat. Nach einer neuen Entscheidung des BGH[76] soll dem anwaltlichen Zeugenbeistand im Gegensatz zu dem Verteidiger ein eigenes Recht auf Akteneinsicht nicht zustehen, da sich dessen Rechtsstellung von der des Zeugen ableitet, der kein eigenes Akteneinsichtsrecht hat. Sofern der Zeuge kein „Verletzter" ist, hat der Zeuge damit nur ein Akteneinsichtsrecht als „Privatperson" nach § 475 StPO.

III. Beiordnung eines Zeugenbeistandes

107 Nach § 68b Abs. 2 StPO ist einem Zeugen, der bei seiner Vernehmung keinen anwaltlichen Beistand hat und dessen schutzwürdigen Interessen nicht auf andere Weise Rechnung getragen werden kann, für deren Dauer ein solcher beizuordnen, wenn besondere Umstände vorliegen, aus denen sich ergibt, dass der Zeuge seine Befugnisse bei seiner Vernehmung nicht selbst wahrnehmen kann. § 142 Abs. 1 StPO gilt entsprechend. Die Voraussetzungen der Beiordnung des Beistandes für einen Zeugen werden nicht mehr an das Vorliegen eines bestimmten, schweren Deliktes geknüpft, da Anlass für die Beiordnung des Beistandes die besondere Schutzbedürftigkeit des Zeugen ist, die aber unabhängig von dem dem Täter vorgeworfenen Delikt ist. Die Beiordnung eines Beistandes kommt damit insbesondere in Betracht bei psychischen Problemen des Zeugen, bei dem Zeugen drohenden Repressalien, oder rechtlich schwierigen Fragen zu einem möglichen Auskunftsverweigerungsrecht nach § 55 StPO. Allerdings ist im Grundsatz davon auszuge-

---

76 BGH StraFo 2010, 253.

hen, dass ein Zeuge, wenn er ordnungsgemäß über seine Rechte belehrt wird, selbst über die Wahrnehmung eines ihm eventuell zustehenden Auskunfts- oder Zeugnisverweigerungsrechts entscheiden kann, so dass es im Grundsatz hierfür nicht der Beiordnung eines Beistandes bedarf. Die Beiordnung eines Beistandes nach § 68b Abs. 2 StPO kommt somit nur bei außergewöhnlichen Situationen, z.B. der Vernehmung eines besonders unreifen oder psychisch beeinträchtigten Zeugen, in Betracht. Da die Beiordnung somit unabhängig vom Vorliegen der Prozesskostenhilfevoraussetzungen ist, erfolgt dann die Beiordnung auch nicht unter der Einschränkung der Bedingungen eines ortsansässigen Rechtsanwalts.

Das früher für eine Beiordnung erforderliche Antrags- und Zustimmungsrecht, insbesondere der Staatsanwaltschaft, gilt heute nicht mehr, da dieses sachlich nicht gerechtfertigt war. **108**

Da nach § 68b Abs. 2 Satz 1 StPO die Beiordnung eines Zeugenbeistandes nur in Betracht kommt, wenn der Zeuge noch keinen anwaltlichen Beistand, also keinen von ihm beauftragten Rechtsanwalt hat, ist es im Rahmen des Beiordnungsantrages erforderlich, dass dort das Wahlmandat niedergelegt wird.[77] Insofern kann auf die Praxis im Rahmen des Antrags auf Bestellung als Pflichtverteidiger bei Vorliegen eines Wahlmandates verwiesen werden. **109**

▼

Muster 2.12: Antrag auf Beiordnung als Zeugenbeistand **110**

An das

Amtsgericht/Landgericht ▨

In dem Strafverfahren

gegen ▨

AZ: ▨

zeige ich die Vertretung des Zeugen ▨ als Zeugenbeistand an.

Es wird beantragt, den Unterzeichner dem Zeugen ▨ als Zeugenbeistand gemäß § 68b Abs. 2 StPO beizuordnen. Für den Fall meiner Beiordnung lege ich die Wahl-Vertretung des Zeugen ▨ nieder.

Begründung:

Dem Zeugen ▨ ist nach § 68b Abs. 2 Satz 1 StPO ein Anwalt als Zeugenbeistand beizuordnen.

---

77 *Graf*, § 68b Rn 5.

Dem Zeugen ▆▆▆▆ steht punktuell ein Auskunftsverweigerungsrecht nach § 55 StPO zu. Zwar ist es grundsätzlich einem Zeugen, nach entsprechender Belehrung durch das Gericht, selbst zuzumuten, über die Wahrnehmung dieses Rechtes selbst zu entscheiden. Aufgrund des hier gegebenen sehr komplexen Sachverhaltes und des Aktenumfangs kann aber der juristisch unerfahrene Zeuge selbst nicht abschließend beurteilen, welche Fragen des Gerichts ggf. doch noch von seinem Auskunftsverweigerungsrecht umfasst sind.

Es besteht daher zur Wahrung der schutzwürdigen Interessen des Zeugen ein Anspruch auf Beiordnung.

Rechtsanwalt

111
Praxistipp: Zeugenbeistand
Nach § 68b StPO kann sich jeder Zeuge eines Zeugenbeistandes bedienen. Darauf sollte der Zeuge hingewiesen werden.

Dem Zeugenbeistand ist bei allen Vernehmungen (polizeilichen, staatsanwaltschaftlichen und richterlichen) die Anwesenheit gestattet. Er kann nur ausnahmsweise von der Vernehmung ausgeschlossen werden.

Eine Beiordnung eines Rechtsanwaltes kann erfolgen, wenn den schutzwürdigen Interessen des Zeugen ohne anwaltlichen Beistand nicht auf andere Weise Rechnung getragen werden kann, insbesondere, wenn besondere Umstände vorliegen, aus denen sich ergibt, dass der Zeuge seine Befugnisse bei seiner Vernehmung nicht selbst wahrnehmen kann.

G. Recht auf Anwesenheit einer Vertrauensperson

112 Nach § 406f Abs. 2 S. 1 StPO kann einem Verletzten auf Antrag gestattet werden, dass ihn eine Vertrauensperson bei seiner Vernehmung begleitet, sofern dies nicht den Untersuchungszweck gefährdet.

113 Über den Antrag auf Zulassung der Vertrauensperson zur Vernehmung entscheidet nach § 406f Abs. 2 S. 2 StPO die die Vernehmung leitende Person. Ihre Entscheidung ist nach § 406f Abs. 2 S. 2 letzter HS StPO unanfechtbar. Nach § 406f Abs. 2 S. 3 StPO sind die Gründe für die Nichtzulassung der Vertrauensperson aktenkundig zu machen.

114 § 406f StPO gilt für jeden Verletzten, nicht etwa nur den an sich Nebenklageberechtigten. Die Vertrauensperson dient im Wesentlichen der psychologischen Betreuung des Verletzten. Sie soll dem Verletzten eine eventuelle Angst oder sogar

Befangenheit vor der Vernehmung nehmen. Weitergehende Rechte, wie etwa ein anwaltlicher Verletzten- oder Zeugenbeistand, hat die zugelassene Vertrauensperson nicht.

In der Hauptverhandlung, bei ausgeschlossener Öffentlichkeit, hat sie ein Anwesenheitsrecht und wird nicht vom Ausschluss der Öffentlichkeit erfasst. **115**

Die Vertrauensperson kann durch den jeweils Vernehmenden zugelassen werden, also im Ermittlungsverfahren durch den Polizeibeamten oder in der Hauptverhandlung durch den Richter. **116**

Eine Ablehnung der Zulassung kann nur bei Gefährdung des Untersuchungszweckes erfolgen. Der Untersuchungszweck wird gefährdet, wenn durch die Zulassung entweder die Wahrheitsfindung beeinträchtigt wird oder durch die zeitliche Verzögerung ein Beweismittelverlust eintritt.[78] Dies kann z.B. dann der Fall sein, wenn die Vertrauensperson auf den Zeugen einwirkt, von einem bestehenden Zeugnis- oder Aussageverweigerungsrecht Gebrauch zu machen, obwohl der Zeuge davon eigentlich keinen Gebrauch machen wollte; d.h. wenn die Vertrauensperson über eine neutrale Beratung hinaus auf den Zeugen Einfluss nimmt. **117**

Eine reine zeitliche Verzögerung der Aussage, ohne drohenden Beweismittelverlust, wird dagegen nicht ausreichen, um die Vertrauensperson nicht zuzulassen. **118**

Stört die zugelassene Vertrauensperson die Vernehmung kann sie nach § 164 StPO im Ermittlungsverfahren und nach § 177 GVG in der Hauptverhandlung ausgeschlossen werden. **119**

Da die Entscheidung über die Zulassung/Nichtzulassung der Vertrauensperson nicht anfechtbar ist, ist sie nach § 336 StPO nicht reversibel, wenn die Ablehnung in der Hauptverhandlung erfolgte. **120**

▼

Muster 2.13: Antrag auf Zulassung einer Vertrauensperson **121**

An die Polizeibehörde/

An das Amts-/Landgericht

In dem Strafverfahren

gegen

hier: Zeugenvernehmung des Zeugen

wird beantragt,

---

78 *Neuhaus*, StV 2004, 622.

dem Zeugen zu gestatten, die mit dem Zeugen zu seiner Zeugenaussage erschienene Vertrauensperson des Zeugen, Frau ███████, als Vertrauensperson nach § 406f Abs. 2 StPO zuzulassen und ihr die Anwesenheit bei der Vernehmung zu gestatten.

Begründung:

Bei der mit erschienenen Vertrauensperson des Zeugen handelt es sich um eine gute Freundin, welche den Zeugen unterstützt und in der für den Zeugen belastenden Situation Halt gibt.

Die Anwesenheit der Vertrauensperson wird den Untersuchungszweck nicht gefährden. Diese ist zum einen anwesend und wird auf die Vernehmung des Zeugen keinerlei Einfluss nehmen.

Rechtsanwalt

H. Schutz vor unbefugter Namensnennung in der Presse und unbefugten Film-/Fotoaufnahmen

122 Neben dem Schutz des Opfers in Strafverfahren selbst besteht meist Bedarf, es vor einer zu aufdringlichen Medienberichterstattung zu schützen, wenn dies vom Opfer gewünscht ist. Manche Opfer suchen allerdings geradezu die Medienöffentlichkeit, weil sie entweder hoffen, die Tat so besser verarbeiten zu können, oder denken, auf das Strafverfahren gegen den Täter Einfluss nehmen zu können, auf ihr Leid aufmerksam machen wollen, andere potentielle Opfer schützen wollen oder aus sonstigen Gründen.

123 Im Gerichtsgebäude oder Verhandlungssaal besteht die Möglichkeit, über den Vorsitzenden als Inhaber der Sitzungsgewalt oder den Gerichtspräsidenten als Inhaber des Hausrechts darauf hinzuwirken, dass diese Film- und Fotoaufnahmen verbieten (siehe unten Rn 129). In Absprache mit dem Gericht kann auch das Opfer über nicht öffentliche Zugänge, an den Medien vorbei, zu seiner Vernehmung gebracht werden. Unabhängig davon besteht natürlich die Gefahr, dass das Opfer auch ggf. bei ihm zu Hause fotografiert oder gefilmt wird oder dass persönliche Daten vom Opfer im Rahmen der Berichterstattung veröffentlicht werden.

Droht dies, reicht oft der Hinweis an die Medien, dass bei einem Verstoß gegen die Wünsche des Opfers, nicht abgelichtet zu werden bzw. anonym zu bleiben, straf- oder bußgeldrechtliche Schritte eingeleitet werden und Schadenersatz geltend gemacht wird. Dies kann natürlich auch erfolgen, wenn sich in den Medien Aufnahmen des Opfers wiederfinden oder es nicht anonym geblieben ist, ohne dass es seine Zustimmung erteilt hat.

Berichte in der Presse über das Opfer sind nur in anonymisierter Form zulässig, es **124** sei denn das Opfer hat seine Einwilligung zur Namensnennung erteilt. Damit ist es ohne Einwilligung des Opfers nur zulässig, Berichte zu verfassen, ohne den Namen des Opfers zu nennen bzw. nur so Berichte zu verfassen, dass eine Identifizierung des Opfers ausgeschlossen ist. Bei den Daten des Opfers, auch bei seinem Namen, handelt es sich um sog. personenbezogene Daten i.S.d. § 3 BDSG. Werden diese personenbezogenen Daten des Opfers dennoch veröffentlicht, d.h. verbreitet, stellt dies eine Ordnungswidrigkeit nach § 43 Abs. 2 Nr. 1 BDSG dar. § 43 Abs. 2 Nr. 1 i.V.m. Abs. 3 BDSG sieht im Falle der fahrlässigen oder vorsätzlichen Begehung eine Geldbuße bis zu 300.000 EUR vor. Erfolgt die Verbreitung vorsätzlich und gegen Entgelt oder in Bereicherungs- oder Schädigungsabsicht, stellt dies nach § 44 BDSG eine Straftat dar, die mit Freiheitsstrafe bis zwei Jahren oder Geldstrafe geahndet werden kann. Hierbei handelt es sich nach § 44 Abs. 2 BDSG um ein Antragsdelikt, so dass ein Strafantrag zwingend gestellt werden muss, wenn das Opfer die Strafverfolgung wünscht.

§ 3 BDSG Weitere Begriffsbestimmungen   **125**

(1) Personenbezogene Daten sind Einzelangaben über persönliche oder sachliche Verhältnisse einer bestimmten oder bestimmbaren natürlichen Person (Betroffener).

(...)

§ 43 BDSG Bußgeldvorschriften

(2) Ordnungswidrig handelt, wer vorsätzlich oder fahrlässig

1.

unbefugt personenbezogene Daten, die nicht allgemein zugänglich sind, erhebt oder verarbeitet,

(...)

(3) Die Ordnungswidrigkeit kann im Fall des Absatzes 1 mit einer Geldbuße bis zu fünfzigtausend Euro, in den Fällen des Absatzes 2 mit einer Geldbuße bis zu dreihunderttausend Euro geahndet werden. Die Geldbuße soll den wirtschaftlichen Vorteil, den der Täter aus der Ordnungswidrigkeit gezogen hat, übersteigen. Reichen die in Satz 1 genannten Beträge hierfür nicht aus, so können sie überschritten werden.

§ 44 BDSG Strafvorschriften

(1) Wer eine in § 43 Abs. 2 bezeichnete vorsätzliche Handlung gegen Entgelt oder in der Absicht, sich oder einen anderen zu bereichern oder einen anderen zu schädigen, begeht, wird mit Freiheitsstrafe bis zu zwei Jahren oder mit Geldstrafe bestraft.

(2) Die Tat wird nur auf Antrag verfolgt. Antragsberechtigt sind der Betroffene, die verantwortliche Stelle, der Bundesbeauftragte für den Datenschutz und die Informationsfreiheit und die Aufsichtsbehörde.

126 Durch § 201a StGB wird ein Opfer, wie jedermann, vor unberechtigten Film- und Fotoaufnahmen in seinem höchstpersönlichen Bereich geschützt und der Verstoß dagegen unter Strafe gestellt.

§ 201a StGB Verletzung des höchstpersönlichen Lebensbereichs durch Bildaufnahmen

(1) Wer von einer anderen Person, die sich in einer Wohnung oder einem gegen Einblick besonders geschützten Raum befindet, unbefugt Bildaufnahmen herstellt oder überträgt und dadurch deren höchstpersönlichen Lebensbereich verletzt, wird mit Freiheitsstrafe bis zu einem Jahr oder mit Geldstrafe bestraft.

(2) Ebenso wird bestraft, wer eine durch eine Tat nach Absatz 1 hergestellte Bildaufnahme gebraucht oder einem Dritten zugänglich macht.

(3) Wer eine befugt hergestellte Bildaufnahme von einer anderen Person, die sich in einer Wohnung oder einem gegen Einblick besonders geschützten Raum befindet, wissentlich unbefugt einem Dritten zugänglich macht und dadurch deren höchstpersönlichen Lebensbereich verletzt, wird mit Freiheitsstrafe bis zu einem Jahr oder mit Geldstrafe bestraft.

(4) Die Bildträger sowie Bildaufnahmegeräte oder andere technische Mittel, die der Täter oder Teilnehmer verwendet hat, können eingezogen werden. § 74a StGB ist anzuwenden.

§ 201a StGB stellt ein sog. Offizialdelikt dar, d.h. die Strafverfolgung kann ohne einen Strafantrag des Verletzten erfolgen. Durch § 201a StGB werden damit insbesondere Film- und Fotoaufnahmen des Opfers in seinem Haus, seiner Wohnung oder z.B. in einem abgeschirmten Garten sanktioniert.

127 Wird das Opfer hingegen nicht in seiner Wohnung oder in einem besonders geschützten Raum ohne dessen Einwilligung gefilmt oder fotografiert, also z.B. im Gerichtsgebäude oder Gerichtssaal, stellt dies lediglich einen Verstoß gegen §§ 22, 33 KunstUrhG dar. Das Opfer ist hierbei keine relative Person der Zeitgeschichte i.S.d. § 23 Abs. 1 Nr. 1 KunstUrhG.[79]

§ 22 KunstUrhG

Bildnisse dürfen nur mit Einwilligung des Abgebildeten verbreitet oder öffentlich zur Schau gestellt werden. Die Einwilligung gilt im Zweifel als erteilt, wenn der Abgebildete dafür, daß er sich abbilden ließ, eine Entlohnung erhielt. Nach dem Tode des Abgebildeten bedarf es bis zum Ablaufe von 10 Jahren der Einwilligung der Angehörigen des Ab-

---

79 *Wenzel/v. Stroebel-Albeg*, Wort- und Bildberichterstattung, Kapitel 8 Rn 23.

gebildeten. Angehörige im Sinne dieses Gesetzes sind der überlebende Ehegatte oder Lebenspartner und die Kinder des Abgebildeten und, wenn weder ein Ehegatte oder Lebenspartner noch Kinder vorhanden sind, die Eltern des Abgebildeten.

§ 33 KunstUrhG

(1) Mit Freiheitsstrafe bis zu einem Jahr oder mit Geldstrafe wird bestraft, wer entgegen den §§ 22, 23 KunstUrhG ein Bildnis verbreitet oder öffentlich zur Schau stellt.

(2) Die Tat wird nur auf Antrag verfolgt.

Ein Verstoß hiergegen wird lediglich auf Antrag verfolgt, so dass das Opfer, wenn es eine Strafverfolgung wünscht, immer einen Strafantrag innerhalb der gesetzlichen Frist stellen muss. § 33 KunstUrhG ist zudem ein Privatklagedelikt nach § 374 Abs. 1 Nr. 8 StPO.

Neben den strafrechtlichen Handlungsmöglichkeiten wegen unberechtigten Film- oder Fotoaufnahmen (Erstattung einer Strafanzeige, Stellung eines Strafantrages) kann das Opfer zivilrechtlich Schmerzensgeld wegen der Verletzung seines allgemeinen Persönlichkeitsrechtes nach § 823 Abs. 1 S. 1 BGB oder einen Unterlassungsanspruch nach §§ 823, 1004 BGB geltend machen. **128**

Die polizeiliche Sitzungsgewalt des Vorsitzenden nach § 176 GVG umfasst zudem nicht nur den Sitzungssaal, sondern auch unmittelbar angrenzende Räume,[80] wie z.B. den Gerichtsflur. Wurden – entgegen der sitzungspolizeilichen Anordnung – Film- oder Fotoaufnahmen von Reportern gemacht, kann der Vorsitzende die vorübergehende Beschlagnahme des Aufnahmegerätes und die dauerhafte Sicherstellung des Aufnahmedatenträgers anordnen.[81] **129**

I. Namensänderung

Oft werden Opfer vom Täter während oder auch nach dem Strafverfahren weiter verfolgt. Oft versuchen auch Täter später die Opfer wieder ausfindig zu machen. Neben den dargestellten Möglichkeiten, z.B. der Verheimlichung der Anschrift im Verfahren, stellt oft nur ein Umzug des Opfers in eine andere Stadt und eine Namensänderung einen wirksamen Schutz vor künftiger Verfolgung durch den Täter dar. Dies gilt z.B. besonders nach Zwangsheiratsverfahren. **130**

Nach Scheidung, z.B. vom Täter, kann der geschiedene Ehegatte nach § 1355 Abs. 5 BGB durch Erklärung gegenüber dem Standesamt seinen Geburtsnamen **131**

---

80 BGHSt 44, 22.
81 LG Ravensburg NStZ-RR 2007, 348 f.

oder den Namen wieder annehmen, den er bis zur Bestimmung des Ehenamens geführt hat, oder dem Ehenamen seinen Geburtsnamen oder den zur Zeit der Bestimmung des Ehenamens geführten Namen voranstellen oder anfügen. Dies hilft aber oft nicht weiter, da dem Täter selbstverständlich der frühere Name des Opfers bekannt ist, so dass diese Namensänderung zwar vorgenommen werden kann, um den Namen des Täters nach einer Beziehungstat abzulegen, aber nicht als Schutz vor dem Wiederauffinden durch den Täter dient.

132 Nach § 3 Abs. 1 des Gesetzes über die Änderung von Familiennamen und Vornamen (NamÄnG) kann der Familienname geändert werden, wenn ein wichtiger Grund vorliegt. Ob ein wichtiger Grund vorliegt, ist hierbei nach objektiven Merkmalen zu bestimmen. Das Vorliegen eines wichtigen Grundes wird immer angenommen, wenn das Interesse des Namensträgers an der Namensänderung nach allgemeiner Verkehrsauffassung schutzwürdig ist, d.h. wenn seine Gründe, an Stelle seines Namens künftig einen anderen zu führen, so wesentlich sind, dass die Belange der Allgemeinheit dem gegenüber zurücktreten müssen, die vor allem in der sozialen Ordnungsfunktion des Namens und im sicherheitsrechtlichen Interesse an der Führung des überkommenen Namens augenscheinlich werden.[82] Die Frage der Auslegung des wichtigen Grundes findet sich in der „Allgemeinen Verwaltungsvorschrift zum Gesetz über die Änderung von Familiennamen und Vornamen",[83] dort § 13. Die weitere Verfolgung durch den Täter einer Straftat dürfte regelmäßig einen wichtigen Grund darstellen.

Der Antragsteller hat einen neuen Namen auszuwählen und im Antrag mit anzugeben. Der neue Name kann allerdings nicht uneingeschränkt ausgewählt werden.[84] Zum einen muss der neue Name zum Gebrauch als Name geeignet sein und darf zum anderen auch nicht selbst wieder Anlass zu einer weiteren Namensänderung aus wichtigem Grund geben, wie es z.B. bei einem Sammelnamen oder anstößigen Namen der Fall wäre.

133 Nach § 4 NamÄnG wirkt sich die Namensänderung auch auf den Namen der Kinder aus, sofern sie vorher den gleichen Namen getragen haben wie derjenige, dessen Namen geändert wird.

Das NamÄnG findet nach § 1 NamÄnG nur auf deutsche Staatsangehörige oder Staatenlose, die ihren Wohnsitz oder gewöhnlichen Aufenthalt in Deutschland haben, Anwendung. Auch können ausländische Flüchtlinge und Asylberechtigte eine

---

82 BVerwG StAZ 1960, 42.
83 Beilage zum Bundesanzeiger Nr. 153 vom 20.8.1980.
84 Vgl. Nr. 52 NamÄnVwV.

Namensänderung vornehmen lassen. Gleiches gilt für Ausländer, die von einer kollisionsrechtlichen Sonderregelung erfasst werden.

Der Antrag auf Namensänderung ist nach § 5 Abs. 1 NamÄnG schriftlich oder zu Protokoll der unteren Verwaltungsbehörde (Standesamt) zu stellen, in dessen Bezirk der Antragsteller seinen Wohnsitz hat. **134**

§ 3 Verletztenrechte

A. Einleitung

In den §§ 406d ff. StPO sind besondere Rechte des Verletzten einer Straftat gere- **1**
gelt. Hierbei ist vorab zu unterscheiden, ob der Verletzte grundsätzlich nebenklageberechtigt ist, seine aus der Nebenklage sich ergebenden Rechte allerdings nicht
ausübt, weil er nicht den Anschluss als Nebenkläger nach § 396 StPO erklärt hat,
oder ob er grundsätzlich nicht zur Nebenklage berechtigt ist. Im letzten Fall hat er
die Rechte nach §§ 406d, 406e, 406f und 406h StPO. § 406g StPO gilt nur für den
an sich nebenklageberechtigten Verletzten, der den Anschluss als Nebenkläger
nicht erklärt hat.

Neben diesen Verletztenrechten gelten für den Verletzten einer Straftat auch noch **2**
weitere Rechte, je nachdem ob der Verletzte zusätzlich Zeuge, Privatkläger oder
Adhäsionskläger ist. Die Nebenklagerechte gelten für ihn nur, wenn er zum Anschluss nach § 395 StPO befugt ist.

Der Verletzte kann sich auch eines Rechtsanwaltes, eines Verletztenbeistandes, be- **3**
dienen.

4

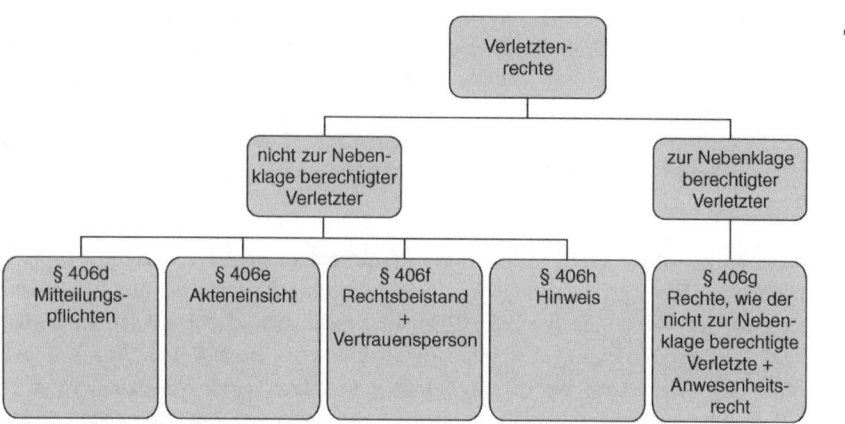

Übersicht: Verletztenrechte nach § 406e StPO

B. Akteneinsichtsrecht

5

§ 406e StPO Akteneinsicht

(1) Für den Verletzten kann ein Rechtsanwalt die Akten, die dem Gericht vorliegen oder diesem im Falle der Erhebung der öffentlichen Klage vorzulegen wären, einsehen sowie amtlich verwahrte Beweisstücke besichtigen, soweit er hierfür ein berechtigtes Interesse darlegt. In den in § 395 genannten Fällen bedarf es der Darlegung eines berechtigten Interesses nicht.

(2) Die Einsicht in die Akten ist zu versagen, soweit überwiegende schutzwürdige Interessen des Beschuldigten oder anderer Personen entgegenstehen. Sie kann versagt werden, soweit der Untersuchungszweck, auch in einem anderen Strafverfahren, gefährdet erscheint. Sie kann auch versagt werden, wenn durch sie das Verfahren erheblich verzögert würde, es sei denn, dass die Staatsanwaltschaft in den in § 395 genannten Fällen den Abschluss der Ermittlungen in den Akten vermerkt hat.

(3) Auf Antrag können dem Rechtsanwalt, soweit nicht wichtige Gründe entgegenstehen, die Akten mit Ausnahme der Beweisstücke in seine Geschäftsräume oder seine Wohnung mitgegeben werden. Die Entscheidung ist nicht anfechtbar.

(4) Über die Gewährung der Akteneinsicht entscheidet im vorbereitenden Verfahren und nach rechtskräftigem Abschluss des Verfahrens die Staatsanwaltschaft, im Übrigen der Vorsitzende des mit der Sache befassten Gerichts. Gegen die Entscheidung der Staatsanwaltschaft nach Satz 1 kann gerichtliche Entscheidung durch das nach § 162 zuständige Gericht beantragt werden. Die §§ 297 bis 300, 302, 306 bis 309, 311a und 473a gelten entsprechend. Die Entscheidung des Gerichts ist unanfechtbar, solange die Ermittlungen noch nicht abgeschlossen sind. Diese Entscheidungen werden nicht mit Gründen versehen, soweit durch deren Offenlegung der Untersuchungszweck gefährdet werden könnte.

(5) Unter den Voraussetzungen des Absatzes 1 können dem Verletzten Auskünfte und Abschriften aus den Akten erteilt werden; die Absätze 2 und 4 sowie § 478 Abs. 1 Satz 3 und 4 gelten entsprechend.

(6) § 477 Abs. 5 gilt entsprechend.

Nach § 406e Abs. 1 Satz 1 StPO hat der Verletzte über einen Rechtsanwalt ein umfassendes Akteneinsichtsrecht, wenn er ein berechtigtes Interesse hat. Handelt es sich um eine Tat, die nach § 395 StPO zum Anschluss als Nebenkläger berechtigt, bedarf es der Darlegung des berechtigten Interesses nach § 406e Abs. 1 Satz 2 StPO nicht. Ansonsten besteht ein berechtigtes Interesse des Verletzten, wenn er z.B. gegen eine Einstellung des Strafverfahrens gegen den Täter vorgehen möchte oder wenn er prüfen möchte, ob und in welcher Höhe er gegen den Täter Schadensersatzansprüche geltend machen kann.[1]

---

1   LG Stralsund StraFo 2006, 76.

Nach § 406e Abs. 2 StPO kann dem Verletzten, trotz eines berechtigten Interesses, die Akteneinsicht versagt werden, wenn überwiegende schutzwürdige Interessen des Beschuldigten oder anderer Personen entgegenstehen. Dies kann z.b. dann gegeben sein, wenn sonst Erkenntnisse aus dem Intimbereich, der Gesundheit oder der Psyche offenbart würden,[2] das Steuergeheimnis verletzt würde[3] oder kein hinreichender Tatverdacht hinsichtlich der Verletzteneigenschaft des Anzeigenerstatters besteht.[4] **6**

Die Akteneinsicht kann ferner versagt werden, soweit der Untersuchungszweck, auch in einem anderen Strafverfahren, gefährdet erscheint. Sie kann auch versagt werden, wenn durch sie das Verfahren erheblich verzögert würde, es sei denn, dass die Staatsanwaltschaft in den in § 395 StPO genannten Fällen den Abschluss der Ermittlungen in den Akten vermerkt hat. **7**

Überwiegende schutzwürdige Interessen des Beschuldigten oder anderer Personen stehen z.b. entgegen, wenn das Interesse dieser Personen an der Geheimhaltung der in den Akten vorhandenen Daten und Informationen größer ist als das berechtigte Interesse des Verletzten am Akteninhalt.[5] Bevor allerdings hier die (komplette) Versagung der Akteneinsicht in Frage kommt, ist zu prüfen, ob lediglich teilweise Akteneinsicht gewährt werden kann, ohne die schutzwürdigen Interessen des Beschuldigten oder anderer Personen zu verletzen.[6] **8**

Muster 3.1: Akteneinsichtsantrag für den Verletzten **9**

An das

Amtsgericht/Landgericht ▒▒▒▒

In dem Strafverfahren

gegen ▒▒▒▒

AZ: ▒▒▒▒

zeige ich unter Hinweis auf die anliegende Vollmacht an, dass mich die/der Geschädigte ▒▒▒▒, mit seiner/ihrer Vertretung beauftragt hat.

---

2   LR-*Hilger*, § 406e Rn 9.
3   LG München wistra 2006, 240.
4   LG Köln StraFo 2005, 78.
5   BVerfG NJW 2007, 1052.
6   LG Hildesheim NJW 2008, 531, 534.

Ich beantrage schon jetzt gegenüber der Staatsanwaltschaft, mir gemäß § 406e StPO

Akteneinsicht

in die Verfahrensakten, sämtliche Beiakten, Beweismittelordner und sonstigen Beweisstücke zu gewähren.

Die Akteneinsicht dient der Vorbereitung der Realisierung von zivilrechtlichen Ansprüchen (Schadensersatz u. Schmerzensgeld).

Soweit eine Übersendung an meinen Kanzleisitz in Betracht kommt, bitte ich mir die Akte gegebenenfalls durch Gerichtsfacheinlage zur Verfügung zu stellen. Hierbei bitte ich, eine Bearbeitungszeit von wenigstens einer Woche zu berücksichtigen.

Die unverzügliche Rückgabe der Akte sichere ich zu.

Außerdem wird beantragt, mich gemäß § 406d StPO über den Verfahrensausgang zu informieren.

Rechtsanwalt

C.   Recht auf Verletztenbeistand

10   Nach § 406f Abs. 1 StPO hat der Verletzte das Recht, sich im Strafverfahren durch einen Rechtsanwalt als Beistand vertreten zu lassen.

> **§ 406f StPO Rechtsbeistand des nicht nebenklageberechtigten Verletzten**
>
> (1) Verletzte können sich des Beistands eines Rechtsanwalts bedienen oder sich durch einen solchen vertreten lassen. Einem zur Vernehmung des Verletzten erschienenen anwaltlichen Beistand ist die Anwesenheit gestattet.
>
> (2) Bei einer Vernehmung von Verletzten ist auf deren Antrag einer zur Vernehmung erschienenen Person ihres Vertrauens die Anwesenheit zu gestatten, es sei denn, dass dies den Untersuchungszweck gefährden könnte. Die Entscheidung trifft die die Vernehmung leitende Person; die Entscheidung ist nicht anfechtbar. Die Gründe einer Ablehnung sind aktenkundig zu machen.

11   Der Rechtsbeistand hat, wenn er zur Vernehmung des Verletzten erschienen ist, ein Anwesenheitsrecht.

D. Anwesenheitsrecht einer Vertrauensperson

Nach § 406f Abs. 2 StPO kann einer zur Vernehmung des Verletzten erschienenen **12** Person seines Vertrauens die Anwesenheit gestattet werden, wenn dies den Untersuchungszweck nicht gefährdet (vgl. oben § 2 Rn 112 ff.).

E. Informationsrecht

Nach § 406d StPO ist dem Verletzten auf seinen Antrag hin, die Einstellung oder **13** der Ausgang des Strafverfahrens gegen den Täter mitzuteilen.

§ 406d StPO Mitteilungspflichten

(1) Dem Verletzten sind auf Antrag die Einstellung des Verfahrens und der Ausgang des gerichtlichen Verfahrens mitzuteilen, soweit es ihn betrifft.

(2) Dem Verletzten ist auf Antrag mitzuteilen, ob
1. dem Verurteilten die Weisung erteilt worden ist, zu dem Verletzten keinen Kontakt aufzunehmen oder mit ihm nicht zu verkehren;
2. freiheitsentziehende Maßnahmen gegen den Beschuldigten oder den Verurteilten angeordnet oder beendet oder ob erstmalig Vollzugslockerungen oder Urlaub gewährt werden, wenn er ein berechtigtes Interesse darlegt und kein überwiegendes schutzwürdiges Interesse des Betroffenen am Ausschluss der Mitteilung vorliegt; in den in § 395 Absatz 1 Nummer 1 bis 5 genannten Fällen sowie in den Fällen des § 395 Absatz 3, in denen der Verletzte zur Nebenklage zugelassen wurde, bedarf es der Darlegung eines berechtigten Interesses nicht;
3. dem Verurteilten erneut Vollzugslockerung oder Urlaub gewährt wird, wenn dafür ein berechtigtes Interesse dargelegt oder ersichtlich ist und kein überwiegendes schutzwürdiges Interesse des Verurteilten am Ausschluss der Mitteilung vorliegt.

(3) Mitteilungen können unterbleiben, sofern sie nicht unter einer Anschrift möglich sind, die der Verletzte angegeben hat. Hat der Verletzte einen Rechtsanwalt als Beistand gewählt, ist ihm ein solcher beigeordnet worden oder wird er durch einen solchen vertreten, so gilt § 145a entsprechend.

Nach § 406d Abs. 2 Nr. 2 StPO ist dem Verletzten auf Antrag auch insbesondere **14** mitzuteilen, ob freiheitsentziehende Maßnahmen gegen den Beschuldigten oder den Verurteilten angeordnet oder beendet sind oder ob erstmalig Vollzugslockerungen oder Urlaub gewährt werden, wenn der Verletzte ein berechtigtes Interesse darlegt und kein überwiegendes schutzwürdiges Interesse des Betroffenen am Ausschluss der Mitteilung vorliegt. Nach Nr. 140 Abs. 2 RiStBV ist die Stelle für die Mitteilung nach § 406d Abs. 2 StPO zuständig, die für den aktuellen Verfahrensabschnitt zuständig ist, d.h. für die Staatsanwaltschaft außerhalb der Hauptverhandlung.

15 Gemäß § 406d Abs. 2 Nr. 3 StPO[7] ist dem Verletzten auf Antrag mitzuteilen, ob dem Verurteilten erneut Vollzugslockerungen oder Urlaub gewährt wird, wenn dafür ein berechtigtes Interesse dargelegt oder ersichtlich ist, oder kein überwiegendes schutzwürdiges Interesse des Verurteilten am Ausschluss der Mitteilung vorliegt.

Das erforderliche berechtigte Interesse des Verletzten ist immer dann anzunehmen, wenn weitere Angriffe durch den Täter nicht auszuschließen sind.

16 Ein überwiegendes schutzwürdiges Interesse des Täters dürfte hier immer anzunehmen sein, wenn der Täter die Rache des Verletzten befürchten muss.

17 In den in § 395 Abs. 1 Nr. 1 bis 5 StPO genannten Fällen sowie in den Fällen des § 395 Abs. 3 StPO, in denen der Verletzte zur Nebenklage zugelassen wurde, bedarf es der Darlegung eines berechtigten Interesses des Verletzten jedoch nicht.

18 **Muster 3.2: Antrag auf Benachrichtigung über den Ausgang des Verfahrens**

An das

Amtsgericht/Landgericht ▨▨▨

In dem Strafverfahren

gegen ▨▨▨

AZ: ▨▨▨

beantrage ich namens und in Vollmacht des Geschädigten ▨▨▨ Auskunft gemäß § 406d StPO über den Ausgang des gerichtlichen Verfahrens.

Rechtsanwalt

F.   Recht auf Hinweise

19 Letztendlich ist der Verletzte nach § 406h StPO auf diese Rechte hinzuweisen. Er ist nach § 406h StPO ferner auf die Möglichkeit der Nebenklage, einen Beistand für den Nebenkläger, auf das Adhäsionsverfahren, auf das Opferentschädigungsgesetz, auf das Gewaltschutzgesetz und auf die Möglichkeit der Unterstützung und Hilfe auch durch Opferhilfeeinrichtungen zu erhalten, hinzuweisen.

---

7   Neu eingefügt durch das Gesetz zur Stärkung der Rechte von Opfern sexuellen Missbrauchs (StORMG), bzgl. Art. 1 mit Wirkung zum 1.9.2013.

§ 406h StPO Hinweise

Verletzte sind möglichst frühzeitig, regelmäßig schriftlich und soweit möglich in einer für sie verständlichen Sprache auf ihre aus den §§ 406d bis 406g folgenden Befugnisse und insbesondere auch darauf hinzuweisen, dass sie

1. sich unter den Voraussetzungen der §§ 395 und 396 dieses Gesetzes oder des § 80 Absatz 3 des Jugendgerichtsgesetzes der erhobenen öffentlichen Klage mit der Nebenklage anschließen und dabei nach § 397a beantragen können, dass ihnen ein anwaltlicher Beistand bestellt oder für dessen Hinzuziehung Prozesskostenhilfe bewilligt wird,

2. nach Maßgabe der §§ 403 bis 406c dieses Gesetzes und des § 81 des Jugendgerichtsgesetzes einen aus der Straftat erwachsenen vermögensrechtlichen Anspruch im Strafverfahren geltend machen können,

3. nach Maßgabe des Opferentschädigungsgesetzes einen Versorgungsanspruch geltend machen können,

4. nach Maßgabe des Gewaltschutzgesetzes den Erlass von Anordnungen gegen den Beschuldigten beantragen können sowie

5. Unterstützung und Hilfe durch Opferhilfeeinrichtungen erhalten können, etwa in Form einer Beratung oder einer psychosozialen Prozessbegleitung.

20 Liegen die Voraussetzungen einer bestimmten Befugnis im Einzelfall offensichtlich nicht vor, kann der betreffende Hinweis unterbleiben. Gegenüber Verletzten, die keine zustellungsfähige Anschrift angegeben haben, besteht keine Hinweispflicht. Die Sätze 1 und 3 gelten auch für Angehörige und Erben von Verletzten, soweit ihnen die entsprechenden Befugnisse zustehen.

G. Anwesenheitsrecht des nebenklageberechtigten Verletzten

21 Der an sich nebenklagebefugte Verletzte hat zusätzlich zu diesen Rechten noch nach § 406g Abs. 1 StPO das Recht, an der Hauptverhandlung komplett anwesend zu sein, auch wenn er als Zeuge noch vernommen werden soll. Das Anwesenheitsrecht gilt auch nach § 406g Abs. 2 StPO für seinen rechtsanwaltlichen Beistand.

406g StPO Nebenklageberechtigte Verletzte

(1) Nach § 395 zum Anschluss mit der Nebenklage Befugte können sich auch vor Erhebung der öffentlichen Klage und ohne Erklärung eines Anschlusses eines Rechtsanwalts als Beistand bedienen oder sich durch einen solchen vertreten lassen. Sie sind zur Anwesenheit in der Hauptverhandlung berechtigt, auch wenn sie als Zeugen vernommen werden sollen. Ist zweifelhaft, ob eine Person nebenklagebefugt ist, entscheidet über das Anwesenheitsrecht das Gericht nach Anhörung der Person und der Staatsanwaltschaft; die Entscheidung ist unanfechtbar. Nebenklagebefugte sind vom Termin der Hauptverhandlung zu benachrichtigen, wenn sie dies beantragt haben.

(2) Der Rechtsanwalt des Nebenklagebefugten ist zur Anwesenheit in der Hauptverhandlung berechtigt; Absatz 1 Satz 3 gilt entsprechend. Er ist vom Termin der Hauptverhandlung zu benachrichtigen, wenn seine Wahl dem Gericht angezeigt oder er als Beistand bestellt wurde. Die Sätze 1 und 2 gelten bei richterlichen Vernehmungen und der Einnahme richterlichen Augenscheins entsprechend, es sei denn, dass die Anwesenheit oder die Benachrichtigung des Rechtsanwalts den Untersuchungszweck gefährden könnte.

(3) § 397a gilt entsprechend für

1. die Bestellung eines Rechtsanwalts und

2. die Bewilligung von Prozesskostenhilfe für die Hinzuziehung eines Rechtsanwalts.

Im vorbereitenden Verfahren entscheidet das nach § 162 zuständige Gericht.

(4) Auf Antrag dessen, der zum Anschluss als Nebenkläger berechtigt ist, kann in den Fällen des § 397a Abs. 2 einstweilen ein Rechtsanwalt als Beistand bestellt werden, wenn

1. dies aus besonderen Gründen geboten ist,

2. die Mitwirkung eines Beistands eilbedürftig ist und

3. die Bewilligung von Prozesskostenhilfe möglich erscheint, eine rechtzeitige Entscheidung hierüber aber nicht zu erwarten ist.

Für die Bestellung gelten § 142 Abs. 1 und § 162 entsprechend. Die Bestellung endet, wenn nicht innerhalb einer vom Richter zu bestimmenden Frist ein Antrag auf Bewilligung von Prozesskostenhilfe gestellt oder wenn die Bewilligung von Prozesskostenhilfe abgelehnt wird.

H. Recht auf Beistand des nebenklageberechtigten Verletzten

22 Nach § 406g Abs. 3 StPO kann dem nebenklageberechtigten Verletzen, unter denselben Voraussetzungen, wie nach § 397a StPO, also für die Nebenklage, ein Beistand beigeordnet werden. Handelt es sich um eine Tat, welche in § 397a Abs. 1 StPO aufgeführt ist, erfolgt auf Antrag die Beiordnung, ohne weitere Voraussetzungen. Handelt es sich um eine andere Tat, erfolgt die Bewilligung von Prozesskostenhilfe für einen hinzugezogenen Rechtsanwalt nach denselben Vorschriften, wie in bürgerlichen Rechtsstreitigkeiten, wenn der Verletzte seine Interessen selbst nicht ausreichend wahrnehmen kann oder ihm dies nicht zuzumuten ist.

Praxistipp: Verletztenrechte
Dem nicht zur Nebenklage berechtigten Verletzten stehen die Rechte nach §§ 406d, 406e, 406f und 406h StPO zu. Dem an sich nebenklageberechtigten Verletzten, der den Anschluss als Nebenkläger nicht erklärt hat, stehen die Rechte nach § 406g StPO zu.

Nach § 406f Abs. 1 StPO hat der nicht zur Nebenklage berechtigte Verletzte das **23** Recht, sich im Strafverfahren durch einen Rechtsanwalt als Beistand vertreten zu lassen. Der an sich nebenklagebefugte Verletzte hat zusätzlich zu den Rechten, die der nicht nebenklageberechtigte Verletzte hat, noch nach § 406g Abs. 1 StPO das Recht, an der Hauptverhandlung komplett anwesend zu sein, auch wenn er als Zeuge noch vernommen werden soll. Das Anwesenheitsrecht gilt auch nach § 406g Abs. 2 StPO für seinen rechtsanwaltlichen Beistand.

Der anwaltliche Beistand des an sich nebenklageberechtigten Verletzten kann unter **24** den Voraussetzungen des § 406g Abs. 3 StPO beigeordnet werden.

Gemäß § 406g Abs. 4 StPO kann in den Fällen des § 397a Abs. 2 StPO auf Antrag **25** des zur Nebenklage berechtigten Verletzten ein Verletztenbeistand bestellt werden, wenn dies aus besonderen Gründen geboten (Nr. 1), die Mitwirkung eines Beistandes eilbedürftig ist (Nr. 2) und die Bewilligung von Prozesskostenhilfe möglich erscheint, eine rechtzeitige Entscheidung hierüber aber nicht zu erwarten ist (Nr. 3).

Wurde dem Verletzten nach § 406g Abs. 3, 4 StPO ein Rechtsanwalt beigeordnet, bedeutet dies, dass sich allein aus diesem Umstand nunmehr eine notwendige Verteidigung gemäß § 140 Abs. 1 Nr. 9 StPO[8] ergibt.

I. Akteneinsichtsrecht des nebenklageberechtigten Verletzten in die Anklage

Sowohl der Nebenkläger als auch das an sich nebenklagebefugte Opfer, das sich **26** dem Verfahren gegen den Täter nicht anschließt, haben nach § 201 Abs. 1 S. 2 StPO ein Recht auf Übersendung der Anklage durch das Gericht. Der an sich nebenklageberechtigte Verletzte, der sich dem Verfahren nicht als Nebenkläger angeschlossen hat, muss allerdings gemäß § 201 Abs. 1 S. 2 StPO einen entsprechenden Antrag stellen.

§ 201 StPO Mitteilung der Anklageschrift **27**

(1) (...) Die Anklageschrift ist auch dem Nebenkläger und dem Nebenklagebefugten, der dies beantragt hat, zu übersenden; § 145a Absatz 1 und 3 gilt entsprechend.

(2) Über Anträge und Einwendungen beschließt das Gericht. Die Entscheidung ist unanfechtbar.

---

8 Neu eingefügt durch Gesetz zur Stärkung der Rechte von Opfern sexuellen Missbrauchs (StORMG), bzgl. Art. 1 mit Wirkung zum 1.9.2013.

28 Es empfiehlt sich, den Antrag auf Übersendung der Anklageschrift gleich im Rahmen des Antrags auf Akteneinsicht in die Ermittlungsakte zu stellen, da die Praxis zeigt, dass gerade wenn das Opfer bereits im Ermittlungsverfahren Akteneinsicht hatte, es oft erst wieder im Rahmen der Terminierung der Hauptverhandlung durch das Gericht über den Fortgang des Verfahrens Kenntnis erhält. Von der Anklageerhebung erhält es meist keine Kenntnis. Wurde bereits frühzeitig die Übersendung der Anklageschrift beantragt, erhält das nebenklageberechtigte Opfer bereits im Rahmen der Übersendung der Anklageschrift, also noch im Zwischenverfahren und nicht ggf. erst im Hauptverfahren bei Terminierung der Hauptverhandlung, Kenntnis über die Tatsache, dass sich das Strafverfahren gegen den Täter nunmehr bei Gericht befindet. Unter Umständen kann jetzt nochmals erneute/ergänzende Akteneinsicht in die komplette Ermittlungsakte beantragt werden. Dies bietet sich immer insbesondere dann an, wenn zu erwarten ist, dass nach der ursprünglichen Akteneinsicht die Akte noch wesentlich fortgeschrieben worden ist, z.b. durch Eingang eines psychiatrischen Sachverständigengutachtens betreffend den Täter.

▼

29 **Muster 3.3: Antrag auf Übersendung der Anklageschrift**

An das

Amtsgericht/Landgericht

In dem Strafverfahren

gegen

AZ:

wird beantragt, mir als Vertreter des an sich nebenklageberechtigten Verletzten gemäß § 201 Abs. 2 StPO eine Ablichtung der Anklageschrift zu übersenden.

Rechtsanwalt

▲

30 Da nach § 201 Abs. 1 S. 2 StPO die Vorschrift des § 145a Abs. 1 u. 3 StPO entsprechend gelten, gilt sowohl der bereits nach § 397a StPO beigeordnete Nebenklägervertreter bzw. der bestellte Nebenkläger- bzw. Opfervertreter, dessen Vollmacht sich bei den Akten befindet, als ermächtigt, die Anklageschrift für das Opfer in Empfang zu nehmen.

31 Nach § 145a Abs. 3 StPO wird das nebenklageberechtigte Opfer bzw. das Opfer, welches den Anschluss als Nebenkläger erklärt hat, von der Übersendung der Anklageschrift an seinen Vertreter unterrichtet und erhält formlos eine Abschrift.

Wurde die Anklageschrift dagegen dem Opfer direkt übersandt, so erhält der anwaltliche Opfervertreter hiervon eine Nachricht und formlos eine Abschrift der Anklageschrift, auch wenn seine schriftliche Vollmacht bei den Akten nicht vorliegt. § 145a StPO soll als Ausdruck der gerichtlichen Fürsorgepflicht sicherstellen, dass je nach dem, an wen die Anklageschrift übersandt wurde (Opfer oder dessen Vertreter), auch der andere davon Kenntnis erlangt. Da § 145a StPO lediglich eine Ordnungsvorschrift[9] darstellt, entfaltet die unterlassene Mitteilung keine weiteren Rechtsfolgen.

---

9 BGH NJW 1977, 640; BVerfG NJW 2002, 1640.

§ 4 Täter-Opfer-Ausgleich

A. Einleitung

Der Täter-Opfer-Ausgleich (TOA) ist ein außergerichtliches Konfliktlösungsverfahren, bei dem u.a. durch eine professionelle Vermittlung eines unparteiischen Vermittlers erreicht werden soll, dass Täter und Opfer eine Schadenswiedergutmachung des durch die Straftat entstandenen Schadens vereinbaren, die sowohl für den Täter als auch für das Opfer eine akzeptable Lösung darstellt, wobei es sich um eine materielle oder immaterielle Schadenswiedergutmachung handeln kann. Der Täter-Opfer-Ausgleich bietet für das Opfer einer Straftat die Möglichkeit, ggf. schnell bzw. überhaupt eine Schadenswiedergutmachung zu erhalten. Dies kommt z.B. insbesondere dann zum Tragen, wenn ein eventuell ansonsten gerichtlich durchgesetzter und letztendlich festgestellter Schadensersatzanspruch beim Täter wegen Vermögenslosigkeit nicht beigetrieben werden kann, der Täter aber im Rahmen des TOA bereit ist, die Schadenswiedergutmachung freiwillig zu erbringen, d.h. zu zahlen, indem er sich z.B. bei einem Dritten Geld leiht.

1

Der TOA muss allerdings nicht immer in einem finanziellen Ausgleich bestehen. Es kann sich auch dabei um eine Entschuldigung oder eine andere Leistung, z.B. Arbeitsleistung des Täters für das Opfer handeln. Ein durchgeführter TOA, der gegen den ausdrücklich erklärten Willen des Opfers gemäß § 155a Abs. 1 S. 3 StPO nicht stattfinden kann, kann ggf. eine Hauptverhandlung, an der auch das Opfer mindestens als Zeuge teilnehmen müsste, entbehrlich machen, da ggf. eine Verfahrenseinstellung z.B. nach § 153a StPO infrage kommt. Er kann darüber hinaus ein eventuelles im Strafverfahren weiterzubetreibendes Adhäsionsverfahren oder getrenntes zivilrechtliches Schadensersatzverfahren entbehrlich machen.

2

B. Anwendbarkeit

Gemäß § 155a Abs. 1 S. 2 StPO sollen Staatsanwaltschaft und Gericht auf die Durchführung eines TOA hinwirken, wenn sie dies für sinnvoll erachten. Gemäß § 155a Abs. 1 S. 3 StPO findet gegen den ausdrücklich erklärten Willen des Opfers kein TOA statt.

3

Zwar ist der TOA von Gesetzes wegen nicht auf bestimmte Delikte oder Deliktstypen beschränkt, er dürfte aber überwiegend insbesondere bei Körperverletzungsdelikten, Raub, Erpressung, Freiheitsdelikten und Ehrdelikten infrage kommen.

4

C. Voraussetzungen

5   § 155a StPO sieht keine konkreten Voraussetzungen vor, unter denen ein TOA durchgeführt werden kann oder durchzuführen ist.

6   Gemäß § 155a Abs. 1 S. 1 StPO sollen Staatsanwaltschaft und Gericht in jedem Stadium des Verfahrens die Möglichkeit prüfen, einen Ausgleich zwischen Beschuldigten und Verletzten zu erreichen. Gemäß § 155a Abs. 1 S. 2 StPO sollen sie in geeigneten Fällen darauf hinwirken.

7   Als Negativvoraussetzung kann lediglich § 155a Abs. 1 S. 3 StPO angeführt werden, wonach gegen den ausdrücklichen Willen des Verletzten ein TOA nicht durchgeführt werden kann.

8   Neben Staatsanwaltschaft und Gericht können selbstverständlich auch der Verletzte oder dessen Vertreter oder der Verteidiger des Täters oder der Täter selbst auf die Durchführung eines TOA hinwirken. Ob das vorliegende Strafverfahren für den TOA geeignet ist und in welcher Form der TOA konkret durchzuführen ist, hängt von der begangenen Straftat, der Betroffenheit des Opfers und dessen Schäden ab.[1] Die Durchführung eines TOA wird in der Regel ein Geständnis des Beschuldigten voraussetzen. Bestreitet der Beschuldigte die Tat, ist ein TOA üblicherweise ausgeschlossen.[2] Dies gilt allerdings nicht bei einem schweigenden Angeklagten.

9   Weiterhin ist für die Durchführung des TOA zu fordern, dass hinreichender Tatverdacht gegen den Täter besteht.[3] Auch darf der TOA nicht dazu führen, dass das Verfahren unangemessen verzögert wird.[4] Begehrt der Angeklagte während der Hauptverhandlung deren Unterbrechung oder Aussetzung zur Durchführung eines TOA besteht diesbezüglich kein Rechtsanspruch.[5]

10 Für einen TOA muss also zwischen Opfer und Täter ein sog. kommunikativer Prozess stattgefunden haben,[6] d.h. das Opfer muss mit in den TOA einbezogen werden. Opfer und Täter müssen dem Ausgleich im Rahmen des TOA gemäß § 155a Abs. 1 S. 3 StPO zustimmen.

---

1 BGHSt 48, 134.
2 BGHSt 48, 134.
3 Losküper-FS, S. 123 (Festschrift für Wilfried Küper zum 70. Geburtstag – 2007).
4 *Weimer,* NStZ 2002, 352.
5 BGH StV 2008, 464.
6 BGHSt 48, 134.

Ein TOA kann in der Regel nur gelingen, wenn der Täter die Tat zugibt,[7] also ein **11** Geständnis ablegt. Ein Geständnis ist allerdings nicht zwingende Voraussetzung für einen TOA.[8]

Für einen TOA muss weiter ein persönlich betroffenes Opfer oder eine Institution **12** (z.B. auch juristische Person oder eingetragener Verein), mit der der Ausgleich sinnvoll erscheint, existieren.

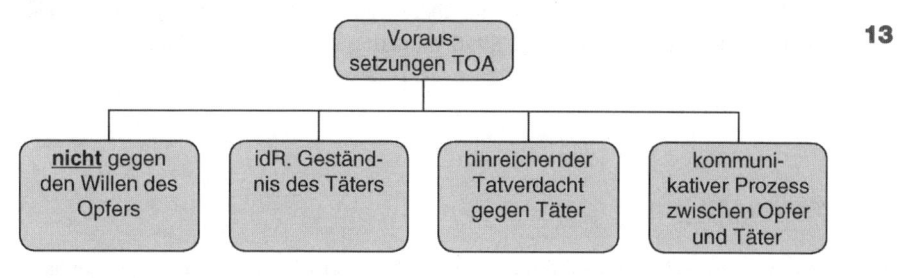

13

Übersicht: Voraussetzungen des TOA

D. Formen

Die üblichsten Formen des TOA stellen eine Entschuldigung des Täters und eine **14** Schadensersatzleistung, d.h. insbesondere Schmerzensgeld, an das Opfer dar.

Im Rahmen der Strafmilderung für den Täter nach § 46a Abs. 1 StGB kommt es **15** darauf an, dass sich der Täter ernsthaft bemüht, mit dem Opfer einen Ausgleich zu erreichen, seine Tat ganz oder zum überwiegenden Teil wieder gut macht oder deren Wiedergutmachung ernsthaft erstrebt, selbst wenn es an der Mitwirkung des Opfers scheitert.

Im Rahmen der Strafmilderung nach § 46a Abs. 2 StGB kommt es dagegen darauf **16** an, dass der Täter das Opfer ganz oder zum überwiegenden Teil entschädigt hat, wobei die Schadenswiedergutmachung von dem Täter erhebliche persönliche Leistungen oder einen persönlichen Verzicht erfordert hat.

---

7 BGH NStZ 2008, 452.
8 BGH StV 2008, 464.

E. Folgen

17   § 46a StGB bestimmt, dass, wenn der Täter entweder in dem Bemühen einen Ausgleich für den Verletzten zu erreichen (Täter-Opfer-Ausgleich), seine Tat ganz oder zum überwiegenden Teil wiedergutmacht oder deren Wiedergutmachung ernsthaft erstrebt hat, oder in einem Fall, in welchem die Schadenswiedergutmachung von ihm erhebliche persönliche Leistungen oder persönlichen Verzicht erfordert hat, das Opfer ganz oder zum überwiegenden Teil entschädigt hat, das Gericht die Strafe nach § 49 Abs. 1 StGB mildern oder, wenn keine höhere Strafe als Freiheitsstrafe bis zu einem Jahr oder Geldstrafe bis 360 Tagessätzen verwirkt ist, von der Strafe absehen kann.

F. Gebühren

18   Für den eingeschalteten Opferanwalt entsteht für die Teilnahme an Verhandlungen im Rahmen des TOA eine Gebühr nach Nr. 4102 Nr. 4, 4103 VV RVG. Führt der durchgeführte TOA sogar dazu, dass das Verfahren gegen den Täter endgültig eingestellt wird und dadurch eine Hauptverhandlung entbehrlich wird, erhält der Opferanwalt darüber hinaus noch eine Gebühr nach Nr. 4141 Anm. 1 Ziffer 1 VV RVG.

Praxistipp
- Das Opfer oder sein Vertreter kann auch auf die Durchführung eines TOA hinwirken.
- Gegen den Willen des Opfers findet kein TOA statt.
- Hinreichender Tatverdacht gegen Täter muss bestehen.
- TOA erfordert kommunikativen Prozess zwischen Opfer und Täter.
- TOA i.d.R. nur bei Geständnis des Täters.
- TOA in der Regel durch Schadenswiedergutmachung (Schadensersatz) oder/und Entschuldigung.
- TOA führt aufseiten des Täters zu Strafmilderung nach § 46a StGB.

§ 5 Einflussmöglichkeiten im Ermittlungsverfahren

A. Einleitung

Der Opferanwalt sollte für seinen Mandanten bereits frühzeitig, sofern ihm früh- **1** zeitig das Mandat übertragen wird, tätig werden. Die Arbeit eines Opferanwaltes beginnt schon im Ermittlungsverfahren gegen den Täter und nicht etwa erst in der Hauptverhandlung im Rahmen einer eventuellen Nebenklage.

Dies setzt voraus, dass der Opferanwalt nach Mandatierung umgehend die Vertre- **2** tung des Opfers bzw. der Hinterbliebenen des Opfers bei der Polizei/Staatsanwaltschaft anzeigt und Akteneinsicht beantragt.

Selbst wenn in diesem Moment noch nicht entschieden werden kann, ob ein Delikt **3** vorliegt, welches den Verletzten bzw. dessen Hinterbliebenen zur Nebenklage berechtigt, kann das Akteneinsichtsrecht zunächst auf § 406e StPO gestützt werden.

Auch ist daran zu denken, frühzeitig einen Antrag nach §§ 397a, 406g Abs. 3 StPO **4** auf Bestellung als Verletztenbeistand (vgl. oben § 3 Rn 10) zu stellen, damit die Anwaltsgebühren auf jeden Fall gesichert sind, wenn das Opfer nicht selbst für die Rechtsanwaltsgebühren aufkommen kann.

B. Erstattung einer Strafanzeige

Unabhängig davon, wie bzw. ob die Ermittlungsbehörden bereits von einer Straftat **5** Kenntnis erlangt haben, können diese durch Erstattung einer Strafanzeige durch das Opfer selbst über die Straftat zum Nachteil des Opfers in Kenntnis gesetzt werden.

Gemäß § 158 Abs. 1 StPO kann eine Strafanzeige, also die Mitteilung eines straf- **6** rechtlich relevanten Sachverhaltes, bei der Staatsanwaltschaft, den Behörden und Beamten des Polizeidienstes und den Amtsgerichten mündlich oder schriftlich angebracht werden. Eine mündliche Anzeige ist dabei zu beurkunden.

Von der Strafanzeige ist der Strafantrag zu unterscheiden, welcher ebenfalls im **7** Rahmen der Anzeigenerstattung gestellt werden soll. Bestimmte Delikte können nur auf Antrag (Strafantrag) des Befugten verfolgt werden, wobei die Strafantragsfrist des § 77b StGB von drei Monaten, beginnend mit Kenntniserlangen des Antragsberechtigten von Tat und Täter, unbedingt zu beachten ist.

8 Auch kann bereits bei der Erstattung der Strafanzeige die Beiordnung als Verletztenbeistand beantragt werden (vgl. oben § 3 Rn 10).

▼

9 **Muster 5.1: Strafanzeige**

An die Staatsanwaltschaft

AZ: ▓▓▓▓ neu

Sehr geehrte Damen und Herren,

ich zeige Ihnen unter Vollmachtsvorlage die anwaltliche Interessenvertretung von ▓▓▓▓ an. Namens und in Vollmacht meiner Mandantschaft erstatten wir

Strafanzeige

gegen

▓▓▓▓

Der Strafanzeige liegt folgender Sachverhalt zugrunde:

Darüber hinaus stelle ich namens und in Vollmacht meiner Mandantschaft **Strafantrag** gegen ▓▓▓▓ aus allen rechtlichen Gesichtspunkten.

Namens und in Vollmacht meiner Mandantschaft beantrage ich schon jetzt nach Abschluss der Ermittlungen

Akteneinsicht gemäß § 406e StPO

in die Ermittlungsakte.

Außerdem wird beantragt, den Unterzeichner gemäß § 406g Abs. 4 i.V.m. § 395 i.V.m. § 397a Abs. 2 StPO als Verletztenbeistand zu bestellen, sofern die gesetzlichen Voraussetzungen vorliegen.

Rechtsanwalt

▲

C. Akteneinsicht

10 Unabhängig von der Frage, ob das Ermittlungsverfahren gegen den Täter aufgrund einer durch das Opfer erstatteten Strafanzeige in Gang gekommen ist, sollte der Opferanwalt zur Informationsbeschaffung immer Akteneinsicht als Vertreter des Verletzten beantragen. Damit später eine eventuell mögliche Anschlusserklärung als Nebenkläger nicht vergessen wird, ist es ratsam, diese bereits schon in diesem Verfahrensstadium zu beantragen. Stellt sich später heraus, dass kein Nebenklagedelikt vorliegt, bleibt die Erklärung wirkungslos. Gleichzeitig sollte auch die Beiordnung als Verletztenbeistand (zu den Beiordnungsvoraussetzungen vgl. oben § 3 Rn 22) beantragt werden, damit im Falle einer Verfahrenseinstellung gegen den Täter ggf. das Honorar gesichert ist, wenn bereits eine Beiordnung erfolgt ist und das Opfer selbst für die Opferanwaltskosten nicht aufkommen kann.

▼

Muster 5.2: Akteneinsichtsantrag Verletzter mit Beiordnungsantrag　　　　11

An die Staatsanwaltschaft

AZ:

In dem Ermittlungsverfahren

gegen

wegen Vorwurf des ▓▓▓

zeige ich unter Hinweis auf die anliegende Vollmacht an, dass mich die/der Geschädigte ▓▓▓, mit ihrer/seiner Vertretung beauftragt hat.

Ich beantrage, mir gemäß § 406e StPO

Akteneinsicht

in die Verfahrensakten, sämtliche Beiakten, Beweismittelordner und sonstigen Beweisstücke zu gewähren.

Soweit eine Übersendung an meinen Kanzleisitz in Betracht kommt, bitte ich, eine Bearbeitungszeit von wenigstens **einer Woche** zu berücksichtigen.

Die unverzügliche Rückgabe der Akte sichere ich zu.

Bei Beweismittelordnern oder sonstigen Beweismitteln, an denen eine Akteneinsicht durch die Anfertigung einer Kopie in Betracht kommt, bitte ich um Mitteilung, welche Datenträger die Verteidigung zur Verfügung stellen muss.

Ferner wird schon jetzt der Anschluss an das Strafverfahren als Nebenkläger erklärt und gegenüber dem zuständigen Gericht beantragt, die Nebenklage zuzulassen.

Außerdem wird beantragt, den Unterzeichner gemäß § 406g Abs. 4 i.V.m. § 395 i.V.m. § 397a Abs. 2 StPO als Verletztenbeistand zu bestellen, sofern die gesetzlichen Voraussetzungen vorliegen.

Rechtsanwalt

D. Schadensregulierung

12 Selbstverständlich kann aufgrund der aus der Akteneinsicht erhaltenen Informationen auch die zivilrechtliche Schadensregulierung – unabhängig von dem Strafverfahren und einem späteren eventuellen Adhäsionsverfahren – bereits frühzeitig eingeleitet werden.

E. Beschwerde gegen die Einstellung des Verfahrens gegen den Täter

13 Auch kann, selbst wenn die Staatsanwaltschaft das Verfahren gegen den Beschuldigten einstellt, immer noch auf das Verfahren eingewirkt werden.

14 Ist der Verletzte (zum Verletztenbegriff vgl. unten § 6 Rn 5) zugleich Antragsteller, so kann er gegen eine Verfahrenseinstellung nach § 170 Abs. 2 StPO nach § 172 Abs. 1 StPO Beschwerde (vgl. unten § 6 Rn 12) einlegen und dann ggf. weiter das Klageerzwingungsverfahren (vgl. unten § 6 Rn 1 ff.) betreiben.

15 Wird das Verfahren gemäß § 153 StPO eingestellt, ist die Entscheidung, auch für den Nebenkläger, unanfechtbar.[1] Wird das Verfahren gemäß § 153a StPO eingestellt, ist sowohl die vorläufige, als auch die endgültige Einstellung unanfechtbar, auch für den Nebenkläger.[2] Wurde allerdings das rechtliche Gehör des Nebenklägers verletzt, besteht die Möglichkeit, einen Antrag nach § 33a StPO (Nachholung des rechtlichen Gehörs) zu stellen.[3]

16 Darüber hinaus kann in allen Fällen Gegenvorstellung für das Opfer oder seine Hinterbliebenen erhoben werden.

17 Im Rahmen der Gegenvorstellung kann sich dann ausführlich mit der ergangenen Einstellungsentscheidung, gleich welcher Natur, auseinandergesetzt werden und auf die dort ggf. bestehenden Unzulänglichkeiten hingewiesen werden. Es kommt immer wieder vor, dass die Staatsanwaltschaft ein Ermittlungsverfahren nach § 170 Abs. 2 StPO im Hinweis auf eine bestimmte Beweislage oder eine Aussage-gegen-Aussage-Konstellation einstellt, die bei genauerer Betrachtung allerdings einen hinreichenden Tatverdacht begründet.

1　§ 400 Abs. 2 S. 2 StPO.
2　*Meyer-Goßner*, Vor § 400 Rn 9.
3　*Meyer-Goßner*, § 153a Rn 57.

Bei der sog. Aussage-gegen-Aussage-Problematik steht die Aussage des Opfers gegen die Aussage des Täters. In derartigen Fällen bestehen hohe Anforderungen an die (gerichtliche) Beweiswürdigung, wenn das Gericht oder die Staatsanwaltschaft einer der beiden Aussagen folgt.[4] Allerdings ist zu prüfen, ob nicht neben den sich widersprechenden Aussagen von Täter und Zeugen noch weitere Beweisanzeichen vorhanden sind.[5] Bei einer Aussage-gegen-Aussage-Problematik ist eine Gesamtwürdigung aller vorhandenen Indizien geboten.[6] Insbesondere ist die Zeugenaussage auf Widerspruchsfreiheit, Plausibilität und Detailreichtum zu prüfen.[7] Ggf. kommt hier auch die Einholung eines Glaubwürdigkeitsgutachtens in Betracht.

18

Problematisch wird die Aussage-gegen-Aussage-Situation für das Opfer immer dann, wenn es den Täter bereits erwiesenermaßen, auch nur teilweise, zu Unrecht belastet hat,[8] wenn es bei einem wichtigen Punkt von seiner früheren Tatschilderung abweicht,[9] oder es sich einer früheren Falschaussage bezichtigt hat.[10] Dies gilt allerdings nicht, wenn ein Teil der Aussage des Opfers glaubhaft ist, der restliche Teil allerdings nicht,[11] oder lediglich Abweichungen im Randbereich und nicht Kernbereich der Zeugenaussage vorliegen.[12]

19

Oft kann nach Rücksprache mit dem Opfer bzgl. der Beweissituation noch vorgetragen und z.B. weitere Zeugen benannt werden, so dass sich hierbei weitere Ermittlungsansätze für die Staatsanwaltschaft ergeben können.

20

Damit dies dazu führt, dass die Staatsanwaltschaft das Ermittlungsverfahren wieder aufnimmt und weitere Ermittlungen tätigt, ist die Gegenvorstellung bereits im ersten Schriftsatz, also mit Erheben der Gegenvorstellung ausführlichst zu begründen.

21

Auch können im Rahmen der Gegenvorstellung selbstverständlich rechtliche Aspekte, wie z.B. das Fehlen einer Notwehrsituation, oder bzgl. des Vorliegens von Mordmerkmalen, vorgetragen werden.

22

4 BGH NStZ-RR 2002, 146.
5 OLG Stuttgart NJW 2006, 3506.
6 BGH NStZ-RR 2010, 317.
7 BGH StraFo 2008, 508.
8 BGH NStZ-RR 2004, 87.
9 BGH NStZ-RR 2008, 83.
10 BGH NStZ 2003, 164.
11 BGH NStZ-RR 2003, 332.
12 BGH NStZ-RR 2003, 268.

F. Hinweise zur rechtlichen Würdigung der Tat

23 Auch können im Rahmen des Ermittlungsverfahrens selbstverständlich rechtliche Aspekte, wie z.b. das Vorliegen eines besonderen Tatbestandes, das Fehlen einer Notwehrsituation, oder bzgl. des Vorliegens von Mordmerkmalen, vorgetragen werden. Im Hinblick auf eine spätere Nebenklage kann auch zum Vorliegen eines zur Nebenklage berechtigenden Deliktes vorgetragen werden, so dass die Staatsanwaltschaft ihre Anklage schon auf dieses Delikt aufbaut und ein späterer Anschluss zur Nebenklage unproblematisch möglich ist. Maßgebend für die Anschlussberechtigung als Nebenkläger ist allerdings ausschließlich, dass das zur Nebenklage berechtigende Delikt vorliegt und nicht dass die Staatsanwaltschaft die Anklage darauf stützt.[13]

G. Zuständiges Gericht

24 § 24 GVG bestimmt, in welchen Fällen die Amtsgerichte in Strafsachen zuständig sind.

Gemäß § 24 Abs. 1 Nr. 3 GVG kann die Staatsanwaltschaft wegen der besonderen Schutzbedürftigkeit von Verletzten einer Straftat, die als Zeugen in Betracht kommen, wegen des besonderen Umfangs oder der besonderen Bedeutung des Falls Anklage beim Landgericht erheben, ohne dass weitere Voraussetzungen gegeben sein müssen, d.h. ohne dass eine ausschließliche Zuständigkeit des Landgerichts ansonsten gegeben sein muss, oder dass die Straferwartung die Zuständigkeit des Landgerichts begründet. Diese Möglichkeit wurde bereits durch das Opferrechtsreformgesetz von 2004[14] in den Gesetzeswortlaut eingefügt. Durch ihn kann vermieden werden, dass Opfer durch eine weitere Vernehmung in einer zweiten Tatsacheninstanz (Berufungsinstanz beim Landgericht) unter weiteren gravierenden psychischen Auswirkungen durch die erneute Vernehmung leiden müssen. Dies soll insbesondere für kindliche Opfer von Sexualstraftaten gelten.[15] Genau dieser Hintergrund wurde nunmehr durch das Gesetz zur Stärkung der Rechte von Opfern sexuellen Missbrauchs als Regelbeispiel für das Vorliegen einer besonderen Schutzbedürftigkeit i.S.d. § 24 Abs. 1 Nr. 3 GVG aufgenommen. Hiernach liegt eine besondere Schutzbedürftigkeit insbesondere vor, wenn zu erwarten ist, dass die Vernehmung für den Verletzten mit einer besonderen Belastung verbunden sein

---

13 BGHSt 29, 216, 218.
14 BGBl I, S. 1354.
15 BT-Drucks 15/1976, S. 19.

wird und deshalb mehrfache Vernehmungen (d.h. in einer weiteren Tatsacheninstanz) vermieden werden sollten. Im Ermittlungsverfahren kann und sollte damit auf eine Anklageerhebung aus diesen Opferschutzgründen gerade bei Sexualstraftaten zum Landgericht hingewirkt werden.

Daneben kann bei der Vertretung von kindlichen oder jugendlichen Opfern darauf hingewirkt werden, dass die Staatsanwaltschaft Anklage zu den Jugendgerichten nach § 26 GVG erhebt. Nach § 26 Abs. 2 GVG[16] soll die Staatsanwaltschaft Anklage bei den Jugendgerichten erheben, wenn damit die schutzwürdigen Interessen von Kindern oder Jugendlichen, die in dem Verfahren als Zeugen benötigt werden, besser gewahrt werden können. Im Übrigen soll die Staatsanwaltschaft Anklage bei den Jugendgerichten nur erheben, wenn eine Verhandlung vor dem Jugendgericht aus sonstigen Gründen zweckmäßig erscheint. Damit stellt die Erhebung der Anklage zum Jugendgericht aus Gründen des Schutzes kindlicher oder jugendlicher Opferzeugen den Regelfall dar. Nur noch in Ausnahmefällen soll Anklage zum allgemeinen Strafgericht erhoben werden.[17] Schutzwürdige Interessen für kindliche oder jugendliche Zeugen können insbesondere gegeben sein, wenn minderjährige Verletzte von Sexual- und Misshandlungsdelikten als Zeugen gehört werden.[18] Selbst wenn eine Anklageerhebung zu den Jugendgerichten wegen nicht vorliegender schutzwürdiger Interessen von kindlichen oder jugendlichen Zeugen nicht in Betracht kommt, kann die Staatsanwaltschaft Anklage zu den Jugendgerichten erheben, wenn dies aus besonderen Gründen zweckmäßig ist, z.B. wenn zu erwarten ist, dass die Aussage eincs jugendlichen Zeugen, oder die Aussage eines Zeugen über Erlebnisse aus seiner Jugendzeit durch das Jugendgericht besser gewürdigt werden kann und aus diesem Grund eine Anklage dort zweckmäßig erscheint.[19]

25

H. Haftbefehl gegen den Täter

Das Opfer, sei es nebenklageberechtigt der nicht, kann selbst keinen Haftbefehl gegen den Täter beantragen. Dieses Recht steht nur der Staatsanwaltschaft zu. Lehnt die Staatsanwaltschaft die Beantragung eines Haftbefehls gegen den Täter ab, weil angeblich die diesbezüglichen Voraussetzungen nicht vorliegen, kann geprüft wer-

26

---

16 Neu gefasst durch das Gesetz zur Stärkung der Rechte von Opfern sexuellen Missbrauchs (StORMG), bzgl. Art. 2, mit Wirkung zum 1.9.2013.

17 Gesetzentwurf der Bundesregierung zum StORMG, BR-Drucks 213/11, S. 17.

18 Gesetzentwurf der Bundesregierung zum StORMG, BR-Drucks 213/11, S. 17.

19 Gesetzentwurf der Bundesregierung zum StORMG, BR-Drucks 213/11, S. 17 f.; BGHSt 13, 53, 59.

den, ob doch die Voraussetzungen für den Erlass eines Haftbefehls vorliegen. Liegen diese vor und wünscht das Opfer, dass gegen den Täter ein Haftbefehl ergeht, kann in einer Stellungnahme gegenüber der Staatsanwaltschaft diesbezüglich vorgetragen werden, mit dem Ziel, dass diese doch den Erlass eines Haftbefehls beantragt. Beantragt die Staatsanwaltschaft den Erlass eines Haftbefehls und lehnt das Gericht diesen ab, kann die Staatsanwaltschaft nach § 114 StPO Beschwerde einlegen, nicht jedoch das Opfer.[20]

Für den Erlass eines Haftbefehls muss ein dringender Tatverdacht gegen den Täter bestehen, die Verhältnismäßigkeit muss gegeben sein und es muss ein Haftgrund vorliegen.

I. Dringender Tatverdacht

27 Dringender Tatverdacht liegt nach § 112 Abs. 1 S. 1 StPO vor, wenn die Wahrscheinlichkeit groß ist, dass der Beschuldigte Täter oder Teilnehmer einer Straftat ist.[21]

Oft besteht hier eine „Aussage-gegen-Aussage-Problematik" (vgl. oben Rn 18). Hier liegt z.B. ein dringender Tatverdacht vor, wenn Erkenntnisse vorliegen, die für die Aussage des Opfers oder gegen die Aussage des Täters sprechen.[22]

II. Verhältnismäßigkeit des Haftbefehls

28 Gem. § 112 Abs. 1 S. 2 StPO steht die Anordnung der Untersuchungshaft ausdrücklich unter dem Verhältnismäßigkeitsgebot. Hiernach ist immer abzuwägen, ob die Schwere des Eingriffs in die Lebenssphäre des Beschuldigten im Verhältnis zu der Bedeutung der Strafsache und der (abstrakten) Rechtsfolgenerwartung steht. Im Rahmen der Darstellung der Bedeutung der Strafsache kann z.B. auf die durch die Tat ausgelösten Folgen für das Opfer und sein Leben eingegangen werden. Im Rahmen der Rechtsfolgenerwartung kann z.B. eine eigene – von der rechtlichen Würdigung der Staatsanwaltschaft – abweichende rechtliche Würdigung vorgenommen werden, wonach ein schwereres als von der Staatsanwaltschaft angenommenes Delikt, vorliegt, welches dann zu einer höheren Rechtsfolgenerwartung führt und somit die Verhältnismäßigkeit begründet.

---

20 BGH NStZ-RR 2003, 368.
21 *Meyer-Goßner*, § 112 Rn 5.
22 OLG Koblenz StV 2002, 313.

III. Haftgründe

Bei den Haftgründen ist zwischen den allgemeinen Haftgründen des § 112 Abs. 2 **29**
StPO, Flucht (Nr. 1) bzw. Fluchtgefahr (Nr. 2) sowie Verdunkelungsgefahr (Nr. 3),
den deliktsbezogenen Haftgründen des § 112 Abs. 3 StPO, des Haftgrundes der
Wiederholungsgefahr gem. § 112a StPO und des gesetzlich nicht geregelten Haftgrundes der Straferwartung zu unterscheiden.

1. Flucht

Der Haftgrund der Flucht gem. § 112 Abs. 2 Nr. 1 StPO besteht, wenn der Beschul- **30**
digte flüchtig ist, oder sich verborgen hält.[23]

Flüchtig ist, wer vor Tatbeginn, während oder nach der Tat seine Wohnung aufgibt, **31**
ohne eine neue zu beziehen, oder sich ins Ausland mit der Wirkung absetzt, dass
er für die Ermittlungsbehörden und Gerichte unerreichbar und ihrem Zugriff entzogen ist.[24]

Der Haftgrund der Flucht entfällt allerdings mit Ergreifung des Beschuldigten, so **32**
dass die Untersuchungshaft dann nur noch auf den Haftgrund der Fluchtgefahr
gem. § 112 Abs. 1 Nr. 2 StPO gestützt werden kann, der im Regelfall durch die vo-
rangehende Flucht anzunehmen sein dürfte.

2. Fluchtgefahr

In der Praxis werden die meisten Haftgründe (ca. 96 %) auf Fluchtgefahr gestützt. **33**

Der Haftgrund der Fluchtgefahr besteht, wenn nach der Würdigung der Umstände **34**
des Falles eine höhere Wahrscheinlichkeit für die Annahme besteht, dass sich der
Beschuldigte dem Strafverfahren entzieht, als dass er sich ihm zur Verfügung halten werde.[25]

Ob Fluchtgefahr besteht, ist damit nach Abwägung und Berücksichtigung aller **35**
Umstände des vorliegenden Einzelfalls zu prüfen.

Ggf. kennt das Opfer den Beschuldigten oder dessen Familie (z.B. bei einer Bezie- **36**
hungstat oder Tat durch einen ihm nahestehenden Täter) oder ergeben eigene Ermittlungen, dass der Beschuldigte Anstalten für eine Flucht trifft. Diese Umstände,

---

23 *Meyer-Goßner*, § 112 Rn 12.
24 OLG Düsseldorf NJW 1986, 2204 f.
25 OLG Köln StV 1997, 642.

die eine Fluchtgefahr annehmen lassen, sind dann umgehend der Staatsanwaltschaft mitzuteilen.

3. Straferwartung

37 Allein mit einer eventuellen hohen Straferwartung kann der Haftbefehl nicht begründet werden.[26] Von ihr ausgehend muss auch hier geprüft werden, ob der sich aus ihr ergebende Fluchtanreiz unter Berücksichtigung aller Umstände des Einzelfalls dazu führt, dass die Wahrscheinlichkeit größer ist, der Beschuldigte werde fliehen, als sich dem Strafverfahren zu stellen.

38 Da hier die tatsächlich zu erwartende Freiheitsstrafe (Nettostrafe) maßgebend ist, sind alle Umstände vorzutragen, die aus Opfersicht auf diese (nach oben) Einfluss haben könnten. Hierzu zählen natürlich insbesondere die Tatfolgen für das Opfer, also die Leiden und Verletzungen des Opfers durch die Tat.

39 Die Rechtsprechung geht bei Freiheitsstrafen, die im Bereich drei Jahre,[27] vier Jahre[28] bzw. über fünf Jahre[29] liegen, von einer hohen Straferwartung aus.

4. Verdunkelungsgefahr

40 Der Haftgrund der Verdunkelungsgefahr besteht, wenn das Verhalten des Beschuldigten den dringenden Verdacht begründet, dass durch bestimmte Handlungen auf sachliche oder persönliche Beweismittel eingewirkt und dadurch die Ermittlung der Wahrheit erschwert wird.[30]

41 Hierbei kann das Opfer z.B. Vortragen, dass der Beschuldigte mit ihm oder anderen Zeugen versucht hat, Kontakt aufzunehmen oder Kontakt aufgenommen hat, um auf diese (prozessordnungswidrig) einzuwirken, indem sie z.B. bedroht werden, damit sie z.B. keine Aussage gegen den Täter machen.

---

26 LG München I StV 2005, 38.
27 OLG Hamm StV 1999, 37.
28 OLG Zweibrücken StV 1997, 534.
29 OLG Köln StV 1993, 371.
30 *Meyer-Goßner*, § 112 Rn 26.

5. Tatschwere

Durch § 112 Abs. 3 StPO wird in Fällen der Schwerstkriminalität ein Haftgrund **42** fingiert, ohne dass es hierbei darauf ankommt, ob ein Haftgrund nach § 112 Abs. 2 StPO vorliegt.

§ 112 Abs. 3 StPO erfasst auch die Teilnahme an den dort aufgeführten Taten bzw. **43** den Versuch der Teilnahme.[31] Nicht erfasst wird dagegen die Rauschtat nach § 323a StGB in Verbindung mit einer Katalogtat.[32] Darüber hinaus ist § 112 Abs. 3 StPO in den Fällen des § 213 StGB bzw. § 216 StGB nicht anwendbar.[33] Der Tatbestand des § 112 Abs. 3 StPO ist abschließend.

6. Wiederholungsgefahr

Gem. § 112a Abs. 2 StPO ist der Haftgrund der Wiederholungsgefahr subsidiär ge- **44** genüber den anderen Haftgründen nach § 112 StPO.[34]

Nach § 112a StPO kann Untersuchungshaft angeordnet werden, wenn der Beschul- **45** digte verdächtig ist, eine Straftat nach §§ 174, 174a, 176–179 StGB begangen zu haben bzw. der dringende Tatverdacht einer wiederholten oder fortgesetzten Begehung einer der in § 112a Abs. 1 Nr. 2 StPO aufgezählten Taten besteht und wichtige Tatsachen die Gefahr begründen, dass der Beschuldigte erneut solche Taten begehen wird.

Der Haftgrund der Wiederholungsgefahr dient folglich zum Schutz der Allgemeinheit vor weiteren erheblichen Straftaten durch besonders gefährliche Täter.[35]

Im Rahmen des § 112a StPO bestehen lediglich Vortragsmöglichkeiten hinsichtlich **46** des Vorliegens einer Katalogstraftat oder der Prognose der Begehung weiterer Katalogtaten.

---

31 *Meyer-Goßner*, § 112 Rn 36.
32 *Meyer-Goßner*, § 112 Rn 36.
33 *Meyer-Goßner*, § 112 Rn 36.
34 *Meyer-Goßner*, § 112a Rn 17.
35 *Meyer-Goßner*, § 112a Rn 1.

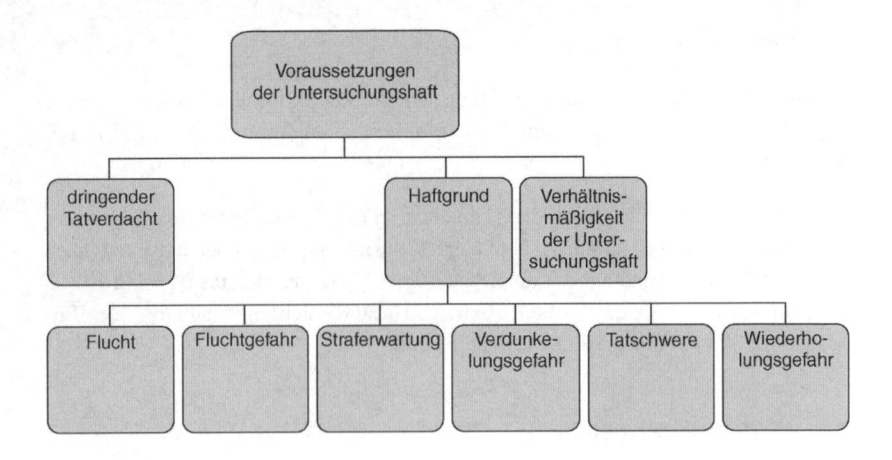

7. Deeskalationshaft

47 Nach § 112a Abs. 1 Nr. 1 StGB kann auch ein Haftbefehl ergehen als Deeskalationshaft in den Fällen des § 238 Abs. 2, 3 StGB, also wenn der Beschuldigte zum Nachteil des Opfers eine besonders schwere Nachstellung begeht.

IV. Rechtsmittel gegen einen abgelehnten oder außer Vollzug gesetzten Haftbefehl

48 Der Nebenkläger – und damit das Opfer allgemein – ist im Haftbefehlsverfahren nicht beschwerdeberechtigt.[36]

49 Die Staatsanwaltschaft ist dagegen beschwerdeberechtigt. Dem Opfer steht es allerdings offen, z.B. im Rahmen einer weiteren Stellungnahme auf die Staatsanwaltschat einzuwirken, so dass diese Rechtsmittel gegen die Ablehnung oder Aufhebung des Haftbefehls einlegt.

V. Invollzugsetzung

50 Gem. § 116 Abs. 4 StPO ist der Haftbefehl unter den dort genannten Voraussetzungen (wenn der Beschuldigte den ihm auferlegten Pflichten oder Beschränkungen gröblich zuwiderhandelt, der Beschuldigte Anstalten zur Flucht trifft, auf ordnungsgemäße Ladung ohne genügende Entschuldigung ausbleibt oder sich auf an-

---

36 BGH NStZ-RR 2008, 219.

dere Weise zeigt, dass das in ihn gesetzte Vertrauen nicht gerechtfertigt war, oder neu hervorgetretene Umstände die Verhaftung erforderlich machen) wieder in Vollzug zu setzen.

Dies bedeutet, dass eine Invollzugsetzung in Betracht kommt, wenn der Beschuldigte entweder den ihm auferlegten Pflichten gröblich zuwiderhandelt oder wenn neue Umstände hinzutreten, die dazu führen, dass der Haftrichter bei Außervollzugsetzung des Haftbefehls, hätte er diese Umstände gekannt, die Außervollzugsetzung nicht angeordnet hätte.[37] **51**

Allerdings genügt eine andere Beurteilung bereits bekannter Umstände daher nicht.[38] **52**

Es muss daher durch das Opfer vorgetragen werden, wenn der Beschuldigte gegen seine Außervollzugsetzungsauflagen verstößt, z.b. entgegen eines Kontaktverbotes Kontakt zum Opfer aufnimmt. **53**

Auch kommt eine Invollzugsetzung des Haftbefehls aufgrund neu hervorgetretener Umstände in Betracht, die z.b. darin bestehen können, dass zu erwarten ist, dass der Beschuldigte zu einer höheren als der erwarteten Freiheitsstrafe verurteilt werden wird.[39] Insofern können diese Umstände, sofern sie neu auftreten, ebenfalls vom Opfer oder seinem Vertreter vorgetragen werden. Zu denken ist hierbei z.B. an schwerere Folgen der Tat. **54**

I. Einholung eines Glaubwürdigkeitsgutachtens

Die Staatsanwaltschaft hat im Ermittlungsverfahren festzustellen, ob sie dem Opfer glaubt und aufgrund der Aussage des Opfers und ggf. noch anderen Zeugen oder Beweismitteln ein Verfahren gegen den Täter einleitet und Anklage erhebt. **55**

Das Gericht hat in der späteren Hauptverhandlung im Rahmen der Urteilsfindung festzustellen, ob die Aussage des (Opfers) Zeugen zuverlässig (objektiv richtig) oder unzuverlässig (objektiv falsch) ist und ob es hierauf, ggf. mit weiteren Beweismitteln ein Urteil gegen den Täter stützen kann. **56**

---

37 OLG Karlsruhe StV 2005, 445.
38 BVerfG StraFo 2005, 502.
39 BGH NStZ 2005, 279, 280.

57 Dies ist insbesondere schwierig, wenn eine Aussage-gegen-Aussage-Situation der Aussage des Opfers und der Aussage des Täters besteht und ggf. sogar keine weiteren Beweismittel vorhanden sind.

58 Leider findet die Prüfung der Glaubwürdigkeit von Zeugen vorwiegend intuitiv statt, also nach Begründungsmustern, die sich als wissenschaftlich wertlos erwiesen haben.[40]

59 Bei unzuverlässigen, d.h. objektiv falschen Zeugenaussagen, muss es nicht immer sein, dass der Zeuge lügt, er kann sich auch irren, weil er z.b. das Geschehnis unzutreffend wahrgenommen hat oder es zu Verfälschungen in seiner Erinnerung gekommen ist. Hier muss also zusätzlich zwischen Irrtum und Lüge abgegrenzt werden.[41]

60 Der Zeuge lügt nur dann, wenn sich sein subjektiver Glaube und seine explizite Aussage widersprechen. Es genügt daher nicht, wenn das Gericht feststellt, dass es einem Zeugen glaubt, weil er nicht lügt.

61 Es muss darüber hinaus festgestellt werden, dass dem Zeugen geglaubt wird, weil auch ein Irrtum des Zeugen auszuschließen ist.[42]

62 Selbst wenn ein Zeuge einen objektiv falschen Sachverhalt bekundet, kann es sein, dass er subjektiv davon ausgeht, dass er einen (objektiv) richtigen Sachverhalt schildert.

63 Die in der Hauptverhandlung getätigte Aussage des Zeugen ist damit kein getreues Abbild einer Realität, sondern durch verschiedene Einflüsse beeinflusst. Es kann im Bereich der Wahrnehmung des Sachverhaltes, des Behaltens, sowie bei einer anschließenden, ggf. mehrfachen Reproduktion der Aussage im Verfahrensverlauf zu Einflüssen auf die Aussage kommen, die diese verfälschen.

---

40 *Steller/Volbert*, S. 12; *Fischer*, NStZ 1994, 1, 5.
41 *Maier*, S. 6.
42 OLGR Frankfurt 2003, 132 für das Zivilverfahren.

64

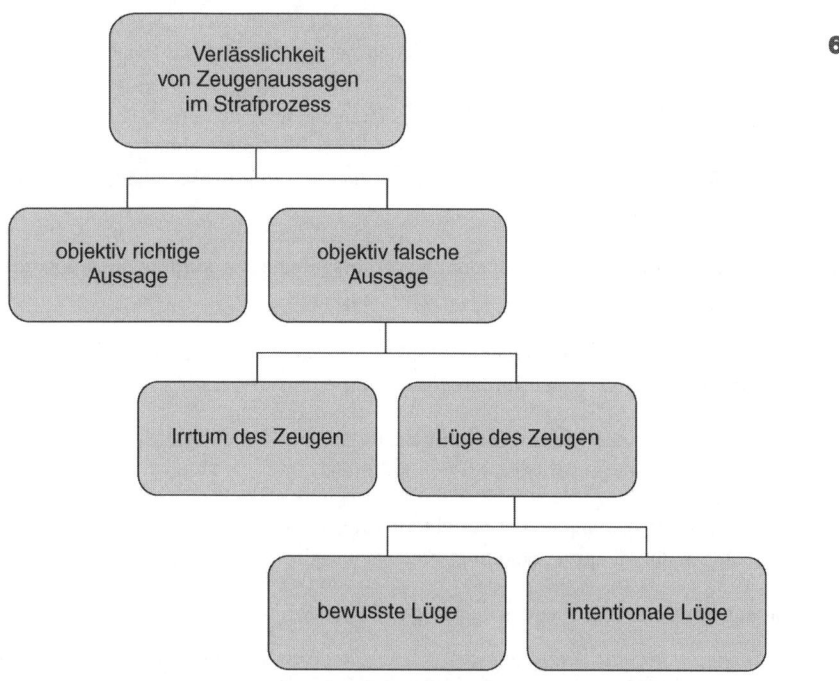

Übersicht: Verlässlichkeit von Zeugenaussagen im Strafprozess

Unter Umständen kommt die Einholung eines Glaubwürdigkeitsgutachtens betref- **65** fend das Opfer in Betracht. Die Einholung eines Glaubwürdigkeitsgutachtens kann sich aus der gerichtlichen Aufklärungspflicht ergeben, kann aber auch vom Opferanwalt oder Verteidiger beantragt werden.

Die Beantwortung der Frage, ob ein Zeuge, also auch das Opfer als Zeuge, glaub- **66** würdig ist oder nicht, ist grundsätzlich aber die „ureigenste Aufgabe" des Gerichts.[43]

Die Einholung eines Glaubwürdigkeitsgutachtens ist daher die Ausnahme und **67** kommt nur in Betracht, wenn die Eigenart und besondere Gestaltung des Einzelfalles eine besondere Sachkunde vom Gericht verlangt, die ein Richter normalerweise selbst auch dann nicht hat, wenn das Gericht über besondere forensische Erfahrung verfügt.[44] Ein derartiger Ausnahmefall, der die Einholung eines Glaub-

---

43 BGH NJW 2005, 1671.
44 BVerfG NJW 2003, 1443; BGH NStZ 2001, 105; BGHSt 45, 164.

würdigkeitsgutachtens gebietet, kann u.a. gegeben sein, wenn psychische Probleme beim Zeugen bestehen,[45] bei kindlichen Zeugen,[46] wenn die Frage der Auswirkung von Alkohol auf die Erinnerungsfähigkeit des Zeugen zu beurteilen ist, u.U. bei wechselndem Aussageverhalten des Zeugen, u.U. bei einer Aussage-gegen-Aussage-Situation,[47] bei einem hochgradig medikamentenabhängigen Zeugen[48] oder wenn die Erinnerungsfähigkeit des Zeugen z.b. durch ein Schädel-Hirn-Trauma eingeschränkt ist.[49]

68   Der BGH legt in seinen Entscheidungen Altersgrenzen für kindliche Zeugen von 7 bis 13 Jahren[50] bzw. von 5 bis 13 Jahren[51] zugrunde.

69   Bei der Einholung eines Glaubwürdigkeitsgutachtens ist wegen § 81c StPO die Einwilligung des Zeugen erforderlich.

70   Wird gegen die Belehrungspflicht in Bezug auf die Einwilligung verstoßen, kann dies zu einem Beweisverwertungsverbot führen.

71   Ein Beweisverwertungsverbot besteht allerdings dann nicht (mehr), wenn der Zeuge später in der Hauptverhandlung seine nachträgliche Einwilligung erteilt hat.

72   Einem Glaubwürdigkeitsgutachten liegen folgende Überlegungen zugrunde:

> *„Die inhaltliche Analyse von Aussagen zur Einschätzung ihrer Glaubhaftigkeit ergibt sich aus der Konzeptionalisierung einer Aussage als Leistung ... Es stellt eine schwierige Aufgabe mit hoher Anforderung an die kognitive Leistungsfähigkeit eines Zeugen dar, eine Aussage über ein komplexes Handlungsgeschehen (ohne entsprechende Wahrnehmungsgrundlage) zu erfinden. Daher kann die Hypothese aufgestellt werden, dass erfundene Handlungsschilderungen – je nach gegebener Leistungsfähigkeit des Aussagenden – möglicherweise inhaltlich wenig elaboriert ausfallen; muss doch der lügende Zeuge ein erhebliches Ausmaß seiner kognitiven Energie auf kreative Prozesse und Kontrollprozesse verwenden. Aus dieser kognitiven Theorie des Lügens ergibt sich, dass eine erfundene Handlungsschilderung im individuellen Vergleich wahrschein-*

---

45   BGH StV 1990, 8; BGH NStZ 1995, 558.
46   BGH NStZ 2001, 105; BGH NStZ 2005, 394.
47   BGH StV 1998, 116.
48   BGH NStZ 1991, 47.
49   BGH StV 1994, 634.
50   BGH NStZ 1990, 228.
51   BGH StV 1994, 173.

lich eine geringere inhaltliche Qualität aufweist, als eine wahre Beurkundung über ein Erleben. "[52]

Im Rahmen der Glaubhaftigkeitsbegutachtung wird also geprüft, ob eine Zeugen- **73** aussage wahr ist, also einen eigenen Erlebnishintergrund hat. Eine wahre Zeugenaussage soll von einer Lüge unterschieden werden. Wird eine Zeugenaussage als glaubhaft beurteilt, heißt dies allerdings noch nicht, dass es sich hierbei um eine fehlerfreie Aussage handelt, denn selbst bei wahren Aussagen, die also glaubhaft sind, kann sich der Zeuge (unabsichtlich) irren.

Das methodische Grundprinzip der Glaubhaftigkeitsbegutachtung besteht darin, **74** den zu überprüfenden Sachverhalt, also die Glaubhaftigkeit der Zeugenaussage so lange zu negieren, bis diese Negation mit den gesammelten Fakten nicht mehr vereinbar ist. Der Sachverständige, der die Glaubhaftigkeitsbegutachtung anstellt, nimmt daher bei der Begutachtung zunächst an, dass die Aussage unwahr ist (sog. Null-Hypothese).[53]

Die Aussage des Zeugen wird im Rahmen der Begutachtung auf sog. Realkennzei- **75** chen geprüft.

Bei der Realkennzeichenanalyse ist nach einer Zusammenstellung von *Steller* und **76** *Köhnken*[54] von folgenden Realkennzeichen auszugehen:

J. Realkennzeichenanalyse

I. Allgemeine Merkmale

1. Logische Konsistenz

Eine logische Konsistenz ist gegeben, wenn sich die einzelnen Elemente innerhalb **77** der Aussage zu einem schlüssigen, logischen, folgerichtigen, nachvollziehbaren und plausiblen Zusammenhang zusammenfügen, ohne dass sich Widersprüche oder logische Brüche darstellen.

---

52 *Steller/Volbert*, S. 12 ff.; *Köhnken*, S. 17; *Janzen*, Rn 62.
53 BGHSt 45, 164.
54 *Steller/Köhnken*, in: Raskin, S. 217 ff.

2. Ungeordnete, sprunghafte Darstellung

78 Ausgedachte Schilderungen werden üblicherweise eher chronologisch wiedergegeben, da es schwierig ist, einen selbst ausgedachten Sachverhalt losgelöst vom
zeitlichen Ablauf sprunghaft und unstrukturiert wiederzugeben. Eine ungeordnet
sprunghafte Darstellung spricht daher eher für ein tatsächlich erlebtes Geschehen.

3. Quantitativer Detailreichtum

79 Ein tatsächlich erlebtes Geschehen kann im Gegensatz zu frei erfundenem Geschehen eher detailreich wiedergegeben werden. Für die meisten Zeugen ist es schwer,
sich etwas auszudenken und dies dann zu behalten im Hinblick auf viele Details.
Detailreichtum spricht daher für einen tatsächlich erlebten Sachverhalt, mit Ausnahme bei einem turbulenten Geschehen oder bei einem sehr knappen Sachverhalt.

80 Selbstverständlich ist der Detaillierungsgrad abhängig davon, wie lange das Geschehen her ist, wie komplex der Sachverhalt als solcher ist und auch von der Aus-
drucksweise des Zeugen.

II. Spezielle Inhalte

1. Raumzeitliche Verknüpfungen

81 Bei Vorliegen von Verknüpfungen spricht dies für das Vorliegen einer erlebten
Aussage, da es schwierig ist, Verknüpfungen ohne eigene Erlebnisgrundlage zu er-
stellen. Je mehr Verflechtungen in dem dargestellten Geschehen vorliegen, umso
eher ist von einer erlebten Aussage auszugehen.

2. Interaktionsschilderungen

82 Für ein tatsächlich erlebtes Geschehen spricht es, wenn innerhalb der Aussage viel-
fältige Verflechtungen veränderlicher situativer Umstände aus dem individuellen
Lebensumfeld des Zeugen vorhanden sind.

83 Dagegen spricht für ein erfundenes Geschehen, wenn die situativen Umstände als
loses Nebeneinander dargestellt werden, die keinerlei Auswirkungen aufeinander
haben.

3. Wiedergabe von Gesprächen

Die Wiedergabe einer komplexen Gesprächssequenz, bei der sich eine Kette auf- **84**
einanderbezogener Fragen und Antworten nachvollziehen lässt, spricht für die
Wiedergabe eines erlebten Geschehens.

4. Schilderung von Komplikationen im Handlungsverlauf

Üblicherweise werden bei einer nicht erlebten Aussage Komplikationen nicht be- **85**
dacht bzw. vermieden, da sie die Reproduktion der Aussage erschweren würden.
Die Darstellung von Komplikationen, wie Handlungsunterbrechungen, Störungen,
auftretende Hindernisse, Misserfolge, enttäuschte Erwartungen usw. sprechen für
die Wiedergabe eines erlebten Geschehens.

III. Inhaltliche Besonderheiten

1. Schilderung nebensächlicher Einzelheiten

Üblicherweise wird der falsch aussagende Zeuge im Regelfall nicht relevante und **86**
überflüssige Details in seine Handlungsdarstellung nicht mit aufnehmen, da er ansonsten seine Aussage durch diese Details lediglich komplizieren würde.

2. Phänomengemäße Schilderung unverstandener Handlungselemente

Der Zeuge schildert einen Sachverhalt, macht bei der Schilderung aber auch deut- **87**
lich, dass er diesem Sachverhalt nicht eine bestimmte Bedeutung zumisst. Bei
kindlichen Zeugenaussagen im Bereich von Sexualstraftaten sind dies üblicherweise Schilderungen betreffend Ejakulationen oder Orgasmen durch die Peiniger. Dies
spricht für erlebtes Geschehen.

3. Indirekt handlungsbezogene Schilderungen

Der Zeuge schildert Handlungen, die zu einem anderen Zeitpunkt mit einer ande- **88**
ren Person stattgefunden haben, zu dem aktuellen Tatgeschehen aber einen Bezug
haben, z.B. ähnlich sind, auch dies spricht für Wiedergabe eines tatsächlich erlebten Geschehens.

4. Schilderung eigener psychischer Vorgänge

89 Der Zeuge schildert, was er bei dem Erlebten gedacht, empfunden und wie er hierauf reagiert hat. Es wird in der Glaubwürdigkeitsanalyse davon ausgegangen, dass es sehr hohe Anforderungen an psychologische Abstraktions- und Differenzierungsfähigkeit stellen würde, eigene psychische Vorgänge in eine Falschaussage passend zu integrieren.

5. Schilderung psychischer Zustände des Beschuldigten

90 Für die Schilderung eines erlebten Sachverhaltes spricht es weiterhin, wenn der Zeuge eventuelle Gefühlsreaktionen und Stimmungslagen des Beschuldigten wiedergibt.

IV. Motivationsbezogene Inhalte

1. Spontane Verbesserung der eigenen Aussage

91 Es ist davon auszugehen, dass eine falsch aussagende Person eine eigene Korrektur ihrer Aussage vermeidet, um einen möglichst sicheren Eindruck zu hinterlassen. Umgekehrt spricht die spontane Verbesserung der eigenen Aussage dafür, dass die Aussage auf einem Erlebten basiert.

2. Eingeständnis von Erinnerungslücken

92 Ein falsch aussagender Zeuge versucht eine bei ihm gegebene Unsicherheit zu überspielen, in dem er u.a. möglichst keine Lücken in seiner Darstellung aufkommen lässt. Das Eingeständnis von Erinnerungslücken spricht daher eher für den Bericht eines erlebten Sachverhaltes.

3. Einwände gegen die Richtigkeit der eigenen Aussage

93 Der Zeuge bringt von sich aus Einwände gegen die Richtigkeit oder Glaubhaftigkeit der von ihm getätigten Aussage bzw. äußert, dass seine Schilderung unwahrscheinlich klingt, bekräftigt aber dennoch, dass das Tatgeschehen so abgelaufen ist. Des Weiteren besteht die Möglichkeit, dass der Zeuge von einer eigenen fehlerhaften Wahrnehmung, Verwechslung oder von einem Missverständnis ausgeht bzw. dies befürchtet. Derartige Einschränkungen in der eigenen Aussage sprechen wiederum für die Wiedergabe eines erlebten Sachverhaltes.

4. Selbstbelastungen

Es ist davon auszugehen, dass eine falsch aussagende Person grundsätzlich einen **94** Belastungseifer gegenüber dem Angeklagten hat. Der Zeuge wird daher jede Selbstbelastung vermeiden, die von der Belastung des Angeschuldigten ablenkt.

5. Entlastung des Beschuldigten

Aufgrund des bereits dargestellten Belastungseifers von falsch aussagenden Zeu- **95** gen ergibt sich weiter, dass diese kaum versuchen werden, den Beschuldigten parallel hierzu zu entlasten, da dies für den falsch aussagenden Zeugen eine widersprüchliche Handlungsweise darstellen würde.

K. Gegenvorstellung

Eine Gegenvorstellung ist eine Aufforderung an den Empfänger, meist also Staats- **96** anwaltschaft oder Gericht, seine bereits getroffene Entscheidung aufgrund der in der Gegenvorstellung (neu) vorgebrachten Argumente nochmals zu überdenken und aufzuheben. Sie kann zwar grundsätzlich immer erhoben werden, ist aber ausnahmsweise unzulässig, wenn der Empfänger seine bereits getroffene Entscheidung selbst nicht mehr ändern kann.

Sie ist nicht fristgebunden und sie bedarf keiner besonderen Form. **97**

Da mit der Gegenvorstellung versucht werden soll, eine bereits getroffene Ent- **98** scheidung abzuändern, ist es sehr ratsam, die Gegenvorstellung aufs Ausführlichste zu begründen und sämtliche Argumente vorzubringen, die für die gewünschte Entscheidung sprechen. Die Gegenvorstellung ist damit, auch in der Hauptverhandlung, ein gutes Mittel für den Opferanwalt, um auf den Entscheidungsprozess im Verfahren gegen den Täter einzuwirken.

Wird eine zulässige Gegenvorstellung erhoben, besteht ein Anspruch auf Entschei- **99** dung.[55]

---

55 *Meyer-Goßner*, Vor § 296 Rn 26.

L. Therapie

100 Zumindest Opfer von schweren Gewalttaten oder Opfer, die durch die Tat sehr belastet sind,[56] sollten bereits frühzeitig psychologische Hilfe, am Besten die eines Traumatherapeuten, in Anspruch nehmen. Dies führt einerseits zu einer Stabilisierung des Opfers und andererseits ggf. auch zu einer besseren Möglichkeit der Wiedergabe des Tatgeschehens im Rahmen von Vernehmungen. Auch kann der Therapeut bereits frühzeitig das Opfer, auf die für es meist sehr belastende Aussage in einer Hauptverhandlung, vorbereiten.

101 Auch kann der Therapeut dann Atteste für folgende Problembereiche ausstellen:
- Möglichkeit der eigenen Interessenwahrnehmung des Opfers im Strafverfahren gegen den Täter für die Frage der Beiordnung eines Beistandes, z.B. nach § 397a Abs. 1 Nr. 4 StPO oder § 397a Abs. 2 StPO,
- Erforderlichkeit einer Videovernehmung nach § 247a StPO,
- Erforderlichkeit der Entfernung des Angeklagten nach § 247 StPO,
- Schmerzensgeld,
- Zur Vorlage im OEG-Verfahren.

102 **Checkliste: Einflussmöglichkeiten im Ermittlungsverfahren**

Eine gute Opfervertretung beginnt bereits im Ermittlungsverfahren gegen den Täter.

Bereits im Ermittlungsverfahren kann ggf. mit der Schadensregulierung begonnen werden.

Verfahrenseinstellungen der Staatsanwaltschaft sind nicht ungeprüft hinzunehmen und ggf. mit der Beschwerde oder einer Gegenvorstellung zu kontern.

Im Rahmen einer Stellungnahme kann sowohl auf die Folgen der Tat für das Opfer, als auch zum Vorliegen eines besonderen Tatbestandes hingewiesen werden.

Es kann versucht werden, die Staatsanwaltschaft dazu zu bewegen, einen Haftbefehl gegen den Täter zu beantragen.

Bezüglich des Opfers kann ein Glaubwürdigkeitsgutachten in geeigneten Fällen angeregt werden.

Das Opfer sollte ggf. früh einem Therapeuten vorgestellt werden.

---

56 Nicht jedes Opfer empfindet eine Straftat gleich belastend. Auch eine Straftat mittlerer Kriminalität, wie z.B. der Diebstahl von Bargeld aus der Wohnung einer Rentnerin, kann für diese sehr belastend sein.

§ 6 Klageerzwingungsverfahren

A. Einleitung

Das Klageerzwingungsverfahren ist in den §§ 172 ff. StPO geregelt. Es dient zur **1** Sicherung des Legalitätsprinzips durch die gerichtliche Überprüfung einer das Ermittlungsverfahren gegen den Täter einstellenden Entscheidung der Staatsanwaltschaft. Es stellt keine Durchbrechung des Anklagemonopols der Staatsanwaltschaft dar, da der Antragsteller nur erreichen kann, dass die Staatsanwaltschaft zur Anklageerhebung gezwungen wird, nicht aber selbst Anklage erheben kann.

Das Klageerzwingungsverfahren ist ein 3-stufiges Verfahren. Stellt die Staats- **2** anwaltschaft das Strafverfahren gegen den Täter ein, muss der Antragsteller auf der 1. Stufe dagegen Beschwerde einlegen. Hilft die Staatsanwaltschaft aufgrund der Beschwerde nicht ab, d.h. erhebt dennoch keine Anklage, muss er die Beschwerde an die Generalstaatsanwaltschaft beim OLG weiterleiten. Die Generalstaatsanwaltschaft entscheidet nunmehr auf der 2. Stufe, ob diese aufgrund der Beschwerde abhilft, womit die Einstellungsentscheidung der Staatsanwaltschaft wirkungslos wird, oder ob sie die Rechtsauffassung der Staatsanwaltschaft teilt und nicht abhilft. Hilft die Generalstaatsanwaltschaft nicht ab, kann der Antragsteller auf der 3. Stufe einen Klageerzwingungsantrag beim Oberlandesgericht stellen. Gibt das Oberlandesgericht dem Klageerzwingungsantrag statt, wird die Staatsanwaltschaft verpflichtet, Anklage zu erheben.

§ 172 StPO Klageerzwingungsverfahren

(1) Ist der Antragsteller zugleich der Verletzte, so steht ihm gegen den Bescheid nach § 171 binnen zwei Wochen nach der Bekanntmachung die Beschwerde an den vorgesetzten Beamten der Staatsanwaltschaft zu. Durch die Einlegung der Beschwerde bei der Staatsanwaltschaft wird die Frist gewahrt. Sie läuft nicht, wenn die Belehrung nach § 171 Satz 2 unterblieben ist.

(2) Gegen den ablehnenden Bescheid des vorgesetzten Beamten der Staatsanwaltschaft kann der Antragsteller binnen einem Monat nach der Bekanntmachung gerichtliche Entscheidung beantragen. Hierüber und über die dafür vorgesehene Form ist er zu belehren; die Frist läuft nicht, wenn die Belehrung unterblieben ist. Der Antrag ist nicht zulässig, wenn das Verfahren ausschließlich eine Straftat zum Gegenstand hat, die vom Verletzten im Wege der Privatklage verfolgt werden kann, oder wenn die Staatsanwaltschaft nach § 153 Abs. 1, § 153a Abs. 1 Satz 1, 7 oder § 153b Abs. 1 von der Verfolgung der Tat abgesehen hat; dasselbe gilt in den Fällen der §§ 153c bis 154 Abs. 1 sowie der §§ 154b und 154c.

(3) Der Antrag auf gerichtliche Entscheidung muss die Tatsachen, welche die Erhebung der öffentlichen Klage begründen sollen, und die Beweismittel angeben. Er muss von

einem Rechtsanwalt unterzeichnet sein; für die Prozesskostenhilfe gelten dieselben Vorschriften wie in bürgerlichen Rechtsstreitigkeiten. Der Antrag ist bei dem für die Entscheidung zuständigen Gericht einzureichen.

(4) Zur Entscheidung über den Antrag ist das Oberlandesgericht zuständig. § 120 des Gerichtsverfassungsgesetzes ist sinngemäß anzuwenden.

3

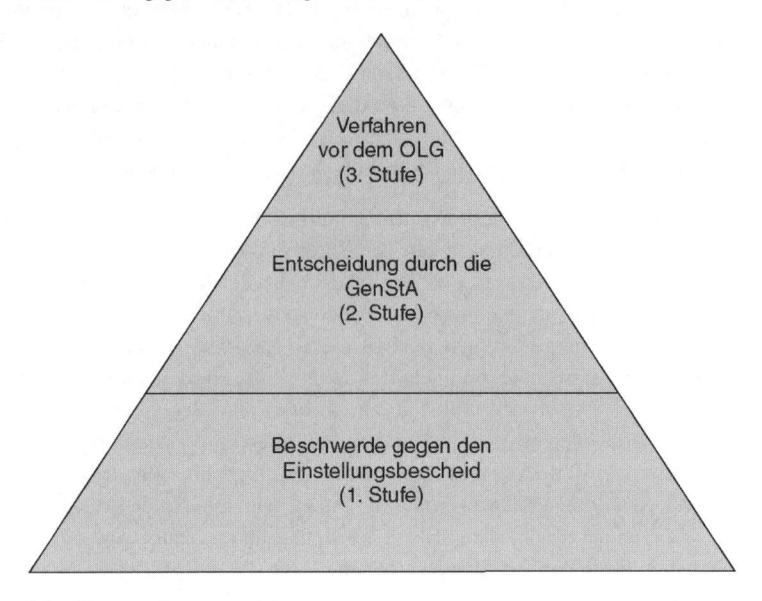

Verfahren
vor dem OLG
(3. Stufe)

Entscheidung durch die
GenStA
(2. Stufe)

Beschwerde gegen den
Einstellungsbescheid
(1. Stufe)

Übersicht: Klageerzwingungsverfahren

B. Zulässigkeit/Beschwerdeberechtigung

4   Das Klageerzwingungsverfahren setzt zunächst einen die Anklageerhebung ablehnenden Bescheid der Staatsanwaltschaft gegen den Antragsteller (Strafanzeigeerstatter) voraus. War der Strafanzeigenerstatter nicht zugleich Verletzter, hat er zwar nach § 171 Satz 1 StPO einen Anspruch auf Übersendung einer Kopie des Einstellungsbescheids, die Berechtigung für die Anfechtung des Bescheides durch das Klageerzwingungsverfahren steht nach § 172 Satz 1 StPO aber nur dem Antragsteller zu, der gleichzeitig Verletzter ist. Verletzter ist, wer durch die behauptete Tat in einem Rechtsgut verletzt ist.[1] Dies gilt auch für die Verletzung von gene-

---

1   OLG Karlsruhe Justiz 1988, 400.

rell rechtlich anerkannten Interessen,[2] wobei es auch auf die eigene strafrechtliche und zivilrechtliche Beurteilung des Antragstellers ankommt.[3]

Die Verletzteneigenschaft wird von der Rechtsprechung z.b. angenommen bei dem Ehemann einer durch ein Sexualdelikt geschädigten Ehefrau,[4] bei Personen, welche bei einem Aussagedelikt oder einer falschen eidesstattlichen Versicherung von der falschen Aussage negativ betroffen wären,[5] bei durch einen möglichen Verkehrsunfall unmittelbar betroffenen Personen, bei einer Straßenverkehrsgefährdung,[6] beim Unterhaltsberechtigten oder dem Träger der Sozialhilfe oder anderen öffentlichen Versorgungsträgern, bei Verletzung der Unterhaltspflicht,[7] bei Personen, denen bei einem Urkundsdelikt durch den Gebrauch einer falschen Urkunde ein Nachteil entstanden ist,[8] bei den nach § 395 StPO nebenklageberechtigten Angehörigen eines des durch die Straftat Getöteten[9] oder das Kind eines getöteten Elternteils.[10] **5**

Dagegen wird die Verletzteneigenschaft von der Rechtsprechung z.b. abgelehnt bei Tatbeteiligten, erfolglos Angestifteten, einem Tierschutzverein bei Tierquälerei,[11] der Ärztekammer bei unrechtmäßigen Handlungen eines Arztes[12] oder den mittelbar geschädigten späteren Erben.[13] **6**

Das Recht zur Antragstellung geht nicht auf eventuelle Erben des Verletzten über.[14] **7**

Das Klageerzwingungsverfahren ist grundsätzlich zulässig, wenn das Verfahren nach § 170 Abs. 2 StPO eingestellt wird. **8**

Nach § 172 Abs. 2 Satz 3 StPO kann das Klageerzwingungsverfahren nicht durchgeführt werden, wenn die Straftat ein Privatklagedelikt nach § 374 StPO ist. Dies gilt selbst dann, wenn die Staatsanwaltschaft von der Strafverfolgung aufgrund **9**

---

2 OLG Düsseldorf NJW 1992, 2370.
3 OLG Brandenburg NJW 1997, 377.
4 OLG Celle NJW 1960, 835.
5 OLG Düsseldorf JZ 1989, 404; OLG Frankfurt NStZ-RR 2002, 174.
6 OLG Celle NStZ-RR 2004, 369.
7 OLG Hamm NStZ-RR 2003, 116.
8 OLG Karlsruhe Justiz 2003, 271.
9 OLG Hamm MDR 1952, 257.
10 OLG Celle NJW 1954, 1660.
11 OLG Hamm NJW 1980, 848.
12 OLG Stuttgart NJW 1969, 254.
13 OLG Düsseldorf wistra 1994, 155.
14 OLG Düsseldorf NJW 1992, 2370.

mangelnden öffentlichen Interesses absieht. Hier kann lediglich Dienstaufsichtsbeschwerde eingelegt oder der Privatklageweg beschritten werden.

10 Auch kann das Klageerzwingungsverfahren nach § 172 Abs. 2 S. 3 StPO nicht durchgeführt werden, wenn das Verfahren durch die Staatsanwaltschaft nicht nach § 170 Abs. 2 StPO, sondern im Hinblick auf den Opportunitätsgrundsatz, also nach §§ 153, 153a, 153b, 153c bis 154, 154b oder 154c eingestellt wird. Hier ist selbst dann das Klageerzwingungsverfahren unzulässig, wenn die Staatsanwaltschaft trotz Vorliegens eines Verbrechensverdachts von der Einstellung nach §§ 153 ff. StPO – oder aus anderen Gründen zu Unrecht – Gebrauch gemacht hat.[15]

11

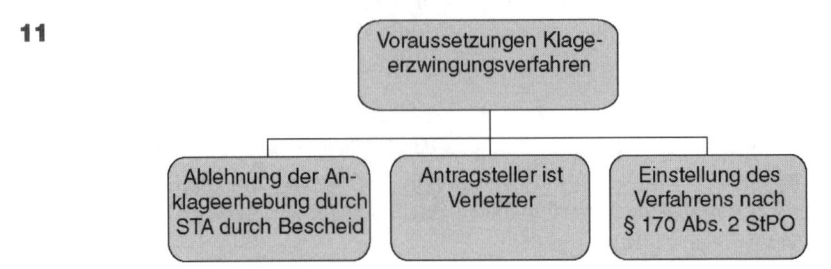

Übersicht: Voraussetzungen des Klageerzwingungsverfahrens

C. Beschwerde (1. Stufe)

12 Der Antragsteller muss nach § 172 Abs. 1 Satz 1 StPO gegen den das Verfahren nach § 170 Abs. 2 StPO einstellenden Bescheid der Staatsanwaltschaft binnen einer Frist von 2 Wochen nach der Bekanntmachung Beschwerde erheben. Diese Beschwerde ist sog. Vorschaltbeschwerde auf dem Weg zum Oberlandesgericht.[16]

13 Die Beschwerdefrist beginnt mit der Zustellung des Bescheides, mit dem die Einstellung des Ermittlungsverfahrens dem Antragsteller mitgeteilt wird, sofern der Bescheid eine ordnungsgemäße Beschwerdebelehrung nach § 171 Abs. 1 Satz 2 StPO enthält.

14 Das Beschwerdeerfordernis entfällt in Fällen, in denen der Generalbundesanwalt oder Generalstaatsanwalt für die Ermittlungen zuständig war (Staatsschutzsachen) und das Verfahren eingestellt hat.

15   OLG Hamm MDR 1993, 460.
16   *Kleinknecht*, JZ 1952, 488, 490.

Die Beschwerde muss nicht begründet werden. Eine Begründung ist aber sinnvoll, **15** um weitere Ermittlungsansätze, Beweismittel oder die Fehler in der Einstellungsentscheidung aufzuzeigen.

Auf die Beschwerde kann zunächst der die Einstellung des Verfahrens verfügende **16** Staatsanwalt abhelfen und weitere Ermittlungen aufnehmen oder Anklage erheben. Stellt die Staatsanwaltschaft das Verfahren nach Aufnahme der Ermittlungen nach der Beschwerde wieder ein, so ist erneut die Beschwerde zulässig.

Hilft der Staatsanwalt der Beschwerde nicht ab, ist die Beschwerde an die General- **17** staatsanwaltschaft unverzüglich mit den Verfahrensakten und einer Begründung, warum die Staatsanwaltschaft der Beschwerde nicht abgeholfen hat, weiterzuleiten.

Die Beschwerde ist zudem zulässig, wenn die Staatsanwaltschaft auf die Straf- **18** anzeige des Anzeigenerstatters, der gleichzeitig Verletzter ist, komplett untätig bleibt, keine Ermittlungen führt, also die Einleitung eines Ermittlungsverfahrens ablehnt.[17] In diesem Fall ergeht der Bescheid nach § 171 StPO stillschweigend durch die Staatsanwaltschaft.

19

Beschwerde gegen Einstellungsbescheid

STA hilft ab, d.h. ermittelt weiter oder klagt an

STA hilft nicht ab

Vorlage der Beschwerde an GenStA

Übersicht: Beschwerde gegen Einstellungsbescheid

▼

Muster 6.1: Einstellungsbeschwerde im Klageerzwingungsverfahren **20**

An das

Amtsgericht/Landgericht

---

17 OLG Karlsruhe Justiz 2005, 252.

In dem Strafverfahren

gegen ▓▓▓▓

AZ: ▓▓▓▓

zeige ich unter Vorlage auf mich lautender Vollmacht an, dass ich ▓▓▓▓ vertrete. Mein Mandant ist Verletzter und Anzeigenerstatter in dem Ermittlungsverfahren gegen ▓▓▓▓.

Namens und in Vollmacht meines Mandanten lege ich gegen die Einstellungsverfügung der Staatsanwaltschaft ▓▓▓▓ vom ▓▓▓▓, hier eingegangen am ▓▓▓▓,

Beschwerde

ein.

Außerdem wird beantragt,

1. die Einstellungsverfügung der Staatsanwaltschaft aufzuheben.
2. die Staatsanwaltschaft anzuweisen, die Ermittlungen wieder aufzunehmen und Anklage wegen ▓▓▓▓ zu erheben.

Begründung:

Mit Schreiben vom ▓▓▓▓ habe ich für meinen Mandanten bei der Staatsanwaltschaft ▓▓▓▓ gegen den Beschuldigten Anzeige wegen des Verdachts der gefährlichen Körperverletzung erstattet. Der Beschuldigte hatte am ▓▓▓▓ meinen Mandanten nachdem es zunächst zu einer verbalen Auseinandersetzung gekommen war, mit einem Baseballschläger angegriffen und nicht unerheblich verletzt.

Die Staatsanwaltschaft ▓▓▓▓ hat das Ermittlungsverfahren gegen den Beschuldigten wegen des Verdachts der gefährlichen Körperverletzung eingestellt. Zur Begründung führte sie aus, es stünde Aussage gegen Aussage, nachdem der Beschuldigte die Tat bestritten hat. Weitere Zeugen konnten angeblich nicht ermittelt werden.

Im Laufe des Ermittlungsverfahrens konnte mein Mandant drei Zeugen selbst ermitteln. Diese hat er mit Schreiben vom ▓▓▓▓ gegenüber der Staatsanwaltschaft benannt. Ungeachtet dessen nahm die Staatsanwaltschaft ▓▓▓▓ die Ermittlungen nicht wieder auf. Sie verwies dieses Mal das Verfahren auf den Privatklageweg.

Die Staatsanwaltschaft ▓▓▓▓ hätte entgegen dieser Mitteilung die Ermittlungen wieder aufnehmen müssen. Die Vernehmung der von meinem Mandanten benannten Zeugen hätte ergeben, dass der Beschuldigte in einer äußerst brutalen Art und Weise meinen Mandanten mit einem Baseballschläger verletzt hat. Aufgrund dessen kommt eine Verweisung auf den Privatklageweg nicht in Betracht. Dies gilt umso mehr, als die Verletzungen meines Mandanten erheblich sind.

Insofern wird auf das zu der Akte gereichte Attest vom ███████ Bezug genommen.

Die Strafverfolgung liegt daher im Interesse der Allgemeinheit.

Rechtsanwalt

D. Entscheidung durch die Generalstaatsanwaltschaft (2. Stufe)

Das Klageerzwingungsverfahren gelangt nur in die 2. Stufe, d.h. zur Generalstaats-   **21**
anwaltschaft (GenStA), wenn die Staatsanwaltschaft auf die Beschwerde nicht abgeholfen hat und keine weiteren Ermittlungen veranlasst oder Anklage erhoben
hat.

Die GenStA verwirft die Beschwerde dann als unzulässig, wenn sie nicht frist-   **22**
gerecht, nicht durch den Antragsteller, nicht durch den Antragsteller, der zugleich
Verletzter war oder von einem prozessunfähigen und nicht gesetzlich vertretenen
Antragsteller, erhoben wurde oder das Verfahren nicht nach § 170 Abs. 2 StPO,
sondern nach §§ 153 ff. StPO eingestellt worden ist. Da aber auch eine unzulässige
Beschwerde gleichzeitig noch eine Dienstaufsichtsbeschwerde enthält, trifft die
GenStA, sofern der Beschwerdeführer prozessfähig oder gesetzlich vertreten ist,
auch hier trotzdem noch eine Sachentscheidung, die auch zur Aufhebung des Be-
scheides der Staatsanwaltschaft führen kann.

Hält die GenStA die Sache für anklagereif, d.h., ist ein hinreichender Tatverdacht   **23**
gegeben, weist die GenStA die Staatsanwaltschaft an, den Einstellungsbescheid
aufzuheben und Anklage zu erheben.

Hält die GenStA weitere Ermittlungen für erforderlich, ordnet sie weitere Ermitt-   **24**
lungen an.

Stellt die Staatsanwaltschaft das nach der Entscheidung durch die GenStA wieder   **25**
aufgenommene Ermittlungsverfahren erneut ein, ist dagegen wieder die Beschwerde (1. Stufe) zulässig.

Hält die GenStA die Beschwerde für unbegründet, d.h. dass weder Anklage zu er-   **26**
heben ist, noch dass weitere Ermittlungen erforderlich sind, verwirft sie die Beschwerde durch begründeten Beschluss. Im Verwerfungsbeschluss ist der Antragsteller nach § 172 Abs. 2 Satz 1 u. 2, Abs. 3 StPO über die Möglichkeit der
Beantragung einer gerichtlichen Entscheidung, die diesbezügliche Frist und Form,
den Anwaltszwang und den Adressaten des Antrags zu belehren.

27

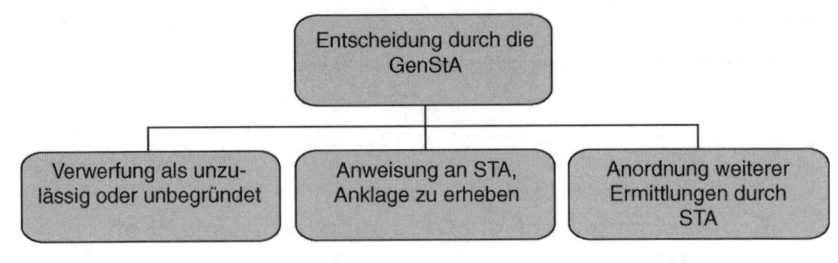

Übersicht: Entscheidung durch die Generalstaatsanwaltschaft

28 **Muster 6.2: Antrag auf gerichtliche Entscheidung**

An das

Oberlandesgericht ▓▓▓▓

In dem Strafverfahren

der Staatsanwaltschaft ▓▓▓▓

gegen ▓▓▓▓

AZ: ▓▓▓▓

zeige ich unter Vollmachtsvorlage die anwaltliche Interessenvertretung des ▓▓▓▓ an.

Namens und in Vollmacht meines Mandanten wird die

gerichtliche Entscheidung

beantragt, mit dem Antrag, die Erhebung der öffentlichen Klage gegen den Beschuldigten ▓▓▓▓ wegen ▓▓▓▓ anzuordnen.

Begründung:

Der Antragsteller ist Inhaber des Kaufhauses ▓▓▓▓. Am ▓▓▓▓ beging der Beschuldigte im Kaufhaus des Antragstellers einen Diebstahl, in dem er einen MP3-Player unter seiner Jacke versteckte, den Kassenbereich und das Kaufhaus verließ, ohne den MP3-Player zu bezahlen. Durch einen eingesetzten Detektiv wurde der Diebstahl festgestellt und der Beschuldigte vor dem Kaufhaus gestellt. Der Antragsteller erstattete am ▓▓▓▓ bei der Polizei in ▓▓▓▓ Strafanzeige.

Der Beschuldigte ließ sich dahingehend im Ermittlungsverfahren bei der Staatsanwaltschaft ▓▓▓▓ ein, er habe lediglich vergessen den MP3-Player zu bezahlen.

Wie die Ermittlungen der Staatsanwaltschaft ▓▓▓▓ ergaben, ist der Beschuldigte bereits mehrfach wegen Diebstahls und Betruges vorbestraft. Dennoch stellte die

124

Staatsanwaltschaft ▨▨▨▨ das Ermittlungsverfahren gemäß § 170 Abs. 2 StPO mit der Begründung ein, der Diebstahlsvorsatz könne dem Beschuldigten nicht nachgewiesen werden.

Beweis: Einstellungsbeschluss der Staatsanwaltschaft ▨▨▨ vom ▨▨▨ mit Zustellungsvermerk

Der Antragsteller hat fristgemäß gegen den Einstellungsbeschluss Beschwerde eingelegt und diese ausführlich begründet. Hier führte der Antragsteller aus, dass die Einlassung des Beschuldigten, er habe die Zahlung vergessen, sich um eine reine Schutzbehauptung handelt, da insbesondere dem Beschuldigten derartige Straftaten nicht fremd sind, wie seine Vorstrafenliste zeigt.

Beweis: Beschwerdebegründung vom ▨▨▨ mit Eingangsvermerk

Die Staatsanwaltschaft ▨▨▨ hat der Beschwerde allerdings nicht abgeholfen und die Akte an die Generalstaatsanwaltschaft weitergeleitet. Die Staatsanwaltschaft geht weiter davon aus, dass der Diebstahlsvorsatz nicht nachgewiesen werden könne.

Der Generalstaatsanwalt hat die Beschwerde mit Bescheid vom ▨▨▨ zugestellt am ▨▨▨ als unbegründet zurückgewiesen und inhaltlich auf die nach seiner Meinung zutreffende Begründung der Staatsanwaltschaft ▨▨▨ Bezug genommen.

Beweis: Bescheid der Generalstaatsanwaltschaft vom ▨▨▨ mit Zustellungsvermerk

Der Antrag auf gerichtliche Entscheidung ist begründet, da sich der Diebstahlsvorsatz nachweisen lässt, da dem Beschuldigten ausweislich seiner Vorstrafenliste derartige Straftaten nicht fremd sind.

Der Antragsteller ist sogleich Verletzter i.S.d. § 172 Abs. 1 StPO, so dass er das Klageerzwingungsverfahren betreiben kann. Durch seine am ▨▨▨ erstattete Strafanzeige, hat er auch sein Interesse an der Strafverfolgung des Beschuldigten zum Ausdruck gebracht.

Rechtsanwalt

▲

E.   Verfahren beim OLG (3. Stufe)

29   Vor dem Oberlandesgericht (OLG) findet das eigentliche Klageerzwingungsverfahren statt. Das Klageerzwingungsverfahren ist ein prozessual selbstständiges Verfahren.[18]

30   Der Klageerzwingungsantrag kann nur schriftlich, also auch nicht zu Protokoll der Geschäftsstelle, und nach § 172 Abs. 3 Satz 2 StPO nur durch einen im Geltungsbereich der StPO zugelassenen Rechtsanwalt[19] eingereicht und unterzeichnet werden. Damit kann der Antrag von anderen Personen, die nach § 138 StPO als Verteidiger für einen Angeklagten auftreten könnten, unterzeichnet werden. Der Verteidiger muss binnen der Monatsfrist durch den Antragsteller bevollmächtigt sein,[20] die Bevollmächtigung kann auch erst später nachgewiesen werden. Die Unterzeichnung durch einen Rechtsanwalt setzt eine Prüfung und Übernahme der Verantwortung für den Antrag nebst eventuellen Anlagen voraus.[21] Hier ist es nicht ausreichend, wenn der Rechtsanwalt lediglich auf einem vom Antragsteller selbst gefertigten Schriftsatz seinen Kanzleistempel und seine Unterschrift anbringt.[22]

31   Der Klageerzwingungsantrag zum OLG mit Begründung muss nach § 172 Abs. 2 Satz 1 StPO binnen eines Monats nach Bekanntgabe der Beschwerdeentscheidung der GenStA beim zuständigen Oberlandesgericht eingereicht werden, sofern die Beschwerdeentscheidung mit einer ordnungsgemäßen Belehrung nach § 172 Abs. 2 Satz 2 StPO versehen war. Der Klageerzwingungsantrag muss binnen der Frist beim OLG eingehen, der Eingang bei der StA oder GenStA reicht für die Wahrung der Frist nicht. Eine Fristverlängerung ist unmöglich.[23]

32   Wird Prozesskostenhilfe für den Klageerzwingungsantrag binnen der Monatsfrist beantragt, so ist für den Klageerzwingungsantrag, der unverzüglich nach der Bewilligung der Prozesskostenhilfe, selbst nach Fristablauf, gestellt wird, Wiedereinsetzung in den vorigen Stand zu gewähren.[24]

33   Wird die Frist durch einen durch den Antragsteller beauftragten Rechtsanwalt versäumt, ist dies dem Antragsteller zuzurechnen.[25]

---

18   BVerfG NJW 1976, 1629.
19   OLG Hamburg 1962, 1689.
20   OLG Düsseldorf MDR 1983, 153.
21   OLG Hamm NStZ-RR 2001, 300.
22   OLG Düsseldorf NJW 1989, 3296.
23   OLG Düsseldorf 1987, 2453.
24   BVerfG NJW 1973, 720.
25   *Meyer-Goßner*, § 172 Rn 25.

Für das Klageerzwingungsverfahren bedarf es der Prozessfähigkeit des Antragstellers[26] oder der Vertretung des prozessunfähigen Antragstellers durch seinen gesetzlichen Vertreter.

34

Inhaltlich muss der Klageerzwingungsantrag dem § 172 Abs. 3 Satz 1 StPO entsprechen, er muss also aus sich heraus eine verständliche Schilderung des Sachverhalts, der bei der Unterstellung des hinreichenden Tatverdachts die Erhebung der öffentlichen Klage in materieller und formeller Hinsicht rechtfertigen würde, enthalten.[27]

35

Der Klageerzwingungsantrag muss also ähnlichen inhaltlichen Anforderungen, wie eine Revisionsbegründungsschrift, gerecht werden. Genau hieran scheitern die meisten Klageerzwingungsanträge, zumal die Oberlandesgerichte oft die Anforderungen an einen Klageerzwingungsantrag überspannen. Nach dem Bundesverfassungsgericht dürfen allerdings die Oberlandesgerichte die Anforderungen nicht zu hoch schrauben, weil ansonsten der Zweck des Klageerzwingungsverfahrens, also die Überprüfung der staatsanwaltschaftlichen Einstellungsentscheidung, nicht mehr erreicht und in den Hintergrund treten würde.[28] Auch ist das Oberlandesgericht unter Umständen gehalten, auf inhaltliche Unzulänglichkeiten hinzuweisen und dem Antragsteller zur Behebung eine Frist zu setzten, bevor es den Antrag aufgrund inhaltlicher Mängel zurückweist.[29]

36

Im Klageerzwingungsantrag ist grundlegend der gesamte Verfahrensgang darzustellen. Es muss daher die Strafanzeige mitgeteilt werden, der Einstellungsbescheid der Staatsanwaltschaft, die Beschwerde gegen den Einstellungsbescheid und der Bescheid der GenStA. Hierbei ist nicht ausreichend, dass lediglich die Tatsache des Verfahrensvorgangs mitgeteilt wird, sondern alles muss inhaltlich komplett wiedergegeben werden, inklusive aller Zugangs- und Zustellungsdaten, so dass das Oberlandesgericht anhand der mitgeteilten Daten jeweils lückenlos die Fristeneinhaltung nachvollziehen kann. Allerdings sei eine wörtliche Wiedergabe der Bescheide nicht erforderlich, wenn sich der Inhalt aus dem Klageerzwingungsantrag erschließt.[30] Auch brauchen weder die kompletten Zeugenaussagen, noch die des Geschädigten, noch eine Aussage eines Sachverständigen wörtlich wiedergegeben werden.[31]

37

---

26 OLG Düsseldorf MDR 1989, 377.
27 *Meyer-Goßner*, § 172 Rn 27a; OLG Stuttgart NStZ-RR 2005, 113.
28 BVerfG NJW 2000, 1027; VerfGH Berlin NJW 2004, 2728.
29 OLG Nürnberg NStZ-RR 2002, 112.
30 BVerfG NStZ 2007, 272.
31 SächsVerfGH NJW 2004, 2729; BVerfG NStZ 2007, 272.

38 Die Einstellungsbescheide der Staatsanwaltschaft und GenStA sind nicht nur inhaltlich wiederzugeben, sondern auch rechtlich zu würdigen. Hierzu ist im Klageerzwingungsverfahren nochmals die dezidierte Darlegung erforderlich, warum die Bescheide falsch oder unvollständig sein sollen und warum sich hieraus eine Verletzung des Legalitätsprinzips ergeben soll.

39 Bloße Bezugnahmen beim Klageerzwingungsantrag auf Schriftstücke oder Aktenbestandteile sind unzulässig.[32] Damit ist es auch nicht ausreichend, wenn ein Schriftstück oder eine Passage eines Schriftstücks direkt oder indirekt zitiert wird, unter Verweisung auf die Fundstelle, gleichgültig, ob sich die Fundstelle im Antragsschriftsatz oder in der Akte befindet.[33]

40 Es ist aber auch unzulässig, die Aktenbestandteile, z.B. den Text einer Zeugenaussage, in den Klageerzwingungsantrag hineinzukopieren oder einzuscannen.[34]

41 Das Oberlandesgericht soll aufgrund dieser inhaltlichen Anforderungen an den Klageerzwingungsantrag in die Lage versetzt werden, ohne Rückgriff auf die Ermittlungs- und Beiakten eine Schlüssigkeitsprüfung vorzunehmen.[35]

42 Aus der Darstellung muss sich entweder ergeben, dass der Antragsteller Verletzter ist, ansonsten ist dies darzulegen.[36]

43 Aus der Darstellung muss sich ferner bei Antragsdelikten ergeben, dass der Strafantrag innerhalb der Strafantragsfrist nach § 77b StGB von 3 Monaten gestellt worden ist.[37]

44 Da ein Klageerzwingungsverfahren gegen „unbekannt" unzulässig ist,[38] ist es erforderlich, den Beschuldigten namentlich zu bezeichnen. Sollte dieser bislang (noch) nicht bekannt sein, sind alle Umstände anzugeben, die zu seiner Identifizierung führen könnten.[39] Bei mehreren Beschuldigten muss jedem Beschuldigten eine konkrete Handlung oder Unterlassung und ein genaues Delikt zugeordnet werden. Bei Vorliegen einer Unterlassungsstraftat ist die Garantenstellung innerhalb des Klageerzwingungsantrages darzulegen.

---

32 OLG Düsseldorf NStZ-RR 1998, 365.
33 OLG Koblenz NJW 1977, 1461.
34 OLG Celle NStZ 1997, 406.
35 OLG Düsseldorf StV 1983, 498.
36 OLG Düsseldorf AnwBl 1986, 156.
37 OLG Karlsruhe wistra 1995, 154.
38 OLG Stuttgart NStZ 2003, 33.
39 OLG Karlsruhe StraFo 2001, 162.

Die den objektiven und subjektiven Tatverdacht begründenden Tatsachen sind voll- **45** ständig mitzuteilen.

Die maßgeblichen Beweismittel sind unter der Begründung, warum diese relevant **46** sind, zu benennen.[40] Ähnlich wie bei einem Beweisantrag, der auch die Behauptung einer bestimmten Beweistatsache erfordert, ist hier die Behauptung erforderlich, dass das Beweismittel wahrscheinlich zu einer Verurteilung des Beschuldigten führt.[41]

Das OLG leitet den Klageerzwingungsantrag zunächst an die GenStA zur Stel- **47** lungnahme weiter. Ob der Beschuldigte eine Abschrift des Klageerzwingungsantrages mit der Gelegenheit zur Stellungnahme erhält, hängt davon ab, ob das OLG beabsichtigt, dem Antrag stattzugeben. In diesem Fall wäre dem Beschuldigten Gelegenheit zur Stellungnahme zu geben. Sind weitere Beweiserhebungen erforderlich, ordnet das OLG diese an. Ansonsten entscheidet das OLG über den Antrag.

Hält das OLG den Klageerzwingungsantrag für unzulässig oder unbegründet, ver- **48** wirft es ihn nach § 174 StPO.

§ 174 StPO Verwerfung des Antrags

(1) Ergibt sich kein genügender Anlass zur Erhebung der öffentlichen Klage, so verwirft das Gericht den Antrag und setzt den Antragsteller, die Staatsanwaltschaft und den Beschuldigten von der Verwerfung in Kenntnis.

(2) Ist der Antrag verworfen, so kann die öffentliche Klage nur aufgrund neuer Tatsachen oder Beweismittel erhoben werden.

Hält das OLG den Klageerzwingungsantrag für zulässig und begründet, gibt es **49** ihm nach § 175 StPO statt.

§ 175 StPO Beschluss auf Anklageerhebung

Erachtet das Gericht nach Anhörung des Beschuldigten den Antrag für begründet, so beschließt es die Erhebung der öffentlichen Klage. Die Durchführung dieses Beschlusses liegt der Staatsanwaltschaft ob.

In Ausnahmefällen kann das OLG auch die Wiederaufnahme der Ermittlungen an- **50** ordnen. Diese kommt nur in Betracht, wenn durch ein selbstständiges neues Ermittlungsverfahren der Sachverhalt einer Klärung zugeführt werden kann.[42]

---

40 OLG Celle NStZ 1988, 568.
41 OLG Stuttgart NStZ-RR 2005, 113.
42 OLG Köln NStZ 2003, 682; OLG Hamm StV 2002, 128.

51   Der Klageerzwingungsantrag ist insbesondere unzulässig, wenn

- der Antragsteller kein Verletzter ist,[43]

- der Antragsteller nicht prozessfähig oder gesetzlich vertreten ist,

- das Ermittlungsverfahren durch die Staatsanwaltschaft nicht nach § 170 Abs. 2 StPO eingestellt worden ist,

- die Beschwerdefrist für die Beschwerde gegen den Einstellungsbescheid der Staatsanwaltschaft von 2 Wochen versäumt wurde,[44]

- die Einlegungsfrist für den Klageerzwingungsantrag von einem Monat versäumt wurde,

- der Beschuldigte nicht ausreichend benannt oder unbekannt und nicht ausreichend umschrieben ist,[45]

- die Ermittlungen mittlerweile wieder aufgenommen wurden,

- der Antrag weder von einem Rechtsanwalt stammt, noch von einem Rechtsanwalt unterschrieben ist.

52   Der Klageerzwingungsantrag ist insbesondere unbegründet, wenn

- sich aus rechtlichen Gründen kein hinreichender Tatverdacht begründen lässt,

- sich aus tatsächlichen Gründen, d.h., z.B. der Beweislage, kein hinreichender Tatverdacht begründen lässt.

53   Wurde der Klageerzwingungsantrag als unzulässig abgelehnt, tritt keine Sperrwirkung ein.

54   Wurde der Klageerzwingungsantrag als unbegründet abgelehnt, tritt eine Sperrwirkung ein, d.h. solange keine neuen Tatsachen oder Beweismittel vorliegen, liegt Strafklageverbrauch vor und es kann kein neuer Klageerzwingungsantrag gestellt werden.

55   Ist der Klageerzwingungsantrag zulässig und begründet, beschließt das OLG, nach der gemäß § 175 StPO zwingend erforderlichen Anhörung des Beschuldigten, die Anklageerhebung. Die Ausführung der Anklageerhebung obliegt nunmehr der Staatsanwaltschaft. Danach ist es der Staatsanwaltschaft nicht gestattet, anstatt der Anklage einen Strafbefehlsantrag zu stellen oder das Verfahren nunmehr nach

---

43   *Meyer-Goßner*, § 172 Rn 34.
44   *Meyer-Goßner*, § 172 Rn 34.
45   OLG Hamburg MDR 1993, 1226; OLG Düsseldorf VRS 1983, 431, 434; OLG Karlsruhe VRS 113, 46.

§§ 153 ff. StPO einzustellen.[46] In der Hauptverhandlung ist es hingegen dem Tatgericht unbenommen, das Verfahren nach §§ 153 ff. StPO einzustellen.[47]

56

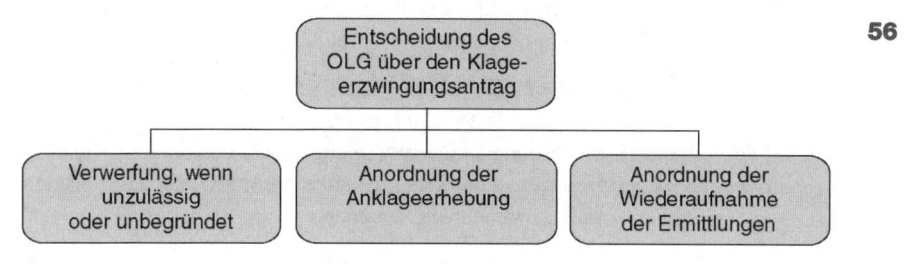

Übersicht: Entscheidung des OLG über den Klageerzwingungsantrag

F. Kosten

Wird der Klageerzwingungsantrag als unzulässig verworfen, trägt der Antragsteller nach § 177 StPO die Kosten des Verfahrens.

57

Gibt das OLG dem Klageerzwingungsantrag statt oder ordnet die Wiederaufnahme der Ermittlungen an, findet keine Kostenentscheidung statt.

58

Nimmt der Antragsteller den Klageerzwingungsantrag zurück, trägt dieser die Kosten des Verfahrens.[48]

59

G. Prozesskostenhilfe/Beiordnung eines Rechtsanwalts

Nach § 172 Abs. 3 Satz 2 StPO kann für das Klageerzwingungsverfahren nach denselben Vorschriften wie in bürgerlichen Rechtsstreitigkeiten Prozesskostenhilfe gewährt und ein Rechtsanwalt beigeordnet werden. D.h., dass der Antragsteller insbesondere bedürftig sein muss. Die Beiordnung kann dann zu den Bedingungen eines ortsansässigen Rechtsanwalts erfolgen, da § 172 Abs. 3 Satz 2 StPO auf die gesamten Vorschriften des bürgerlichen Rechts über die Prozesskostenhilfe – und damit auch auf die Einschränkungsmöglichkeit der Ortsansässigkeit – verweist.

60

---

46   *Meyer-Goßner*, § 175 Rn 3.
47   *Meyer-Goßner*, § 175 Rn 3.
48   OLG Zweibrücken MDR 1985, 250.

61

Praxistipp Klageerzwingungsverfahren

Die Berechtigung für die Anfechtung des das Ermittlungsverfahren nach § 170 Abs. 2 StPO einstellenden Bescheides durch die Staatsanwaltschaft steht nach § 172 Satz 1 StPO aber nur dem Antragsteller zu, der gleichzeitig Verletzter ist.

Das Klageerzwingungsverfahren ist ein 3-stufiges Verfahren. Hier sind insbesondere die dort geltenden Fristen zu beachten. Die beim Oberlandesgericht auf der 3. Stufe einzureichende Klageerzwingungsschrift muss das Oberlandesgericht in die Lage versetzen, ohne Rückgriff auf die Ermittlungs- und Beiakten eine Schlüssigkeitsprüfung vornehmen zu können.

Nach § 172 Abs. 3 Satz 2 StPO kann für das Klageerzwingungsverfahren nach denselben Vorschriften wie in bürgerlichen Rechtsstreitigkeiten Prozesskostenhilfe gewährt und ein Rechtsanwalt beigeordnet werden.

§ 7 Privatklageverfahren

A. Einleitung

Das Privatklageverfahren dient dem Ziel, gegen einen Beschuldigten eine Strafe **1** verhängen zu lassen, obwohl die Staatsanwaltschaft das Verfahren eingestellt hat. Sie kommt nur bei den in § 374 Abs. 1 StPO abschließend aufgezählten Delikten in Betracht. Es handelt sich hierbei um Delikte, die die Allgemeinheit i.d.R. wenig berühren.

Nach einem erfolgreichen Privatklageverfahren wird gegen den Beklagten, wie **2** nach einer öffentlichen Anklage, eine Strafe verhängt, die, wie nach einer öffentlichen Anklage, vollstreckt und ins Bundeszentralregister eingetragen wird.

Die Privatklage hat allerdings kaum praktische Bedeutung, da die wenigsten durch **3** eine Straftat Verletzten diesen Weg beschreiten, wenn er ihnen offen steht.

Nach den Angaben des Statistischen Bundesamtes[1] wurden in 2006 lediglich 564, **4** in 2007 lediglich 528 und in 2008 nur 638 Privatklageverfahren bundesweit eingeleitet.

Für die Vertretung des Privatklägers durch einen Rechtsanwalt gilt das Mehrfach- **5** verteidigungsverbot des § 146 StPO analog, so dass ein Rechtsanwalt nicht mehrere Privatkläger gleichzeitig vertreten kann.[2]

B. Voraussetzungen der Privatklage

I. Zulässigkeit/Sühneverfahren

Nach § 374 Abs. 1 StPO ist die Privatklage bei den dort – abschließend – genann- **6** ten Delikten zulässig.

§ 374 StPO Zulässigkeit

(1) Im Wege der Privatklage können vom Verletzten verfolgt werden, ohne dass es einer vorgängigen Anrufung der Staatsanwaltschaft bedarf,

---

1 Rechtspflege – Strafgerichte 2006, 2007 und 2008, Fachserie 10 Reihe 2.3.
2 KK-*Laufhütte*, § 146 Rn 4; LR-*Lüderssen/Jahn*, § 146 Rn 41; BVerfG AnwBl 1977, 223; OLG Karlsruhe Justiz 1978, 114.

1. ein Hausfriedensbruch (§ 123 des Strafgesetzbuches),
2. eine Beleidigung (§§ 185 bis 189 des Strafgesetzbuches), wenn sie nicht gegen eine der in § 194 Abs. 4 des Strafgesetzbuches genannten politischen Körperschaften gerichtet ist,
3. eine Verletzung des Briefgeheimnisses (§ 202 des Strafgesetzbuches),
4. eine Körperverletzung (§§ 223 und 229 des Strafgesetzbuches),
5. eine Nachstellung (§ 238 Abs. 1 des Strafgesetzbuches) oder eine Bedrohung (§ 241 des Strafgesetzbuches),
5a. eine Bestechlichkeit oder Bestechung im geschäftlichen Verkehr (§ 299 des Strafgesetzbuches),
6. eine Sachbeschädigung (§ 303 des Strafgesetzbuches),
6a. eine Straftat nach § 323a des Strafgesetzbuches, wenn die im Rausch begangene Tat ein in den Nummern 1 bis 6 genanntes Vergehen ist,
7. eine Straftat nach den §§ 16 bis 19 des Gesetzes gegen den unlauteren Wettbewerb,
8. eine Straftat nach § 142 Abs. 1 des Patentgesetzes, § 25 Abs. 1 des Gebrauchsmustergesetzes, § 10 Abs. 1 des Halbleiterschutzgesetzes, § 39 Abs. 1 des Sortenschutzgesetzes, § 143 Abs. 1, § 143a Abs. 1 und § 144 Abs. 1 und 2 des Markengesetzes, § 51 Abs. 1 und § 65 Abs. 1 des Geschmacksmustergesetzes, den §§ 106 bis 108 sowie § 108b Abs. 1 und 2 des Urheberrechtsgesetzes und § 33 des Gesetzes betreffend das Urheberrecht an Werken der bildenden Künste und der Photographie.

(2) (...)

(3) (...)

7 Übersicht:[3] Straftaten nach § 374 StPO

§ 374 Abs. 1 Nr.	Vorschrift/ Umschreibung	Tatbezeichnung
1	123 StGB	Hausfriedensbruch
2	185 StGB	Beleidigung
2	186 StGB	Üble Nachrede
2	187 StGB	Verleumdung
2	188 StGB	Üble Nachrede und Verleumdung gegen Personen des politischen Lebens
2	189 StGB	Verunglimpfung des Andenkens Verstorbener
3	202 StGB	Verletzung des Briefgeheimnisses
4	223 StGB	Körperverletzung
4	229 StGB	Fahrlässige Körperverletzung
5	238 Abs. 1 StGB	Nachstellung
5	241 StGB	Bedrohung

---

3 Die Tabelle bezeichnet lediglich die in der Vorschrift genannten Tatbestände. Aufgrund der Formulierung der Vorschrift kann es zu einer eingeschränkten oder erweiterten Anwendung des Tatbestandes führen.

5a	299 StGB	Bestechlichkeit und Bestechung im geschäftlichen Verkehr
6	303 StGB	Sachbeschädigung
6a	323a StGB	Vollrausch
7	16 UWG	Strafbare Werbung
7	17 UWG	Verrat von Geschäfts- und Betriebsgeheimnissen
7	18 UWG	Verwertung von Vorlagen
7	19 UWG	Verleiten und Erbieten zum Verrat
8	142 Abs. 1 PatG	
8	25 Abs. 1 GebrMG	
8	10 Abs. 1 HalblSchG	Strafvorschriften
8	39 Abs. 1 SortenschutzG	Strafvorschriften
8	143 Abs. 1 MarkenG	Strafbare Kennzeichenverletzung
8	143a Abs. 1 MarkenG	Strafbare Verletzung der Gemeinschaftsmarke
8	144 Abs. 1 u. 2 MarkenG	Strafbare Benutzung geographischer Herkunftsangaben
8	51 Abs. 1 GeschmMG	Strafvorschriften
8	65 Abs. 1 GeschmMG	Strafbare Verletzung eines Gemeinschaftsgeschmacksmusters
8	106 UrhG	Unerlaubte Verwertung urheberrechtlich geschützter Werke
8	107 UrhG	Unzulässiges Anbringen der Urheberbezeichnung
8	108 UrhG	Unerlaubte Eingriffe in verwandte Schutzrechte
8	108b Abs. 1 u. 2 UrhG	Unerlaubte Eingriffe in technische Schutzmaßnahmen und zur Rechtswahrnehmung erforderliche Informationen
8	33 KunstUrhG	

Darüber hinaus muss die Staatsanwaltschaft bei diesen Delikten von der Anklageerhebung nach § 376 StPO mangels öffentlichen Interesses abgesehen haben und den Anzeigenerstatter auf den Privatklageweg verwiesen haben. Hat die Staatsanwaltschaft dagegen Anklage erhoben, weil sie das öffentliche Interesse bejaht hat, kann sich der durch die Straftat Verletzte nur dem Verfahren als Nebenkläger anschließen, wenn es sich um ein Nebenklagedelikt nach § 395 StPO handelt. **8**

9 Trifft das Privatklagedelikt nach § 374 Abs. 1 StPO mit einem Offizialdelikt zusammen,[4] ist die Privatklage unzulässig,[5] solange das im Rahmen des Privatklageverfahrens zuständige Gericht davon ausgeht, dass auch ein Offizialdelikt mit hinreichendem Verdacht vorliegt. Die Privatklage wird aber wieder zulässig, wenn die Staatsanwaltschaft das Verfahren bezüglich des Offizialdelikts nach § 170 Abs. 2 StPO einstellt. Hier kann der Verletze auch das Klageerzwingungsverfahren betreiben.[6] Erfolgt allerdings eine Einstellung nach §§ 153 ff. StPO kann der Verletzte lediglich eine Dienstaufsichtsbeschwerde erheben.

10 Die Privatklage kann nach § 374 Abs. 1 StPO durch den Verletzten erhoben werden (zur Verletzteneigenschaft vgl. die Ausführungen zum Klageerzwingungsverfahren, siehe § 3 Rn 5 f.). Dies allerdings nur, wenn er sein Privatklagerecht nicht durch einen vorherigen außergerichtlichen Vergleich, der einen Verzicht darauf enthält, verwirkt hat.

11 Die Privatklage kann ferner nach § 374 Abs. 2 Satz 1 StPO durch Personen erhoben werden, die neben dem Verletzten oder an dessen Stelle berechtigt sind, Strafantrag zu stellen. Hierunter fällt z.B. der Dienstvorgesetzte nach §§ 230 Abs. 2, 194 Abs. 3 StGB.

12 Die Privatklage kann auch nach § 374 Abs. 2 Satz 2 StPO durch die in § 77 Abs. 2 StGB bezeichneten Angehörigen nach dem Tod des Verletzten erhoben werden, wenn der Verletzte oder Berechtigte vor seinem Tod schon Strafantrag gestellt hatte.

13 Ist das Privatklagedelikt ein Antragsdelikt, was bei den meisten Privatklagedelikten der Fall ist, muss der Privatkläger oder nach § 374 Abs. 3 StPO sein gesetzlicher Vertreter innerhalb der Strafantragsfrist des § 77b Abs. 1 StGB von 3 Monaten rechtzeitig Strafantrag gestellt haben. Allerdings liegt in der Erhebung der Privatklage innerhalb der Strafantragsfrist gleichzeitig eine Strafantragsstellung.[7]

14 Auch muss der Privatkläger prozessfähig oder durch einen gesetzlichen Vertreter vertreten sein.

15 Das Privatklageverfahren gegen zur Tatzeit Jugendliche ist nach § 80 Abs. 1 JGG ausgeschlossen. Jugendliche können allerdings, wenn sie gesetzlich vertreten sind, Privatkläger sein. Gegen einen jugendlichen Privatkläger ist allerdings dann nach

---

4 Tateinheit, Tatmehrheit oder Gesetzeskonkurrenz.
5 LR-*Hilger*, § 374 Rn 19.
6 LR-*Hilger*, § 374 Rn 23.
7 KK-*Senge*, § 374 Rn 4.

§ 80 Abs. 2 JGG die Widerklage zulässig. Das Privatklageverfahren gegen Heranwachsende ist uneingeschränkt zulässig.

Das Privatklageverfahren ist ferner nach § 380 Abs. 1 StPO nur dann zulässig, **16** wenn in den dort genannten Fällen ein sog. Sühneverfahren vor der Vergleichsbehörde[8] vorher stattgefunden hat, es sei denn das Sühneverfahren ist nach § 380 Abs. 3 bzw. nach § 380 Abs. 4 StPO, im letzteren Fall nach näherer Anordnung der Landesjustizverwaltung, entbehrlich, wenn die Parteien nicht in demselben Gerichtsbezirk wohnen.

▼

Muster 7.1: Antrag auf Durchführung Sühneverfahren **17**

An die Stadt/Gemeinde

– Vergleichsbehörde –

Betrifft: Sühneverfahren für Privatklage

In der Privatklagesache

– Antragstellerin –

Verfahrensbevollmächtigter: RA

gegen

– Antragsgegner –

darf ich unter Vollmachtsvorlage anzeigen, dass ich die rechtlichen Interessen der Antragstellerin vertrete.

Namens und in Vollmacht meiner Mandantschaft wird beantragt,

1. zur Durchführung eines Gütetermins in einer Privatklagesache einen Termin zu bestimmen.

2. das persönliche Erscheinen der Parteien anzuordnen.

Begründung:

Der Antragsgegner hat die Antragstellerin mehrfach beleidigt.

---

8 Vergleichsbehörden sind Landesbehörden, welche von den Landesjustizverwaltungen einzurichten sind.

Der Antragsgegner hat geäußert: „███████". Da diese Äußerung eine Straftat zum Nachteil unserer Mandantin darstellt, wurde Anzeige wegen Beleidigung gemäß § 185 StGB erstattet und Strafantrag gestellt.

Mit dem beantragten Sühneverfahren soll zunächst der Versuch unternommen werden, eine gütliche Einigung der Angelegenheit beizuführen. Sollte das Sühneverfahren dagegen scheitern, ist beabsichtigt, Privatklage gegen den Antragsgegner zu erheben.

Rechtsanwalt

18 Da die Vergleichsbehörde keine Strafverfolgungsbehörde ist, besteht dort keine Belehrungspflicht nach § 136 Abs. 1 Satz 2 StPO,[9] so dass die dort getätigten Aussagen immer in einem Strafverfahren verwertbar sind.

§ 380 StPO Sühneversuch

(1) Wegen Hausfriedensbruchs, Beleidigung, Verletzung des Briefgeheimnisses, Körperverletzung (§§ 223 und 229 des Strafgesetzbuches), Bedrohung und Sachbeschädigung ist die Erhebung der Klage erst zulässig, nachdem von einer durch die Landesjustizverwaltung zu bezeichnenden Vergleichsbehörde die Sühne erfolglos versucht worden ist. Gleiches gilt wegen einer Straftat nach § 323a des Strafgesetzbuches, wenn die im Rausch begangene Tat ein in Satz 1 genanntes Vergehen ist. Der Kläger hat die Bescheinigung hierüber mit der Klage einzureichen.

(2) Die Landesjustizverwaltung kann bestimmen, dass die Vergleichsbehörde ihre Tätigkeit von der Einzahlung eines angemessenen Kostenvorschusses abhängig machen darf.

(3) Die Vorschriften der Absätze 1 und 2 gelten nicht, wenn der amtliche Vorgesetzte nach § 194 Abs. 3 oder § 230 Abs. 2 des Strafgesetzbuches befugt ist, Strafantrag zu stellen.

(4) Wohnen die Parteien nicht in demselben Gemeindebezirk, so kann nach näherer Anordnung der Landesjustizverwaltung von einem Sühneversuch abgesehen werden.

19 Trifft eine Straftat, für die nach § 380 Abs. 1 StPO ein Sühneversuch erforderlich ist, mit einer anderen das Privatklageverfahren ebenfalls eröffnenden Straftat nach § 374 Abs. 1 StPO zusammen, wobei beide eine einheitliche Tat i.S.d. § 264 StPO bilden, ist kein Sühneversuch erforderlich.[10]

20 Endet das Sühneverfahren erfolgreich, wird ein Sühnevergleich geschlossen, der einen Verzicht auf das Privatklageverfahren enthält. Dieser gilt nur zwischen den

---

9 LR-*Hilger*, § 380 Rn 34.
10 KMR-*Stöckel*, § 380 Rn 11.

den Vergleich schließenden Parteien und lässt die Rechte anderer eventueller Privatklageberechtigter oder der Staatsanwaltschaft unberührt.[11]

Scheitert der Sühneversuch, erhält der Kläger darüber eine Bescheinigung, die er **21** mit der Privatklage nach § 380 Abs. 1 Satz 3 StPO einzureichen bzw. spätestens bis zur Entscheidung des Gerichts über die Zulässigkeit der Privatklage vorzulegen hat. Da der Sühneversuch Klagevoraussetzung und nicht Prozessvoraussetzung ist, kann er aber bis dahin nicht mehr nachgeholt werden.[12] Die Privatklage ist dann als unzulässig zu verwerfen.[13] Danach kann aber, nach einem durchgeführten und erfolglosen Sühneversuch, erneut Privatklage erhoben werden,[14] es sei denn, es ist mittlerweile Verjährung eingetreten.

22

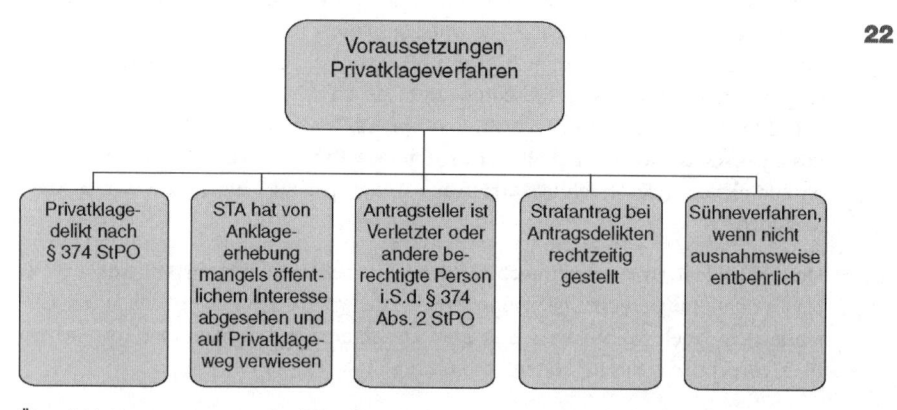

Übersicht: Voraussetzungen des Privatklageverfahrens

II. Prozesskostenhilfe

Der Privatkläger kann nach § 379 StPO, unter den Voraussetzungen der §§ 114 ff. **23** ZPO, auf seinen Antrag hin Prozesskostenhilfe für das Privatklageverfahren erhalten. Nach § 114 Satz 1 ZPO ist dafür erforderlich, dass der Privatkläger nach seinen persönlichen und wirtschaftlichen Verhältnissen nicht in der Lage ist, die Kosten der Prozessführung nicht oder nur teilweise oder in Raten aufzubringen und dass die Privatklage hinreichende Aussicht auf Erfolg bietet und nicht mutwillig erscheint. Die Privatklage ist nicht mutwillig, wenn der Privatkläger sie auch erheben

---

11 *Meyer-Goßner*, § 380 Rn 8.
12 LG Hamburg NJW 1973, 382.
13 LG Hamburg NJW 1973, 382.
14 LG Hamm 1984, 249.

würde, müsste er sie selbst bezahlen.[15] Die Privatklage ist Erfolg versprechend, wenn sie voraussichtlich nicht nach § 383 Abs. 2 Satz 1 StPO eingestellt werden wird.[16] Die Beiordnung eines auswärtigen Rechtsanwalts kann dann gemäß § 379 Abs. 3 StPO, § 121 Abs. 3 ZPO zu den Bedingungen eines im Bezirk des Gerichts niedergelassenen, aber nicht zu den Bedingungen eines ortsansässigen Rechtsanwalts erfolgen.[17]

III. Kostenvorschuss

24 Der Privatkläger hat nach § 379a StPO einen Gerichtskostenvorschuss zu leisten, wenn ihm keine Prozesskostenhilfe bewilligt worden ist oder Gerichtskostenfreiheit besteht. Wird der Gerichtskostenvorschuss nicht rechtzeitig geleistet, kann die Privatklage durch das Gericht nach § 379a Abs. 3 StPO zurückgewiesen werden. Gegen den Zurückweisungsbeschluss steht dem Privatkläger nach § 379a Abs. 3 Satz 2 StPO die sofortige Beschwerde offen. Stellt sich heraus, dass der Gerichtskostenvorschuss noch innerhalb der Frist geleistet worden ist, ist der die Privatklage zurückweisende Beschluss von Amts wegen nach § 379a Abs. 3 Satz 3 StPO aufzuheben.

25 Der Privatkläger muss auch noch für den Privatbeklagten nach § 379 Abs. 1 StPO bei Gericht eine Sicherheitsleistung in Höhe der voraussichtlich entstehenden Kosten leisten. Nach § 379 Abs. 1 Satz 2 StPO richtet sich dies nach den Vorschriften für zivilrechtliche Streitigkeiten, also nach §§ 108–115 ZPO.

C. Privatklageschrift

26 Nach § 381 Satz 1 StPO ist die Privatklage zu Protokoll der Geschäftsstelle oder durch Einreichung einer Anklageschrift zu erheben, wobei die Privatklage den in § 200 Abs. 1 StPO bezeichneten Erfordernissen entsprechen muss.

§ 200 StPO Inhalt der Anklageschrift

(1) Die Anklageschrift hat den Angeschuldigten, die Tat, die ihm zur Last gelegt wird, Zeit und Ort ihrer Begehung, die gesetzlichen Merkmale der Straftat und die anzuwendenden Strafvorschriften zu bezeichnen (Anklagesatz). In ihr sind ferner die Beweismittel, das Gericht, vor dem die Hauptverhandlung stattfinden soll, und der Verteidiger anzugeben. Bei der Benennung von Zeugen ist deren Wohn- oder Aufenthaltsort anzuge-

---

15 LR-*Hilger*, § 379 Rn 17.
16 LR-*Hilger*, § 379 Rn 16.
17 OLG Celle JurionRS 2011, 14744.

ben, wobei es jedoch der Angabe der vollständigen Anschrift nicht bedarf. In den Fällen des § 68 Absatz 1 Satz 2, Absatz 2 Satz 1 genügt die Angabe des Namens des Zeugen. Wird ein Zeuge benannt, dessen Identität ganz oder teilweise nicht offenbart werden soll, so ist dies anzugeben; für die Geheimhaltung des Wohn- oder Aufenthaltsortes des Zeugen gilt dies entsprechend.

(2) In der Anklageschrift wird auch das wesentliche Ergebnis der Ermittlungen dargestellt. Davon kann abgesehen werden, wenn Anklage beim Strafrichter erhoben wird.

Nach § 200 Abs. 1 StPO hat die Anklageschrift den Angeschuldigten, die Tat, die **27** ihm zur Last gelegt wird, Zeit und Ort ihrer Begehung, die gesetzlichen Merkmale der Straftat und die anzuwendenden Strafvorschriften zu bezeichnen (Anklagesatz). In ihr sind ferner die Beweismittel, das Gericht, vor dem die Hauptverhandlung stattfinden soll, anzugeben. Bei der Benennung von Zeugen ist deren Wohn- oder Aufenthaltsort anzugeben, wobei es jedoch der Angabe der vollständigen Anschrift nicht bedarf. In den Fällen des § 68 Abs. 1 Satz 2, Abs. 2 Satz 1 StPO genügt die Angabe des Namens des Zeugen. Wird ein Zeuge benannt, dessen Identität ganz oder teilweise nicht offenbart werden soll, so ist dies anzugeben; für die Geheimhaltung des Wohn- oder Aufenthaltsortes des Zeugen gilt dies entsprechend.

Da § 381 Satz 1 StPO lediglich auf § 200 Abs. 1 StPO und nicht § 200 Abs. 2 StPO **28** verweist, muss das wesentliche Ergebnis der Ermittlungen nicht mitgeteilt werden.

Nach § 381 Satz 2 StPO sind mit der Anklageschrift zwei Abschriften einzurei- **29** chen.

Wird die Privatklage unvorschriftsmäßig, d.h. mangelhaft erhoben, ist der Privat- **30** kläger durch das Gericht darauf hinzuweisen, falls der Mangel noch behoben werden kann, und ihm zur Behebung der Mängel eine Frist zu setzen, bevor die Privatklageschrift nach § 382 StPO dem Beschuldigten zur Kenntnis übersandt wird. Gegen diese Zurückweisung der Privatklageschrift, also wegen unvorschriftsmäßiger Erhebung, steht dem Privatkläger die (einfache) Beschwerde offen.

Wird die Privatklage vorschriftsmäßig erhoben, ist sie dem Beschuldigten oder sei- **31** nem Verteidiger zuzustellen, wobei ihm entsprechend § 201 StPO eine Erklärungsfrist zur Mitteilung von Einwendungen gegen die Eröffnung oder zur Beantragung von Beweiserhebungen zu setzten ist.

Das Gericht entscheidet gemäß § 383 Abs. 1 Satz 1 StPO nach der Erklärung des **32** Beschuldigten oder Ablauf der Frist, ob das Verfahren eröffnet wird oder die Privatklageschrift zurückgewiesen wird. Auch kann das Gericht nach § 383 Abs. 2 StPO das Verfahren wegen geringer Schuld gleich ohne Anberaumung einer Hauptverhandlung einstellen.

33 Wird das Verfahren eröffnet, ist der Eröffnungsbeschluss nach §§ 383 Abs. 1 Satz 1, 210 Abs. 1 StPO unanfechtbar. Mit dem Eröffnungsbeschluss formuliert das Gericht den Anklagesatz und legt somit den Verfahrensstoff für die Hauptverhandlung fest.

34 Erfolgt die Zurückweisung eines ordnungsgemäß erhobenen Privatklageantrages, steht dem Privatkläger nach §§ 390 Abs. 1 Satz 1, 210 Abs. 2 StPO die sofortige Beschwerde gegen den Zurückweisungsbeschluss zu. Eine Zurückweisung kann hier erfolgen, wenn z.b. eine Voraussetzung für die Privatklage fehlt oder das Gericht einen hinreichenden Tatverdacht für ein Offizialdelikt für gegeben erachtet und die Staatsanwaltschaft das Verfahren nicht nach § 377 StPO übernimmt.

35 Nach § 383 Abs. 2 Satz 1 StPO kann das Gericht auch anstatt das Verfahren zu eröffnen, das Verfahren wegen geringer Schuld einstellen. § 383 Abs. 2 StPO tritt hierbei an die Stelle des § 153 StPO und nicht an die des § 153a StPO, da die Funktion des § 153a StPO vom gerichtlichen Vergleich übernommen wird.[18] Eine Einstellung des Gerichts wegen geringer Schuld gegen eine Auflage scheidet damit hier aus. Von einer geringen Schuld ist auszugehen, wenn sie im Vergleich zu Vergehen gleicher Art nicht unerheblich unter dem Durchschnitt liegt.[19] Nach § 383 Abs. 2 Satz 2 StPO kann das Gericht auch noch nach Eröffnung des Verfahrens, also in jeder Lage des Verfahrens, das Verfahren wegen geringer Schuld einstellen, nicht jedoch vor Ablauf der Erklärungspflicht nach § 383 StPO.[20] Wurde das Privatklageverfahren nach § 383 Abs. 2 StPO eingestellt, kommt eine Wiederaufnahme nicht mehr in Betracht.[21]

36 Nach der Eröffnung des Verfahrens richtet sich dieses gemäß § 384 Abs. 1 Satz 1 StPO nach den Vorschriften, die für das Verfahren nach normaler Anklageerhebung gelten, jedoch mit den Besonderheiten des § 384 Abs. 1 Satz 2, Abs. 2 bis 5 StPO.

37 Nach § 384 Abs. 1 Satz 2 StPO dürfen jedoch Maßregeln der Besserung und Sicherung, z.B. Entziehung der Fahrerlaubnis oder Berufsverbot, im Privatklageverfahren nicht angeordnet werden. Hält das Gericht solche für erforderlich, muss es die Privatklage entweder vor der Zulassung nach § 383 Abs. 1 StPO zurückweisen oder nach Eröffnung des Privatklageverfahrens nach § 206a StPO oder in der Hauptverhandlung nach § 389 Abs. 1 StPO einstellen.

---

18 *Meyer-Goßner*, § 383 Rn 11.
19 LR-*Beulke*, § 153 Rn 24.
20 KMR-*Stöckel*, § 383 Rn 23.
21 OLG Bremen NJW 1959, 353.

Nach § 384 Abs. 2 StPO ist § 243 StPO mit der Maßgabe anzuwenden, dass der **38** Vorsitzende den Beschluss über die Eröffnung des Hauptverfahrens verliest. Insofern findet keine „Anklageverlesung" durch die Staatsanwaltschaft statt.

Nach § 384 Abs. 3 StPO bestimmt das Gericht unbeschadet des § 244 Abs. 2 StPO **39** den Umfang der Beweisaufnahme. Damit können die Verfahrensbeteiligten zwar immer noch Beweisanträge stellen. Diese unterliegen aber nicht ausschließlich den in § 244 Abs. 3 bis Abs. 5 StPO genannten Ablehnungsgründen. Vielmehr sind diese lediglich Beweisanregungen, denen das Gericht lediglich im Rahmen seiner Aufklärungspflicht nach § 244 Abs. 2 StPO nachkommen muss.

Nach § 384 Abs. 4 StPO ist § 265 Abs. 3 StPO (das Recht, die Aussetzung der **40** Hauptverhandlung zu verlangen) nicht anzuwenden. Die Hinweispflicht des Gerichts nach § 265 Abs. 4 StPO besteht uneingeschränkt.

Nach § 384 Abs. 5 StPO kann vor dem Schwurgericht eine Privatklagesache nicht **41** gleichzeitig mit einer auf öffentliche Klage anhängig gemachten Sache verhandelt werden. Eine Verbindung dieser beiden Verfahren ist damit unzulässig, solange die Staatsanwaltschaft das Privatklageverfahren nicht nach §§ 376, 377 StPO übernommen hat.

▼

Muster 7.2: Privatklageschrift **42**

An das

Amtsgericht ▓▓▓▓

Privatklage

In Sachen

▓▓▓▓

– Privatkläger –

Verfahrensbevollmächtigte: Rechtsanwälte ▓▓▓▓

gegen

▓▓▓▓

– Privatbeklagter –

wegen: ▓▓▓▓

erhebe ich namens und in Vollmacht des Privatklägers

Privatklage.

Der Privatbeklagte wird angeklagt, am ▓▓▓▓, in ▓▓▓▓ den Privatkläger ▓▓▓▓

Der Privatbeklagte hat ▓▓▓▓

Dies stellt ein Vergehen nach § ▓▓▓▓ StGB dar. Dabei handelt es sich nach § ▓▓▓▓ um ein Privatklagedelikt.

Der erforderliche Strafantrag wurde fristgerecht am ▓▓▓▓ gestellt. Die Staatsanwaltschaft hat mangels öffentlichen Interesses das Verfahren gegen den Privatbeklagten eingestellt und auf den Privatklageweg verwiesen. Der Sühnetermin wurde durchgeführt, verlief aber erfolglos. Eine entsprechende Bescheinigung ist beigefügt.

Beweismittel:

Einlassung des Privatbeklagten

Zeuge 1

Zeuge 2

Es wird daher beantragt,

1. das Hauptverfahren zu eröffnen

2. Hauptverhandlungstermin zu bestimmen.

Rechtsanwalt

▲

▼

43 **Muster 7.3: Privatklageschrift mit Prozesskostenhilfeantrag**

An das

Amtsgericht ▓▓▓▓

Privatklage

In Sachen

▓▓▓▓

– Privatkläger –

Pb.: Rechtsanwälte ▓▓▓▓

gegen

▓▓▓▓

– Privatbeklagter –

wegen: ▓▓▓▓

erhebe ich namens und in Vollmacht des Privatklägers

Privatklage.

Der Privatbeklagte wird angeklagt, am ▇▇▇▇, in ▇▇▇▇ den Privatkläger ▇▇▇▇

Der Privatbeklagte hat ▇▇▇▇

Dies stellt ein Vergehen nach § ▇▇▇▇ StGB dar. Dabei handelt es sich nach § ▇▇▇▇ um ein Privatklagedelikt.

Der erforderliche Strafantrag wurde fristgerecht am ▇▇▇▇ gestellt. Die Staatsanwaltschaft hat mangels öffentlichen Interesses das Verfahren gegen den Privatbeklagten eingestellt und auf den Privatklageweg verwiesen. Der Sühnetermin wurde durchgeführt, verlief aber erfolglos. Eine entsprechende Bescheinigung ist beigefügt.

Beweismittel:

Einlassung des Privatbeklagten

Zeuge 1

Zeuge 2

Es wird daher beantragt,

1. das Hauptverfahren zu eröffnen

2. Hauptverhandlungstermin zu bestimmen.

Namens und in Vollmacht meines Mandanten beantrage ich ferner, dem Privatkläger für die I. Instanz Prozesskostenhilfe für das Privatklageverfahren, unter Beiordnung des Unterzeichners zu bewilligen.

Begründung:

Die vom Privatkläger eingereichte Privatklage ist nicht mutwillig und hat hinreichende Aussicht auf Erfolg.

Der Privatkläger ist nach seinen persönlichen und wirtschaftlichen Verhältnissen nicht in der Lage die Kosten der Prozessführung aufzubringen. Insoweit wird auf die beigefügte Erklärung des Privatklägers über die persönlichen und wirtschaftlichen Verhältnisse im amtlichen Vordruck nebst den dazugehörigen Belegen verwiesen.

Rechtsanwalt

▼

44   **Muster 7.4: Sofortige Beschwerde gegen die Zurückweisung der Privatklage**

An das Amtsgericht/Landgericht

In dem Privatklageverfahren

 gegen

wird hiermit gegen den Beschluss des Amtsgerichtes/Landgerichtes vom zu AZ: mit dem das Amtsgericht die Privatklage des zurückgewiesen hat,

sofortige Beschwerde

eingelegt.

Begründung:

Rechtsanwalt

▲

D.   Rechte des Privatklägers

45   Der Privatkläger nimmt im Verfahren – mehr oder weniger – die Stellung eines Staatsanwaltes ein.[22] Er kommt daher selbst als Zeuge nicht in Betracht.

46   Im Verfahren stehen ihm daher nach § 385 StPO ein Anwesenheitsrecht in der Hauptverhandlung und an vorverlegten Beweiserhebungen, ein Ablehnungsrecht von Richtern und Sachverständigen (Befangenheitsrecht), ein Antragsrecht für die Stellung von Beweisanträgen,[23] ein Beanstandungsrecht des Vorsitzenden nach § 238 Abs. 2 StPO, ein Erklärungsrecht nach § 257 StPO und bzgl. Einstellungen nach §§ 153 ff. StPO, ein Fragerecht nach § 240 StPO, das Recht einen Schlussvortrag zu halten, das Recht Nachtragsprivatanklage zu erheben, das Recht bei Nichterscheinen des Privatbeklagten Vorführbefehl und bei Nichterscheinen von Zeugen oder Sachverständigen Zwangsmittel zu beantragen und nach § 385 Abs. 3 StPO ein Akteneinsichtsrecht durch seinen Rechtsanwalt zu.

---

22   KMR-*Stöckel*, § 385 Rn 1.

23   Mit den bereits dargestellten Besonderheiten auf die Ablehnungsmöglichkeiten des Gerichts, welches ihnen im Rahmen seiner Aufklärungspflicht nach § 244 Abs. 2 StPO nachkommen muss.

§ 385 StPO Stellung des Privatklägers; Ladungen; Akteneinsicht

(1) Soweit in dem Verfahren auf erhobene öffentliche Klage die Staatsanwaltschaft zuzuziehen und zu hören ist, wird in dem Verfahren auf erhobene Privatklage der Privatkläger zugezogen und gehört. Alle Entscheidungen, die dort der Staatsanwaltschaft bekannt gemacht werden, sind hier dem Privatkläger bekannt zu geben.

(2) Zwischen der Zustellung der Ladung des Privatklägers zur Hauptverhandlung und dem Tag der letzteren muss eine Frist von mindestens einer Woche liegen.

(3) Das Recht der Akteneinsicht kann der Privatkläger nur durch einen Anwalt ausüben. § 147 Abs. 4 und 7 sowie § 477 Abs. 5 gelten entsprechend.

(4) In den Fällen der §§ 154a und 430 ist deren Absatz 3 Satz 2 nicht anzuwenden.

(5) Im Revisionsverfahren ist ein Antrag des Privatklägers nach § 349 Abs. 2 nicht erforderlich. § 349 Abs. 3 ist nicht anzuwenden.

E. Widerklagebefugnis des Privatklagebeklagten

Nach § 388 Abs. 1 StPO kann der Privatbeklagte bis zur Beendigung seines letzten Wortes in der Hauptverhandlung erster Privatklage-Instanz Widerklage erheben und damit die Bestrafung des Privatklägers beantragen, wenn er von diesem gleichfalls durch eine Straftat verletzt worden ist, die im Wege der Privatklage verfolgt werden kann und mit der den Gegenstand der Klage bildenden Straftat in Zusammenhang steht, wobei nicht der gleiche Lebenssachverhalt dafür erforderlich ist.[24] Dem Privatbeklagten steht damit die Möglichkeit einer aktiven Verteidigung offen. **47**

Die Widerklage ist nur zulässig, wenn auch die Privatklage zulässig ist. Wird die Privatklage erst nach Erhebung der Widerklage unzulässig, bleibt die Widerklage dagegen zulässig und wird als selbstständige Privatklage behandelt.[25] **48**

Nach § 388 Abs. 2 StPO kann auch Widerklage erhoben werden, wenn der Privatkläger nicht der Verletzte (§ 374 Abs. 2) ist. In diesem Fall kann der Beschuldigte die Widerklage gegen den Verletzten erheben. Es bedarf dann der Zustellung der Widerklage an den Verletzten und dessen Ladung zur Hauptverhandlung, sofern die Widerklage nicht in der Hauptverhandlung in Anwesenheit des Verletzten erhoben wird. **49**

Nach § 388 Abs. 3 StPO ist über die Privatklage und Widerklage gleichzeitig zu erkennen. **50**

---

24 BGHSt 17, 194, 197.
25 KMR-*Stöckel*, § 388 Rn 4.

51 Nach § 388 Abs. 4 StPO wirkt sich die Zurücknahme der Privatklage auf das Verfahren über die Widerklage nicht aus, d.h. sie bleibt weiter bestehen und wird nun zu einer selbstständigen Privatklage.

§ 388 StPO Widerklage

(1) Hat der Verletzte die Privatklage erhoben, so kann der Beschuldigte bis zur Beendigung des letzten Wortes (§ 258 Abs. 2 Halbsatz 2) im ersten Rechtszug mittels einer Widerklage die Bestrafung des Klägers beantragen, wenn er von diesem gleichfalls durch eine Straftat verletzt worden ist, die im Wege der Privatklage verfolgt werden kann und mit der den Gegenstand der Klage bildenden Straftat in Zusammenhang steht.

(2) Ist der Kläger nicht der Verletzte (§ 374 Abs. 2), so kann der Beschuldigte die Widerklage gegen den Verletzten erheben. In diesem Falle bedarf es der Zustellung der Widerklage an den Verletzten und dessen Ladung zur Hauptverhandlung, sofern die Widerklage nicht in der Hauptverhandlung in Anwesenheit des Verletzten erhoben wird.

(3) Über Klage und Widerklage ist gleichzeitig zu erkennen.

(4) Die Zurücknahme der Klage ist auf das Verfahren über die Widerklage ohne Einfluss.

F. Entscheidung über die Privatklage

52 Stellt das Gericht nach der Verhandlung im Privatklageverfahren fest, dass der Verfahrensgegenstand ein Offizialdelikt darstellt, so hat es gemäß § 389 Abs. 1 StPO das Privatklageverfahren durch Urteil einzustellen und dies gemäß § 389 Abs. 2 StPO der Staatsanwaltschaft mitzuteilen, damit diese die Einleitung eines Offizialverfahrens prüfen kann.

53 Anderenfalls, wenn der Privatkläger mit der Privatklage durchdringt, spricht es eine normale strafrechtliche Sanktion aus, die wie eine Strafe vollstreckt wird, die auf eine öffentliche Anklage erfolgte und auch in das Bundeszentralregister einzutragen ist.[26] In diesem Fall trägt der verurteilte Privatbeklagte die Kosten des Verfahrens und die notwendigen Auslagen des Privatklägers.

54 Wird die Privatklage abgelehnt, ist der Privatbeklagte freizusprechen. In diesem Fall trägt der Privatkläger die Kosten des Verfahrens und die notwendigen Auslagen des Privatbeklagten.

§ 389 StPO Einstellungsurteil

(1) Findet das Gericht nach verhandelter Sache, dass die für festgestellt zu erachtenden Tatsachen eine Straftat darstellen, auf die das in diesem Abschnitt vorgeschriebene Ver-

---

26 *Meyer-Goßner*, Rn 1 vor § 374.

fahren nicht anzuwenden ist, so hat es durch Urteil, das diese Tatsachen hervorheben muss, die Einstellung des Verfahrens auszusprechen.

(2) Die Verhandlungen sind in diesem Falle der Staatsanwaltschaft mitzuteilen.

G. Rechtsmittel

Nach § 390 Abs. 1 Satz 1 StPO stehen dem Privatkläger, wenn er mit seiner Privatklage nicht durchgedrungen ist, die Rechtsmittel zu, die ihm auch in einem Verfahren auf erhobene öffentliche Klage der Staatsanwaltschaft zustehen würden. Er kann damit Berufung oder Revision gegen das Urteil nach allgemeinen Grundsätzen einlegen. **55**

Nach § 390 Abs. 1 S. 2 StPO gilt dies auch für einen Antrag auf Wiederaufnahme des Verfahrens in den Fällen des § 362 StPO, also nur zu Ungunsten des Privatbeklagten. **56**

Auch ist nach § 390 Abs. 1 Satz 3 StPO die Vorschrift des § 301 StPO auf das Rechtsmittel des Privatklägers anzuwenden, d.h. das durch den Privatkläger angefochtene Urteil kann immer auch zugunsten des Privatbeklagten abgeändert werden. **57**

Wurde der Privatbeklagte verurteilt, stehen ihm ebenfalls die Rechtsmittel zu, die ihm auch in dem Verfahren auf erhobene öffentliche Klage der Staatsanwaltschaft zustehen würden. Er kann damit Berufung oder Revision gegen das Urteil nach allgemeinen Grundsätzen einlegen. **58**

§ 390 StPO Rechtsmittel des Privatklägers

(1) Dem Privatkläger stehen die Rechtsmittel zu, die in dem Verfahren auf erhobene öffentliche Klage der Staatsanwaltschaft zustehen. Dasselbe gilt von dem Antrag auf Wiederaufnahme des Verfahrens in den Fällen des § 362. Die Vorschrift des § 301 ist auf das Rechtsmittel des Privatklägers anzuwenden.

(2) Revisionsanträge und Anträge auf Wiederaufnahme des durch ein rechtskräftiges Urteil abgeschlossenen Verfahrens kann der Privatkläger nur mittels einer von einem Rechtsanwalt unterzeichneten Schrift anbringen.

(3) Die in den §§ 320, 321 und 347 angeordnete Vorlage und Einsendung der Akten erfolgt wie im Verfahren auf erhobene öffentliche Klage an und durch die Staatsanwaltschaft. Die Zustellung der Berufungs- und Revisionsschriften an den Gegner des Beschwerdeführers wird durch die Geschäftsstelle bewirkt.

(4) Die Vorschrift des § 379a über die Zahlung des Gebührenvorschusses und die Folgen nicht rechtzeitiger Zahlung gilt entsprechend.

(5) Die Vorschrift des § 383 Abs. 2 Satz 1 und 2 über die Einstellung wegen Geringfügigkeit gilt auch im Berufungsverfahren. Der Beschluss ist nicht anfechtbar.

59

Praxistipp: Privatklage

Die Privatklage kann nach § 374 StPO nur durch die dort genannten Personen erhoben werden. Sie ist nach § 374 Abs. 1 StPO bei den dort – abschließend – genannten Delikten zulässig. Ist das Privatklagedelikt ein Antragsdelikt, was bei den meisten Privatklagedelikten der Fall ist, muss innerhalb der Strafantragsfrist von 3 Monaten rechtzeitig Strafantrag gestellt worden sein.

Das Privatklageverfahren ist erst nach einem sog. Sühneverfahren zulässig, es sei denn, das Sühneverfahren ist ausnahmsweise entbehrlich.

Die Privatklage ist zu Protokoll der Geschäftsstelle oder durch Einreichung einer Anklageschrift zu erheben, wobei die Privatklage den in § 200 Abs. 1 StPO bezeichneten Erfordernissen entsprechen muss.

Für die Privatklage kann Prozesskostenhilfe bewilligt werden.

§ 8 Nebenklage

A. Einleitung

Im Rahmen der Nebenklage können die Opfer bestimmter Straftaten, die dem Ge- **1**
setzgeber besonders schutzwürdig erscheinen, an einem Strafverfahren gegen den
Täter aktiv teilnehmen und somit das Verfahrensergebnis beeinflussen. Ihnen werden dazu bestimmte Rechte im Verfahren eingeräumt. Den Opfern wird hierzu die
Gelegenheit geschaffen, ihre persönlichen Interessen auf Genugtuung zu verfolgen.[1] Das Opfer kann somit dazu beitragen, dass das Verfahren nicht unbemerkt
bzw. ungewollt täterfreundliche Tendenzen annimmt.[2]

Strafverteidiger stehen der Nebenklage eher kritisch gegenüber. Im Rahmen verschiedener Gesetze zum Ausbau der Nebenklage wurde von einem „Paradigmen-
wechsel von der Täter- zur Opferperspektive"[3] gesprochen, oder von der „Entfes-
selung der Nebenklage".[4] Gerade in letzter Zeit wollen *Barton/Flotho*[5] in einer
empirischen Forschung herausgefunden haben, dass es bei Verfahren mit Neben-
klagebeteiligung zu höheren Strafen und zu längeren Verfahren insgesamt kommen
soll. Dies dürfte aber genauer betrachtet unzutreffend sein, da das von *Barton/Flot-
ho* zugrunde gelegte Untersuchungsdesign nicht aussagekräftig ist, da nicht ausgeschlossen werden kann, dass dieses darauf beruht „dass der Anschluss als Nebenkläger im Gesamtbereich der nebenklagefähigen Delikte überwiegend in
komplexeren Verfahren und solchen mit schwereren Straftaten erfolgt, die natürlich zu längerer Verfahrensdauer und höheren Strafen führen".[6] Darüber hinaus ist
generellen Bedenken gegen die Nebenklage damit zu begegnen, dass trotz zahlreicher Reformgesetze, die die Nebenklage ausbauen und stärken sollten, die Zahl
der Nebenklagen nicht gestiegen ist.[7]

Der Nebenkläger ist ein Verfahrensbeteiligter, welcher mit besonderen Rechten **2**
ausgestattet ist, die ansonsten nur der Staatsanwaltschaft zustehen.[8] Er ist aber

---

1 BGHSt 28, 272; OLG Karlsruhe NJW 1974, 658.
2 *Haupt/Weber*, Rn 273.
3 *Schünemann*, NStZ 1986, S. 193.
4 *Bung*, StV 2009, S. 430.
5 Opferanwälte im Strafverfahren, 2010.
6 *Schöch*, Opferschutz im Strafverfahren in: Dölling/Jehle (Hrsg.) Täter-Taten Opfer. Neue krimino-
   logische Schriftenreihe. Band 114, 2013, S. 217 – 233.
7 *Schöch*, Opferschutz im Strafverfahren in: Dölling/Jehle (Hrsg.) Täter-Taten Opfer. Neue krimino-
   logische Schriftenreihe. Band 114, 2013, S. 217 – 233.
8 *Meyer-Goßner*, Vor § 395 Rn 2.

nicht Gehilfe der Staatsanwaltschaft.[9] Der Nebenkläger übt die ihm zustehenden Rechte damit völlig unabhängig von der Staatsanwaltschaft aus;[10] es besteht keine Weisungsgebundenheit.

3 Die Rechte des Nebenklägers hat der Gesetzgeber immer wieder erweitert. Insbesondere sei hier auf das Opferrechtsreformgesetz von 2004 und das 2. Opferrechtsreformgesetz von 2009 hingewiesen.

4 Der Nebenkläger, als Opfer einer Straftat, befindet sich meist in mindestens zwei Prozessrollen. Er ist zum Einen meist Zeuge und zum Anderen Nebenkläger. Als Zeuge ist er strafprozessuales Beweismittel. Hat er den Täter nicht gesehen, wird er als Zeuge immer noch über Art und Umfang seiner Verletzungen durch die Straftat berichten können.

5 Als Nebenkläger stehen ihm z.b. ein eigenes Beweisantragsrecht, Fragerecht, Rechtsmittelrecht usw. zu.

6 Der Rechtsbeistand des Nebenklägers, der Nebenklägervertreter, muss seinen Mandanten auf diese beiden Rollen vorbereiten. Dies gilt insbesondere auch für mögliche Angriffe der Verteidigung des Täters auf den Nebenkläger, da dem Nebenkläger in der Zeugenrolle vorgeworfen werden kann, die Zeugenaussage sei aufgrund eigener Interessen nicht unbeeinflusst. Dieses Problem stellt sich noch mehr, wenn das Opfer noch seinen Schaden gegenüber dem Täter in einem Adhäsionsverfahren geltend macht, da sich hier der Vorwurf der Verteidigung des Täters auch noch im Hinblick auf finanzielle Interessen des Opfers richten kann.

7 Die Interessen des Opfers selbst in einem Strafverfahren, an das es sich als Nebenkläger anschließt, können dabei sehr unterschiedlich sein. Manche Opfer möchten lediglich an dem Strafverfahren gegen den Täter teilnehmen, um so das Geschehene besser verarbeiten zu können, ohne weitere Interessen zu haben. Manche Opfer möchten erreichen, dass der Täter möglichst hart bestraft wird und für möglichst lange Zeit weggeschlossen wird. Manchen Opfern kommt es auch daneben oder auch insbesondere auf eine Entschädigung an, so dass das Adhäsionsverfahren für diese auch noch wichtig ist.

8 Die Kenntnis der Interessen des Opfers sind für den Nebenklägervertreter/Opferanwalt von entscheidender Bedeutung, um es adäquat vertreten zu können.

---

9 OLG Nürnberg AnwBl 1983, 466.
10 *Gollwitzer*, Festschrift für Schäfer, S. 66.

Dies gilt insbesondere, da die verschiedenen Interessen miteinander kollidieren **9** können.

So dürfte häufig der Wunsch des Opfers auf eine möglichst lange Freiheitsstrafe **10** (ohne Bewährung) mit dem Wunsch auf finanzielle Entschädigung kollidieren, da bei vielen Tätern der Schadensersatzanspruch des Opfers, mangels Leistungsfähigkeit beim Täter, nicht zu vollstrecken ist. Würde der Täter dagegen nur zu einer Bewährungsstrafe verurteilt, oder würde das Strafverfahren gegen den Täter nach § 153a StPO vorläufig eingestellt, könnte beides mit einer Schadensersatzzahlung an das Opfer verknüpft und davon abhängig gemacht werden. Leistet hier der Täter nicht, wird die Bewährungsstrafe widerrufen oder das Strafverfahren im Falle der Verfahrenseinstellung nach § 153a StPO fortgesetzt werden. Diese Überlegungen bieten sich allerdings lediglich an, wenn die zu verhängende Strafe sich in einem Bereich bewegt, in dem diese alternativen Möglichkeiten überhaupt bestehen.

Für die Vertretung des Nebenklägers gilt das Mehrfachverteidigungsverbot des **11** § 146 StPO nicht, so dass ein Rechtsanwalt mehrere Nebenkläger gleichzeitig vertreten kann.[11]

B. Nebenklage und andere Prozessrollen des Nebenklägers

Dass der Nebenkläger üblicherweise auch Zeuge ist, versteht sich von selbst. Ein **12** Opfer einer Straftat wird zumindest über die erlittene Straftat und deren Folgen bekunden können. Dies gilt natürlich nur eingeschränkt, wenn die Nebenklage von den Eltern, Kindern, Geschwistern oder dem Ehegatten eines getöteten Opfers geführt wird. Der Zeuge kann damit, wie sich bereits aus § 397 Abs. 1 S. 1 StPO ergibt, Nebenkläger sein.

Darüber hinaus ist es sogar zulässig, dass ein Mitangeklagter als Nebenkläger gegen den anderen Mitangeklagten auftritt,[12] es sei denn, die ihn zum Anschluss berechtigende Tat ist eine Tat, weswegen er auch angeklagt und die Anklage gegen ihn noch nicht erledigt ist.[13] Auch, dass der Nebenkläger selbst Tatverdächtiger ist oder war, ohne dass gegen ihn Anklage erhoben ist, steht der Nebenklage nicht entgegen.[14]

---

11 LR-*Hilger*, § 397 Rn 6; *Meyer-Goßner*, § 397 Rn 5; OLG Düsseldorf, Beschl. v. 10.8.1999, 3 Ws 393/99.
12 BGH NJW 1978, 330.
13 BGH NJW 1978, 330.
14 *Meyer-Goßner*, Vor § 395 Rn 9.

14 Auch kann der Nebenkläger Sachverständiger sein.[15] Dies wird aber üblicherweise dazu führen, dass der Sachverständige, berechtigterweise, nach § 74 StPO wegen der Besorgnis der Befangenheit abgelehnt werden wird. Der Nebenkläger ist darauf hinzuweisen, dass er in seiner Rolle des Nebenklägers und seinem daraus resultierenden Anwesenheitsrecht eine Ladung zum Prozess erhält und dass diese Ladung aber nicht bedeutet, dass er am Prozess teilnehmen oder als Zeuge aussagen muss. Letzteres nur, wenn er auch als Zeuge vorgesehen und geladen wird. Dies ist insbesondere dann von Bedeutung, wenn das Opfer eigentlich nicht in der Hauptverhandlung aussagen muss, weil es z.b. schon vorher im Rahmen einer die Aussage in der Hauptverhandlung ersetzenden Bild-Ton-Aufzeichnung, die nunmehr in den Prozess eingeführt wird, vernommen worden ist, oder weil der Täter geständig ist. Oft denken und befürchten aber die Opfer, dass sie aufgrund einer Ladung des Gerichts als Nebenkläger auch erscheinen oder sogar aussagen müssen. Eine gute und umfassende Vorbereitung des Opfers auf den Prozess sollte daher eine diesbezügliche frühzeitige, d.h. vor Zugang der Ladung, Aufklärung des Opfers mit umfassen.

C. Zulässigkeit der Nebenklage

15 Die Nebenklage ist selbstverständlich nach § 395 Abs. 1 StPO im normalen Strafverfahren zulässig.

> **§ 395 StPO Befugnis zum Anschluss als Nebenkläger**
>
> (1) Der erhobenen öffentlichen Klage oder dem Antrag im Sicherungsverfahren kann sich mit der Nebenklage anschließen, wer ...

16 Im Verfahren gegen Jugendliche ist die Nebenklage seit dem Inkrafttreten des 2. Opferrechtsreformgesetzes zulässig, wenn die Tat ein in § 80 Abs. 3 JGG genanntes Verbrechen ist. § 80 Abs. 3 JGG gilt nur für den Anschluss als Nebenkläger bei Taten durch einen Jugendlichen, nicht jedoch für den Anschluss eines Jugendlichen.[16]

> **§ 80 JGG Privatklage und Nebenklage**
>
> (1) (...)
>
> (2) (...)
>
> (3) Der erhobenen öffentlichen Klage kann sich als Nebenkläger nur anschließen, wer durch ein Verbrechen gegen das Leben, die körperliche Unversehrtheit oder die sexuelle

---

15 BGH bei *Kirchhof*, GA 1954, 368.
16 *Brunner/Dölling*, § 80 JGG Rn 6.

Selbstbestimmung oder nach § 239 Abs. 3, § 239a oder § 239b des Strafgesetzbuchs, durch welches das Opfer seelisch oder körperlich schwer geschädigt oder einer solchen Gefahr ausgesetzt worden ist, oder durch ein Verbrechen nach § 251 des Strafgesetzbuchs, auch in Verbindung mit § 252 oder § 255 des Strafgesetzbuchs, verletzt worden ist. Im Übrigen gelten § 395 Absatz 2 Nummer 1, Absatz 4 und 5 und §§ 396 bis 402 der Strafprozessordnung entsprechend.

Sollte nicht feststehen, ob die Tat erfolgte als der Täter noch Jugendlicher war, ist der Anschluss statthaft.[17] **17**

Gegen Heranwachsende ist die Nebenklage uneingeschränkt zulässig. **18**

Trifft prozessual eine Jugend- mit einer Heranwachsendentat, welche nicht zum Katalog des § 80 Abs. 3 JGG gehört,[18] zusammen, ist die Nebenklage insgesamt unzulässig.[19] **19**

In Verfahren gegen einen Erwachsenen oder Heranwachsenden, welche mit einem Verfahren gegen einen Jugendlichen verbunden sind, ist die Nebenklage zulässig.[20] **20**

Die Nebenklage ist ferner nach § 395 Abs. 1 StPO zulässig im Sicherungsverfahren.[21] Nach dem Gesetzeswortlaut des § 80 Abs. 3 JGG besteht im Sicherungsverfahren gegen Jugendliche keine Anschlussmöglichkeit. Hier dürfte aber ein Redaktionsversehen des Gesetzgebers vorliegen, da es keinen sachlichen Grund für eine Differenzierung gibt.[22] **21**

22

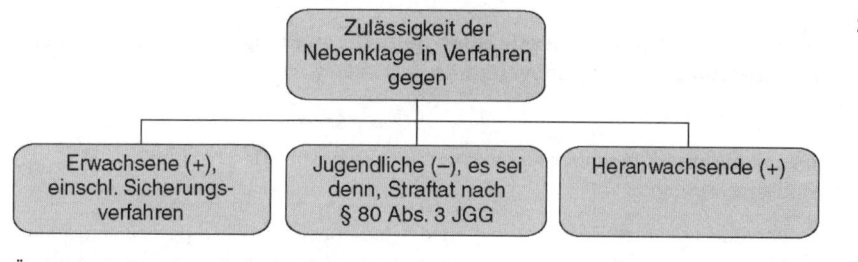

Übersicht: Zulässigkeit der Nebenklage

---

17 BGH StraFo 2007, 502.

18 Hier besteht automatisch die Zulässigkeit der Nebenklage.

19 KG 2007, 44; OLG Hamburg StraFo 2006, 117.

20 BGHSt 41, 288; BGH NJW 2003, 150, 152; BGH NJW 1995, 343; OLG Düsseldorf NStZ 1994, 299; LG Saarbrücken StraFo 2003, 172.

21 BGHSt 47, 202.

22 *Hinz*, JR 2007, 141.

D. Prozessfähigkeit des Nebenklägers

23 Der Nebenkläger muss prozessfähig sein.

24 Ist der Nebenkläger nicht prozessfähig, benötigt er einen gesetzlichen Vertreter, der für ihn den Anschluss zur Nebenklage erklärt und die sich daraus ergebenden Rechte wahrnimmt.[23] Als Nebenkläger wird aber der Prozessunfähige und nicht der Vertreter zugelassen.[24]

25 Damit ist die Anschlusserklärung eines minderjährigen Verletzten nur wirksam, wenn er bei der Prozesserklärung von seinem Personensorgeberechtigten vertreten wird oder dieser der Erklärung des Minderjährigen zustimmt.[25] Damit ist nach herrschender Meinung auch nicht einer Entscheidung des LG Berlin[26] zu folgen, wonach ein minderjähriger Nebenklageberechtigter schon mit Vollendung seines 14. Lebensjahres im Rahmen der Nebenklage prozessual handlungsfähig sein soll, so dass er auch ohne Zustimmung seines Personensorgeberechtigten eine wirksame Anschlusserklärung zur Nebenklage abgeben kann. Dies würde einen Wertungswiderspruch zum (sonstigen) materiellen Recht darstellen. Wird ein minderjähriger Zeuge durch seine beiden Elternteile vertreten, hat jeder von den beiden Elternteilen zuzustimmen. Insbesondere bei getrennt lebenden oder geschiedenen Eltern muss also immer die Zustimmung des anderen mitsorgeberechtigten Elternteils eingeholt werden. Stimmt dieser nicht zu oder meldet sich nicht, bedarf es einer Entscheidung des Familiengerichts.

▼

26 **Muster 8.1: Aufforderungsschreiben an anderen Ehegatten zur Zustimmung Nebenklage und Adhäsionsverfahren gegen Dritten**

Sehr geehrter Herr ▓▓▓▓,

hiermit dürfen wir Ihnen anzeigen, dass wir Ihre geschiedene Ehefrau ▓▓▓▓, anwaltlich vertreten.

Gegenstand unserer Beauftragung ist die Tatsache, dass Ihre gemeinsame fünfjährige Tochter, für die das gemeinsame Sorgerecht besteht, Opfer einer Straftat geworden ist. Frau ▓▓▓▓ ist der Auffassung, dass sich Ihre Tochter dem Strafverfahren gegen den Täter als Nebenklägerin anschließen soll und dort im Rahmen

---

23 BayObLG NJW 1956, 681.
24 BayObLG NJW 1956, 681.
25 KG, Beschluss v. 22.3. 2010, AZ: 4 Ws 6/10 – 1 AR 48/10; BGH Beschluss v. 16.12.2008 – 4 StR 542/08.
26 LG Berlin, Beschluss v. 27.11.2009 – 530–37/09.

eines Adhäsionsverfahrens Schmerzensgeld- und andere Schadensersatzansprüche geltend machen soll. Ich darf Sie bitten, Ihre Zustimmung zur Nebenklage und Antrag im Adhäsionsverfahren Ihrer Tochter bis spätestens zum ▨▨▨▨ zu erklären. Anderenfalls wäre meine Mandantin gezwungen, eine Entscheidung des dafür zuständigen Familiengerichts herbeizuführen.

Rechtsanwalt

▲

▼

Muster 8.2: Übertragung Entscheidungsrecht bzgl. Anschluss eines minderjährigen Kindes als Nebenkläger und Antragstellung im Adhäsionsverfahren gegen einen Dritten   **27**

An das Amtsgericht ▨▨▨▨

– Familiengericht –

Antrag

der Frau ▨▨▨▨

– Antragstellerin –

Vb.: RA ▨▨▨▨

gegen

Herrn ▨▨▨▨

– Antragsgegner –

wegen: Übertragung des Entscheidungsrechts nach § 1628 BGB

Namens und in Vollmacht der Antragstellerin werden wir beantragen,

das Recht zur Entscheidung über den Anschluss als Nebenkläger und die Befugnis zur Stellung eines Adhäsionsantrages im Strafverfahren gegen ▨▨▨▨ für das Kind ▨▨▨▨, geb. am ▨▨▨▨ auf die Antragstellerin alleine zu übertragen.

Begründung:

Die Beteiligten sind Inhaber des gemeinsamen Sorgerechtes betreffend des Kindes ▨▨▨▨, geb. am ▨▨▨▨.

Das Kind wurde Opfer einer Straftat. Dem Täter wird vorgeworfen ▨▨▨▨ zum Nachteil des Kindes begangen zu haben. Gegen den Täter wird unter dem AZ: ▨▨▨▨ bei der Staatsanwaltschaft ▨▨▨▨ ein Strafverfahren geführt.

Die Beteiligten können sich nicht einigen, ob ihr gemeinsames Kind sich dem Strafverfahren gegen den Täter als Nebenkläger anschließen und einen Adhäsionsantrag stellen soll.

Die Antragstellerin hält die Führung einer Nebenklage und die Stellung eines Adhäsionsantrages aus folgenden Gründen für sinnvoll:

Der Antragsgegner wurde mit Schreiben des Unterzeichners vom ▓▓▓▓ zur Zustimmung zum Anschluss als Nebenkläger und zur Stellung eines Adhäsionsantrages aufgefordert, reagierte hierauf nicht, weshalb der vorliegende Antrag geboten war.

Rechtsanwalt

▲

28   Richtet sich das Nebenklageverfahren eines Kindes gegen einen Elternteil, muss ein Ergänzungspfleger bestellt werden.[27] Hierbei kann es sich z.b. auch um den anwaltlichen Nebenklägervertreter handeln. Teilweise wird aber auch vertreten, dass, wenn sich das Strafverfahren gegen den nicht sorgeberechtigten Elternteil richtet, der Minderjährige vom sorgeberechtigten Elternteil, ohne Bestellung eines Ergänzungspflegers, vertreten werden kann.[28] Teilweise wird auch vertreten, dass es keiner Vertretung durch den/die Sorgeberechtigten bedarf, wenn das Kind über die nötige Verstandesreife verfügt.[29]

▼

Muster 8.3: Bestellung eines Ergänzungspflegers für den Anschluss eines minderjährigen Kindes als Nebenkläger im Verfahren gegen einen Elternteil

An das Amtsgericht ▓▓▓▓

– Vormundschaftsgericht –

Antrag

des Kindes ▓▓▓▓

– Antragsteller –

Vb.: RA ▓▓▓▓

wegen: Anordnung einer Ergänzungspflegschaft nach §§ 1693, 1909, 1915 BGB

Namens und in Vollmacht ▓▓▓▓ werden wir beantragen:

1. Für das Kind ▓▓▓▓ wird die Ergänzungspflegschaft gemäß §§ 1693, 1909, 1915 BGB angeordnet für folgenden Wirkungskreis: ▓▓▓▓
   Recht zum Anschluss als Nebenkläger im Verfahren gegen ▓▓▓▓.

---

27   OLG Stuttgart Justiz 1999, 348.
28   OLG Frankfurt, Beschl. v. 22.10.2008, 6 UF 174/08.
29   LG Berlin, Beschl. v. 27.11.2009, 530–37/09, (530) 5 Ju Js 343/07 (37/09).

2. Als Ergänzungspfleger wird ▮▮▮▮ bestellt.

Begründung:

Das minderjährige Kind wurde Opfer einer Straftat. Seinem Elternteil wird vorgeworfen ▮▮▮▮ zum Nachteil des Kindes begangen zu haben. Gegen ihn wird unter dem AZ: ▮▮▮▮ bei der Staatsanwaltschaft ▮▮▮▮ ein Strafverfahren geführt.

Es bedarf damit der Bestellung eines Ergänzungspflegers, der den Anschluss zur Nebenklage für das Kind erklärt, da die Sorgeberechtigten von der Vertretung ausgeschlossen sind.

Rechtsanwalt

E. Anschlussberechtigung

Wer zum Anschluss zur Nebenklage berechtigt ist, ist in § 395 StPO geregelt. Danach sind die Opfer/Verletzte folgender Straftaten bzw. deren dort genannte nahe Angehörige zum Anschluss berechtigt:

29

§ 395 StPO Befugnis zum Anschluss

(1) Der erhobenen öffentlichen Klage oder dem Antrag im Sicherungsverfahren kann sich mit der Nebenklage anschließen, wer verletzt ist durch eine rechtswidrige Tat nach

1. den §§ 174 bis 182 des Strafgesetzbuches,
2. den §§ 211 und 212 des Strafgesetzbuches, die versucht wurde,
3. den §§ 221, 223 bis 226 und 340 des Strafgesetzbuches,
4. den §§ 232 bis 238, 239 Absatz 3, §§ 239a, 239b und 240 Absatz 4 des Strafgesetzbuches,
5. § 4 des Gewaltschutzgesetzes,
6. § 142 des Patentgesetzes, § 25 des Gebrauchsmustergesetzes, § 10 des Halbleiterschutzgesetzes, § 39 des Sortenschutzgesetzes, den §§ 143 bis 144 des Markengesetzes, den §§ 51 und 65 des Geschmacksmustergesetzes, den §§ 106 bis 108b des Urheberrechtsgesetzes, § 33 des Gesetzes betreffend das Urheberrecht an Werken der bildenden Künste und der Photographie und den §§ 16 bis 19 des Gesetzes gegen den unlauteren Wettbewerb.

(2) Die gleiche Befugnis steht Personen zu,

1. deren Kinder, Eltern, Geschwister, Ehegatten oder Lebenspartner durch eine rechtswidrige Tat getötet wurden oder
2. die durch einen Antrag auf gerichtliche Entscheidung (§ 172) die Erhebung der öffentlichen Klage herbeigeführt haben.

(3) Wer durch eine andere rechtswidrige Tat, insbesondere nach den §§ 185 bis 189, 229, 244 Absatz 1 Nummer 3, §§ 249 bis 255 und 316a des Strafgesetzbuches, verletzt ist,

kann sich der erhobenen öffentlichen Klage mit der Nebenklage anschließen, wenn dies aus besonderen Gründen, insbesondere wegen der schweren Folgen der Tat, zur Wahrnehmung seiner Interessen geboten erscheint.

(4) Der Anschluss ist in jeder Lage des Verfahrens zulässig. Er kann nach ergangenem Urteil auch zur Einlegung von Rechtsmitteln geschehen.

(5) Wird die Verfolgung nach § 154a beschränkt, so berührt dies nicht das Recht, sich der erhobenen öffentlichen Klage als Nebenkläger anzuschließen. Wird der Nebenkläger zum Verfahren zugelassen, entfällt eine Beschränkung nach § 154a Absatz 1 oder 2, soweit sie die Nebenklage betrifft.

30 Das Recht zum Anschluss als Nebenkläger steht zunächst dem durch die Straftat Verletzten zu. Verletzter ist, wer durch die Straftat in einem seiner Rechtsgüter beeinträchtigt worden ist.[30] Die Straftat muss – für die Anschlussberechtigung – lediglich tatbestandsmäßig und rechtswidrig begangen worden sein. Ob dies schuldhaft erfolgte, ist für die Anschlussberechtigung gleichgültig, da dies erst im Prozess festgestellt werden kann.

31 Ob bezüglich der Tat Täterschaft oder Teilnahme vorliegt, oder diese lediglich versucht ist, ist unbeachtlich.

32 Auch besteht die Anschlussbefugnis als Nebenkläger, wenn das Nebenklagedelikt in Tateinheit (§ 52 StGB) oder in Gesetzeskonkurrenz mit einer anderen Tat begangen wurde, die an sich nicht zum Anschluss berechtigt.[31] Hierbei ist auch unbeachtlich, wenn die Staatsanwaltschaft bei ihrer rechtlichen Beurteilung den Schwerpunkt der Vorwerfbarkeit auf das Delikt legt, welches an sich nicht zum Anschluss berechtigt.

33 Liegt ein Delikt vor, welches einen Strafantrag erfordert, bedarf es eines Strafantrages nicht, wenn die Staatsanwaltschaft unabhängig vom Strafantrag das öffentliche Interesse bejaht hat.[32]

34 Kann ein Delikt nur auf Antrag verfolgt werden, ist der Strafantrag auch für den Anschluss als Nebenkläger erforderlich.[33]

35 Der Antragsteller im Klageerzwingungsverfahren, d.h. wenn die Staatsanwaltschaft die Erhebung der öffentlichen Klage abgelehnt und nunmehr nach erfolgloser Beschwerde beim zuständigen Staatsanwalt und der Generalstaatsanwalt-

---

30 *Graf*, § 395 Rn 12.
31 BGHSt 33, 114, 115.
32 BGH NStZ 1992, 452.
33 OLG Frankfurt NJW 1991, 2036.

schaft beim Oberlandesgericht das Klagerzwingungsverfahren geführt wird, hat ein eigenständiges Anschlussrecht. Hierdurch soll der Gefahr entgegengewirkt werden, dass die Staatsanwaltschaft, in einem von ihr sowieso nicht gewollten gerichtlichen Verfahren, nur nachlässig agiert. Er kann den Anschluss schon im Verfahren erklären. Nach der Anordnung der Anklageerhebung durch das Oberlandesgericht ist die Anschlussberechtigung unproblematisch gegeben. Hat allerdings die Generalstaatsanwaltschaft die Anklage erhoben oder diese veranlasst, ist strittig, ob eine Anschlussberechtigung besteht.[34]

Das Recht zum Anschluss besteht nur dann, wenn der Nebenkläger die Verurteilung des Täters erstrebt.[35] **36**

Der Verletzte ist gemäß § 406h StPO von der Polizei, der Staatsanwaltschaft und durch das Gericht auf sein Recht zum Anschluss, wenn dieses nach § 395 StPO besteht, hinzuweisen. Dies gilt auch für die Möglichkeit auf Heranziehung und Bestellung eines Beistandes nach § 397a StPO. **37**

Übersicht:[36] Straftaten nach 395 Abs. 1 StPO **38**

§ 395 Abs. 1 Nr.	Vorschrift/ Umschreibung	Tatbezeichnung
1	174 StGB	Sexueller Missbrauch von Schutzbefohlenen
1	174a StGB	Sexueller Missbrauch von Gefangenen, behördlich Verwahrten oder Kranken und Hilfsbedürftigen in Einrichtungen
1	174b StGB	Sexueller Missbrauch unter Ausnutzung einer Amtsstellung
1	174c StGB	Sexueller Missbrauch unter Ausnutzung eines Beratungs-, Behandlungs- oder Betreuungsverhältnisses
1	176 StGB	Sexueller Missbrauch von Kindern
1	176a StGB	Schwerer sexueller Missbrauch von Kindern
1	176b StGB	Sexueller Missbrauch von Kindern mit Todesfolge
1	177 StGB	Sexuelle Nötigung; Vergewaltigung

---

34 OLG München NStZ 1986, 376; OLG Frankfurt NJW 1979, 994.

35 OLG Schleswig NStZ-RR 2000, 270.

36 Die Tabelle bezeichnet lediglich die in der Vorschrift genannten Tatbestände. Aufgrund der Formulierung der Vorschrift kann es zu einer eingeschränkten oder erweiterten Anwendung des Tatbestandes führen.

§ 395 Abs. 1 Nr.	Vorschrift/ Umschreibung	Tatbezeichnung
1	178 StGB	Sexuelle Nötigung und Vergewaltigung mit Todesfolge
1	179 StGB	Sexueller Missbrauch widerstandsunfähiger Personen
1	180 StGB	Förderung sexueller Handlungen Minderjähriger
1	180a StGB	Ausbeutung von Prostituierten
1	181a StGB	Zuhälterei
1	182 StGB	Sexueller Missbrauch von Jugendlichen
2	211 StGB	Mord
2	212 StGB	Totschlag
3	221 StGB	Aussetzung
3	223 StGB	Körperverletzung
3	224 StGB	Gefährliche Körperverletzung[37]
3	225 StGB	Misshandlung von Schutzbefohlenen
3	226 StGB	Schwere Körperverletzung
3	340 StGB	Körperverletzung im Amt
4	232 StGB	Menschenhandel zum Zweck der sexuellen Ausbeutung
4	233 StGB	Menschenhandel zum Zweck der Ausbeutung der Arbeitskraft
4	233a StGB	Förderung des Menschenhandels
4	234 StGB	Menschenraub
4	234a StGB	Verschleppung
4	235 StGB	Entziehung Minderjähriger
4	236 StGB	Kinderhandel
4	238 StGB	Nachstellung
4	239 Abs. 3 StGB	Freiheitsberaubung
4	239a StGB	Erpresserischer Menschenraub
4	239b StGB	Geiselnahme
4	240 Abs. 4 StGB	Nötigung
5	4 GewSchG	Strafvorschriften
6	142 PatG	
6	25 GebrMG	

37 Beachte insofern den irreführenden Leitsatz zum Beschluss des BGH v. 11.10.2011, 5 StR 396/11 in StraFo 2012, 67, wonach Taten nach § 224 StGB nicht mit der Nebenklage verfolgt werden können, sich aber der Beschluss nicht auf § 395 Abs. 1 StGB, sondern auf § 395 Abs. 2 Nr. 1 StGB, also die Nebenklage von Hinterbliebenen, bezieht.

§ 395 Abs. 1 Nr.	Vorschrift/ Umschreibung	Tatbezeichnung
6	10 HalblSchG	Strafvorschriften
6	39 SortenschutzG	Strafvorschriften
6	143 MarkenG	Strafbare Kennzeichenverletzung
6	143a MarkenG	Strafbare Verletzung der Gemeinschaftsmarke
6	144 MarkenG	Strafbare Benutzung geographischer Herkunftsangaben
6	51 GeschmMG	Strafvorschriften
6	65 GeschmMG	Strafbare Verletzung eines Gemeinschaftsgeschmacksmusters
6	106 UrhG	Unerlaubte Verwertung urheberrechtlich geschützter Werke
6	107 UrhG	Unzulässiges Anbringen der Urheberbezeichnung
6	108 UrhG	Unerlaubte Eingriffe in verwandte Schutzrechte
6	108a UrhG	Gewerbsmäßige unerlaubte Verwertung
6	108b UrhG	Unerlaubte Eingriffe in technische Schutzmaßnahmen und zur Rechtewahrnehmung erforderliche Informationen
6	33 KunstUrhG	
6	16 UWG	Strafbare Werbung
6	17 UWG	Verrat von Geschäfts- und Betriebsgeheimnissen
6	18 UWG	Verwertung von Vorlagen
6	19 UWG	Verleiten und Erbieten zum Verrat

Nach § 395 Abs. 2 Nr. 1 StPO steht die Anschlussbefugnis auch Personen zu, deren **39** Kinder, Eltern, Geschwister, Ehegatten oder Lebenspartner durch eine rechtswidrige Tat getötet wurden. Die rechtswidrige Tat, durch die das Opfer getötet wurde, muss nicht lediglich eine Straftat gegen das Leben nach §§ 211, 212 StGB sein. Unter § 395 Abs. 2 Nr. 1 StPO fallen auch Taten, die den Tötungserfolg qualifizieren,[38] wenn die Voraussetzungen des § 18 StGB vorliegen,[39] ohne dass es darauf ankäme, dass der Tötungserfolg vorsätzlich oder fahrlässig herbeigeführt worden ist. Damit kommt eine Nebenklageberechtigung von Hinterbliebenen eines durch eine Straftat nach §§ 176b, 178, 221 Abs. 2, 227, 239 Abs. 2, 251, 306c StGB in Betracht.[40] Taten nach § 224 StGB können allerdings nicht mit der Nebenklage

---

38 BGHSt 44, 97, 99; BGH NJW 2008, 2199.
39 *Meyer-Goßner*, § 395 Rn 7.
40 *Graf*, § 395 Rn 14.

von Hinterbliebenen verfolgt werden.[41] Die in § 395 Abs. 2 Nr. 1 StPO aufgezählten Personen sind abschließend.[42]

40 Nach § 395 Abs. 2 Nr. 2 StPO steht die Anschlussbefugnis Personen zu, die durch einen Antrag auf gerichtliche Entscheidung (§ 172 StPO) die Erhebung der öffentlichen Klage herbeigeführt haben.

41 Nach § 395 Abs. 3 StPO steht die Anschlussberechtigung Personen zu, die durch folgende Straftaten verletzt wurden und wenn dies aus besonderen Gründen, insbesondere wegen der schweren Folgen der Tat, zur Wahrnehmung ihrer Interessen geboten erscheint:

42 **Übersicht:[43] Straftaten nach § 395 Abs. 3 StPO**

Vorschrift/Umschreibung	Tatbezeichnung
185 StGB	Beleidigung
186 StGB	Üble Nachrede
187 StGB	Verleumdung
188 StGB	Üble Nachrede und Verleumdung gegen Personen des politischen Lebens
189 StGB	Verunglimpfung des Andenkens Verstorbener
229 StGB	Fahrlässige Körperverletzung
244 Abs. 1 Nr. 3 StGB	Wohnungseinbruchdiebstahl
249 StGB	Raub
250 StGB	Schwerer Raub
251 StGB	Raub mit Todesfolge
252 StGB	Räuberischer Diebstahl
253 StGB	Erpressung
255 StGB	Räuberische Erpressung
316a StGB	Räuberischer Angriff auf Kraftfahrer

43 Bei der Frage, ob besondere Gründe vorliegen, ist maßgeblich auf die Schwere der Tatfolgen für das Opfer abzustellen.

44 Nach überwiegender Meinung besteht bei schweren Verletzungen ein Anschlussgrund.[44]

---

41 BGH StraFo 2012, 67.
42 *Schroth*, Rn 270.
43 Die Tabelle bezeichnet lediglich die in der Vorschrift genannten Tatbestände. Aufgrund der Formulierung der Vorschrift kann es zu einer eingeschränkten oder erweiterten Anwendung des Tatbestandes führen.
44 *Meyer-Goßner*, § 395 Rn 11.

Im Rahmen von Körperverletzungsdelikten kam der Anschlussgrund des § 395 Abs. 3 StPO vor Inkrafttreten des 2. Opferrechtsreformgesetzes insbesondere bei Verkehrsunfällen mit schweren Folgen in Betracht. Nach der dazu ergangenen Rechtsprechung liegen dort bereits schwere Folgen der Tat vor, wenn bei dem Opfer etwa Brüche mit längerer Heilungsdauer oder Verletzungen, die stationär oder operativ behandelt werden müssen, vorliegen.[45] Leichte Verletzungen, wie z.b. Prellungen oder Verstauchungen sollen diesbezüglich nicht ausreichend sein.[46] Die zur Nebenklagezulassung diesbezüglich bei Verkehrsunfällen entwickelte Rechtsprechung ist auf den durch das 2. Opferrechtsreformgesetz vom 1.10.2009 neu gefassten § 395 Abs. 3 StPO und die nunmehr darin enthaltenen Delikte, wie z.b. die Raubdelikte, anzuwenden. Besondere Gründe, die hier eine Nebenklagezulassung rechtfertigen, liegen bei den neu hinzugekommenen Delikten dann vor, wenn schwere Folgen gegeben sind, z.B. weil beim Verletzten körperliche oder seelische Schäden mit einem gewissen Grad an Erheblichkeit eingetreten oder zu erwarten sind.[47] Hierunter fallen Gesundheitsschädigungen, Traumata oder erhebliche Schockerlebnisse. Hierbei muss allerdings der Schweregrad der Folgen nicht immer die Schwelle der „schweren körperlichen oder seelischen Schäden", wie in § 397a Abs. 1 Nr. 3 StPO, erreichen.[48] Bei der Beurteilung ist auf die Gesamtsituation des konkreten Opfers abzustellen; opfer- bzw. verletztenspezifische Gesichtspunkte sind zu berücksichtigen.

Besondere Gründe sind also gegeben, wenn schwere Folgen der Tat vorliegen, also beim Verletzten der körperliche oder seelische Schaden mit einer gewissen Erheblichkeit eingetreten oder zu erwarten ist. Hier kommen u.a. besondere Gesundheitsschädigungen, Traumatisierungen oder Schockerlebnisse in Betracht. Auch können die besonderen Gründe in der Abwehr besonderer Schuldzuweisungen liegen.[49] Bei der Frage, ob besondere Gründe vorliegen, ist allerdings die Gesamtsituation des Opfers maßgebend.

---

45 *Graf*, § 395 Rn 18.
46 *Graf*, § 395 Rn 18.
47 Vgl. BT-Drucks 16/12098, 49.
48 *Graf*, § 395 Rn 19, § 397a Rn 3.
49 LR-*Hilger*, § 395 Rn 18.

F. Anschlusserklärung

I. Form

45 Nach § 396 Abs. 1 Satz 1 StPO ist die Anschlusserklärung schriftlich abzugeben. Wirksam ist aber auch eine Anschlusserklärung zu Protokoll der Geschäftsstelle oder per Telefax. Sie kann auch in der Hauptverhandlung zu Protokoll erklärt werden.[50]

46 Für die Anschlusserklärung ist die Vertretung nach allgemeinen Grundsätzen zulässig. Allein eine Vertretungsanzeige eines Rechtsanwalts, dass er einen Nebenklageberechtigten vertritt, stellt noch keine Anschlusserklärung i.S.d. § 396 StPO dar.[51]

> **§ 396 StPO Anschlusserklärung**
>
> (1) Die Anschlusserklärung ist bei dem Gericht schriftlich einzureichen. Eine vor Erhebung der öffentlichen Klage bei der Staatsanwaltschaft oder dem Gericht eingegangene Anschlusserklärung wird mit der Erhebung der öffentlichen Klage wirksam. Im Verfahren bei Strafbefehlen wird der Anschluss wirksam, wenn Termin zur Hauptverhandlung anberaumt (§ 408 Abs. 3 Satz 2, § 411 Abs. 1) oder der Antrag auf Erlass eines Strafbefehls abgelehnt worden ist.
>
> (2) Das Gericht entscheidet über die Berechtigung zum Anschluss als Nebenkläger nach Anhörung der Staatsanwaltschaft. In den Fällen des § 395 Abs. 3 entscheidet es nach Anhörung auch des Angeschuldigten darüber, ob der Anschluss aus den dort genannten Gründen geboten ist; diese Entscheidung ist unanfechtbar.
>
> (3) Erwägt das Gericht, das Verfahren nach § 153 Abs. 2, § 153a Abs. 2, § 153b Abs. 2 oder § 154 Abs. 2 einzustellen, so entscheidet es zunächst über die Berechtigung zum Anschluss.

II. Frist

47 Dem Antragsteller steht es grundsätzlich frei, wann er die Anschlusserklärung abgibt. Sie kann auch noch im Rechtsmittelverfahren abgegeben werden. Nach Rechtskraft des Urteils kann die Nebenklage nicht mehr zugelassen werden.[52] Dies gilt selbst, wenn die Anschlusserklärung früher erfolgt ist.[53]

---

50 *Meyer-Goßner*, § 396 Rn 2.
51 OLG Celle NdsRpfl 1959, 165.
52 BGH NStZ-RR 1997, 136.
53 OLG Hamm NStZ-RR 2003, 335.

III. Inhalt

Der Nebenklageberechtigte muss in seiner Anschlusserklärung deutlich zum Ausdruck bringen, dass er einen Anschluss als Nebenkläger, im Hinblick auf entweder den kompletten Inhalt der Anklageschrift oder bezüglich welcher Delikte und Tatkomplexe, begehrt. Letzteres gilt insbesondere, wenn die Anklage auch nichtnebenklagefähige Delikte oder mehrere Angeklagte enthält oder wegen § 80 Abs. 3 JGG (vgl. oben Rn 16) sich auch gegen einen Jugendlichen und einen Heranwachsenden oder Erwachsenen richtet.   **48**

Der Anschlussberechtigte muss klar zum Ausdruck bringen, dass er sich dem Verfahren als Nebenkläger anschließt. Bloße Meldungen zur Akte als Nebenkläger oder ein Akteneinsichtsgesuch im Hinblick auf die Nebenklage reicht nicht. Es sollte daher immer die Formulierung „Anschluss als Nebenkläger" verwendet werden.   **49**

Sollte nicht bereits in einem früheren Verfahrensstadium Akteneinsicht beantragt worden sein, sollte dies jetzt spätestens im Rahmen der Anschlusserklärung nachgeholt werden.

Muster 8.4: Anschlusserklärung, Zulassungs- und Akteneinsichtsantrag   **50**

An das

Amtsgericht/Landgericht ▓▓▓▓

In dem Strafverfahren

gegen ▓▓▓▓

AZ: ▓▓▓▓

zeige ich die Vertretung von ▓▓▓▓ an.

Dieser schließt sich dem Verfahren als Nebenkläger an.

Es wird beantragt, die Nebenklage zuzulassen.

Ich beantrage ferner, mir gemäß § 406e StPO

Akteneinsicht

in die Verfahrensakten, sämtliche Beiakten, Beweismittelordner und sonstigen Beweisstücke zu gewähren.

Soweit eine Übersendung an meinen Kanzleisitz in Betracht kommt, bitte ich, eine Bearbeitungszeit von wenigstens einer Woche zu berücksichtigen.

Die unverzügliche Rückgabe der Akte sichere ich zu.

Bei Beweismittelordnern oder sonstigen Beweismitteln, an denen eine Akteneinsicht durch die Anfertigung einer Kopie in Betracht kommt, bitte ich um Mitteilung, welche Datenträger die Verteidigung zur Verfügung stellen muss.

Rechtsanwalt

51 **Muster 8.5: Anschlusserklärung, Zulassungs-, Beiordnungs- und Akteneinsichtsantrag**

An die/das

Staatsanwaltschaft/Gericht ▓▓▓▓▓

In dem Ermittlungsverfahren/Strafverfahren

gegen ▓▓▓▓

AZ: ▓▓▓▓

schließt sich die durch die Straftat Verletzte ▓▓▓▓▓ dem Strafverfahren als Nebenklägerin an.

Es wird beantragt,

1. die Nebenklage zuzulassen

2. den Unterzeichner Frau ▓▓▓▓▓ als Beistand gemäß § 397a Abs. 1 StPO beizuordnen.

Begründung:

Ausweislich der Ermittlungsakte/Anklageschrift wurde Frau ▓▓▓▓ durch den Beschuldigten/Angeschuldigten am ▓▓▓▓ in ▓▓▓▓ vergewaltigt. Gemäß § 395 Abs. 1 Nr. 1 StPO berechtigt dies zur Nebenklage. Außerdem ist Frau ▓▓▓▓ nach § 397a Abs. 1 Nr. 1 StPO ein Beistand – ohne Prüfung ihrer finanziellen Verhältnisse – beizuordnen.

Ich beantrage ferner, mir gemäß § 406e StPO

Akteneinsicht

in die Verfahrensakten, sämtliche Beiakten, Beweismittelordner und sonstigen Beweisstücke zu gewähren.

Soweit eine Übersendung an meinen Kanzleisitz in Betracht kommt, bitte ich, eine Bearbeitungszeit von wenigstens einer Woche zu berücksichtigen.

Die unverzügliche Rückgabe der Akte sichere ich zu.

Bei Beweismittelordnern oder sonstigen Beweismitteln, an denen eine Aktenein-sicht durch die Anfertigung einer Kopie in Betracht kommt, bitte ich um Mitteilung, welche Datenträger die Verteidigung zur Verfügung stellen muss.

Rechtsanwalt

Muster 8.6: Anschlusserklärung durch Einlegen eines Rechtsmittels und Ak-teneinsichtsantrag   **52**

An das

Amtsgericht/Landgericht ▓▓▓▓

In der Strafsache

gegen ▓▓▓

AZ: ▓▓▓

zeige ich unter Vorlage auf mich lautender Vollmacht an, dass ich ▓▓▓ vertrete.

▓▓▓ schließt sich dem Verfahren gegen ▓▓▓ als

Nebenkläger

an.

Es wird beantragt, die Nebenklage zuzulassen.

Gegen das am ▓▓▓ verkündete Urteil des Landgerichtes ▓▓▓ wird hiermit namens und in Vollmacht meines Mandanten

Revision

eingelegt.

Es wird beantragt, mir das Protokoll der Hauptverhandlung noch vor Zustellung des Urteils, spätestens aber gemeinsam mit diesem, zu übersenden und mir um-fassende Akteneinsicht zu gewähren.

Außerdem wird beantragt, mich dem Nebenkläger als Beistand gemäß § 397a Abs. 1 Nr. 2 StPO beizuordnen.

Ich beantrage ferner, mir gemäß § 406e StPO

Akteneinsicht

in die Verfahrensakten, sämtliche Beiakten, Beweismittelordner und sonstigen Be-weisstücke zu gewähren.

Soweit eine Übersendung an meinen Kanzleisitz in Betracht kommt, bitte ich, eine Bearbeitungszeit von wenigstens einer Woche zu berücksichtigen.

Die unverzügliche Rückgabe der Akte sichere ich zu.

Bei Beweismittelordnern oder sonstigen Beweismitteln, an denen eine Akteneinsicht durch die Anfertigung einer Kopie in Betracht kommt, bitte ich um Mitteilung, welche Datenträger die Verteidigung zur Verfügung stellen muss.

Rechtsanwalt

IV. Adressat

53   Die Anschlusserklärung ist nach § 396 Abs. 1 Satz 1 StPO gegenüber dem Gericht abzugeben. Das Gericht ist das Gericht, welches über die Anschlusserklärung zu entscheiden hat oder mit der Sache befasst ist, z.b. das Rechtsmittelgericht im Falle eines Berufungs- oder Revisionsverfahrens. Die Anschlusserklärung kann auch schon im Ermittlungsverfahren gegenüber der Staatsanwaltschaft abgegeben werden, vgl. § 396 Abs. 1 Satz 2 StPO. Hier entfaltet sie aber noch keine Wirkung.

V. Wirksamkeit

54   Die Wirksamkeit der Anschlusserklärung hängt davon ab, wann sie erklärt worden ist. Wurde sie bereits im Ermittlungsverfahren gegenüber der Staatsanwaltschaft erklärt, hatte sie zunächst keine Wirksamkeit entfaltet. Hier wird die Anschlusserklärung nach § 396 Abs. 1 Satz 2 StPO mit Erhebung der öffentlichen Klage, also wenn die Akten mit Anklage und Anschlusserklärung bei Gericht eingehen, wirksam.[54]

55   Erhebt bei einer im Ermittlungsverfahren abgegebenen Anschlusserklärung die Staatsanwaltschaft keine Anklage, sondern beantragt einen Strafbefehl, der dann vom Gericht erlassen wird, wird die Anschlusserklärung nach § 396 Abs. 1 Satz 3 StPO wirksam, wenn, bzw. sobald das Gericht nach einem eventuellen Einspruch gegen den Strafbefehl Termin zur Hauptverhandlung bestimmt.

56   Wird der Strafbefehl antragsgemäß erlassen und nicht mit dem Einspruch angefochten, ist die Anschlusserklärung gegenstandslos, ohne dass es einer weiteren gerichtlichen Entscheidung darüber bedarf.[55]

57   Erhebt bei einer im Ermittlungsverfahren abgegebenen Anschlusserklärung die Staatsanwaltschaft keine Anklage, sondern beantragt einen Strafbefehl, wird die

---

54   OLG Hamm JMBlNW 1963, 165.
55   LG Heidelberg NJW 1967, 2420.

Anschlusserklärung nach § 396 Abs. 1 Satz 3 StPO wirksam, wenn, bzw. sobald das Gericht den Antrag auf Erlass eines Strafbefehls ablehnt.

Will das Gericht nach einem Einspruch gegen den Strafbefehl das Verfahren nach §§ 153 Abs. 2 StPO oder 153a Abs. 2 StPO einstellen, hat es zuerst über den Anschluss zu entscheiden.[56]   **58**

Eine gegenüber dem Gericht abgegebene Anschlusserklärung wird sofort wirksam.   **59**

G. Zulassung der Nebenklage

I. Entscheidung des Gerichts

Nach § 396 Abs. 2 Satz 1 StPO entscheidet das Gericht nach Anhörung der Staatsanwaltschaft über die Zulassung des Nebenklägers. Nach § 396 Abs. 2 Satz 2 StPO ist der Angeklagte nur in den Fällen der § 395 Abs. 3 StPO, d.h. wenn die Berechtigung zum Anschluss als Nebenkläger aus besonderen Gründen, insbesondere wegen der schweren Folgen der Tat, zur Wahrnehmung seiner Interessen geboten erscheint, vorher anzuhören.   **60**

Über den Zulassungsantrag entscheidet das Gericht, bei dem sich das Verfahren befindet, also ggf., auch das Rechtsmittelgericht. Erfolgte der Anschluss als Nebenkläger zur Einlegung eines Rechtsmittels, so ist für die Zulassung der Nebenklage lediglich das Rechtsmittelgericht zuständig.[57] Eine Zulassung durch das Gericht, welches die angefochtene Entscheidung erlassen hat, ist unbeachtlich.[58]   **61**

Da das Gericht entscheidet, entscheidet nicht der Vorsitzende alleine. Entscheidet dieser dennoch alleine, ist seine Entscheidung zwar anfechtbar, aber nicht von vornherein nichtig.[59]   **62**

Für die durch das Gericht zu treffende Entscheidung über die Zulassung der Nebenklage, prüft das Gericht im Rahmen der Zulässigkeit des Zulassungsantrags, ob der Antragsteller zum Personenkreis des § 395 StPO gehört. Zudem prüft das Gericht, ob der Antragsteller prozessfähig ist oder eines Vertreters bedarf. Auch ist zu prüfen, ob der Antrag begründet ist, also ob eine gewisse rechtliche Möglichkeit   **63**

---

56 AnwK-StPO/*Böttger*, § 396 Rn 4; LG Köln DAR 1984, 776.
57 BayObLG GA 1971, 22.
58 BayObLG GA 1971, 22.
59 BGH MDR 1969, 360.

besteht, dass der Angeklagte wegen des Nebenklagedelikts später verurteilt wird.[60] Ergibt sich das Nebenklagedelikt aus § 395 Abs. 3 StPO, hat das Gericht ferner zu prüfen, ob die besonderen Gründe, insbesondere wegen der schweren Folgen der Tat, die zur Wahrnehmung der Interessen des Nebenklägers vorliegen müssen, gegeben sind.

64 Hält das Gericht die Nebenklagevoraussetzungen für gegeben, erlässt es den Zulassungsbeschluss. Dieser erwächst nicht in Rechtskraft, so dass er jederzeit aufgrund veränderter Sach- oder Rechtslage angepasst werden kann, insbesondere, wenn die Voraussetzungen für die Nebenklage entfallen oder hinzutreten.

65 Der Zulassungsbeschluss hat nur deklaratorische Bedeutung, d.h. die besondere Stellung als Nebenkläger wird nicht erst durch den Zulassungsbeschluss, sondern bereits durch die Anschlusserklärung selbst, begründet.[61] Dies hat zur Folge, dass ein fehlerhafter Beschluss einen an sich nicht zur Nebenklage Berechtigten nicht zum Nebenkläger macht.[62]

66 Die Zulassung kann auch ohne Zulassungsbeschluss stillschweigend erfolgen, wenn der Nebenklageberechtigte, nach seiner Anschlusserklärung im Verfahren durch das Gericht als Nebenkläger behandelt wird.[63]

67 Wurde der Anschluss als Nebenkläger rechtzeitig erklärt, erfolgte aber keine Zulassung, kann ein Zulassungsbeschluss auch noch nach endgültiger Einstellung des Verfahrens,[64] z.B. nach § 153a StPO, oder nach rechtskräftigem Abschluss des Verfahrens,[65] ergehen, sofern sich die Anschlussberechtigung nicht aus § 395 Abs. 3 StPO ergibt, da hier eine nachträgliche Prüfung der besonderen Zulassungsvoraussetzungen nicht mehr möglich ist.[66]

68 Verneint das Gericht die Zulassungsvoraussetzungen der Nebenklage, lässt es sie nicht zu. Die Nichtzulassung erwächst auch nicht in Bestandskraft,[67] so dass der Nebenklageberechtigte nicht daran gehindert ist, erneut einen Antrag auf Zulassung, ggf. mit neuem Vorbringen, zu stellen.

---

60 BGH NStZ-RR 2002, 340.
61 BGHSt 41, 288, 289.
62 BGH NStZ-RR 2001, 135.
63 OLG DüsseldorfE Nr. 5 zu § 379a.
64 LG Hanau JurBüro 1987, 393.
65 LG Kaiserslautern NJW 1957, 1120.
66 OLG Düsseldorf NStZ-RR 1997, 11.
67 BGHSt 41, 288, 289.

II. Rechtsmittel gegen die Nichtzulassung

Hat das Gericht die Zulassung der Nebenklage abgelehnt, kann der Antragsteller **69** die Nichtzulassung mit der Beschwerde nach § 304 StPO anfechten, es sei denn, die Nichtzulassung betrifft die Fälle des § 395 Abs. 3 StPO. Die Anfechtung mit der Beschwerde ist auch nicht nach § 305 Abs. 1 StPO ausgeschlossen, da die Zulassungsentscheidung keine Entscheidung ist, die der Urteilsfällung vorausgeht.[68]

Mit der gleichen Begründung steht dem Angeklagten das Rechtsmittel der Be- **70** schwerde gegen die Zulassung der Nebenklage zu.

Die Beschwerde ist bei dem Gericht einzulegen, dessen Entscheidung angefochten **71** wird. Sie muss nicht innerhalb einer bestimmten Frist erhoben werden.

Im Falle einer Anschlussbefugnis nach § 395 Abs. 3 StPO ist die gerichtliche Ent- **72** scheidung über die Zulassung der Nebenklage nach § 396 Abs. 2 Satz 2 StPO unanfechtbar.

Der nicht zugelassene Nebenkläger kann auch Revision gegen das Urteil gegen **73** den Angeklagten einlegen, mit der Begründung, die Nebenklage sei nicht zugelassen worden. Hier prüft das Revisionsgericht eigenständig die Anschlussbefugnis. Das Urteil ist im Falle einer gegebenen Anschlussbefugnis nur rechtsfehlerhaft, wenn es auf der fehlerhaften Nichtzulassung beruht. Dies ist anzunehmen, wenn nicht auszuschließen ist, dass der zugelassene Nebenkläger weitere Tatsachen oder Beweismittel hätte zum Verfahren beisteuern können, die für den Verfahrensausgang, insbesondere den Schuldspruch, wesentliche Bedeutung gehabt hätten.[69] Wurde die Nebenklage im Hinblick auf eine Anschlussbefugnis aus § 395 Abs. 3 StPO nicht zugelassen, ist dies revisionsrechtlich nicht überprüfbar.[70] Ein erneuter Antrag auf Zulassung im Hinblick auf § 395 Abs. 3 StPO ist im Revisionsverfahren nicht möglich.[71]

▼

Muster 8.7: Beschwerde gegen die Nichtzulassung der Nebenklage **74**

An das

Amtsgericht/Landgericht

---

68 BayObLGSt 1953, 64; OLG Frankfurt NJW 1967, 2075.
69 BGH NStZ 1999, 259.
70 Vgl. § 336 S. 2 StPO.
71 OLG Düsseldorf NStZ 1994, 49.

In der Strafsache

gegen ▓▓▓▓

AZ: ▓▓▓▓

wird gegen den Beschluss des Amtsgerichtes/Landgerichts ▓▓▓▓ vom ▓▓▓▓, mit dem die Zulassung der Nebenklage meines Mandanten abgelehnt wurde,

Beschwerde

eingelegt.

Es wird beantragt, die Nebenklage zuzulassen.

Begründung:

Der Beschwerdeführer wurde durch den Beschuldigten verletzt. Dem Beschuldigten wird daher eine Körperverletzung nach § 223 StGB zur Last gelegt.

Das Amtsgericht ▓▓▓▓ hat in seinem Nichtzulassungsbeschluss die Zulassung der Nebenklage unzutreffend abgelehnt, mit der Begründung, bei § 223 StGB handele es sich nicht um ein Nebenklagedelikt.

Dies ist unzutreffend.

Bei dem angeklagten Delikt handelt es sich um ein Delikt i.S.d. § 395 Abs. 1 Nr. 3 StPO.

Rechtsanwalt

III. Widerruf, Verzicht, Erlöschen durch Tod

75 Der Nebenkläger kann jederzeit seine Anschlusserklärung rückgängig machen, d.h. widerrufen. Der Widerruf hat in derselben Form zu erfolgen wie der Anschluss. Da der Widerruf bedingungsfeindlich ist, kann er nicht an Bedingungen geknüpft werden.

76 Nach einem Widerruf kann der Nebenklageberechtigte wieder erneut den Anschluss als Nebenkläger erklären.[72] Der Widerruf entfaltet insofern keine Sperrwirkung.

77 Vom Widerruf ist der Verzicht zu unterscheiden. Wird auf den Anschluss als Nebenkläger, ggf. auch schon vor einer Anschlusserklärung, verzichtet, kann der Ne-

---

72 OLG Hamm NJW 1971, 394.

benklageberechtigte später sich nicht mehr erneut als Nebenkläger dem Verfahren anschließen.[73] Damit ist, für den Fall, dass nur der Widerruf einer bereits erfolgten Anschlusserklärung gewünscht ist, auf die genaue Formulierung des Widerrufs zu achten, nicht dass dieser als Verzicht ausgelegt werden könnte.

Der Widerruf bedarf nicht der Zustimmung eines anderen Verfahrensbeteiligten. **78**

Stirbt der Nebenkläger, wird seine abgegebene Anschlusserklärung nach § 402 **79** StPO unwirksam. Die Erben des Nebenklägers sind nicht berechtigt, das Verfahren fortzuführen. § 393 Abs. 2 StPO soll nicht entsprechend gelten, auch nicht, wenn der Tod des Nebenklägers Folge der zur Nebenklage berechtigten Tat ist.[74] Der Bundesgerichtshof hat allerdings diese Frage bislang offen gelassen.[75]

Hatte ein Nebenkläger vor seinem Tod noch ein Rechtsmittel eingelegt, wird das **80** Rechtsmittel damit hinfällig.[76]

H. Rechte des Nebenklägers

Die Rechte des Nebenklägers ergeben sich aus §§ 397 ff., 406d, 406e und 406g **81** StPO. Nach § 406g StPO stehen dem an sich Nebenklageberechtigten, der sich aber nicht dem Verfahren als Nebenkläger angeschlossen hat, ebenfalls erweiterte Rechte zu. Der nicht nebenklageberechtigte Verletze einer Straftat hat hingegen nur die Rechte aus den §§ 406d, 406e, 406f und 406h StPO.

§ 397 StPO Rechte des Nebenklägers

(1) Der Nebenkläger ist, auch wenn er als Zeuge vernommen werden soll, zur Anwesenheit in der Hauptverhandlung berechtigt. Er ist zur Hauptverhandlung zu laden; § 145a Absatz 2 Satz 1 und § 217 Absatz 1 und 3 gelten entsprechend. Die Befugnis zur Ablehnung eines Richters (§§ 24, 31) oder Sachverständigen (§ 74), das Fragerecht (§ 240 Absatz 2), das Recht zur Beanstandung von Anordnungen des Vorsitzenden (§ 238 Absatz 2) und von Fragen (§ 242), das Beweisantragsrecht (§ 244 Absatz 3 bis 6) sowie das Recht zur Abgabe von Erklärungen (§§ 257, 258) stehen auch dem Nebenkläger zu. Dieser ist, soweit gesetzlich nichts anderes bestimmt ist, im selben Umfang zuzuziehen und zu hören wie die Staatsanwaltschaft. Entscheidungen, die der Staatsanwaltschaft bekannt gemacht werden, sind auch dem Nebenkläger bekannt zu geben; § 145a Absatz 1 und 3 gilt entsprechend.

---

73 BGH NStZ-RR 1998, 305 f.
74 OLG Stuttgart NJW 1970, 822.
75 BGH NStZ 1997, 200.
76 BGH NStZ 1997, 49.

(2) Der Nebenkläger kann sich des Beistands eines Rechtsanwalts bedienen oder sich durch einen solchen vertreten lassen. Der Rechtsanwalt ist zur Anwesenheit in der Hauptverhandlung berechtigt. Er ist vom Termin der Hauptverhandlung zu benachrichtigen, wenn seine Wahl dem Gericht angezeigt oder er als Beistand bestellt wurde.

82

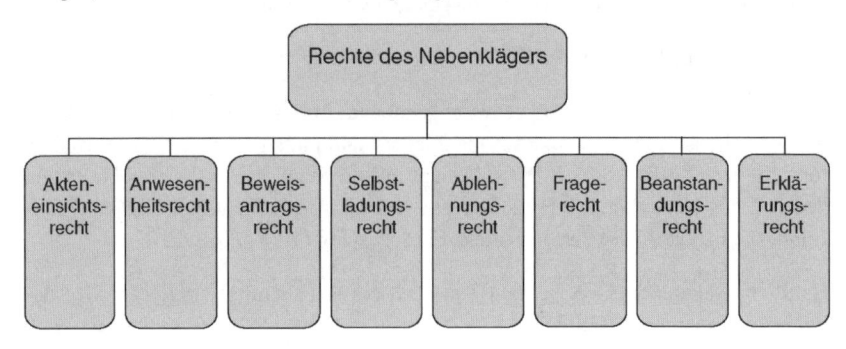

Übersicht: Rechte des Nebenklägers

I. Akteneinsichtsrecht

83 Früher leitete sich das Akteneinsichtsrecht des Nebenklägers aus § 397 Abs. 1 Satz 2 i.V.m. § 385 Abs. 3 StPO ab.

84 Da nunmehr dieser Verweis in § 397 StPO gestrichen wurde, ergibt sich das Akteneinsichtsrecht des Nebenklägers, wie bei jedem Verletzten einer Straftat aus § 406e StPO. Nach § 406e Abs. 1 StPO muss er allerdings nicht wie ein nicht nebenklageberechtigter Verletzter sein berechtigtes Interesse darlegen.

85 Dem nach § 395 StPO Nebenklageberechtigten, aber nicht beigetretenen Verletzten, steht ebenfalls, wie jedem Verletzten einer Straftat, nach § 406e StPO ein Akteneinsichtsrecht zu. Er muss ebenfalls nicht wie ein. nicht nebenklageberechtigter Verletzter, sein berechtigtes Interesse darlegen, § 406e StPO.

86 Das Akteneinsichtsrecht besteht im selben Umfang, wie das des Beschuldigten. Es umfasst damit den gesamten Akteninhalt.[77] Lediglich Umstände des Einzelfalls können Einschränkungen des Umfangs des Akteneinsichtsrechts begründen. Diese können sich zum Einen aus dem nur eingeschränkten berechtigten Interesse des Opfers selbst, oder aus den schutzwürdigen Interessen des Täters ergeben.[78] Der Nebenkläger kann sein Akteneinsichtsrecht allerdings nach § 406e Abs. 1 StPO nur

---

77 *Meyer-Goßner*, § 406e Rn 4.
78 *Hoffmann*, StRR 2007, 249, 252.

durch einen Rechtsanwalt ausüben. Dies gilt auch, wenn der Nebenkläger selbst Rechtsanwalt ist.[79]

§ 406e StPO Akteneinsicht

(1) Für den Verletzten kann ein Rechtsanwalt die Akten, die dem Gericht vorliegen oder diesem im Falle der Erhebung der öffentlichen Klage vorzulegen wären, einsehen sowie amtlich verwahrte Beweisstücke besichtigen, soweit er hierfür ein berechtigtes Interesse darlegt. In den in § 395 genannten Fällen bedarf es der Darlegung eines berechtigten Interesses nicht.

(2) Die Einsicht in die Akten ist zu versagen, soweit überwiegende schutzwürdige Interessen des Beschuldigten oder anderer Personen entgegenstehen. Sie kann versagt werden, soweit der Untersuchungszweck, auch in einem anderen Strafverfahren, gefährdet erscheint. Sie kann auch versagt werden, wenn durch sie das Verfahren erheblich verzögert würde, es sei denn, dass die Staatsanwaltschaft in den in § 395 genannten Fällen den Abschluss der Ermittlungen in den Akten vermerkt hat.

(3) Auf Antrag können dem Rechtsanwalt, soweit nicht wichtige Gründe entgegenstehen, die Akten mit Ausnahme der Beweisstücke in seine Geschäftsräume oder seine Wohnung mitgegeben werden. Die Entscheidung ist nicht anfechtbar.

(4) Über die Gewährung der Akteneinsicht entscheidet im vorbereitenden Verfahren und nach rechtskräftigem Abschluss des Verfahrens die Staatsanwaltschaft, im übrigen der Vorsitzende des mit der Sache befassten Gerichts. Gegen die Entscheidung der Staatsanwaltschaft nach Satz 1 kann gerichtliche Entscheidung durch das nach § 162 zuständige Gericht beantragt werden. Die §§ 297 bis 300, 302, 306 bis 309, 311a und 473a gelten entsprechend. Die Entscheidung des Gerichts ist unanfechtbar, solange die Ermittlungen noch nicht abgeschlossen sind. Diese Entscheidungen werden nicht mit Gründen versehen, soweit durch deren Offenlegung der Untersuchungszweck gefährdet werden könnte.

87 Damit hat der Nebenkläger Anspruch auf Akteneinsicht in die Akte(n), die auch dem Gericht vorliegt,[80] oder mit der Anklageerhebung durch die Staatsanwaltschaft vorzulegen ist. Insbesondere sei darauf hingewiesen, dass hierzu selbstverständlich auch der Bundeszentralregisterauszug des Angeklagten (BZR) gehört.[81] Bei der Vertretung eines Opfers, welches Opfer eines Täters wurde, der mehrere Taten zum Nachteil verschiedener Opfer begangen hat, die nunmehr alle in einem einheitlichen Verfahren nach Verbindung der Verfahren verhandelt werden sollen, stellt sich die Frage, ob das Opfer Anspruch auf Akteneinsicht in die gesamte Akte hat oder nur in die Verfahrensakte mit den Taten zu seinem Nachteil.

---

79 *Meyer-Goßner*, § 385 Rn 9.
80 OLG Schleswig SchlHA 1998, 175.
81 BVerfGE 62, 338.

88 Dieses Problem stellt sich in der Praxis immer insbesondere dann, wenn das Verfahren nicht von Anfang an als ein einheitliches Verfahren geführt worden ist, sondern erst nach Verbindung der verschiedenen Verfahren zum Nachteil der jeweiligen Opfer zu einem Gesamtverfahren wurde.

89 Die Praxis zeigt, dass dies relativ oft vorkommt, wobei die Verbindung auch oft erst nach den Anklageerhebungen erfolgt.

90 In diesen Fällen muss auch die Grundregel gelten, wonach das Opfer im selben Umfang Anspruch auf Akteneinsicht wie der Beschuldigte hat. Bei einem einheitlichen Verfahren gegen mehrere Beschuldigte ist für die Akteneinsicht des einzelnen Beschuldigten anerkannt, dass der Beschuldigte ein Akteneinsichtsrecht in die gesamte Akte hat und dass einzelne Aktenteile, die nur einen Beschuldigten betreffen nicht davon ausgenommen sind. Dieser Grundsatz ist schon deswegen beim Akteneinsichtsrecht des Opfers anzuwenden, da sich z.B. in der Verfahrensakte gegen die Täter zum Nachteil eines anderen Opfers ein Gutachten befinden kann, welches nicht in dem anderen Verfahren eingeholt wurde und damit auch nicht in die diesbezügliche Ermittlungsakte gelangt ist. Auch können sich aus der/den Akte(n) zum Nachteil anderer Opfer Zusammenhänge ergeben, die in einer Gesamtschau für den Nachweis der einzelnen Taten oder für die Strafzumessung beachtlich sind. Der Nebenkläger kann ohne diese Informationen seine Rechte nicht vollständig und adäquat wahrnehmen. Auch hier können lediglich Umstände des Einzelfalls Einschränkungen des Umfangs des Akteneinsichtsrechts in die Ermittlungsakte des verbundenen Verfahrens begründen, die sich wiederum zum Einen aus dem dann nur eingeschränkten berechtigten Interesse des Opfers selbst, oder aus den schutzwürdigen Interessen des Täters ergeben können.

91 Wie lange Akteneinsicht zu gewähren ist, ist gesetzlich nicht geregelt. Es muss eine angemessene Frist zur Akteneinsicht gewährt werden. Diese hängt von den Umständen des Einzelfalls, insbesondere vom Umfang der Verfahrensakten ab.[82] Der Nebenkläger hat über seinen Rechtsanwalt das Recht, sämtliche dem Gericht vorliegenden Akten im Rahmen der Akteneinsicht zur Kenntnis zu nehmen. Vom Akteneinsichtsrecht werden somit auch Sonderbände, vom Gericht oder der Ermittlungsbehörde beigezogene Akten, Beweismittelordner, Tonbandaufnahmen und Videobänder umfasst. Bei umfangreich gewordenem Akteninhalt durch weitere Ermittlungen, muss die Akteneinsicht nochmals, d.h. also mehrmals, gewährt werden.[83]

---

82 BGH wistra 2006, 24, 25.
83 OLG Hamburg JR 1966, 274.

Übersicht: Aktenbestandteile, die vom Akteneinsichtsrecht umfasst sind **92**

- beigezogene Akten anderer Ermittlungsverfahren,[84]
- beigezogene Akten von Behörden,[85]
- Bundeszentralregisterauszug,[86]
- Computerausdrucke,
- Dateien,
- Datenprogramme,
- Ermittlungsakte,
- Haftvorgänge,[87]
- Spurenakten, soweit sie dem Gericht zur Kenntnis gebracht werden,[88]
- sonstige Aufzeichnungen, soweit nicht nur technische Hilfsmittel oder Arbeitsmittel.

Muster 8.8: Akteneinsichtsantrag Nebenkläger **93**

An die Staatsanwaltschaft ▓▓▓▓

AZ: ▓▓▓▓

In dem Ermittlungsverfahren

gegen ▓▓▓▓

wegen Vorwurf des ▓▓▓▓

zeige ich unter Hinweis auf die anliegende Vollmacht an, dass mich die/der zur Nebenklage berechtigte Geschädigte ▓▓▓▓, mit ihrer/seiner Vertretung beauftragt hat.

Ich beantrage, mir gemäß § 406e StPO

Akteneinsicht

in die Verfahrensakten, sämtliche Beiakten, Beweismittelordner und sonstigen Beweisstücke zu gewähren.

Soweit eine Übersendung an meinen Kanzleisitz in Betracht kommt, bitte ich, eine Bearbeitungszeit von wenigstens einer Woche zu berücksichtigen.

Die unverzügliche Rückgabe der Akte sichere ich zu.

---

84 OLG Schleswig StV 1989, 95.
85 BGHSt 30, 131.
86 BVerfGE 62, 338.
87 BGH NStZ 1991, 94.
88 OLG Koblenz NJW 1981, 1570.

Bei Beweismittelordnern oder sonstigen Beweismitteln, an denen eine Akteneinsicht durch die Anfertigung einer Kopie in Betracht kommt, bitte ich um Mitteilung, welche Datenträger die Verteidigung zur Verfügung stellen muss.

Rechtsanwalt

II. Anwesenheitsrecht

94 Nach § 397 Abs. 1 Satz 1 StPO hat der Nebenkläger ein Anwesenheitsrecht während der gesamten Hauptverhandlung. Dies gilt selbst dann, wenn er noch als Zeuge vernommen werden soll. Damit gelten die Vorschriften, die die Anwesenheit von Zeugen beschränken (§§ 58 Abs. 1, 243 Abs. 2 StPO), für ihn nicht. Er muss also insbesondere der Hauptverhandlung nicht fern bleiben, solange er als Zeuge noch nicht vernommen worden ist.

95 Der Nebenkläger hat damit also auch das Recht während der Einlassung des Angeklagten zur Sache anwesend zu sein. In Verfahren, in denen es gerade auf die Glaubwürdigkeit des Nebenklägers als Zeugen ankommt, ist zu raten, dass der Nebenkläger während der Einlassung des Angeklagten den Sitzungssaal freiwillig verlässt, da sonst seine Anwesenheit und die Möglichkeit seine Aussage der Einlassung des Angeklagten anzupassen, im Rahmen der Glaubwürdigkeitsbeurteilung des Nebenklägers, als negativer Umstand gewertet werden kann.

96 Der Nebenkläger kann auch nicht nach § 247 StPO aus dem Gerichtssaal entfernt werden.[89]

97 Dagegen besteht für den Nebenkläger, in seiner Rolle als Nebenkläger, keine Anwesenheitspflicht, es sei denn, er soll als Zeuge vernommen werden und wurde zugleich als Zeuge geladen. In einer Berufungshauptverhandlung, die aufgrund der durch den Nebenkläger ausschließlich eingelegten Berufung stattfindet, kann allerdings das Gericht nach § 401 Abs. 3 Satz 1 StPO die Berufung verwerfen, wenn weder Nebenkläger, noch sein Rechtsanwalt erschienen ist.

III. Beweisantragsrecht

98 Nach § 397 Abs. 1 Satz 2 StPO steht dem Nebenkläger auch das Beweisantragsrecht nach § 244 Abs. 3–6 StPO zu, allerdings nur im Rahmen seiner Anschlussberechtigung. Er kann also selbst Beweisanträge stellen, welche allerdings in ei-

---

89 *Gollwitzer*, Festschrift für Schäfer, S. 78.

nem Zusammenhang mit dem Nebenklagedelikt stehen müssen. Dies ist nicht mehr der Fall, wenn der Angeklagte wegen mehrerer Taten angeklagt ist, darunter auch wegen eines oder mehreren Nicht-Nebenklagedelikten und der Beweisantrag des Nebenklägers gerade bezüglich der Nicht-Nebenklagedelikte gestellt wird. Stellt der Nebenkläger im Rahmen seiner Anschlussberechtigung Beweisanträge, gelten dieselben Grundsätze wie für das Beweisantragsrecht des Angeklagten, insbesondere sind die gesetzlichen Ablehnungsgründe für Beweisanträge auch nicht weniger restriktiv anzuwenden.[90]

§ 244 StPO Beweisaufnahme

(1) (…)

(2) (…)

(3) Ein Beweisantrag ist abzulehnen, wenn die Erhebung des Beweises unzulässig ist. Im übrigen darf ein Beweisantrag nur abgelehnt werden, wenn eine Beweiserhebung wegen Offenkundigkeit überflüssig ist, wenn die Tatsache, die bewiesen werden soll, für die Entscheidung ohne Bedeutung oder schon erwiesen ist, wenn das Beweismittel völlig ungeeignet oder wenn es unerreichbar ist, wenn der Antrag zum Zweck der Prozessverschleppung gestellt ist oder wenn eine erhebliche Behauptung, die zur Entlastung des Angeklagten bewiesen werden soll, so behandelt werden kann, als wäre die behauptete Tatsache wahr.

(4) Ein Beweisantrag auf Vernehmung eines Sachverständigen kann, soweit nichts anderes bestimmt ist, auch abgelehnt werden, wenn das Gericht selbst die erforderliche Sachkunde besitzt. Die Anhörung eines weiteren Sachverständigen kann auch dann abgelehnt werden, wenn durch das frühere Gutachten das Gegenteil der behaupteten Tatsache bereits erwiesen ist; dies gilt nicht, wenn die Sachkunde des früheren Gutachters zweifelhaft ist, wenn sein Gutachten von unzutreffenden tatsächlichen Voraussetzungen ausgeht, wenn das Gutachten Widersprüche enthält oder wenn der neue Sachverständige über Forschungsmittel verfügt, die denen eines früheren Gutachters überlegen erscheinen.

(5) Ein Beweisantrag auf Einnahme eines Augenscheins kann abgelehnt werden, wenn der Augenschein nach dem pflichtgemäßen Ermessen des Gerichts zur Erforschung der Wahrheit nicht erforderlich ist. Unter derselben Voraussetzung kann auch ein Beweisantrag auf Vernehmung eines Zeugen abgelehnt werden, dessen Ladung im Ausland zu bewirken wäre.

(6) Die Ablehnung eines Beweisantrages bedarf eines Gerichtsbeschlusses.

Ein Beweisantrag ist immer mündlich in der Hauptverhandlung zu stellen, selbst **99** wenn er außerhalb der Hauptverhandlung bereits mündlich oder schriftlich gestellt worden ist. Ein Beweisantrag ist nach § 273 Abs. 1 StPO durch den Protokollführer

---

90 BGH NStZ 2011, 713 f. entgegen BGH NStZ 2010, 714.

zu protokollieren.[91] Dies gilt allerdings nicht für die (mündliche) Begründung des Beweisantrages.[92] Dies bedeutet, dass das Gericht grundsätzlich den Nebenkläger nicht zwingen kann, den Beweisantrag in schriftlicher Form zu stellen.

100 Beweisanträge können grundsätzlich bis zum Beginn der Urteilsverkündung noch gestellt werden. Nach der neuen Rechtsprechung des Bundesgerichtshofs[93] ist es zulässig, wenn das Gericht eine Frist zur Stellung von Beweisanträgen setzt. Diese Rechtsprechung des Bundesgerichtshofs hat das Bundesverfassungsgericht[94] grundsätzlich bestätigt. Voraussetzung für eine Fristsetzung durch das Gericht ist nach dem 1. Strafsenat des Bundesgerichtshofs,[95] dass die Anordnung der Fristsetzung förmlich ins Protokoll aufgenommen wird und dass die Verfahrensbeteiligten ausdrücklich darauf hingewiesen werden, dass nach Ablauf der Frist der Beweisantrag wegen Verschleppungsabsicht zurückgewiesen werden kann, wenn die weiteren Voraussetzungen der Verschleppungsabsicht vorliegen.

101 Nach der Rechtsprechung des 5. Strafsenats des Bundesgerichtshofs[96] soll eine Fristsetzung zur Stellung von Beweisanträgen regelmäßig erst nach Ablauf von zehn Hauptverhandlungstagen und darüber hinaus nicht vor Erledigung des gerichtlichen Beweisprogramms in Frage kommen. Auch soll eine Fristsetzung nur bei Vorliegen von bestimmten Anzeichen der Verschleppungsabsicht möglich sein.

102 Die gerichtlich gesetzte Frist stellt allerdings keine Ausschlussfrist dar. Das Gericht kann daher nicht einen Beweisantrag, der nach der Frist gestellt wird, alleine wegen der Überschreitung der Frist ablehnen oder ihn sogar gar nicht bescheiden. Die Ablehnung wegen der Überschreitung der Frist kommt daher dann nicht in Betracht, wenn der Nebenkläger an der Einhaltung der Frist gehindert war, oder wenn die gerichtliche Aufklärungspflicht gemäß § 244 Abs. 2 StPO die Erhebung des Beweises gebietet, d.h. der Beweisantrag zur Sachaufklärung beitragen kann.[97] Dass dies nicht der Fall ist, hat das Gericht in seinem den Beweisantrag ablehnenden Beschluss näher darzulegen.[98]

---

91 BGH MDR 1968, 552.
92 OLG Nürnberg MDR 1984, 74.
93 BGHSt 51, 333.
94 2 BvR 2580/08.
95 BGHSt 52, 355.
96 BGHSt 54, 39.
97 BGH NStZ 2011, 230 f.
98 BGH NSZ 2011, 2011, 230 f.

Hilfsbeweisanträge konnten bislang durch das Gericht nicht erst im Urteil wegen **103** Verschleppungsabsicht abgelehnt werden, da dann die Verteidigung keine Möglichkeit mehr gehabt hätte, eine Verschleppungsabsicht zu widerlegen. Nach der Rechtsprechung des ersten Strafsenats des Bundesgerichtshofs ist dies nunmehr möglich, wenn das Gericht ordnungsgemäß eine Frist zur Stellung von Beweisanträgen gesetzt hat.[99]

Ein (zulässiger) Beweisantrag muss eine Beweisbehauptung und ein Beweismittel **104** enthalten.

105

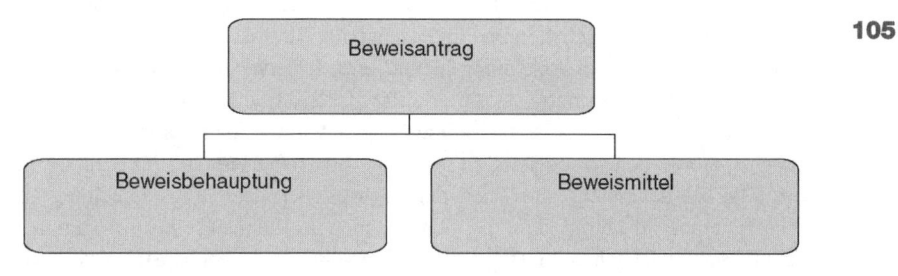

Übersicht: Beweisantrag

Als Beweisbehauptung kommt nur eine (oder mehrere) bestimmte Tatsache(n) in **106** Betracht. Diese muss derart konkret dargestellt werden, dass das Gericht prüfen kann, ob ggf. ein Ablehnungsgrund vorliegt, so dass unter Umständen sogar auch eine schlagwortartige Umschreibung der unter Beweis zu stellenden Tatsache ausreichend ist.[100] Wertungen und Meinungen sind dagegen keine bestimmten Tatsachen, so dass hierüber eine Beweiserhebung nicht erfolgen kann.[101] Um doch Wertungen und Meinungen eines Zeugen einführen zu können, muss der Nebenkläger die entsprechenden Anknüpfungstatsachen benennen, die den Zeugen zu der von ihm dargetanen Wertung oder Meinung kommen ließen.[102] Gleiches gilt für von Zeugen vorzunehmende rechtliche Beurteilungen und Schlussfolgerungen. Auch hier hat der Nebenkläger, im Rahmen des Beweisantrages, die Anknüpfungstatsachen mitzuteilen. Die Fürsorgepflicht des Gerichtes kann es unter Umständen gebieten, dass es auf die Darlegung bzw. Substantiierung dieser Anknüpfungstatsachen hinwirkt.[103]

99   BGHSt 52, 355.
100   BGHSt 1, 137.
101   BGH StV 1997, 77, 78.
102   BGH MDR 1979, 807.
103   BGH StV 1977, 77, 78.

107 Im Rahmen eines Beweisantrages ist von einer Formulierung abzusehen, die beim Gericht Zweifel aufkommen lässt, ob sich der vorgetragene Sachverhalt nur möglicherweise ereignet haben kann, also „ob sich ein Sachverhalt ereignet hat". Der unter Beweis gestellte Sachverhalt ist konkret vorzutragen, d.h. also, „dass sich der Sachverhalt so ereignet hat".

108 Der Nebenkläger muss die von ihm vorgetragene Beweistatsache nicht positiv kennen. Hierzu ist er natürlich auch vielfach nicht in der Lage. Das sichere Wissen über die Beweisbehauptung ist nicht Voraussetzung für den Vortrag einer konkreten Beweistatsache. Ausreichend ist vielmehr, dass die unter Beweis gestellte Tatsache nur für möglich gehalten und im Rahmen der Beweiserhebung deren Bestätigung erhofft wird.[104] In Anlehnung hieran ist es selbstverständlich zulässig, dass im Rahmen des Beweisantrages die erhoffte Beweistatsache als sicher unter Beweis gestellt wird. Dies ist sogar gerade für den Vortrag einer konkreten Beweistatsache erforderlich. Unzulässig ist aber eine Beweisbehauptung ins „Blaue" hinein. Hierbei handelt es sich nach der höchstrichterlichen Rechtsprechung um einen Scheinbeweisantrag, dem das Gericht, auch im Rahmen seiner Aufklärungspflicht, nicht nachgehen muss.[105] Vor Ablehnung des (Schein-)Beweisantrages muss das Gericht allerdings dem Nebenkläger einen entsprechenden Hinweis geben.[106]

109 Nach der herrschenden Meinung sind Fragen des Gerichts nach der Quelle des Wissens zulässig. Verweigert der Nebenkläger hierauf die Antwort, ist der Beweisantrag als Beweisermittlungsantrag durch das Gericht behandelbar.[107] Ausnahmen sollen nur zulässig sein, wenn sich die Beweisbehauptung auf einen Umstand bezieht, den der Nebenkläger nicht kennen kann.[108]

110 Neben der Angabe der Beweisbehauptung muss das Beweismittel, z.B. der Zeuge angegeben werden. Ausreichend für die Benennung des Zeugen ist, wenn er der Person nach individualisiert werden kann, also von anderen Personen eindeutig zu unterscheiden ist. Es genügt daher, wenn der konkrete Aufenthaltsort des Zeugen oder zumindest konkrete Tatsachen zu dessen Ermittlung mitgeteilt werden.[109] Es reicht z.B. schon aus, wenn eine weitere Kontaktperson benannt wird.[110]

---

104 BGHSt 21, 118, 121; OLG Köln StV 1999, 82 f.
105 BGH NJW 1997, 2762, 2764.
106 BGH NStZ 1996, 562.
107 BGH StV 1985, 311.
108 OLG Hamburg StV 1999, 81 f.
109 BGH-R StPO § 244 Abs. 6 Beweisantrag 40.
110 BGH StV 1989, 379.

Wird ein Auslandszeuge benannt, besteht für das Gericht eine Aufklärungspflicht, **111** zumindest darüber, ob der Zeuge existiert und einen verfahrensrelevanten Beitrag leisten kann, wenn im Verfahren eine Aussage-gegen-Aussage-Situation besteht und mit dem benannten Auslandszeugen die Glaubhaftigkeit der Angaben des einzigen Entlastungszeugen widerlegt werden soll.[111] Bei Auslandszeugen i.S.d. § 244 Abs. 5 Satz 2 StPO kann das Gericht, vor einer Ladung des Zeugen, zunächst im Freibeweisverfahren klären, ob vom benannten Zeugen überhaupt eine sachdienliche Aussage zu erwarten ist.[112]

Zwischen Beweisbehauptung und Beweismittel muss eine Konnexität bestehen.[113] **112** Der Bundesgerichtshof hat in der Vergangenheit die Anforderungen an die Konnexität verschärft. Nach der Rechtsprechung des fünften Strafsenats des Bundesgerichtshofs muss nunmehr bei fortgeschrittener Beweisaufnahme unter Berücksichtigung des bisherigen Ergebnisses zur Konnexität im Rahmen eines Beweisantrags vorgetragen werden.[114] Es ist nunmehr also erforderlich, im Rahmen eines Beweisantrags genau darzulegen, warum das nunmehr benannte Beweismittel unter Berücksichtigung des Ergebnisses der bisherigen Beweisaufnahme geeignet ist, das Ergebnis der bisherigen Beweisaufnahme zu verändern und zu welchem Beweisergebnis man gelangen wird.

Bei einem Beweisantrag auf Einholung eines Sachverständigengutachtens braucht **113** kein bestimmtes Beweismittel, d.h. kein bestimmter Sachverständiger nach § 73 Abs. 1 StPO benannt zu werden.

Ein Sachverständigengutachten kann auch zu der Frage der Glaubwürdigkeit eines **114** Zeugen in Frage kommen.

Die Beantwortung der Frage, ob ein Zeuge glaubwürdig ist oder nicht, ist die „ur- **115** eigenste Aufgabe" des Gerichts.[115] Die Einholung eines Glaubwürdigkeitsgutachtens[116] ist daher die Ausnahme und kommt nur in Betracht, wenn die Eigenart und besondere Gestaltung des Einzelfalles eine besondere Sachkunde vom Gericht verlangt, die ein Richter normalerweise selbst auch dann nicht hat, wenn das Gericht über besondere forensische Erfahrung verfügt.[117] Ein derartiger Ausnahmefall, der

---

111 LG Darmstadt StV 2007, 227 für den einzigen Belastungszeugen.
112 BGH NStZ 1995, 244.
113 BGH NStZ 1998, 97; BGHSt 40, 3.
114 BGH NJW 2008, 3446.
115 BGH NJW 2005, 1671.
116 Ausführlich zum Glaubwürdigkeitsgutachten und zur Realkennzeichenanalyse vgl. oben § 5 Rn 77.
117 BVerfG NJW 2003, 1443; BGH NStZ 2001, 105; BGHSt 45, 164.

die Einholung eines Glaubwürdigkeitsgutachtens gebietet, kann u.a. gegeben sein, wenn psychische Probleme beim Zeugen bestehen,[118] bei kindlichen Zeugen,[119] wenn die Frage der Auswirkung von Alkohol auf die Erinnerungsfähigkeit des Zeugen zu beurteilen ist,[120] unter Umständen bei wechselndem Aussageverhalten des Zeugen,[121] unter Umständen bei einer Aussage-gegen-Aussage-Situation,[122] bei einem hochgradig medikamentenabhängigen Zeugen[123] oder wenn die Erinnerungsfähigkeit des Zeugen, z.b. durch ein Schädel-Hirn-Trauma, eingeschränkt ist.[124] Der BGH legt in seinen Entscheidungen Altersgrenzen für kindliche Zeugen von 7 bis 13 Jahren[125] bzw. von 5 bis 13 Jahren[126] zu Grunde.

116 Bei der Einholung eines Glaubwürdigkeitsgutachtens ist wegen § 81c StPO die Einwilligung des Zeugen erforderlich.[127] Wird gegen die Belehrungspflicht in Bezug auf die Einwilligung verstoßen, kann dies zu einem Beweisverwertungsverbot führen.[128] Ein Beweisverwertungsverbot besteht allerdings dann nicht (mehr), wenn der Zeuge später in der Hauptverhandlung seine nachträgliche Einwilligung erteilt hat. Stimmt der Zeuge einer Exploration nicht zu, kann der Sachverständige sein Gutachten aus dem Inbegriff der Hauptverhandlung, also aufgrund dessen, was und wie der Zeuge in der Hauptverhandlung bekundet, erstatten.[129]

117 Der Bundesgerichtshof hat bereits 1999 für das Glaubwürdigkeitsgutachten Mindeststandards festgelegt.[130] 2004 hat das Bundesverfassungsgericht diese Mindeststandards für Prognosegutachten betreffend die Sicherungsverwahrung übertragen.[131] Diese müssen aber für alle Prognosegutachten gelten.[132] Sachverständigengutachten müssen demgemäß transparent und nachvollziehbar sein. Dies ergibt sich schon daraus, dass der vom Gericht bestellte Sachverständige nur Gehilfe des Gerichts ist. Das Gericht hat eine eigenständige Beurteilung des Sachver-

---

118 BGH StV 1990, 8; BGH NStZ 1995, 558.
119 BGH NStZ 2001, 105; BGH NStZ 2005, 394.
120 BGH StV 2000, 665.
121 BGH NStZ 1992, 347.
122 BGH StV 1998, 116.
123 BGH NStZ 1991, 47.
124 BGH StV 1994, 634.
125 BGH NStZ 1990, 228.
126 BGH StV 1994, 173.
127 BGHSt 14, 21, 23.
128 BGH NStZ 1996, 275.
129 BGHSt 40, 336.
130 BGH NJW 1999, 2746.
131 BVerfG NJW 2004, 739.
132 *Tondorf*, Rn 201.

ständigenbeweises auf Grundlage der vom Sachverständigen festgestellten Befundtatsachen vorzunehmen. Dazu müssen dem Gericht – und damit auch den übrigen Prozessbeteiligten – die Beurteilungsgrundlagen und Schlussfolgerungsregeln und die diesen zugrunde liegenden wissenschaftlichen Forschungsergebnisse vollständig, verständlich und nachprüfbar mitgeteilt werden.[133] Auch aus dem verfassungsrechtlich verbürgten Grundsatz auf rechtliches Gehör lässt sich das Transparenz- und Nachvollziehbarkeitsgebot herleiten. Rechtliches Gehör kann nur sinnvoll wahrgenommen werden, wenn das Gutachten überprüfbar ist.

▼

Muster 8.9: Beweisantrag auf Vernehmung eines Zeugen **118**

An das

Amtsgericht/Landgericht �

In dem Strafverfahren

gegen ▒

AZ: ▒

wird zum Beweis der Tatsache, dass ▒, beantragt, Herrn ▒ als Zeugen zu vernehmen.

Begründung:

Der Zeuge wird bekunden, dass der Angeklagte am ▒ am Tatort war und den Nebenkläger in sein Auto gezerrt hat. ▒

Rechtsanwalt

▲

▼

Muster 8.10: Beweisantrag auf Inaugenscheinnahme **119**

Beweisantrag auf Inaugenscheinnahme

An das

Amtsgericht/Landgericht ▒

In dem Strafverfahren

gegen ▒

---

133 *Boetticher*, S. 8, 11.

wird zum Beweis der Tatsache, dass der Angeklagte den Nebenkläger überfallen und mehrfach geschlagen hat, beantragt, beigefügtes Videoband der Überwachungskamera von ▨▨▨ in Augenschein zu nehmen.

Begründung:

Die Tat des Angeklagten zum Nachteil des Nebenklägers wurde von der Überwachungskamera des ▨▨▨ aufgenommen. Auf der Videoaufnahme ist eindeutig der Angeklagte als Täter zu erkennen.

Rechtsanwalt

120 **Muster 8.11: Beweisantrag auf Verlesung einer Urkunde**

Beweisantrag auf Verlesung einer Urkunde

An das

Amtsgericht/Landgericht ▨▨▨

In dem Strafverfahren

gegen ▨▨▨

wird zum Beweis der Tatsache, dass die Nebenklägerin seit der Tat unter einer schweren posttraumatischen Belastungsstörung leidet, beantragt, das als Anlage beigefügten Attest des Dr. ▨▨▨ im Wege des Urkundenbeweises zu verlesen.

Begründung:

Die Nebenklägerin befindet sich bei Dr. ▨▨▨ seit dem ▨▨▨ in Behandlung. Dieser hat bei der Nebenklägerin eine schwere posttraumatische Belastungsstörung als Tatfolge festgestellt.

Rechtsanwalt

IV. Selbstladungsrecht

121 Dem Nebenkläger steht auch das Recht zu, selbst Zeugen und Sachverständige nach §§ 220, 245 StPO zu laden.[134]

---

134 *Meyer-Goßner*, § 397 Rn 10.

§ 220 StPO Ladung durch den Angeklagten

(1) Lehnt der Vorsitzende den Antrag auf Ladung einer Person ab, so kann der Angeklagte sie unmittelbar laden lassen. Hierzu ist er auch ohne vorgängigen Antrag befugt.

(2) Eine unmittelbar geladene Person ist nur dann zum Erscheinen verpflichtet, wenn ihr bei der Ladung die gesetzliche Entschädigung für Reisekosten und Versäumnis bar dargeboten oder deren Hinterlegung bei der Geschäftsstelle nachgewiesen wird.

(3) Ergibt sich in der Hauptverhandlung, dass die Vernehmung einer unmittelbar geladenen Person zur Aufklärung der Sache dienlich war, so hat das Gericht auf Antrag anzuordnen, dass ihr die gesetzliche Entschädigung aus der Staatskasse zu gewähren ist.

§ 245 StPO Umfang der Beweisaufnahme

(1) Die Beweisaufnahme ist auf alle vom Gericht vorgeladenen und auch erschienenen Zeugen und Sachverständigen sowie auf die sonstigen nach § 214 Abs. 4 vom Gericht oder der Staatsanwaltschaft herbeigeschafften Beweismittel zu erstrecken, es sei denn, dass die Beweiserhebung unzulässig ist. Von der Erhebung einzelner Beweise kann abgesehen werden, wenn die Staatsanwaltschaft, der Verteidiger und der Angeklagte damit einverstanden sind.

(2) Zu einer Erstreckung der Beweisaufnahme auf die vom Angeklagten oder der Staatsanwaltschaft vorgeladenen und auch erschienenen Zeugen und Sachverständigen sowie auf die sonstigen herbeigeschafften Beweismittel ist das Gericht nur verpflichtet, wenn ein Beweisantrag gestellt wird. Der Antrag ist abzulehnen, wenn die Beweiserhebung unzulässig ist. Im Übrigen darf er nur abgelehnt werden, wenn die Tatsache, die bewiesen werden soll, schon erwiesen oder offenkundig ist, wenn zwischen ihr und dem Gegenstand der Urteilsfindung kein Zusammenhang besteht, wenn das Beweismittel völlig ungeeignet ist oder wenn der Antrag zum Zwecke der Prozessverschleppung gestellt ist.

122 Das Selbstladungsrecht hat allerdings durch das Strafverfahrensänderungsgesetz vom 5.10.1978 an Bedeutung verloren, da der Nebenklägervertreter nunmehr in der Hauptverhandlung einen Beweisantrag auf Vernehmung eines präsenten Zeugen stellen kann, der nur unter den Voraussetzungen des § 245 Abs. 2 StPO zurückgewiesen werden kann, ohne dass das Gericht hierbei die Ablehnung der Vernehmung des präsenten Beweismittels auf die Ablehnungsgründe nach § 244 Abs. 3 bis 5 StPO stützen könnte. Eine praktische Bedeutung hat das Selbstladungsrecht aber immer noch bei der Beantragung der Vernehmung eines weiteren Sachverständigen. Eine Ablehnung kommt hier nur mit der Begründung in Betracht, der präsente Sachverständige sei völlig ungeeignet.

123 Im Rahmen der Selbstladung von Zeugen und auch Sachverständigen sind die Ablehnungsgründe des § 244 Abs. 3 bis 5 StPO nicht anwendbar, so dass insbesondere der selbstgeladene Sachverständige nicht abgelehnt werden kann, weil das Gegenteil erwiesen sei (§ 244 Abs. 4 Satz 2 StPO) oder das Gericht über eigene Sachkunde verfügt (§ 244 Abs. 4 Satz 1 StPO). Im Rahmen der Selbstladung von Zeugen liegt der Vorteil meistens darin, dass das Gericht die Zeugenvernehmung nicht dadurch unterbinden kann, dass sie den Beweisantrag wegen Bedeutungslosigkeit i.S.d. § 244 Abs. 3 Satz 2 StPO ablehnt, da § 244 StPO für das Selbstladungsrecht nicht gilt und § 245 StPO eine dementsprechende Regelung nicht vorsieht.

124 Das Selbstladungsverfahren stellt ein förmliches Verfahren dar, so dass die hierfür erforderlichen Voraussetzungen zwingend einzuhalten sind. Die Zustellung der Ladung erfolgt regelmäßig durch den Gerichtsvollzieher (§ 38 StPO). Hierfür ist üblicherweise der Gerichtsvollzieher am Wohnort des Zeugen zu beauftragen. In der Ladung braucht der Nebenkläger das Beweisthema nicht anzugeben. Der Nebenkläger hat zudem den Nachweis einer ordnungsgemäßen Ladung zu erbringen, da dies Voraussetzung des Selbstladungsrechtes ist.[135] Behauptet der Nebenkläger die ordnungsgemäße Ladung des Zeugen, besteht für das Gericht insoweit eine Aufklärungspflicht.

125 Für den geladenen Zeugen besteht eine Erscheinungspflicht, wenn bei der Ladung die gesetzliche Aufwandsentschädigung in bar erbracht wurde oder ihre Hinterlegung nachgewiesen ist (§§ 48, 77, 220 Abs. 2 StPO). Die voraussichtliche Höhe bestimmt sich nach den Vorschriften des JVEG. Sollte der Zeuge trotz ordnungsgemäßer Ladung und Erbringung der Aufwandsentschädigung nicht erscheinen, sind Zwangsmaßnahmen durch das Gericht statthaft, wenn bei der Ladung darauf hingewiesen wurde (§§ 51, 57, 58 StPO). Letztendlich muss der Nebenkläger den von ihm selbst geladenen Zeugen rechtzeitig namhaft machen (§ 222 Abs. 2 StPO), da ansonsten die Staatsanwaltschaft berechtigt ist, einen Aussetzungsantrag nach § 246 Abs. 2 StPO zu stellen. Die verspätete Namhaftmachung hat darüber hinaus auf die Anwendbarkeit des § 245 StPO und damit für die Wirksamkeit der Selbstladung keinerlei Auswirkungen.

126 Wird der selbstgeladene Zeuge sodann vom Gericht vernommen, entsteht für diesen ein Entschädigungsanspruch gegen die Staatskasse nach § 220 Abs. 3 StPO, wenn seine Vernehmung sachdienlich war. Sachdienlichkeit dürfte immer dann anzunehmen sein, wenn seine Zeugenaussage in die Beweiswürdigung des Gerichts eingeflossen ist. Nach der derzeitigen herrschenden Meinung erlischt aber der Entschädigungsanspruch des Zeugen gegen die Staatskasse dann, wenn der Zeuge bereits vom Angeklagten voll (in bar) entschädigt wurde.[136] Dagegen soll nach Stimmen in der Literatur bei Hinterlegung der Anspruch gegen die Staatskasse nicht

---

135 BGH NJW 1992, 836.
136 OLG Düsseldorf StV 1994, 492.

erlöschen.[137] Da im Falle der Erbringung der Aufwandsentschädigung in bar der Entschädigungsanspruch des Zeugen gegen die Staatskasse erlischt, bei Hinterlegung jedoch nur nach strittiger Meinung, sollte derzeit von der Möglichkeit der Hinterlegung des Entschädigungsbetrages immer Gebrauch gemacht werden, da insofern doch zumindest die Möglichkeit besteht, dass der Entschädigungsanspruch des Zeugen gegen die Staatskasse nicht erlischt.

V. Ablehnungsrecht

Wie sich ferner aus § 397 Abs. 1 Satz 2 StPO ergibt, steht dem Nebenkläger das Recht zu, einen Richter oder Sachverständigen abzulehnen. **127**

Ein Richter kann nach § 24 StPO abgelehnt werden, wenn er kraft Gesetzes nach § 22 StPO ausgeschlossen ist oder die Befürchtung der Befangenheit besteht. Nach § 31 StPO gilt dies auch für die Schöffen und Urkundsbeamte. § 74 StPO verweist für die Ablehnung von Sachverständigen auf die Vorschriften über die Richterablehnung, allerdings mit der Maßgabe, dass die enge zeitliche Grenze für die Richterablehnung hier nicht gilt. **128**

§ 24 StPO Ablehnung eines Richters

(1) Ein Richter kann sowohl in den Fällen, in denen er von der Ausübung des Richteramtes kraft Gesetzes ausgeschlossen ist, als auch wegen Besorgnis der Befangenheit abgelehnt werden.

(2) Wegen Besorgnis der Befangenheit findet die Ablehnung statt, wenn ein Grund vorliegt, der geeignet ist, Misstrauen gegen die Unparteilichkeit eines Richters zu rechtfertigen.

(3) Das Ablehnungsrecht steht der Staatsanwaltschaft, dem Privatkläger und dem Beschuldigten zu. Den zur Ablehnung Berechtigten sind auf Verlangen die zur Mitwirkung bei der Entscheidung berufenen Gerichtspersonen namhaft zu machen.

§ 22 StPO Ausschließung eines Richters

Ein Richter ist von der Ausübung des Richteramtes kraft Gesetzes ausgeschlossen,
1. wenn er selbst durch die Straftat verletzt ist;
2. wenn er Ehegatte, Lebenspartner, Vormund oder Betreuer des Beschuldigten oder des Verletzten ist oder gewesen ist;
3. wenn er mit dem Beschuldigten oder mit dem Verletzten in gerader Linie verwandt oder verschwägert, in der Seitenlinie bis zum dritten Grad verwandt oder bis zum zweiten Grad verschwägert ist oder war;
4. wenn er in der Sache als Beamter der Staatsanwaltschaft, als Polizeibeamter, als Anwalt des Verletzten oder als Verteidiger tätig gewesen ist;
5. wenn er in der Sache als Zeuge oder Sachverständiger vernommen ist.

---

137   KK-*Tolksdorf*, § 220 Rn 15.

129 Nach § 22 StPO bestimmt sich, wann ein Richter kraft Gesetzes ausgeschlossen ist und abgelehnt werden kann. Es handelt sich bei § 22 StPO um eine eng auszulegende Vorschrift,[138] in der die Ausschließungsgründe abschließend aufgezählt sind.[139]

130 Nach § 22 Nr. 1 StPO ist ein Richter ausgeschlossen, wenn er Verletzter der Straftat ist; nach Nr. 2, wenn er Ehegatte, Lebenspartner, Vormund oder Betreuer des Beschuldigten oder Verletzten ist oder gewesen ist; nach Nr. 3, wenn er mit dem Beschuldigten oder mit dem Verletzten in gerader Linie verwandt oder verschwägert ist, in der Seitenlinie bis zum dritten Grad verwandt oder bis zum zweiten Grad verschwägert ist oder war; nach Nr. 4, wenn er in der Sache als Beamter der Staatsanwaltschaft, als Polizeibeamter, als Anwalt des Verletzten oder als Verteidiger tätig gewesen ist und nach Nr. 5, wenn er in der Sache als Zeuge oder Sachverständiger vernommen ist. Der Ausschließungsgrund des § 22 Nr. 5 StPO liegt aber nicht schon dann vor, wenn die Verteidigung in der Hauptverhandlung die Vernehmung des erkennenden Richters als Zeugen beantragt, dieser darauf im Rahmen einer dienstlichen Erklärung erklärt, er könne zur behaupteten Beweistatsache keine Angaben machen.[140] Der Richter ist dann noch nicht als Zeuge i.S.d. § 22 Nr. 5 StPO vernommen. Insofern kann die Nebenklage diesen nicht, über einen lediglich „taktischen" Beweisantrag auf Vernehmung eines erkennenden Richters, aus dem Verfahren drängen.

131 Darüber hinaus kann ein Richter nach § 24 Abs. 1 StPO wegen der Besorgnis der Befangenheit abgelehnt werden.

132 Insbesondere bei bestimmten Äußerungen des Vorsitzenden oder bei absolut prozessordnungswidrigem Verhalten des Vorsitzenden, also bei einem massiven Verstoß gegen einen fundamentalen Grundsatz des Strafverfahrens,[141] besteht das Bedürfnis, den vorsitzenden Richter bzw. die Richter wegen Besorgnis der Befangenheit abzulehnen.

133 Stellt der Nebenklägervertreter das Vorliegen eines möglichen Ablehnungsgrundes fest, sollte er umgehend die Unterbrechung der Hauptverhandlung beantragen, damit ein möglicher Ablehnungsgrund und damit der Befangenheitsantrag mit dem Nebenkläger besprochen werden kann. Schließlich lehnt der Rechtsanwalt im Namen des Nebenklägers den Richter bzw. die Gerichtsperson(en) ab.

---

138 BVerfGE 46, 34, 38.
139 BGHSt 44, 4, 7.
140 BGHSt 44, 4.
141 BGH StV 1985, 2 f.

Der Befangenheitsantrag ist bei dem Gericht zu stellen, das, bzw. dessen Richter abgelehnt werden sollen.[142] Der Nebenkläger ist hierbei nicht verpflichtet, den Befangenheitsantrag in einer bestimmten Form zu stellen. Dies obliegt alleine seiner freien Entscheidung.[143] Außerhalb der Hauptverhandlung kann der Befangenheitsantrag schriftlich oder zu Protokoll der Geschäftsstelle gestellt werden. In der Hauptverhandlung kann er schriftlich oder mündlich gestellt werden.[144] Der Antrag ist immer im Namen des Nebenklägers zu stellen. Es sind im Rahmen des Antrages immer die Gründe aufzuführen, die bei einem verständigen Nebenkläger (und nicht beim Rechtsanwalt) die Besorgnis der Befangenheit begründen. Wird nicht nur ein einzelner Richter abgelehnt, der selbstverständlich namentlich genau zu bezeichnen ist, sondern mehrere Teile eines Kollegialgerichts oder das gesamte Kollegialgericht, sind sämtliche Richter (Berufs- und Laienrichter) ebenfalls namentlich zu bezeichnen.

134

Der Nebenkläger muss von seinem anwaltlichen Vertreter darauf hingewiesen werden, dass ein möglicher Befangenheitsgrund nicht fortwährt. Die StPO sieht enge zeitliche Grenzen zur Stellung eines Befangenheitsantrages vor. Zwar kann ein kraft Gesetzes ausgeschlossener Richter ohne zeitliche Schranken abgelehnt werden. Ansonsten ist aber für die Ablehnung wegen Besorgnis der Befangenheit § 25 StPO zu beachten. Bei einem bereits vor Beginn der Hauptverhandlung bekannten Ablehnungsgrund ist im erstinstanzlichen Verfahren der Zeitpunkt des § 243 Abs. 2 Satz 2 StPO – Vernehmung des ersten Angeklagten über seine persönlichen Verhältnisse – als letzter möglicher Zeitpunkt der Stellung des Befangenheitsantrages zu beachten, im Berufungs- und Revisionsverfahren der Beginn des Vortrags des Berichterstatters nach §§ 324 Abs. 1, 351 Abs. 1 StPO. Für im Laufe der Hauptverhandlung eintretende oder später bekannt werdende Befangenheitsgründe bestimmt § 25 Abs. 2 StPO, dass die Ablehnung unverzüglich erfolgen muss. Alle bis zum Zeitpunkt der Stellung des Ablehnungsantrages bekannten Ablehnungsgründe sind nach § 25 Abs. 1 Satz 2 StPO gleichzeitig vorzubringen. Ein Nachschieben von Ablehnungsgründen ist daher unzulässig.

135

Bei neu bekannt werdenden Ablehnungsgründen kommt es maßgeblich darauf an, wann der Nebenkläger selbst, nicht aber der Rechtsanwalt, hiervon Kenntnis erlangt. Unverzüglich ist i.S.d. § 121 BGB als „ohne schuldhaftes Zögern" zu verstehen. Es werden von der Rechtsprechung sehr enge Maßstäbe angelegt.[145] Trotz

136

142 RGSt 19, 333, 336.
143 BGH StV 2005, 531.
144 *Meyer-Goßner*, § 26 Rn 2.
145 BGHSt 21, 334, 339, 344 f.

dieser engen Maßstäbe ist dem Nebenkläger eine ausreichende Überlegungsfrist einzuräumen, in der er eine Besprechung mit seinem Rechtsanwalt führen und der Befangenheitsantrag abgefasst werden kann.[146] Auch muss der Nebenkläger nicht auf die Unterbrechung einer laufenden Beweiserhebung hinwirken, wenn sich dort der Befangenheitsgrund ergeben hat. Er kann zunächst die Beendigung der Zeugenvernehmung abwarten.[147] Des Weiteren muss ein Befangenheitsantrag nicht am Wochenende, an dem kein anwaltlicher Bürobetrieb stattfindet, abgefasst werden.[148]

137 Neben der rechtzeitigen Anbringung des Befangenheitsantrages ist der Befangenheitsgrund glaubhaft zu machen. Hierzu können eidesstattliche Versicherungen von Zeugen, die anwaltliche Versicherung des Rechtsanwaltes[149] und die dienstliche Äußerung der abgelehnten Gerichtsperson herangezogen werden. Teilt der anwaltliche Nebenklägervertreter im Befangenheitsantrag schon seine eigenen Wahrnehmungen mit, bedarf es keiner zusätzlichen Glaubhaftmachung durch eine anwaltliche Versicherung.[150] Die abgelehnte Gerichtsperson hat gemäß § 26 Abs. 3 StPO eine Erklärung abzugeben. Die Bezugnahme auf diese abzugebende Erklärung der abgelehnten Gerichtsperson(en) reicht regelmäßig zur Glaubhaftmachung aus, wenn sich der die Befangenheit begründende Sachverhalt in der Hauptverhandlung ereignet hat. Im Rahmen der Glaubhaftmachung ist eine Zeugenbenennung grundsätzlich unzulässig. Ausnahmsweise kann eine Zeugenbenennung zulässig sein, wenn der Zeuge nicht unverzüglich erreicht werden kann oder sich weigert, eine eidesstattliche Versicherung abzugeben.[151]

138 Im Befangenheitsantrag sollte der Nebenkläger zugleich die Namhaftmachung der zur Mitwirkung bei der Entscheidung über den Befangenheitsantrag berufenen Gerichtspersonen nach § 24 Abs. 3 Satz 2 StPO verlangen. Nur so ist es ihm möglich zu prüfen, ob bzgl. dieser Personen auch Ablehnungsgründe vorliegen oder ob diese überhaupt zur Entscheidung über den Befangenheitsantrag berufen sind.

139 Außerdem sollte der Nebenkläger, im Rahmen des Befangenheitsantrages, noch beantragen, ihm die vom abgelehnten Richter zu fertigende dienstliche Äußerung vor der Entscheidung über das Ablehnungsgesuch zugänglich zu machen und ihm eine angemessene Frist zur Stellungnahme zu geben. Der Nebenkläger hat einen

---

146 BGH NStZ 1992, 290.
147 BGH NStZ 1996, 47.
148 OLG Düsseldorf NJW 1992, 2243.
149 OLG Köln NJW 1964, 1038.
150 BGH NStZ 2007, 161.
151 BGHSt 21, 334, 337.

Anspruch auf Überlassung der dienstlichen Äußerung der/des abgelehnten Richter(s) und auf Stellungnahme.[152] Erhält der Nebenkläger die dienstliche Äußerung der/des abgelehnten Richter(s) nicht oder ohne die Möglichkeit zur Stellungnahme, ist unverzüglich nach Bekanntgabe des den Befangenheitsantrag ablehnenden Beschlusses der Befangenheitsantrag zu wiederholen. Die Überlassung der dienstlichen Erklärung, mit der Möglichkeit zur Stellungnahme, ist auch dann erforderlich, wenn der abgelehnte Richter erklärt, er fühle sich nicht befangen.[153] Darüber hinaus ist die dem anwaltlichen Vertreter des Nebenklägers überlassene dienstliche Äußerung des abgelehnten Richters sorgfältig zu prüfen, da diese unter Umständen einen neuen Ablehnungsantrag begründen kann, der möglicherweise den Verdacht mangelnder Sorgfalt rechtfertigt. Letzteres gilt auch, wenn sich der abgelehnte Richter gänzlich weigert, eine dienstliche Äußerung abzugeben.[154]

Wurde ein Richter wegen der Besorgnis der Befangenheit abgelehnt und ist über das Ablehnungsgesuch noch nicht entschieden, darf der Richter gemäß § 29 Abs. 1 StPO nur noch unaufschiebbare Handlungen vornehmen. Hier ist insbesondere an einen drohenden Beweisverlust oder an einen Fristablauf zu denken.[155] Ein Beweisverlust droht beispielsweise dann, wenn ein Zeuge todkrank ist; nicht allerdings schon dann, wenn der Zeuge eine weite Anreise hat.[156] Weiter ist noch anzumerken, dass nach § 29 Abs. 2 Satz 1 StPO für den Fall, dass der Befangenheitsantrag innerhalb der Hauptverhandlung gestellt wird, die Hauptverhandlung nicht sofort unterbrochen werden muss, sondern solange fortgeführt werden darf, bis die Entscheidung über das Ablehnungsgesuch, ohne eine Verzögerung der Hauptverhandlung, getroffen werden kann. Hiermit soll dem entgegengewirkt werden, dass das Befangenheitsrecht missbraucht wird, um eine Unterbrechung der Hauptverhandlung zu erreichen.[157] Dies ermöglicht dem Gericht, die Entscheidung über den Befangenheitsantrag noch eine gewisse Zeit zurückzustellen. Nach § 29 Abs. 2 Satz 2 Hs. 2 StPO ist aber eine Entscheidung über die Ablehnung spätestens bis zum Beginn des übernächsten Verhandlungstages bzw. stets vor Beginn der Schlussvorträge zu treffen. Entscheidet der Vorsitzende, nach einem Befangenheitsantrag, dass die Hauptverhandlung zunächst fortgesetzt und das Ablehnungsgesuch zurückgestellt wird, muss der Verteidiger diese Vorgehensweise nach § 238 StPO beanstanden und ggf. einen Gerichtsbeschluss herbeiführen. Die Herbeifüh-

140

---

152   BGH NStZ 1983, 354.
153   OLG Hamm StV 1996, 11.
154   OLG Frankfurt MDR 1978, 409; BGHSt 21, 85.
155   KK-*Pfeiffer*, § 29 Rn 3.
156   BGH NStZ 2002, 429.
157   KK-*Pfeiffer*, § 29 Rn 6.

rung eines Gerichtsbeschlusses ist auch Voraussetzung, wenn später hierauf eine Revision gestützt werden soll.[158]

▼

141   Muster 8.12: Befangenheitsantrag gegen Richter

An das

Amtsgericht/Landgericht

In dem Strafverfahren

gegen

AZ:

lehnt der Nebenkläger den Richter   am Amtsgericht/Landgericht   wegen Besorgnis der Befangenheit ab.

Begründung:

Der abgelehnte Richter hat danach derart massiv gegen das Strafverfahrensrecht verstoßen, dass bei verständiger Würdigung der Sache beim Angeklagten der Eindruck erweckt wird, der abgelehnte Richter nehme ihm gegenüber eine innere Haltung ein, die dessen Unparteilichkeit und Unvoreingenommenheit störend beeinflussen werde. Dies begründet nach der Rechtsprechung die Besorgnis der Befangenheit (BGH wistra 1985, 27).

Abschließend sei darauf hingewiesen, dass ein Misstrauen in die Unparteilichkeit des abgelehnten Richters bereits dann gerechtfertigt ist, wenn der Nebenkläger bei verständiger Würdigung des Sachverhaltes Grund zu der Annahme hat, dass der abgelehnte Richter ihm gegenüber eine innere Haltung eingenommen hat, die seine Unparteilichkeit und Unvoreingenommenheit störend beeinflussen können (BVerfGE 32, 288, 290; BGHSt 24, 336, 338; BGH StV 1988, 417).

Es kommt hierbei nicht darauf an, ob der abgelehnte Richter tatsächlich parteiisch oder befangen ist (BVerfGE 20, 9, 14). Genauso wenig kommt es darauf an, ob sich der abgelehnte Richter für befangen hält oder nicht (BVerfGE 32, 288, 290).

Zur Glaubhaftmachung wird Bezug genommen auf die abzugebende dienstliche Äußerung des abgelehnten Richters, sowie das Sitzungsprotokoll.

Es wird beantragt, meinem Mandanten die abzugebende dienstliche Äußerung vor Entscheidung über den Ablehnungsantrag zugänglich zu machen sowie die zur

---

158   BGH NStZ 2002, 429.

Entscheidung berufenen Gerichtspersonen namhaft zu machen und ihm Gelegenheit zur Stellungnahme zu geben.

Rechtsanwalt

Nach § 74 Abs. 1 Satz 1 StPO kann ein Sachverständiger aus den gleichen Gründen wie ein Richter abgelehnt werden. **142**

Eine Ablehnung des Sachverständigen nach § 74 Abs. 1 Satz 2 StPO ist allerdings nicht möglich, nur weil der Sachverständige bereits als Zeuge vernommen worden ist. Bei Befangenheitsgründen gegen einen Sachverständigen ist zwischen zwingenden und sonstigen Gründen zu unterscheiden. Zwingende Befangenheitsgründe führen dazu, dass dem Ablehnungsgesuch ohne weitere Prüfung stattzugeben ist. Bei den sonstigen Ablehnungsgründen ist, ähnlich wie bei einem Ablehnungsantrag gegen einen Richter, im Wege einer Einzelfallentscheidung zu prüfen, ob tatsächlich eine Befangenheit des Sachverständigen zu besorgen ist. **143**

Unter die zwingenden Befangenheitsgründe eines Sachverständigen fallen insbesondere Gründe, bei denen auch ein Richter nach §§ 22, 23 StPO vom Verfahren ausgeschlossen wäre. Hier ist besonders auf § 22 Nr. 4 StPO hinzuweisen, wonach die vorherige Tätigkeit des Sachverständigen als Polizeibeamter im konkreten Verfahren gegen den Angeklagten, die Befangenheit des Sachverständigen begründet.[159] **144**

Ein sonstiger Ablehnungsgrund gegen einen Sachverständigen liegt vor, wenn bei einem verständigen Dritten Misstrauen gegen die Unparteilichkeit des Sachverständigen, ähnlich wie bei einem Richter, gegenüber dem Nebenkläger zu befürchten ist. **145**

Da nach § 74 Abs. 2 Satz 1 StPO nur der Nebenkläger ablehnungsberichtigt ist, hat der Nebenklagevertreter den Ablehnungsantrag immer namens und in Vollmacht des Nebenklägers zu stellen.[160] Der Ablehnungsantrag muss zwingend in der Hauptverhandlung gestellt werden. Wurde er vor bzw. außerhalb der Hauptverhandlung gestellt, ist er in der Hauptverhandlung zu wiederholen.[161] Wird ein vor der Hauptverhandlung gestellter Ablehnungsantrag gegen einen Sachverständigen in der Hauptverhandlung nicht wiederholt, kann hierauf die Revision nicht gestützt **146**

---

159 BGHSt 18, 214, 216; BGH NJW 1958, 1308.
160 OLG Hamm NJW 1951, 731.
161 OLG Hamm VRS 39, 217.

werden.[162] Wie bei der Ablehnung eines Richters ist der Sachverständige namhaft zu machen. Der die Befangenheit begründende Sachverhalt ist glaubhaft zu machen, insofern ergeben sich auch hier keine Besonderheiten zu einer Ablehnung eines Richters.

147 Nach einer erfolgreichen Ablehnung des Sachverständigen darf dieser nicht weiter als Sachverständiger vernommen werden. Ein durch ihn bereits erstattetes Gutachten ist nicht mehr verwertbar[163] und es ist danach auch nicht mehr möglich, den Sachverständigen nunmehr als sachverständigen Zeugen zu vernehmen.[164] Zulässig ist es allerdings, ihn als Zeugen über Tatsachen zu vernehmen, die dieser selbst wahrgenommen hat. Dies gilt auch für die von ihm recherchierten Befundtatsachen.[165]

148 Die Ablehnung eines Sachverständigen kann, anders als die Ablehnung eines Richters, noch bis zum Ende der Beweisaufnahme erfolgen, ist daher nicht an enge zeitliche Voraussetzungen geknüpft. Es ist daher regelmäßig zu empfehlen, sich das Sachverständigengutachten ganz anzuhören, um so die Frage der Ablehnung vom Ergebnis des Gutachtens abhängig zu machen.

▼

149 **Muster 8.13: Befangenheitsantrag gegen Sachverständige**

An das

Amtsgericht/Landgericht

In dem Strafverfahren

gegen ▨

AZ: ▨

wird der Sachverständige ▨ namens und in Vollmacht des Nebenklägers wegen Besorgnis der Befangenheit abgelehnt.

Begründung:

Rechtsanwalt

▲

---

162 BGH StV 2002, 350.
163 OLG Düsseldorf MDR 1984, 71.
164 BGHSt 20, 222.
165 BGHSt 20, 222.

VI. Fragerecht

Auch steht dem Nebenkläger nach § 397 Abs. 1 Satz 3 StPO das Recht zu, Zeugen nach § 240 Abs. 2 StPO zu befragen. **150**

§ 240 StPO Fragerecht

(1) Der Vorsitzende hat den beisitzenden Richtern auf Verlangen zu gestatten, Fragen an den Angeklagten, die Zeugen und die Sachverständigen zu stellen.

(2) Dasselbe hat der Vorsitzende der Staatsanwaltschaft, dem Angeklagten und dem Verteidiger sowie den Schöffen zu gestatten. Die unmittelbare Befragung eines Angeklagten durch einen Mitangeklagten ist unzulässig.

Den Zeitpunkt, wann der Nebenkläger neben den anderen Prozessbeteiligten mit seinem Fragerecht an der Reihe ist, bestimmt der Vorsitzende im Rahmen seiner Verhandlungsleitung.[166]

Im Rahmen der Ausübung des Fragerechts ist es auch gestattet, kurze Vorhalte,[167] z.B. aus Aussagen anderer Zeugen oder von früheren Aussagen des Befragten, zu machen.

Hat der Vorsitzende dem Nebenkläger das Fragerecht erteilt, steht diesem ein ununterbrochenes Fragerecht zu. Der Vorsitzende darf aber nicht das Fragerecht wieder an sich ziehen, es sei denn, er macht von seinem Beanstandungsrecht nach § 241 Abs. 2 StPO Gebrauch.[168] Dem Vorsitzenden ist es daher auch verwehrt, Zwischenfragen zu stellen. Versucht der Vorsitzende das Fragerecht wieder an sich zu ziehen, nachdem der Nebenklagevertreter neue, bisher unentdeckte Aspekte aufgedeckt hat, ist der Vorsitzende höflich darauf hinzuweisen, dass auch der Nebenklage ein ununterbrochenes Fragerecht zusteht. **151**

Gemäß § 241 Abs. 2 StPO können ungeeignete und nicht zur Sache gehörige Fragen als unzulässig beanstandet werden. Was unzulässig ist, ist eng auszulegen. Aufgrund der eindeutigen Regelung des § 241 Abs. 2 StPO sind aber auch thematisch entfernte Fragen und Wiederholungsfragen zulässig, wenn der Fragesteller eine weitere Nuance abfragt. Nicht zur Sache gehörig sind Fragen, die sich nicht einmal mittelbar auf die zur Aburteilung stehende Tat und ihre Rechtsfolgen beziehen. Es kann sich hierbei beispielsweise um Fragen handeln, die einem außerhalb des Strafverfahrens liegenden Zweck dienen oder die dem Zeugen Unannehmlichkeiten bereiten sollen. Zur Sache gehören aber Fragen, die die Erinnerungsfähig- **152**

---

166   BGHSt 16, 67, 70.
167   KK-*Tolksdorf*, § 240 Rn 5.
168   OLG Hamm StV 1993, 462.

keit des Zeugen überprüfen sollen oder mit denen die Glaubwürdigkeit des Zeugen überprüft werden soll. Ungeeignet sind Fragen, die in tatsächlicher Hinsicht nichts zur Wahrheitsfindung beitragen können oder aus rechtlichen Gründen nicht gestellt werden dürfen. Hier ist insbesondere die Frage an einen Zeugen hervorzuheben, ob er den Angeklagten wiedererkenne, ohne dass eine ordnungsgemäße Gegenüberstellung vorliegt, oder die Frage an einen Zeugen nach einer Rechtsbeurteilung bzw. nach einem reinen Werturteil.

Eine Suggestivfrage stellt ebenfalls eine ungeeignete Frage i.S.d. § 241 Abs. 2 StPO dar.

153 Stellt ein anderer Verfahrensbeteiligter dem Opfer als Zeugen eine unzulässige Frage, muss der Opferanwalt, sei es als Zeugenbeistand, sei es als Nebenklagevertreter, dies sofort beanstanden.

▼

Muster 8.14: Beanstandung einer Frage eines anderen Prozessbeteiligten

An das Amtsgericht/Landgericht

In dem Strafverfahren

gegen

wird die Frage des ▓▓▓▓ an den Zeugen ▓▓▓▓, ob er den Angeklagten als den Täter wiederkenne, ohne dass der Zeuge eine Auswahlmöglichkeit hatte, als ungeeignet i.S.d. § 241 Abs. 2 1. Alt. StPO beanstandet.

Begründung:

Der Prozessbeteiligte ▓▓▓▓ fragte den Zeugen ▓▓▓▓, ob ▓▓▓▓. Eine diesbezügliche Frage ist daher ungeeignet i.S.d. § 241 Abs. 2 1. Alt. StPO.

Rechtsanwalt

▲

154 Ist der Vorsitzende nach der Beanstandung immer noch der Auffassung, die Frage sei zulässig, ist ein Gerichtsbeschluss nach § 238 Abs. 2 StPO über die Frage der Zulässigkeit der Frage herbeizuführen.

▼

Muster 8.15: Antrag auf Gerichtsbeschluss nach § 238 Abs. 2 StPO bei Beharren des Vorsitzenden auf Zulässigkeit einer durch die Verteidigung beanstandeten Frage

An das Amtsgericht/Landgericht

In dem Strafverfahren

gegen

hatte der Zeugenbeistand des Zeugen ▓▓▓▓ die Verfügung des Vorsitzenden, mit der er die Frage der Verteidigung an den Zeugen ▓▓▓▓, ob dieser ▓▓▓▓, als unzulässig beanstandet. Der Vorsitzende hielt daraufhin an seiner Entscheidung fest und lies die Frage weiter zu.

Es wird daher beantragt, einen Gerichtsbeschluss nach § 238 Abs. 2 StPO über die Zulässigkeit der Frage herbeizuführen.

Begründung:

Die Verteidigung fragte den Zeugen, ob ▓▓▓▓.

Diese Tatsache steht mit dem Tatvorwurf gegen den Angeklagten weder in unmittelbarem noch mittelbarem Zusammenhang. Die Frage gehört damit nicht zur Sache und ist daher gemäß § 241 Abs. 2 2. Alt. StPO unzulässig (vgl. BGHSt 2, 284, 287).

Rechtsanwalt

▲

> *Praxistipp: Zurückweisung von Fragen*
>
> Nur ungeeignete und nicht zur Sache gehörende Fragen können nach § 241 Abs. 2 StPO zurückgewiesen werden. Was unzulässig ist, ist eng auszulegen.
>
> Nicht zur Sache gehörig sind nur solche Fragen, welche noch nicht einmal mittelbar einen Bezug zu der Straftat oder deren Rechtsfolgen haben.

VII. Beanstandungsrecht

Nach § 397 Abs. 1 Satz 3 StPO steht dem Nebenkläger auch das Recht zu, Anordnungen des Vorsitzenden nach § 238 Abs. 2 StPO zu beanstanden. Im Hinblick auf die sog. Widerspruchslösung des BGH besteht sogar die Pflicht, dies zu tun, um sich eventuelle Revisionsrügen zu erhalten. **155**

201

§ 238 StPO Verhandlungsleitung

(1) Die Leitung der Verhandlung, die Vernehmung des Angeklagten und die Aufnahme des Beweises erfolgt durch den Vorsitzenden.

(2) Wird eine auf die Sachleitung bezügliche Anordnung des Vorsitzenden von einer bei der Verhandlung beteiligten Person als unzulässig beanstandet, so entscheidet das Gericht.

Nach der so genannten Widerspruchslösung des BGH[169] wurde es der Verteidigung auferlegt, bei Vorliegen von Verfahrensfehlern diese noch im Erkenntnisverfahren zu beanstanden, um sich später revisionsrechtliche Rügen offen zu halten. Die Widerspruchslösung wurde vom BGH geschaffen, um eine Ausuferung von Revisionen zu verhindern. Begründet wurde die Entscheidung vom Bundesgerichtshof aber – für die Rechtsanwaltschaft sehr schmeichelhaft – damit, dass es Aufgabe des Verteidigers sei, darüber zu befinden, ob die Berufung auf ein Verwertungsverbot einer sinnvollen Verteidigung diene;[170] die von der Verletzung der Beschuldigtenrechte betroffene ursprüngliche Vernehmung könne ja durchaus Entlastendes enthalten. Da das Beanstandungsrecht auch für die Nebenklage gilt, muss auch der Nebenkläger oder sein Vertreter im Sinne der Widerspruchslösung des BGH eine Beanstandung des Vorsitzenden vornehmen und einen Gerichtsbeschluss herbeiführen.

156 Es ist daher im Hinblick auf eine spätere Revision auch noch darauf zu achten, dass der Widerspruch im Protokoll festgehalten wird oder in die Akten gelangt, wenn ein entsprechender schriftlicher Widerspruch überreicht wird. Der Bundesgerichtshof hat zwar in wenigen Entscheidungen[171] den Anwendungsbereich der Widerspruchslösung eingeschränkt, dies ändert aber nichts an der grundlegenden Verpflichtung der Verteidigung, bestimmte Verfahrensfehler des Gerichts zur Erhaltung von Revisionsrügen bereits in der Hauptverhandlung zu beanstanden.

157 Der Widerspruch gegen eine Verfügung des Vorsitzenden nach § 238 Abs. 2 StPO und die damit verbundene Anrufung des gesamten Gerichts, gibt dem Gericht die Möglichkeit, vorliegende Verfahrensfehler hauptverhandlungsintern zu korrigieren. Voraussetzung für eine spätere Revisionsrüge ist somit die Erschöpfung des „hauptverhandlungsinternen Rechtsweges".

158 Da ein unterbliebener Widerspruch immer zu einem Rügeverlust im Revisionsverfahren führt, ist zu raten, auch bei bloßen Zweifeln über die Rechtmäßigkeit der

---

169 BGHSt 38, 214.
170 BGHSt 38, 214, 226.
171 BGHSt 38, 260, 261.

Beweiserhebung präventiv Widerspruch zu erheben. Dieser kann dann immer noch später wieder zurückgenommen werden.[172]

Der Widerspruch hat in der Hauptverhandlung in unmittelbarem Zusammenhang mit der Beweiserhebung zu erfolgen und muss spätestens im Rahmen der Erklärungsfrist nach § 257 StPO angebracht werden.[173] Hierbei handelt es sich nur um den letztmöglichen Zeitpunkt, um sich eine Revisionsrüge zu erhalten. **159**

Ein verspätet erhobener Widerspruch oder unterlassener Widerspruch ist nicht mehr nachholbar. Dies gilt auch, wenn der Widerspruch, nach Zurückweisung der Sache, in einer neuen Hauptverhandlung oder im Berufungsverfahren geltend gemacht werden würde.[174] Will der Vorsitzende trotz des Widerspruchs die Beweiserhebung durchführen, ist dessen Vorgehensweise nach § 238 Abs. 2 StPO zu beanstanden und ein Gerichtsbeschluss herbeizuführen, der für die Revision erforderlich ist. **160**

Der Widerspruch ist zwar nicht ausführlich zu begründen, es muss lediglich zum Ausdruck gebracht werden, was beanstandet wird. Dies gilt auch für eine Verhandlung beim Strafrichter, obwohl die Entscheidung des Vorsitzenden und des Gerichts identisch sind. Nach der Rechtsprechung des Bundesgerichtshofs ändert dies trotzdem nichts an dem Widerspruchserfordernis. **161**

Neben dem Widerspruchserfordernis für den Bereich von Verwertungsverboten gibt es noch zahlreiche Beanstandungsobliegenheiten nach § 238 Abs. 2 StPO, die Voraussetzung für eine zulässige Revisionsrüge sind. Der absolute Revisionsgrund des § 338 Nr. 8 StPO setzt voraus, dass die Verteidigung in einem wesentlichen Punkt durch das Gericht unzulässig beschränkt worden ist. Da hier die Beschränkung nicht durch eine Verfügung des Vorsitzenden, sondern nach dem eindeutigen Wortlaut der Vorschrift durch das Gericht erfolgen muss, ist selbstverständlich ein Gerichtsbeschluss nach § 238 Abs. 2 StPO herbeizuführen, um sich den absoluten Revisionsgrund des § 338 Nr. 8 StPO sichern zu können. Der Bundesgerichtshof[175] hat hierzu ausgeführt: **162**

> *„Für Sachleitungsanordnungen, zu denen auch Hinweise und Belehrungen gehören (...), sind dem Vorsitzenden vielfach Freiräume in der Gestaltung eingeräumt; dem entspricht es, dass der Angeklagte, der sich durch solche Anord-*

---

172 BGHSt 42, 15.
173 BGHSt 38, 214, 226.
174 BGHSt 50, 272.
175 BGHSt 42, 77, 78.

nungen in seinen prozessualen Rechten beeinträchtigt fühlt, hierüber zunächst gemäß § 238 Abs. 2 StPO die Entscheidung des erkennenden Gerichts herbeiführen kann und zum Erhalt der Rügebefugnis in der Revision auch herbeiführen muss. Hat sich der Vorsitzende aber über Verfahrensvorschriften hinweggesetzt, die keinerlei Entscheidungsspielraum zulassen, so scheidet eine Präklusion der Verfahrensrüge bei Verzicht auf den in § 238 Abs. 2 StPO vorgesehenen Zwischenrechtsbehelf aus".

163 Hieraus folgt, dass es, wenn der Vorsitzende bei einer sachleitenden Anordnung einen Ermessensspielraum hat, immer erst der Beanstandung und Herbeiführung eines Gerichtsbeschlusses nach § 238 Abs. 2 StPO bedarf, um sich die Revisionsrüge zulässig zu erhalten.[176]

164 Weiter sollte das Gericht in den Fällen angerufen werden, in denen der Vorsitzende, nach Auffassung der Nebenklage, einen Zeugen oder Sachverständigen zu früh entlässt, um z.B. weitere Fragen der Nebenklage an einen Hauptbelastungszeugen, zur Aufdeckung von Widersprüchen, zu unterbinden.[177]

▼

165 **Muster 8.16: Widerspruch**

An das

Amtsgericht/Landgericht

In dem Strafverfahren

gegen

AZ:

wird der Verwertung der Zeugenaussage des Zeugen XY widersprochen und ein Gerichtsbeschluss nach § 238 Abs. 2 StPO beantragt.

Begründung:

Rechtsanwalt

▲

---

176 BGH StV 2007, 59.
177 BGH StV 1996, 248.

VIII. Erklärungsrecht

Auch steht dem Nebenkläger nach § 397 Abs. 1 Satz 3 StPO das Recht zur Abgabe **166** von Erklärungen nach §§ 257, 258 StPO zu.

§ 257 StPO Befragung des Angeklagten, des Staatsanwaltes und des Verteidigers

(1) Nach der Vernehmung eines jeden Mitangeklagten und nach jeder einzelnen Beweiserhebung soll der Angeklagte befragt werden, ob er dazu etwas zu erklären habe.

(2) Auf Verlangen ist auch dem Staatsanwalt und dem Verteidiger nach der Vernehmung des Angeklagten und nach jeder einzelnen Beweiserhebung Gelegenheit zu geben, sich dazu zu erklären.

(3) Die Erklärungen dürfen den Schlussvortrag nicht vorwegnehmen.

§ 258 StPO Schlussvorträge

(1) Nach dem Schluss der Beweisaufnahme erhalten der Staatsanwalt und sodann der Angeklagte zu ihren Ausführungen und Anträgen das Wort.

(2) Dem Staatsanwalt steht das Recht der Erwiderung zu; dem Angeklagten gebührt das letzte Wort.

(3) Der Angeklagte ist, auch wenn ein Verteidiger für ihn gesprochen hat, zu befragen, ob er selbst noch etwas zu seiner Verteidigung anzuführen habe.

Der Nebenkläger kann mit Zustimmung des Vorsitzenden in jeder Prozesssituation **167** eine Erklärung abgeben. Gesetzlich geregelt ist allerdings nur ein Erklärungsrecht in § 397 i.V.m. § 257 StPO, wonach der Nebenkläger lediglich einen Anspruch auf die Abgabe einer Erklärung im Anschluss an eine Beweiserhebung hat. Hierbei handelt es sich um eine gesetzlich vorgesehene, sehr gute Möglichkeit der Nebenklage, direkt auf das gerade erlangte Beweisergebnis zu reagieren. Es können hier z.B. belastende Umstände vorgetragen werden, die sich aus der gerade erfolgten Zeugenvernehmung nicht ergeben haben, Hinweise auf anders lautende, belastende Zeugenaussagen, Widersprüche in der Zeugenaussage, Widersprüche der Zeugenaussage zu früheren Vernehmungen des Zeugen oder anderen Zeugen oder aber Hinweise auf ein anders lautendes Gutachtenergebnis.

Damit kann insbesondere auf Schöffen dahingehend eingewirkt werden, dass sie **168** sich nach der erfolgten Beweiserhebung nicht sofort ein falsches Bild vom Angeklagten oder Nebenkläger machen. Dies ist insofern wichtig, als diese, aufgrund der ihnen nicht zustehenden Vorbereitung des Verfahrens und der fehlenden Aktenkenntnis, keinen Gesamtüberblick über die Aktenlage und sämtliche Beweise haben.

169 Das Erklärungsrecht muss der Nebenklägervertreter kennen. Es ist ihm nur auf Verlangen zu gewähren. Er ist hierüber nicht zu belehren.[178] Das Erklärungsrecht nach § 257 StPO gestattet es dem Nebenkläger oder seinem Vertreter nicht, eine vollständige Würdigung des Verfahrens vorzunehmen. Das Erklärungsrecht bezieht sich immer nur auf die gerade abgeschlossene, vorhergehende Beweiserhebung. Wie sich aus dem Wortlaut des § 257 StPO ergibt, besteht das Erklärungsrecht nach der Beweiserhebung. Die Beweiserhebung muss also nicht für die Abgabe einer Erklärung unterbrochen werden. Inhaltlich muss sich die Erklärung des Nebenklägers direkt auf die gerade abgeschlossene Beweiserhebung beziehen.

IX. Ausschluss der Öffentlichkeit

170 Der Nebenkläger kann den Ausschluss der Öffentlichkeit nach § 171b GVG[179] beantragen.

§ 171b GVG

(1) Die Öffentlichkeit kann ausgeschlossen werden, soweit Umstände aus dem persönlichen Lebensbereich eines Prozessbeteiligten, Zeugen oder eines durch eine rechtswidrige Tat (§ 11 Abs. 1 Nr. 5 des Strafgesetzbuches) Verletzten zur Sprache kommen, deren öffentliche Erörterung schutzwürdige Interessen verletzen würde. Das gilt nicht, soweit das Interesse an der öffentlichen Erörterung dieser Umstände überwiegt. Die besonderen Belastungen, die für Kinder und Jugendliche mit einer öffentlichen Hauptverhandlung verbunden sein können, sind dabei zu berücksichtigen. Entsprechendes gilt bei volljährigen Personen, die als Kinder oder Jugendliche durch die Straftat verletzt worden sind.

(2) Die Öffentlichkeit soll ausgeschlossen werden, soweit in Verfahren wegen Straftaten gegen die sexuelle Selbstbestimmung (§§ 174 bis 184g des Strafgesetzbuchs) oder gegen das Leben (§§ 211 bis 222 des Strafgesetzbuchs), wegen Misshandlung von Schutzbefohlenen (§ 225 des Strafgesetzbuchs) oder wegen Straftaten gegen die persönliche Freiheit nach den §§ 232 bis 233a des Strafgesetzbuchs ein Zeuge unter 18 Jahren vernommen wird. Absatz 1 Satz 3 gilt entsprechend.

(3) Die Öffentlichkeit ist auszuschließen, wenn die Voraussetzungen der Absätze 1 oder 2 vorliegen und der Ausschluss von der Person, deren Lebensbereich betroffen ist, beantragt wird. Für die Schlussanträge in Verfahren wegen der in Absatz 2 genannten Straftaten ist die Öffentlichkeit auszuschließen, ohne dass es eines hierauf gerichteten Antrags bedarf, wenn die Verhandlung unter den Voraussetzungen der Absätze 1 oder 2 oder des § 172 Nummer 4 ganz oder zum Teil unter Ausschluss der Öffentlichkeit stattgefunden hat.

---

178 *Burkhardt*, StV 2004, 390 f.
179 Vgl. oben § 2 Rn 58 ff.

(4) Abweichend von den Absätzen 1 und 2 darf die Öffentlichkeit nicht ausgeschlossen werden, soweit die Personen, deren Lebensbereiche betroffen sind, dem Ausschluss der Öffentlichkeit widersprechen.

(5) Die Entscheidungen nach den Absätzen 1 und 2 sind unanfechtbar.

X. Entfernung des Angeklagten

Der Nebenkläger kann die Entfernung des Angeklagten nach § 247 StPO[180] bean-   **171**
tragen.

§ 247 StPO Entfernung des Angeklagten

Das Gericht kann anordnen, dass sich der Angeklagte während einer Vernehmung aus dem Sitzungszimmer entfernt, wenn zu befürchten ist, ein Mitangeklagter oder ein Zeuge werde bei seiner Vernehmung in Gegenwart des Angeklagten die Wahrheit nicht sagen. Das gleiche gilt, wenn bei der Vernehmung einer Person unter 18 Jahren als Zeuge in Gegenwart des Angeklagten ein erheblicher Nachteil für das Wohl des Zeugen zu befürchten ist oder wenn bei einer Vernehmung einer anderen Person als Zeuge in Gegenwart des Angeklagten die dringende Gefahr eines schwerwiegenden Nachteils für ihre Gesundheit besteht. Die Entfernung des Angeklagten kann für die Dauer von Erörterungen über den Zustand des Angeklagten und die Behandlungsaussichten angeordnet werden, wenn ein erheblicher Nachteil für seine Gesundheit zu befürchten ist. Der Vorsitzende hat den Angeklagten, sobald dieser wieder anwesend ist, von dem wesentlichen Inhalt dessen zu unterrichten, was während seiner Abwesenheit ausgesagt oder sonst verhandelt worden ist.

XI. Videovernehmung

Der Nebenkläger kann die audio-visuelle Zeugenvernehmung nach § 247a StPO[181]   **172**
beantragen.

§ 247a StPO Audiovisuelle Zeugenvernehmung

(1) Besteht die dringende Gefahr eines schwerwiegenden Nachteils für das Wohl des Zeugen, wenn er in Gegenwart der in der Hauptverhandlung Anwesenden vernommen wird, so kann das Gericht anordnen, dass der Zeuge sich während der Vernehmung an einem anderen Ort aufhält; eine solche Anordnung ist auch unter den Voraussetzungen des § 251 Abs. 2 zulässig, soweit dies zur Erforschung der Wahrheit erforderlich ist. Die Entscheidung ist unanfechtbar. Die Aussage wird zeitgleich in Bild und Ton in das Sitzungszimmer übertragen. Sie soll aufgezeichnet werden, wenn zu besorgen ist, dass der Zeuge in einer weiteren Hauptverhandlung nicht vernommen werden kann und die Aufzeichnung zur Erforschung der Wahrheit erforderlich ist. § 58a Abs. 2 findet entsprechende Anwendung.

---

180 Vgl. oben § 2 Rn 50 ff.
181 Vgl. oben § 2 Rn 36 ff.

(2) Das Gericht kann anordnen, dass die Vernehmung eines Sachverständigen in der Weise erfolgt, dass dieser sich an einem anderen Ort als das Gericht aufhält und die Vernehmung zeitgleich in Bild und Ton an den Ort, an dem sich der Sachverständige aufhält, und in das Sitzungszimmer übertragen wird. Dies gilt nicht in den Fällen des § 246a. Die Entscheidung nach Satz 1 ist unanfechtbar.

XII. Plädoyer

173   Dem Nebenkläger steht das Recht nach § 397 Abs. 1 Satz 3 StPO i.V.m. § 258 StPO zu, einen Schlussvortrag zu halten.

§ 258 StPO Schlussvorträge

(1) Nach dem Schluss der Beweisaufnahme erhalten der Staatsanwalt und sodann der Angeklagte zu ihren Ausführungen und Anträgen das Wort.

(2) Dem Staatsanwalt steht das Recht der Erwiderung zu; dem Angeklagten gebührt das letzte Wort.

(3) Der Angeklagte ist, auch wenn ein Verteidiger für ihn gesprochen hat, zu befragen, ob er selbst noch etwas zu seiner Verteidigung anzuführen habe.

174   Der Nebenklagevertreter sollte im Plädoyer noch einmal die Beweisaufnahme zusammenfassen, um wichtige Punkte herauszuheben.

War die Nebenklage im Verfahren bislang untätig, kann der Ausgang des Verfahrens auch durch ein gut gehaltenes Plädoyer nicht mehr verändert werden.

175   Lässt das Gericht die dem Plädoyer der Nebenklage gebührende Aufmerksamkeit nicht zukommen, kann sich der Hinweis anbieten, mit dem Plädoyer erst fortzufahren, wenn das Gericht wieder seine ungeteilte Aufmerksamkeit auf das Plädoyer des Nebenklagevertreters richtet.[182]

176   Nach § 258 Abs. 1 StPO erhalten der Staatsanwalt und sodann der Angeklagte (bzw. dessen Verteidiger) das letzte Wort, wobei diese Reihenfolge nicht zwingend ist,[183] da es sich lediglich um eine Ordnungsvorschrift handelt. Der Vorsitzende, dem die Verhandlungsleitung obliegt, kann aus Zweckmäßigkeitsgründen eine andere Reihenfolge bestimmen.[184] Üblicherweise plädiert die Nebenklage nach der Staatsanwaltschaft, also vor dem Verteidiger des Angeklagten.

---

182   *Malek*, Rn 469.
183   OLG Hamburg JR 1955, 233.
184   RGSt 64, 133.

Der Vertreter der Staatsanwaltschaft ist verpflichtet zu plädieren und einen be- **177**
stimmten Antrag zu stellen.[185] Der Nebenkläger bzw. sein Vertreter allerdings
nicht. Nach § 258 Abs. 2 StPO steht dem Vertreter der Staatsanwaltschaft das
Recht der Erwiderung gegen das Plädoyer des Angeklagten bzw. seines Verteidigers zu. Dies gilt entgegen des Wortlautes auch für andere Verfahrensbeteiligte.[186]

Der Nebenkläger hat auch das Recht, auf das Plädoyer eines anderen Verfahrensbeteiligten zu erwidern.[187] Er hat allerdings nicht das Recht, mehrmals zu erwidern.[188] Gewährt der Vorsitzende dem Nebenkläger dieses Recht nicht, kann er
eine gerichtliche Entscheidung nach § 238 Abs. 2 StPO beantragen.[189]

Insbesondere bei größeren Strafsachen sollte das Plädoyer gut vorbereitet werden. **178**
Ist der Vorsitzende nicht bereit, der Nebenklagevertretung genügend Vorbe-
reitungzeit zu gewähren, insbesondere die Hauptverhandlung nicht oder entsprechend lange zu unterbrechen, ist diese Vorgehensweise des Vorsitzenden gemäß
§ 238 Abs. 2 StPO zu beanstanden und ein Gerichtsbeschluss herbeizuführen.[190]

Zu Beginn des Plädoyers ist darauf zu achten, dass der Nebenklagevertreter die an- **179**
deren Prozessbeteiligten überhaupt und korrekt anspricht. Hier hat sich eingebür-
gert mit: „Hohes Gericht, Herr/Frau Staatsanwalt(in) und ggf. verehrte Kollegen
und Kolleginnen (bei Nebenklage oder mehren Verteidigern im Prozess)" zu begin-
nen.

Im Rahmen des von der Nebenklage zu stellenden Antrags zur Bestrafung des An- **180**
geklagten muss der Nebenklagevertreter auch daran denken zu beantragen, dass
dem Angeklagten die notwendigen Auslagen des Nebenklägers auferlegt werden.
Wird der Angeklagte lediglich dazu verurteilt, die Kosten der Nebenklage zu tragen, erfasst dies nicht die notwendigen Auslagen der Nebenklage[191] und damit
auch nicht die Gebühren des Nebenklagevertreters.

XIII. Rechtsmittel

Der Nebenkläger kann im Rahmen seiner eingeschränkten Rechtsmittelbefugnis **181**
(vgl. § 400 Abs. 1 StPO; vgl. unten Rn 192 ff.), Rechtsmittel einlegen und führen.

---

185 BGH NStZ 1984, 468.
186 BGH NStZ 2001, 610.
187 *Meyer-Goßner*, § 258 Rn 18.
188 RG 11, 135, 136.
189 *Meyer-Goßner*, § 258 Rn 18.
190 KG NStZ 1994, 523.
191 LG Amsberg AGS 2009, 484.

I. Fehlende Rechte

182 Da der Katalog des § 397 StPO abschließend ist, hat der Nebenkläger kein Zustimmungs- bzw. Ablehnungsrecht für das Verlesen früherer Vernehmungen nach § 251 Abs. 1 Satz 1 StPO, für die Durchführung einer audiovisuellen Zeugenvernehmung nach § 247a Satz 1, 2. Alt. StPO, für den Beweisverzicht nach § 245 Abs. 1 Satz 2 StPO, für die Durchführung des Selbstleseverfahrens nach § 249 Abs. 2 StPO, für die Verlesung des erstinstanzlichen Urteils in der Berufungshauptverhandlung nach § 324 Abs. 1 Satz 2 StPO, für die Verlesung der Vernehmungsniederschriften in der Berufungshauptverhandlung nach § 325 Satz 2 StPO und für die Berufungsrücknahme des Angeklagten nach § 303 Satz 2 StPO.

183 Auch hat der Nebenkläger keinen Anspruch auf Aussetzung der Hauptverhandlung nach §§ 246 Abs. 2, 265 Abs. 4 StPO, auf Vereidigung eines Sachverständigen nach § 79 Abs. 1 Satz 2 StPO, Protokollierung von Vorgängen und Bekundungen in der Hauptverhandlung nach § 273 Abs. 3 StPO und Protokollierung der Gründe für die Verlesung von Urkunden nach § 255 StPO.

184 Ungeachtet dieser beim Nebenkläger nicht vorhandenen Rechte, wird dieser in der Hauptverhandlung oft um eine Stellungnahme gebeten.

185 Ist eine Verständigung, die grundsätzlich verfassungsgemäß[192] ist, zwischen Gericht und anderen Verfahrensbeteiligten beabsichtigt („Deal"), bekommen die Verfahrensbeteiligten und damit auch die Nebenklage gemäß § 257c Abs. 3 S. 2 StPO Gelegenheit zur Stellungnahme. Allerdings kommt gemäß § 257c Abs. 3 S. 4 StPO die Verständigung nur dann zustande, wenn Angeklagter und Staatsanwaltschaft dem Vorschlag des Gerichts zustimmen. Aufgrund der eindeutigen gesetzlichen Regelung ist damit eine Zustimmung der Nebenklage für das Zustandekommen des „Deals" nicht erforderlich.

Die Nebenklage kann also das Zustandekommen eines „Deals" nicht verhindern, indem sie nicht zustimmt. Einzige Möglichkeit ist es hierbei, auf das Gericht bzw. insbesondere auf die Staatsanwaltschaft einzuwirken, dass diese einem „Deal" nicht zustimmt oder nur einem „Deal" zustimmt, der auch den Vorstellungen der Nebenklage entspricht. Hier ist ggf. eine frühzeitige Kontaktaufnahme mit der Staatsanwaltschaft/dem Gericht angezeigt, um so noch Einfluss auf den Abschluss des „Deals" nehmen zu können.

---

192 BVerfG, Urt. v. 19.3.2013 – 2 BvR 2628/10.

Auch bei einer Verfahrenseinstellung nach §§ 153 ff. StPO, also insbesondere nach **186** §§ 153, 153a, 154 StPO bedarf es nicht einer Zustimmung der Nebenklage. Die Nebenklage hat auch kein Vetorecht. Dies gilt sowohl für den Fall, dass die Einstellung bereits im Ermittlungsverfahren oder erst in der Hauptverhandlung erfolgen soll. Auch hier kann nur durch eine frühzeitige Kontaktaufnahme mit der Staatsanwaltschaft bzw. dem Gericht versucht werden, zu erreichen, dass eine Verfahrenseinstellung unterbleibt. Sollen z.B. in einer Hauptverhandlung nach vielen Hauptverhandlungstagen, nachdem das als Nebenkläger beteiligte Opfer bereits vernommen ist, Taten zum Nachteil dieses Opfers nach § 154 Abs. 2 StPO eingestellt werden, weil diese z.b. angeblich bei Taten gegenüber anderen Opfern nicht erheblich ins Gewicht fallen sollen, so sind die Auswirkungen und das Signal der Einstellungsentscheidung für das Opfer der Staatsanwaltschaft und dem Gericht genau darzulegen, um so eine Einstellung ggf. noch zu verhindern.

187

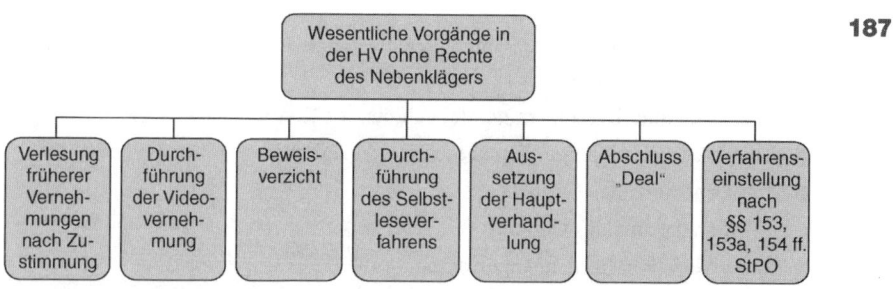

Übersicht: Wesentliche Vorgänge in der Hauptverhandlung ohne Rechte des Nebenklägers

J. Verhinderung des Nebenklagevertreters

Für einen Nebenklagevertreter besteht oft das Problem, an einem gerichtlich be- **188** stimmten Hauptverhandlungstermin aufgrund einer Terminskollision verhindert zu sein. Zu diesem Problem kommt es leider auch häufig, da viele Gerichte die Hauptverhandlungstermine, sei es bei der anfänglichen Prozessplanung, sei es bei Fortsetzungsterminen, nicht mit der Nebenklage absprechen.

Zwar soll nach dem OLG Stuttgart[193] kein Anspruch auf Terminsverlegung bei Verhinderung des Nebenklagevertreters, außer in Extremfällen, bestehen.

---

193 OLG Stuttgart Justiz 2004, 127 f.

Allerdings ist bei der Terminierung auf die Verhinderung des Nebenklägervertreters Rücksicht zu nehmen.[194]

189   Darüber hinaus hat der Vorsitzende, der gemäß § 213 StPO für die Terminierung zuständig ist, im Rahmen seiner Ermessensausübung sich bei der Terminbestimmung zumindest ernsthaft um die Abstimmung des Termins mit den Verfahrensbeteiligten zu bemühen.[195] Im Rahmen der Terminbestimmung bzw. bei der Prüfung eines Terminverlegungsantrages hat der Vorsitzende nach pflichtgemäßem Ermessen zu entscheiden. Er handelt prozessordnungswidrig,[196] wenn das Recht des Angeklagten auf freie Wahl des Verteidigers dadurch eingeschränkt wird, dass der Verteidiger das Mandat wegen terminlicher Verhinderung nicht wahrnehmen kann, ohne dass er Einfluss auf die Terminanberaumung hätte nehmen können. Gleiches muss auch für das Recht eines Nebenklägers für die Wahrnehmung seiner Interessen durch einen Nebenklagevertreter gelten.

190   Bei der hier vorzunehmenden Interessenabwägung hat der Vorsitzende folgende Punkte zu berücksichtigen:

- Interessen aller Beteiligter, damit auch die des Nebenklägers,
- Verfahrensbeschleunigung, insbesondere in Haftsachen,
- Terminplanung des Gerichts,
- Terminbelastung des Gerichts,
- faires Verfahren für den Angeklagten,
- prozessuale Fürsorgepflicht[197] des Gerichts,
- Recht des Angeklagten, sich des Anwalts seines Vertrauens bedienen zu können.

191   Diese Belange sind gegeneinander abzuwägen.

K.   Anfechtung des Urteils

192   Nach § 400 Abs. 1, 1. HS StPO kann der Nebenkläger das Urteil nur bezüglich der Schuldfrage anfechten, nicht jedoch wegen der verhängten Rechtsfolge oder der erfolgten Strafzumessung.

---

194   OLG Bamberg StraFo 1999, 237.
195   Für den Verteidiger: BGH NJW 1992, 849; BGH NJW 1999, 3646; OLG Frankfurt StV 2001, 157.
196   OLG Hamburg StV 1995, 11.
197   OLG Hamburg StV 1995, 11.

Nach § 400 Abs. 1, 2. HS StPO kann der Nebenkläger darüber hinaus das Urteil **193** nur anfechten, wenn er erreichen möchte, dass der Angeklagte wegen einer Tat verurteilt wird, die zum Anschluss zur Nebenklage berechtigen würde.

§ 400 StPO Beschränktes Anfechtungsrecht

(1) Der Nebenkläger kann das Urteil nicht mit dem Ziel anfechten, dass eine andere Rechtsfolge der Tat verhängt wird oder dass der Angeklagte wegen einer Gesetzesverletzung verurteilt wird, die nicht zum Anschluss des Nebenklägers berechtigt.

(2) Dem Nebenkläger steht die sofortige Beschwerde gegen den Beschluss zu, durch den die Eröffnung des Hauptverfahrens abgelehnt oder das Verfahren nach den §§ 206a und 206b eingestellt wird, soweit er die Tat betrifft, aufgrund deren der Nebenkläger zum Anschluss befugt ist. Im Übrigen ist der Beschluss, durch den das Verfahren eingestellt wird, für den Nebenkläger unanfechtbar.

Unzulässig ist daher die Rechtsmitteleinlegung mit dem Ziel oder der Begründung, **194** der Rechtsfolgenausspruch sei zu ändern. Dies gilt auch für das auf den Rechtsmittelausspruch beschränkte Rechtsmittel des Nebenklägers.

Auch kann die Nichtanwendung des § 177 Abs. 2 StGB bei einer Verurteilung nach **195** § 177 Abs. 1 StGB,[198] das Anwenden des § 105 Abs. 1 JGG[199] oder das Nichtfeststellen der besonderen schweren Schuld nach § 57a Abs. 1 Satz 1 Nr. 2 StGB[200] oder das Nichtverhängen der Sicherungsverwahrung[201] nicht mit einem Rechtsmittel angegriffen werden.

Es kann aber immer Rechtsmittel eingelegt werden, wenn der Angeklagte wegen **196** eines Nebenklagedeliktes freigesprochen wurde, auch wenn dies wegen Schuldunfähigkeit erfolgte und stattdessen eine Maßregel nach § 63 StGB verhängt worden ist.[202]

Nach § 400 Abs. 1, 2. HS StPO ist der Nebenkläger nicht beschwert und kann da- **197** mit kein Rechtsmittel einlegen, wenn eine Entscheidung über eine Norm getroffen wurde, die nicht zum Anschluss zur Nebenklage berechtigt.[203]

Legt der Nebenkläger zulässigerweise Berufung ein, ist eine Berufungsbegründung **198** nach § 317 StPO nicht erforderlich.

---

198   BGH NStZ-RR 2003, 306.
199   BGH StraFo 2007, 245.
200   BGH StraFo 2007, 245.
201   BGH StV 1997, 624.
202   *Meyer-Goßner*, § 400 Rn 3.
203   BGH VRS 103, 210.

199 Legt der Nebenkläger zulässigerweise Revision ein, reicht es nicht, wenn er lediglich die allgemeine Sachrüge erhebt.[204] Dies gilt, selbst wenn der Angeklagte vom Nebenklagedelikt freigesprochen wurde, aber gleichzeitig eine Verurteilung wegen eines nichtnebenklagefähigen Deliktes erfolgte.[205] In der Revisionsbegründung muss der Nebenkläger i.d.R. sein Ziel eindeutig, innerhalb der Revisionsbegründungsfrist, angeben.[206]

200 Das Rechtsmittel der Nebenklage ist nach § 401 Abs. 1 Satz 1 StPO unabhängig von eventuellen Rechtsmitteln anderer Verfahrensbeteiligter. Dies gilt lediglich nicht, wenn sich die Nebenklage einem Rechtsmittel der Staatsanwaltschaft anschließt.

201 Legen Nebenklage und Staatsanwaltschaft unterschiedliche Rechtsmittel (Berufung und Revision) ein, so wird nach § 335 Abs. 3 StPO die Revision als Berufung behandelt, so dass insgesamt über die Berufung als Rechtsmittel durch das Rechtsmittelgericht zu verhandeln ist.

202

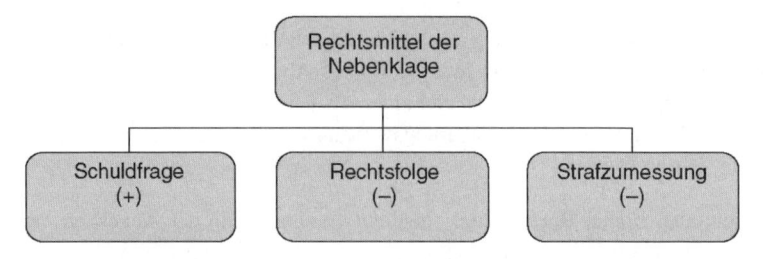

Übersicht: Rechtsmittel der Nebenklage

203 Nach § 401 Abs. 2 StPO beginnt die Frist zur Einlegung des Rechtsmittels (1 Woche) durch den Nebenkläger, wenn er in der Hauptverhandlung anwesend oder durch einen Anwalt vertreten war, auch dann mit der Verkündung des Urteils, wenn er bei dieser nicht mehr zugegen oder vertreten war; er kann die Wiedereinsetzung in den vorigen Stand gegen die Versäumung der Frist nicht wegen fehlender Rechtsmittelbelehrung beanspruchen. Ist der Nebenkläger in der Hauptverhandlung überhaupt nicht anwesend oder vertreten gewesen, so beginnt die Frist mit der Zustellung der Urteilsformel an ihn.

---

204   BGHSt 13, 143, 145.
205   BGH NStZ 1988, 565.
206   BGHR Zulässigkeit 3 und 5; BGH NStZ-RR 2005, 262.

Die Frist zur Begründung des Rechtsmittels beginnt nach § 401 Abs. 1 Satz 3 StPO **204** selbst dann mit Ablauf der für die Staatsanwaltschaft laufenden Frist zur Einlegung des Rechtsmittels oder, wenn das Urteil dem Nebenkläger noch nicht zugestellt war, mit der Zustellung des Urteils an ihn auch dann, wenn eine Entscheidung über die Berechtigung des Nebenklägers zum Anschluss noch nicht ergangen ist. Dies ist insbesondere beachtlich, wenn der Anschluss zur Nebenklage zur Einlegung eines Rechtsmittels erfolgen soll.

§ 401 StPO Rechtsmittel des Nebenklägers

(1) Der Rechtsmittel kann sich der Nebenkläger unabhängig von der Staatsanwaltschaft bedienen. Geschieht der Anschluss nach ergangenem Urteil zur Einlegung eines Rechtsmittels, so ist dem Nebenkläger das angefochtene Urteil sofort zuzustellen. Die Frist zur Begründung des Rechtsmittels beginnt mit Ablauf der für die Staatsanwaltschaft laufenden Frist zur Einlegung des Rechtsmittels oder, wenn das Urteil dem Nebenkläger noch nicht zugestellt war, mit der Zustellung des Urteils an ihn auch dann, wenn eine Entscheidung über die Berechtigung des Nebenklägers zum Anschluss noch nicht ergangen ist.

(2) War der Nebenkläger in der Hauptverhandlung anwesend oder durch einen Anwalt vertreten, so beginnt für ihn die Frist zur Einlegung des Rechtsmittels auch dann mit der Verkündung des Urteils, wenn er bei dieser nicht mehr zugegen oder vertreten war; er kann die Wiedereinsetzung in den vorigen Stand gegen die Versäumung der Frist nicht wegen fehlender Rechtsmittelbelehrung beanspruchen. Ist der Nebenkläger in der Hauptverhandlung überhaupt nicht anwesend oder vertreten gewesen, so beginnt die Frist mit der Zustellung der Urteilsformel an ihn.

(3) Hat allein der Nebenkläger Berufung eingelegt, so ist diese, wenn bei Beginn einer Hauptverhandlung weder der Nebenkläger noch für ihn ein Rechtsanwalt erschienen ist, unbeschadet der Vorschrift des § 301 sofort zu verwerfen. Der Nebenkläger kann binnen einer Woche nach der Versäumung unter den Voraussetzungen der §§ 44 und 45 die Wiedereinsetzung in den vorigen Stand beanspruchen.

(4) Wird auf ein nur von dem Nebenkläger eingelegtes Rechtsmittel die angefochtene Entscheidung aufgehoben, so liegt der Betrieb der Sache wiederum der Staatsanwaltschaft ob.

L. Kostenentscheidung

Nach § 472 Abs. 1 StPO sind die dem Nebenkläger erwachsenen notwendigen Aus- **205** lagen dem Angeklagten aufzuerlegen, wenn er wegen einer Tat verurteilt wird, die den Nebenkläger betrifft. Diese Tat muss nicht mit der Tat identisch sein, die den Anschluss als Nebenkläger rechtfertigt. Ausreichend ist daher, wenn die Tat wegen der eine Verurteilung erfolgt, denselben geschichtlichen Vorgang i.S.d. § 264 StPO betrifft, der Grundlage der Nebenklage ist und sich ebenfalls gegen den Nebenkläger als Träger eines strafrechtlich geschützten Rechtsgutes richtet.[207]

206 Hierbei ist zu beachten, dass die Kostenauferlegung im Plädoyer auch beantragt wird und das Gericht im Rahmen der Verurteilung dem Angeklagten auch neben den Kosten die notwendigen Auslagen des Nebenklägers auferlegt. Bestimmt das Gericht lediglich, dass der Angeklagte die Kosten der Nebenklage zu tragen hat, gilt dies nicht für dessen notwendige Auslagen,[208] also z.b. dessen Rechtsanwaltskosten.

207 Ist im Urteil nicht ausgesprochen worden, dass die notwendigen Auslagen der Nebenklage vom Angeklagten zu tragen sind, muss der Nebenkläger eine sofortige Beschwerde nach § 464 Abs. 3 S. 1 StPO einlegen.

208 Von der Kostentragung kann ganz oder teilweise nach § 472 Abs. 1 S. 2 StPO abgesehen werden, soweit es unbillig wäre, den Angeklagten damit zu belasten.

209 Stellt das Gericht das Verfahren nach einer Vorschrift, die dies nach seinem Ermessen zulässt, ein (§§ 153, 154, 154a StPO), so kann es die in § 472 Abs. 1 StPO genannten notwendigen Auslagen ganz oder teilweise dem Angeschuldigten nach § 472 Abs. 2 StPO auferlegen, soweit dies aus besonderen Gründen der Billigkeit entspricht. Stellt das Gericht das Verfahren nach vorangegangener vorläufiger Einstellung (§ 153a StPO) endgültig ein, gilt § 472 Abs. 2 Satz 2 StPO, § 472 Abs. 1 StPO entsprechend, d.h. der verurteilte Angeklagte hat die Kosten zu tragen.

210 Hat ein zur Nebenklage Berechtigter sich dem Verfahren nicht als Nebenkläger angeschlossen, sondern lediglich zur Wahrnehmung seiner Befugnisse nach § 406g StPO einen Rechtsanwalt beauftragt, so hat der verurteilte Angeklagte ebenfalls nach § 472 Abs. 3 Satz 1 StPO die Kosten zu tragen.

211 Gleiches gilt nach § 472 Abs. 3 Satz 2 StPO für die notwendigen Auslagen eines Privatklägers, wenn die Staatsanwaltschaft nach § 377 Abs. 2 StPO die Verfolgung übernommen hat.

Hat sich der Nebenkläger dem Verfahren angeschlossen und wird das Verfahren bereits durch die Staatsanwaltschaft eingestellt oder das Hauptverfahren nicht eröffnet oder der Angeklagte freigesprochen, so trägt er seine Kosten selbst.

---

207 BGH NJW 1992, 1182.
208 AG Arnsberg AGS 2009, 484; *Meyer-Goßner*, § 472 Rn 10.

Da die Anschlusserklärung des Nebenklägers im Strafbefehlsverfahren gegen- **212**
standslos wird, sobald der Strafbefehl vom Gericht, wie von der Staatsanwaltschaft
beantragt, erlassen und vom Angeklagten nicht angefochten wird, trägt der Nebenkläger in diesen Fällen seine notwendigen Auslagen selbst. Ausgenommen hiervon
sind lediglich die notwendigen Auslagen, die im Rahmen von Tätigkeiten nach
§ 406g StPO entstanden sind.[209]

Wurde gegen den Strafbefehl durch den Angeklagten Einspruch eingelegt und wurde Termin zur Hauptverhandlung anberaumt, so wurde die Anschlusserklärung des
Nebenklägers gemäß § 396 Abs. 1 S. 3 StPO wirksam. Damit hat der Angeklagte
auch die notwendigen Auslagen der Nebenklage im Falle seiner Verurteilung zu
tragen, es sei denn der Einspruch gegen den Strafbefehl wurde vor Terminsbestim-
mung zur Hauptverhandlung zurückgenommen.

Im Verfahren gegen Heranwachsende, wenn Jugendstrafrecht angewendet wird, **213**
oder wenn die Nebenklage in einem Verfahren gegen Jugendliche zugelassen wurde, ist es möglich, dass gemäß § 109 Abs. 2 JGG i.V.m. § 74 JGG davon abgesehen
wird, dass dem Angeklagten die Kosten der Nebenklage auferlegt werden. Erfolgt
ein derartiger Ausspruch, bedeutet dies auch, dass der Nebenkläger seine Auslagen
selbst zu tragen hat.

M. Beiordnung eines Rechtsanwalts

Nach § 397a StPO kann dem Nebenkläger auf Antrag ein Beistand beigeordnet **214**
werden. In der Praxis werden ca. 94 % der Nebenklagen mit einem beigeordneten
Rechtsanwalt geführt.[210]

§ 397a StPO Bestellung eines Beistandes; Prozesskostenhilfe

(1) Dem Nebenkläger ist auf seinen Antrag ein Rechtsanwalt als Beistand zu bestellen,
wenn er
1. durch ein Verbrechen nach den §§ 176a, 177, 179, 232 und 233 des Strafgesetz-
    buches verletzt ist,
2. durch eine versuchte rechtswidrige Tat nach den §§ 211 und 212 des Strafgesetz-
    buches verletzt oder Angehöriger eines durch eine rechtswidrige Tat Getöteten im
    Sinne des § 395 Absatz 2 Nummer 1 ist,
3. durch ein Verbrechen nach den §§ 226, 234 bis 235, 238 bis 239b, 249, 250, 252, 255
    und 316a des Strafgesetzbuches verletzt ist, das bei ihm zu schweren körperlichen
    oder seelischen Schäden geführt hat oder voraussichtlich führen wird,

---

209 *Mayer-Goßner*, § 472 Rn 10a.
210 *Barton/Flotho*, S. 248.

4. durch eine rechtswidrige Tat nach den §§ 174 bis 182 und 225 des Strafgesetzbuchs verletzt ist und er zur Zeit der Tat das 18. Lebensjahr noch nicht vollendet hatte oder seine Interessen selbst nicht ausreichend wahrnehmen kann, oder

5. durch eine rechtswidrige Tat nach den §§ 221, 226, 232 bis 235, 238 Absatz 2 und 3, §§ 239a, 239b, 240 Absatz 4, §§ 249, 250, 252, 255 und 316a des Strafgesetzbuches verletzt ist und er bei Antragstellung das 18. Lebensjahr noch nicht vollendet hat oder seine Interessen selbst nicht ausreichend wahrnehmen kann.

(2) Liegen die Voraussetzungen für eine Bestellung nach Absatz 1 nicht vor, so ist dem Nebenkläger für die Hinzuziehung eines Rechtsanwalts auf Antrag Prozesskostenhilfe nach denselben Vorschriften wie in bürgerlichen Rechtsstreitigkeiten zu bewilligen, wenn er seine Interessen selbst nicht ausreichend wahrnehmen kann oder ihm dies nicht zuzumuten ist. § 114 Satz 1 zweiter Halbsatz und § 121 Absatz 1 bis 3 der Zivilprozessordnung sind nicht anzuwenden.

(3) Anträge nach den Absätzen 1 und 2 können schon vor der Erklärung des Anschlusses gestellt werden. Über die Bestellung des Rechtsanwalts, für die § 142 Absatz 1 entsprechend gilt, und die Bewilligung der Prozesskostenhilfe entscheidet der Vorsitzende des mit der Sache befassten Gerichts.

215 Dabei ist zwischen einer Beiordnung nach § 397a Abs. 1 Nr. 1–3, Nr. 4 Alt. 1, Nr. 5 Alt. 1, einer Beiordnung nach Nr. 4 Alt. 2, Nr. 5 Alt. 2 StPO und einer nach § 397a Abs. 2 StPO zu unterscheiden.

216 Die Beiordnung, sei es nach § 397a Abs. 1 StPO oder nach § 397a Abs. 2 StPO, kommt immer nur auf Antrag des Nebenklägers in Betracht. Der Antrag ist dabei bei dem Gericht zu stellen, welches auch für die Entscheidung über die Anschlussbefugnis zur Nebenklage zuständig ist, also das Gericht, bei dem das Verfahren anhängig ist. Damit ist ggf. der Beiordnungsantrag auch beim Rechtsmittelgericht zu stellen.

217

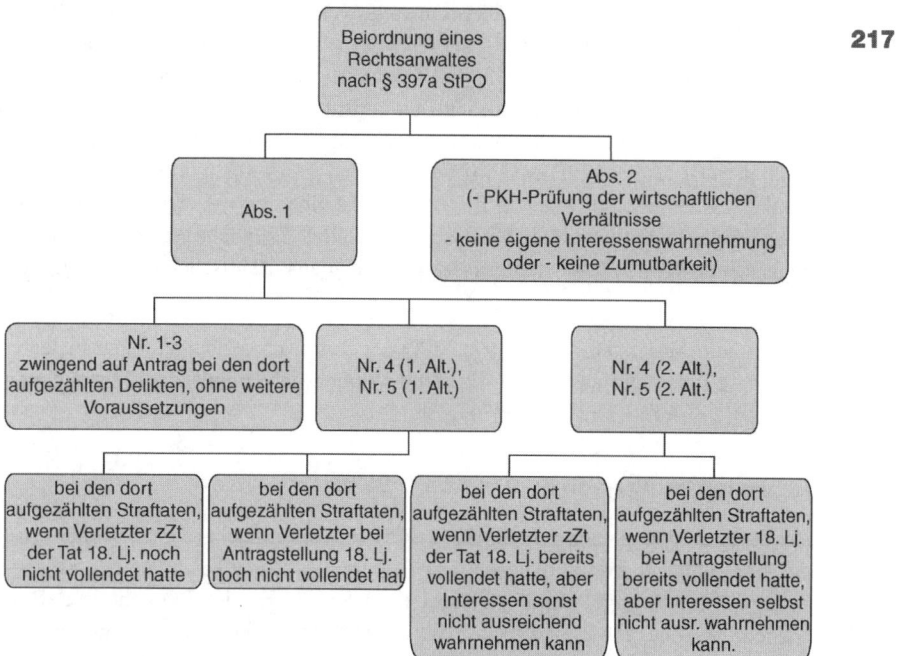

Übersicht: Beiordnung eines Rechtsanwaltes nach § 397a StPO

Sind die Voraussetzungen nach § 397a StPO für die Bestellung eines anwaltlichen **218** Beistandes gegeben, kann der Nebenkläger nicht, auch nicht aus fiskalischen Gründen, darauf verwiesen werden, sich anstelle eines anwaltlichen Beistandes anderer Unterstützungsangebote, wie etwa dem Weißen Ring zu bedienen.[211] Die Vorinstanz, das Landgericht Kaiserslautern,[212] hatte tatsächlich die Bestellung eines anwaltlichen Nebenklagebeistandes für eine sexuell missbrauchte junge Frau, die ihre psychische Belastung mittels Attest nachgewiesen hat, u.a. aus „fiskalischen" Gründen abgelehnt und diese auf die Inanspruchnahme von Mitarbeiterinnen des Weißen Rings oder die Mitarbeiterin der Zeugenkontaktstelle anstatt eines anwaltlichen Beistandes für die Nebenklage verwiesen.

Auch kann ein Nebenkläger, bei dem die Beiordnungsvoraussetzungen für einen **219** anwaltlichen Beistand nach § 397a StPO vorliegen, nicht aus fiskalischen Gründen

---

211 OLG Zweibrücken, Beschl. v. 6.10.2011 – 1 Ws 263/11.
212 6030 Js 14493/09 1 KLs.

auf die Wahl eines bestimmten Rechtsanwaltes verwiesen werden,[213] um so anstatt der kompletten anwaltlichen Gebühren die anwaltlichen Gebühren auf eine 3/10-Erhöhungsgebühr zu drücken, weil etwa der andere Rechtsanwalt im selben Prozess bereits einen anderen Nebenkläger vertritt. Auch das hatte das Landgericht Kaiserslautern[214] in der Vorinstanz von einer jungen missbrauchten Frau gefordert. Nach dem OLG Zweibrücken[215] ist entsprechend § 142 Abs. 1 S. 2 StPO, der über § 397a Abs. 3 StPO Anwendung findet, grundsätzlich der von einem Nebenkläger ausgewählte Rechtsanwalt als Beistand zu bestellen. Ein wichtiger Grund, der entgegenstehen könnte, lasse sich insbesondere nicht aus fiskalischen Gründen herleiten.

Wurde dem Verletzten nach § 397a StPO ein Rechtsanwalt beigeordnet, bedeutet dies, dass sich allein aus diesem Umstand nunmehr eine notwendige Verteidigung gemäß § 140 Abs. 1 Nr. 9 StPO[216] ergibt.

I. Beiordnung nach § 397a Abs. 1 StPO

220 Bei der Beiordnung nach § 397a Abs. 1 StPO sind die wirtschaftlichen Verhältnisse des Nebenklägers absolut unbeachtlich. Hier trägt der Staat das komplette Kostenrisiko der Nebenklage. Die Beiordnung nach § 397a Abs. 1 StPO geht einer Beiordnung als Zeugenbeistand nach § 68b StPO vor und schließt diese aus.[217] Die Beiordnung nach § 397a Abs. 1 StPO kommt lediglich bei den dort abschließend genannten Taten in Betracht.

221 Übersicht:[218] **Straftaten nach 397a Abs. 1 StPO**

§ 397a Abs. 1 Nr.	Vorschrift/ Umschreibung	Tatbezeichnung
1	176a StGB	Schwerer sexueller Missbrauch von Kindern
1	177 StGB	Sexuelle Nötigung; Vergewaltigung
1	179 StGB	Sexueller Missbrauch widerstandsunfähiger Personen

---

213 OLG Zweibrücken a.a.O.
214 LG Kaiserslautern a.a.O.
215 A.a.O.
216 Neu eingefügt durch Gesetz zur Stärkung der Rechte von Opfern sexuellen Missbrauchs (StORMG), bzgl. Art. 1 mit Wirkung zum 1.9.2013.
217 BGH StraFo 2005, 525.
218 Die Tabelle bezeichnet lediglich die in der Vorschrift genannten Tatbestände. Aufgrund der Formulierung der Vorschrift kann es zu einer eingeschränkten oder erweiterten Anwendung des Tatbestandes führen.

§ 397a Abs. 1 Nr.	Vorschrift/ Umschreibung	Tatbezeichnung
1	232 StGB	Menschenhandel zum Zweck der sexuellen Ausbeutung
1	233 StGB	Menschenhandel zum Zweck der Ausbeutung der Arbeitskraft
2	211 StGB	Mord
2	212 StGB	Totschlag
3	226 StGB	Schwere Körperverletzung
3	234 StGB	Menschenraub
3	234a StGB	Verschleppung
3	235 StGB	Entziehung Minderjähriger
3	238 StGB	Nachstellung
3	239 StGB	Freiheitsberaubung
3	239a StGB	Erpresserischer Menschenraub
3	239b StGB	Geiselnahme
3	249 StGB	Raub
3	250 StGB	Schwerer Raub
3	252 StGB	Räuberischer Diebstahl
3	255 StGB	Räuberische Erpressung
3	316a StGB	Räuberischer Angriff auf Kraftfahrer
4	174 StGB	Sexueller Missbrauch von Schutzbefohlenen
4	174a StGB	Sexueller Missbrauch von Gefangenen, behördlich Verwahrten oder Kranken und Hilfsbedürftigen in Einrichtungen
4	174b StGB	Sexueller Missbrauch unter Ausnutzung einer Amtsstellung
4	174c StGB	Sexueller Missbrauch unter Ausnutzung eines Beratungs-, Behandlungs- oder Betreuungsverhältnisses
4	176 StGB	Sexueller Missbrauch von Kindern
4	176a StGB	Schwerer sexueller Missbrauch von Kindern
4	176b StGB	Sexueller Missbrauch von Kindern mit Todesfolge
4	177 StGB	Sexuelle Nötigung; Vergewaltigung
4	178 StGB	Sexuelle Nötigung und Vergewaltigung mit Todesfolge
4	179 StGB	Sexueller Missbrauch widerstandsunfähiger Personen
4	180 StGB	Förderung sexueller Handlungen Minderjähriger
4	180a StGB	Ausbeutung von Prostituierten
4	181a StGB	Zuhälterei

§ 397a Abs. 1 Nr.	Vorschrift/ Umschreibung	Tatbezeichnung
4	182 StGB	Sexueller Missbrauch von Jugendlichen
4	225 StGB	Misshandlung von Schutzbefohlenen
5	221 StGB	Aussetzung
5	226 StGB	Schwere Körperverletzung
5	232 StGB	Menschenhandel zum Zweck der sexuellen Ausbeutung
5	233 StGB	Menschenhandel zum Zweck der Ausbeutung der Arbeitskraft
5	233a StGB	Förderung des Menschenhandels
5	234 StGB	Menschenraub
5	234a StGB	Verschleppung
5	235 StGB	Entziehung Minderjähriger
5	238 Abs. 2 u. 3 StGB	Nachstellung
5	239a StGB	Erpresserischer Menschenraub
5	239b StGB	Geiselnahme
5	240 Abs. 4 StGB	Nötigung
5	249 StGB	Raub
5	250 StGB	Schwerer Raub
5	252 StGB	Räuberischer Diebstahl
5	255 StGB	Räuberische Erpressung
5	316a StGB	Räuberischer Angriff auf Kraftfahrer

222 Zu beachten ist allerdings, dass bei den in § 397a Abs. 1 Nr. 4 und Nr. 5 StPO aufgezählten Delikten eine Beiordnung auch unabhängig von den persönlichen und wirtschaftlichen Verhältnissen des Nebenklägers erfolgt, dies allerdings nur, wenn bei den dort aufgezählten Taten die weiteren Bedingungen (Alter) oder eine eigene Interessenwahrnehmung des Antragstellers nicht gegeben ist (zu der Frage, ob ein Nebenkläger seine Interessen nicht ausreichend selbst wahrnehmen kann, vgl. unten Rn 232).

▼

223 **Muster 8.17: Beiordnung nach § 397a Abs. 1 Nr. 1–3 StPO**

An das

Amtsgericht/Landgericht

In dem Strafverfahren

gegen

hatte ich bereits die Vertretung von Frau/Herrn angezeigt und für diese/diesen den Anschluss als Nebenkläger erklärt.

Mit Beschluss des Gerichts vom ▓▓▓▓▓ wurde sie/er als Nebenkläger zugelassen.

Es wird nunmehr beantragt,

mich Frau/Herrn als Beistand gemäß § 397a Abs. 1 Nr. 1 StPO beizuordnen. Für den Fall meiner Beiordnung lege ich mein Wahlmandat nieder.

Begründung:

Dem Angeklagten wird ausweislich der Anklageschrift der Staatsanwaltschaft ▓▓▓▓ vom ▓▓▓▓ ein Sexualdelikt nach § ▓▓▓▓ StGB zum Nachteil von Frau/Herr zu Last gelegt. Damit ist nach § 397a Abs. 1 Nr. 1 StPO dem Opfer auf Antrag ein Beistand beizuordnen.

Rechtsanwalt

▲

▼

Muster 8.18: Beiordnung nach § 397a Abs. 1 Nr. 5 (2. Alt.) StPO   **224**

An das

Amtsgericht/Landgericht

In dem Strafverfahren

gegen ▓▓▓▓

hatte ich bereits die Vertretung von Frau/Herrn angezeigt und für diese/diesen den Anschluss als Nebenkläger erklärt.

Mit Beschluss des Gerichts vom ▓▓▓▓ wurde sie/er als Nebenkläger zugelassen.

Es wird nunmehr beantragt,

mich Frau/Herrn als Beistand gemäß § 397a Abs. 1 Nr. 5 StPO beizuordnen. Für den Fall meiner Beiordnung lege ich mein Wahlmandat nieder.

Begründung:

Dem Angeklagten wird ausweislich der Anklageschrift der Staatsanwaltschaft ▓▓▓▓ vom ▓▓▓▓ ein Raub nebst Geiselnahme zum Nachteil von Frau/Herr zu Last gelegt. Frau/Herr ist aufgrund der brutalen Tat derart traumatisiert, dass sie/er weder ihre/seine Interessen im Verfahren gegen den Täter selbst wahrnehmen kann noch dass es ihr/ihm zuzumuten ist. Frau/Herr wird aufgrund ihrer/seiner Traumatisierung und der posttraumatischen Belastungsstörung in dem Verfahren gegen den Täter diesem nicht gegenübertreten können, weshalb eine eigene Interessenswahrnehmung ausscheidet. Ein Attest, welches die bei Frau/Herrn vorliegende Traumatisierung bescheinigt. ist anliegend beigefügt.

Damit ist nach § 397a Abs. 1 Nr. 5 StPO dem Opfer auf Antrag ein Beistand beizuordnen.

Rechtsanwalt

II. Beiordnung nach § 397a Abs. 2 StPO

225 Liegt kein Nebenklagedelikt vor, welches eine Beiordnung eines Rechtsanwaltes nach § 397a Abs. 1 StPO rechtfertigt, kann dennoch unter den Voraussetzungen des § 397a Abs. 2 StPO ein Rechtsanwalt beigeordnet werden. Dies ist dann der Fall, wenn dem Nebenkläger in zivilrechtlichen Rechtsstreitigkeiten aufgrund seiner geringen wirtschaftlichen Leistungsfähigkeit Prozesskostenhilfe zu gewähren wäre und er seine Nebenklageinteressen selbst nicht ausreichend wahrnehmen kann oder ihm dies nicht zuzumuten ist.

226 Im Rahmen eines Beiordnungsantrages nach § 397a Abs. 2 StPO ist daher auch eine „Erklärung über die persönlichen und wirtschaftlichen Verhältnisse" des Opfers nebst Belegen bei Gericht einzureichen.

Eine Beiordnung nach § 397a Abs. 2 StPO, also mit Prozesskostenhilfe, gilt immer nur für die jeweilige Instanz.[219] Nach Aufhebung des Urteils durch das Rechtsmittelgericht und Zurückweisung an die Vorinstanz braucht allerdings eine Beiordnung nach § 397a Abs. 2 StPO nicht erneut beantragt zu werden.[220]

227 Im Berufungs- oder Revisionsverfahren kann aber im Rahmen des erneuten Beiordnungsantrages auf die in erster Instanz vorgelegte Erklärung über die persönlichen und wirtschaftlichen Verhältnisse des Opfers Bezug genommen werden, wenn an den Verhältnissen zwischenzeitlich keine Änderungen eingetreten sind.[221] Sind keine Änderungen eingetreten, muss das Opfer dies gegenüber dem Gericht auch erklären.[222]

---

219 § 119 Abs. 1 ZPO
220 OLG Schleswig SchlHA 1997, 75, 76.
221 BGH NJW 1983, 2145.
222 BGH 3 StR 142/91.

Da sich die Auswahl des anwaltlichen Beistandes gemäß § 397a Abs. 3 StPO an **228** § 142 Abs. 1 StPO orientiert, gilt die zu der Auswahl eines Pflichtverteidigers nach § 142 StPO ergangene Rechtsprechung, so dass im Wesentlichen des Vertrauensverhältnis zwischen Mandant und Rechtsanwalt und nicht etwa fiskalische Erwägungen maßgebend sind.[223]

Eine Beiordnung zu den Bedingungen eines ortsansässigen Rechtsanwaltes ist unzulässig.[224]

Um Probleme des Nebenklagevertreters bei der Terminswahrnehmung zu umge- **229** hen, kann dem Nebenkläger auch eine Rechtsanwaltssozietät im Rahmen der Bewilligung von Prozesskostenhilfe beigeordnet werden.[225]

Da es neben der wirtschaftlichen Leistungsfähigkeit darauf ankommt, ob er seine **230** Nebenklageinteressen selbst nicht ausreichend wahrnehmen kann oder ihm dies nicht zuzumuten ist, spielt es im Rahmen der Prozesskostenhilfegewährung keine Rolle, wie die Erfolgsaussichten der Nebenklage zu beurteilen sind.[226]

231

```
                    ┌──────────────┐
                    │   PKH im     │
                    │ Rahmen des   │
                    │ § 397a Abs. 2│
                    │    StPO      │
                    └──────────────┘
```

Beiordnung gilt nur für jeweilige Instanz	Beiordnung zu Bedingungen eines ortsansässigen RA ist unzulässig	Erklärung über pers. u. wirtschaftl. Verhältnisse ist vorzulegen	Erfolgsaussichten der Nebenklage sind unbeachtlich

Übersicht: PKH im Rahmen des § 397a Abs. 2 StPO

Weitere Voraussetzung einer Beiordnung eines Beistandes nach § 397a Abs. 2 **232** StPO ist, dass das Opfer seine Interessen nicht selbst wahrnehmen kann oder dies ihm nicht zuzumuten ist. Die Unzumutbarkeit der eigenen Interessenwahrnehmung trotz einer eventuell sogar vorhandenen Fähigkeit, die eigenen Interessen auch

---

223 OLG Zweibrücken, Beschl. v. 6.10.2011 – 1 Ws 263/11.
224 OLG Brandenburg StraFo 2006, 214.
225 BGH Beschl. v. 17.9.2008 – IV ZR 343/07.
226 *Meyer-Goßner*, § 397a Rn 9.

ohne Mitwirkung eines Rechtsanwaltes wahrzunehmen, kann sich insbesondere aus der psychischen Betroffenheit des Nebenklägers durch die Tat ergeben.[227]

233 Die Unzumutbarkeit ist dabei nicht aus Sicht des Gerichtes, sondern nach verletzten- und opferspezifischen Gesichtspunkten zu bestimmen.[228] Für ein Opfer ist es oft schwierig infolge seiner Hilflosigkeit, Schwäche oder Isolation aufgrund der Tat dem Täter und ggf. auch dem Gericht ohne anwaltlichen Beistand zu begegnen.[229] Durch die Bestellung eines Beistandes soll einer sekundären Viktimisierung[230] des Opfers entgegengewirkt werden.[231]

234 Im Übrigen verweist die Literatur und Rechtsprechung bei der Frage, ob ein Nebenkläger seine Interessen selbst wahrnehmen kann, auf die Rechtsprechung zur Unfähigkeit der Selbstverteidigung im Rahmen des § 140 StPO. Dort ist anerkannt, dass die Verteidigungsfähigkeit des Angeklagten sich nach seinen geistigen Fähigkeiten, seinem Gesundheitszustand und den sonstigen Umständen des Falles richtet.[232] Hierbei ist eine Pflichtverteidigerbestellung schon vorzunehmen, wenn an der Fähigkeit zur Selbstverteidigung erhebliche Zweifel bestehen.

235 Auch besteht eine Unzumutbarkeit der Selbstverteidigung bei schwieriger Sach- und Rechtslage. Ob eine schwierige Sach- oder Rechtslage vorliegt, ist dabei wieder nicht aus Sicht des Gerichts, sondern nach verletzten- bzw. opferspezifischen Gesichtspunkten zu bestimmen.[233]

Eine schwierige Sach- und Rechtslage liegt regelmäßig vor, wenn aus Sicht eines vernünftigen Nebenklägers, nicht aus Sicht eines vernünftigen Gerichts, der Sachverhalt verwickelt ist, Spezialkenntnisse erfordert oder komplizierte bzw. umstrittene Rechtsfragen auftauchen oder Beweisanträge durch den Nebenkläger gestellt werden müssen.[234]

---

227 *Meyer-Goßner*, § 397a Rn 9.
228 HK-StPO/*Kurth* § 397a Rn 26 m.w.N.
229 *Graf*, StPO § 397a Rn 9.
230 In der Psychologie versteht man unter einer sekundären Viktimisierung, dass ein Opfer für seine eigene Lage verantwortlich gemacht wird.
231 HK-GS/*Rössner*, StPO § 397a Rn 7.
232 *Meyer-Goßner*, § 140 Rn 30 m.w.N.
233 *Graf*, StPO § 397a Rn 10.
234 *Graf*, StPO § 397a Rn 10; *Löwe/Rosenberg/Hilger*, StPO § 397a Rn 9.

236

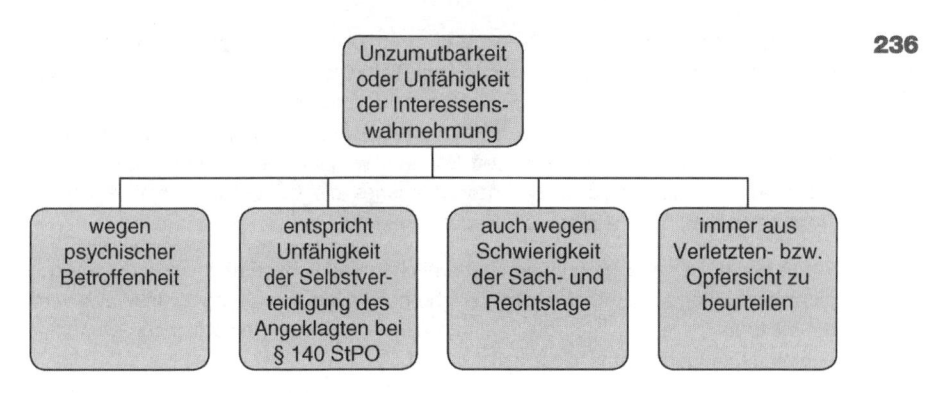

Übersicht: Unzumutbarkeit oder Unfähigkeit der Interessenswahrnehmung

Muster 8.19: Beiordnung nach § 397a Abs. 2 StPO **237**

An das

Amtsgericht/Landgericht

In dem Strafverfahren

gegen ▒▒▒▒

hatte ich bereits die Vertretung von Frau/Herrn ▒▒▒▒ angezeigt und für diese/ diesen den Anschluss als Nebenkläger erklärt.

Mit Beschluss des Gerichts vom ▒▒▒▒ wurde sie/er als Nebenkläger zugelassen.

Es wird nunmehr beantragt,

mich Frau/ Herrn als Beistand gemäß § 397a Abs. 2 StPO beizuordnen. Für den Fall meiner Beiordnung lege ich mein Wahlmandat nieder.

Begründung:

Dem Angeklagten wird ausweislich der Anklageschrift der Staatsanwaltschaft ▒▒▒▒ vom ▒▒▒▒ eine Körperverletzung nach § 223 StGB zum Nachteil von Frau/Herrn XY vorgeworfen.

Mit Beschluss des Gerichts vom ▒▒▒▒ wurde sie/er als Nebenkläger zugelassen.

Nach § 397a Abs. 2 StPO ist dem Nebenkläger ein Beistand zu bestellen, wenn er seine Interessen selbst nicht ausreichend wahrnehmen kann oder ihm dies nicht zuzumuten ist.

Frau/Herr ist aufgrund der brutalen Tat derart traumatisiert, dass sie/er weder ihre/seine Interessen im Verfahren gegen den Täter selbst wahrnehmen kann noch dass es ihr/ihm zuzumuten ist. Frau/Herr wird aufgrund ihrer/seiner Traumatisierung und der posttraumatischen Belastungsstörung in dem Verfahren gegen den Täter diesem nicht gegenübertreten können, weshalb eine eigene Interessenswahrnehmung ausscheidet. Ein Attest, welches die bei Frau/Herrn vorliegende Traumatisierung bescheinigt, ist anliegend beigefügt.

Frau/Herr XY ist nach ihren/seinen persönlichen und wirtschaftlichen Verhältnissen nicht in der Lage, die Kosten der Verfahrensführung aufzubringen. Insoweit wird auf die in der Anlage beigefügte Erklärung über ihre/seine persönlichen Verhältnisse nebst dazugehörigen Belegen verwiesen.

Damit ist nach § 397a Abs. 2 StPO dem Opfer auf Antrag ein Beistand beizuordnen.

Rechtsanwalt

III. (Rück-)Wirkung der Beiordnung

238 Eine Beiordnung nach § 397a Abs. 1 StPO wirkt für das gesamte weitere Verfahren, bis zu dessen Abschluss. Sie gilt somit auch für das Revisionsverfahren und eine eventuelle Revisionshauptverhandlung.[235] Für die Frage der Fortwirkung der Beiordnung ist es unerheblich, ob der Angeklagte in der Vorinstanz auch wegen eines Nebenklagedeliktes nach § 397a Abs. 1 StPO tatsächlich verurteilt worden ist.[236]

Die Beiordnung nach § 397a Abs. 2 StPO wirkt hingegen nur für die jeweilige Instanz.

239 Eine Rückwirkung der Beiordnung besteht nur, wenn der Antrag auf Beiordnung rechtzeitig gestellt worden ist, aber nicht rechtzeitig beschieden wurde. Dies gilt aber auch nur dann, wenn der Antragsteller alles für die Beiordnung erforderliche vorgetragen und vorgelegt hat, also insbesondere im Rahmen der Beiordnung nach § 397a Abs. 2 StPO die Erklärung über seine persönlichen und wirtschaftlichen Verhältnisse nebst Belegen vorgelegt hat.[237]

---

235 BGH NStZ 2000, 552.
236 BGH NStZ-RR 2003, 293.
237 OLG Hamm NStZ 2003, 335.

Eine Beiordnung für das Nebenklageverfahren, sei es nach § 397a Abs. 1 StPO   **240**
oder nach § 397a Abs. 2 StPO, wirkt nicht für ein eventuelles Adhäsionsverfahren.[238]

IV. Rechtsmittel

Erfolgt eine Bestellung eines Beistandes nach § 397a Abs. 1 StPO, ist diese unein-   **241**
geschränkt anfechtbar. Damit kann sowohl der Antragsteller, aber auch die Staatsanwaltschaft einen die Beiordnung ablehnenden Beschluss anfechten. Die Staatsanwaltschaft kann auch die Bestellung eines Beistandes anfechten.

Ordnet das Gericht dem Nebenkläger einen ihm nicht genehmen Beistand bei,   **242**
kann der Nebenkläger dies anfechten. Eine Anfechtungsmöglichkeit durch einen
anderen eventuell dabei nicht beigeordneten Rechtsanwalt, auch im Namen des
Nebenklägers, besteht dagegen nicht.[239]

Der Angeklagte ist allerdings durch die Bestellung nicht unmittelbar beschwert,[240]   **243**
so dass für diesen letztendlich eine Beschwerde ausscheidet.

Nach § 397a Abs. 3 S. 3 StPO waren bislang alle Entscheidungen über Prozesskos-   **244**
tenhilfe, also die Ablehnung, die Anordnung von Ratenzahlungen oder die Bewilligung, unanfechtbar. Nachdem § 397a Abs. 3 S. 3 StPO durch das Gesetz zur Stärkung der Rechte von Opfern sexuellen Missbrauchs (StORMG)[241] gestrichen
worden ist, ist nunmehr die Entscheidung über den Antrag auf Bewilligung von
Prozesskostenhilfe, also insbesondere die Ablehnung und die Anordnung von Ratenzahlungen mit der Beschwerde anfechtbar. Wird also nunmehr eine Beiordnung
nach § 397a Abs. 2 StPO abgelehnt, ist diese Ablehnung jetzt auch, genauso wie
die Ablehnung einer Beiordnung nach § 397a Abs. 1 StPO mit der Beschwerde
anfechtbar.

N. Dolmetscher

Nach § 187 Abs. 2 GVG steht auch dem Nebenkläger und dem nebenklageberech-   **245**
tigten Verletzten, der sich dem Verfahren nicht angeschlossen hat, ein Dolmetscher
zu. Dieser ist für ihn unentgeltlich beizuziehen. Dies gilt auch für das Verfahren
außerhalb der Hauptverhandlung, für deren Vorbereitung.[242]

---

238 BGH NJW 2001, 2486.
239 *Meyer-Goßner*, § 397a Rn 19.
240 OLG Hamm NJW 2006, 2057.
241 Welches am 1.8.2013 in Kraft treten wird.
242 OLG Hamburg NJW 2005, 1135.

246 **Muster 8.20: Zuziehung eines Dolmetschers auf Kosten der Staatskasse**

An das

Amtsgericht/Landgericht

In dem Strafverfahren

gegen ▨▨▨▨▨

wird beantragt,

für die Nebenklägerin/den Nebenkläger einen Dolmetscher für die englische Sprache zu laden.

Begründung:

Frau/Herr ▨▨▨▨▨ ist der deutschen Sprache nicht mächtig. Sie/Er spricht lediglich englisch. Nach § 187 Abs. 2 GVG steht dem Nebenkläger ein Dolmetscher zu, der für diesen unentgeltlich beizuziehen ist.

Rechtsanwalt

247 *Praxistipp: Nebenklage*
Die Opfer der in § 395 StPO genannten Taten sind zur Nebenklage berechtigt.

Die Anschlusserklärung ist schriftlich abzugeben. Wirksam ist aber auch eine Anschlusserklärung zu Protokoll der Geschäftsstelle oder per Telefax. Sie kann auch noch in der Hauptverhandlung zu Protokoll erklärt werden.

Die Rechte des Nebenklägers ergeben sich aus §§ 397 ff., 406d, 406e und 406g StPO. Der Nebenkläger kann damit umfassend an der Hauptverhandlung teilnehmen und diese mitgestalten.

Der Nebenkläger kann das Urteil allerdings nur bezüglich der Schuldfrage anfechten, nicht jedoch wegen der verhängten Rechtsfolge oder der erfolgten Strafzumessung.

Nach § 397a StPO kann dem Nebenkläger auf Antrag ein Beistand beigeordnet werden. Bei den in § 397a Abs. 1 StPO genannten Delikten ohne weitere Voraussetzungen, ansonsten nach denselben Vorschriften wie in bürgerlichen Rechtsstreitigkeiten, wenn er seine Interessen selbst nicht ausreichend wahrnehmen kann oder ihm dies nicht zuzumuten ist.

Der Nebenklageberechtigte ist von seinem Anwalt über die Vorteile und ggf. Nachteile (ggf. psychische Belastungen) der Teilnahme am Strafverfahren gegen den Angeklagten hinzuweisen.

§ 9 Adhäsionsverfahren

A. Einleitung

Das Adhäsionsverfahren, welches in den §§ 403–406c StPO geregelt ist, soll dem **1** Verletzten einer Straftat die Möglichkeit eröffnen, seine ihm zustehenden zivilrechtlichen Schadensersatzansprüche (materieller Schaden und Schmerzensgeld), die normalerweise vor einem Zivilgericht geltend zu machen wären, gleich mit in einem Strafverfahren gegen den Täter geltend zu machen, so dass ihm ein gesonderter Zivilprozess erspart bleibt.

Macht ein Opfer seinen ihm zustehenden Schadensersatz im Rahmen eines Adhä- **2** sionsverfahrens geltend, wird ihm teilweise vorgeworfen, es gehe ihm im Verfahren lediglich um Geld und seine Zeugenaussage sei damit mit Vorsicht zu genießen. Letztendlich ist dies aber das gute Recht des Verletzten. Außerdem dürfte die Interessenlage des Opferzeugen, der später seine Ansprüche in einem Zivilverfahren geltend macht, nicht anders sein, da ein gegen den Täter ergangenes Strafurteil für das Zivilverfahren zumindest eine Indizwirkung hat. Insofern muss jedem Opfer zugestanden werden, seinen Schaden geltend zu machen, ohne dass dies eine Auswirkung auf die Glaubwürdigkeit des Opferzeugen hat. Legt der Opferzeuge aus Schadensersatzgesichtspunkten einen zu großen Verfolgungseifer an den Tag, ist dies leicht vom Richter zu erkennen und im Rahmen der Bewertung der Aussage des Opferzeugen zu berücksichtigen. Ungeachtet dessen besteht für das Opfer, insbesondere eines schweren Verbrechens, z.B. Sexualverbrechens, der Vorteil, dass dieses nicht mehrfach in verschiedenen Verfahren aussagen oder mehrere Verhandlungstermine wahrnehmen muss, so dass eine Doppelbelastung des Opfers vermieden werden kann. Auch setzt sich das Opfer nicht den Beweislastproblemen in einem Zivilverfahren aus, nach denen aufgrund der dort herrschenden Beweislastverteilung viele Opfer den geltend gemachten Anspruch bei einem streitigen Zivilverfahren nicht beweisen können. Die strafrechtliche Verurteilung des Täters entfaltet kein Präjudiz für ein späteres Zivilverfahren, in dem das Opfer seine vermögensrechtlichen Ansprüche aus der Straftat geltend macht.[1] Weist der Rechtsanwalt das Opfer auf diese Problematik nicht hin, macht er sich unter Umständen schadenersatzpflichtig. Abschließend spricht für den Adhäsionsantrag, dass hierfür, im Gegensatz zu einer zivilrechtlichen Klage, kein Gerichtskostenvorschuss zu leisten ist.

---

1 BGH, Urt. v. 27.9.1988, XI ZR 8/88.

3 Ist der Aufenthalt des Beschuldigten unbekannt, bietet sich dennoch die Stellung eines Adhäsionsantrages an, da dieser nach § 404 Abs. 2 StPO mit Eingang bei Gericht dieselbe Wirkung wie die Erhebung der Klage im Zivilverfahren, also die Verjährungsunterbrechung, hat.

4 Durch die Stellung des Adhäsionsantrags im Strafverfahren und der damit erfolgten Verjährungsunterbrechung besteht auch dann nicht mehr die Gefahr, dass man zunächst den Ausgang des Strafverfahrens abwartet, dann entscheidet, eine zivilrechtliche Klage auf Schadensersatz zu erheben und dann feststellen muss, dass die kurze Verjährungsfrist von 3 Jahren nach § 195 BGB bereits abgelaufen ist.

5 Bevor der Antrag auf Schadensersatz im Adhäsionsverfahren gestellt wird, ist stets zu prüfen, ob der Antrag für die Erledigung im Strafverfahren geeignet ist, da das Gericht ihn ansonsten nach § 406 Abs. 1 Satz 4 StPO ablehnen kann. Von einer Ungeeignetheit für die Entscheidung im Adhäsionsverfahren ist nach § 406 Abs. 1 Satz 5 StPO bei einem Antrag insbesondere auszugehen, wenn er die Entscheidung im Strafverfahren erheblich verzögern würde. Eine erhebliche Verzögerung liegt nicht vor, wenn dazu das Verfahren nur kurz unterbrochen werden müsste, wohl aber, wenn eine Aussetzung des Verfahrens notwendig würde.[2] Auch ist der Antrag für eine Erledigung im Adhäsionsverfahren ungeeignet, wenn schwierige zivilrechtliche Rechtsfragen entschieden werden müssten.[3] Ob der Antrag für die Entscheidung im Strafverfahren geeignet ist oder nicht, entscheidet das Gericht nach pflichtgemäßem Ermessen.[4]

6 Das Gericht darf einen Adhäsionsantrag auf Schmerzensgeld nach § 253 Abs. 2 BGB nur wegen Unzulässigkeit oder Unbegründetheit ablehnen, nicht jedoch wegen Ungeeignetheit für das Strafverfahren, wie sich aus dem eindeutigen Wortlaut des § 406 Abs. 1 Satz 6 i.V.m. Satz 3 StPO ergibt. Zulässig ist hier aber, dass das Gericht, insbesondere wenn noch Feststellungen zu der Höhe des Schmerzensgeldes erforderlich sind, ein Grundurteil erlässt.

7 In Verkehrsunfallsachen bietet sich ein Adhäsionsverfahren selten an. Dort wird das Strafverfahren lediglich gegen den Täter, meist den Fahrer eines Kraftfahrzeuges geführt. Die Haftpflichtversicherung des Fahrers ist am Strafverfahren nicht beteiligt. Da diese aber im Rahmen des Schadensersatzanspruches zumindest mit in die Haftung genommen werden muss, zumal diese meist den Schadensersatz leisten muss, ist hier der Schadensersatz in einem gesonderten Zivilverfahren gel-

---

2 *Meyer-Goßner*, § 406 Rn 12.
3 BGH DAR 2004, 256.
4 BGH NStZ 2003, 46, 47.

tend zu machen, so dass hier auch die Haftpflichtversicherung mit verklagt werden kann. Damit ist sichergestellt, dass diese auch im Falle des Obsiegens den Schaden übernimmt. Wurde dennoch in einem Adhäsionsverfahren ein Titel gegen den Fahrer eines Kraftfahrzeuges erstritten, kann der Freistellungsanspruch des Versicherungsnehmers gegenüber seiner Haftpflichtversicherung gepfändet und so doch die Haftpflichtversicherung direkt in Anspruch genommen werden.

Im Adhäsionsverfahren kann ein Rechtsanwalt nach allgemeinen zivilrechtlichen Grundsätzen mehrere Anspruchsteller gleichzeitig vertreten. **8**

B. Antragsberechtigung

Nach § 403 StPO ist der Verletzte einer Straftat im Adhäsionsverfahren antragsberechtigt. Verletzter ist, wer durch die Straftat unmittelbar einen vermögensrechtlichen Anspruch (z.b. Schadensersatzanspruch) erworben hat.[5] Darüber hinaus ist nach herrschender Meinung auch der aus der Straftat mittelbar Verletzte, also z.b. die Ehefrau eines durch die Straftat Getöteten, antragsberechtigt.[6] Der mittelbar Verletzte kann z.b. Schmerzensgeld verlangen für einen Schockschaden aufgrund der Nachricht von der Tat. Unter Schockschaden ist eine nachhaltige traumatische Schädigung, die über die normale seelische Erschütterung in Fällen grausamer Nachrichten hinausgeht und eigenen Krankheitswert hat,[7] zu verstehen. **9**

§ 403 StPO Voraussetzungen

Der Verletzte oder sein Erbe kann gegen den Beschuldigten einen aus der Straftat erwachsenen vermögensrechtlichen Anspruch, der zur Zuständigkeit der ordentlichen Gerichte gehört und noch nicht anderweit gerichtlich anhängig gemacht ist, im Strafverfahren geltend machen, im Verfahren vor dem Amtsgericht ohne Rücksicht auf den Wert des Streitgegenstandes.

Unbeachtlich für die Antragsberechtigung ist, ob der Verletzte im Strafverfahren einen Strafantrag gestellt hat.[8] **10**

Auch ist nach § 403 StPO der Erbe des Verletzten antragsberechtigt. Der Schmerzensgeldanspruch ist vererbbar.[9] Ist beim Opfer allerdings der Tod bald nach der Tat eingetreten, ist das Schmerzensgeld unter Berücksichtigung aller Umstände, **11**

5 LR-*Hilger*, § 403 Rn 1.
6 LR-*Hilger*, § 403 Rn 1.
7 KG Berlin KGR 2001, 245.
8 *Meyer-Goßner*, § 403 Rn 2.
9 BGH NJW 1995, 783.

d.h. von Art und Umfang der Verletzungen und Zeitraum bis zum Tod zu bemessen.[10] Ein Schmerzensgeldanspruch scheidet aus, wenn zwischen Tat und Tod lediglich ein geringer Zeitraum lag.[11] Wurde der Erbe von einer Erbengemeinschaft, z.B. durch seine Ehefrau und seine Kinder, beerbt, ist jeder der Erben für sich alleine antragsberechtigt. Die Leistung des zivilrechtlichen Anspruchs hat allerdings gemäß § 2039 Satz 1 BGB an alle Erben zu erfolgen, so dass der Antrag auf Leistung an alle Erben der Erbengemeinschaft lauten muss. Auch ist ein Erbe des Erben antragsberechtigt.[12] Der Erbe des durch die Straftat Getöteten muss den Erbschein vorlegen, da andernfalls sein Adhäsionsantrag unzulässig ist.[13]

12 Andere Rechtsnachfolger, wie z.B. Zessionare oder Pfändungsgläubiger sind nicht anspruchsberechtigt, da ihr Anspruch nicht unmittelbar aus der Straftat stammt.[14] Gleiches gilt für die Sozialversicherung, auf die der Anspruch übergegangen ist und private Haftpflichtversicherung.

13 Der Insolvenzverwalter ist nur antragsberechtigt, wenn die Schädigung des Gemeinschuldners nach Antragseröffnung im Insolvenzverfahren erfolgt ist.[15]

14 Ist der Antragsteller nicht prozessfähig nach § 52 ZPO, muss der Antrag durch seinen gesetzlichen Vertreter gestellt werden. Wird ein minderjähriger Zeuge durch seine beiden Elternteile vertreten, hat jeder von den beiden Elternteilen einzuwilligen. Insbesondere bei getrennt lebenden oder geschiedenen Eltern muss also immer die Zustimmung des anderen mitsorgeberechtigten Elternteils eingeholt werden. Stimmt dieser nicht zu, oder meldet sich nicht, bedarf es einer Entscheidung des Familiengerichts (vgl. oben § 8 Rn 25 ff.).

Richtet sich das Adhäsionsverfahren eines Kindes gegen einen Elternteil, muss das gleiche gelten, wie beim Nebenklageverfahren (vgl. oben § 8 Rn 28) des Kindes gegen einen Elternteil, es muss also ein Ergänzungspfleger bestellt werden.[16] Auch hier besteht ggf. ein Interessenskonflikt des nicht beschuldigten Elternteils. Hierbei kann es sich z.B. auch um den anwaltlichen Nebenklägervertreter handeln. Teilweise wird aber auch vertreten, dass, wenn sich das Strafverfahren gegen den

---

10 BGH NJW 1998, 2741.
11 BGH NJW 1998, 2741 (1 Stunde ohne Bewußtsein); OLG Karlsruhe VersR 2001, 1123 Tod nach Sekunden.
12 LR-*Hilger*, § 403 Rn 2.
13 BGH NJW-Spezial 2010, 71.
14 *Meyer-Goßner*, § 403 Rn 4.
15 OLG Frankfurt NStZ 2007, 588.
16 OLG Stuttgart Justiz 1999, 348.

nicht sorgeberechtigten Elternteil richtet, der Minderjährige vom sorgeberechtigten Elternteil, ohne Bestellung eines Ergänzungspflegers, vertreten werden kann.[17]

▼

Muster 9.1: Bestellung eines Ergänzungspflegers für einen Adhäsionsantrag eines minderjährigen Kindes im Adhäsionsverfahren gegen einen Elternteil

An das Amtsgericht

– Vormundschaftsgericht –

Antrag

des Kindes

– Antragsteller –

Vb.: RA

wegen: Anordnung einer Ergänzungspflegschaft nach §§ 1693, 1909, 1915 BGB

Namens und in Vollmacht werden wir beantragen:
1. Für das Kind wird die Ergänzungspflegschaft gemäß §§ 1693, 1909, 1915 BGB angeordnet für folgenden Wirkungskreis:
   Recht zur Stellung eines Adhäsionsantrags im Verfahren gegen
2. Als Ergänzungspfleger wird bestellt.

Begründung:

Das minderjährige Kind wurde Opfer einer Straftat. Seinem Elternteil wird vorgeworfen zum Nachteil des Kindes begangen zu haben. Gegen ihn wird unter dem AZ: bei der Staatsanwaltschaft ein Strafverfahren geführt.

Es bedarf damit der Bestellung eines Ergänzungspflegers, der die Stellung eines Adhäsionsantrags übernimmt, da die Sorgeberechtigten diesbezüglich von der Vertretung ausgeschlossen sind.

Rechtsanwalt

▲

C. Antragsgegner

Antragsgegner ist lediglich der Beschuldigte. Haftet eine weitere Person neben dem Beschuldigten, kann diese im Adhäsionsverfahren nicht mit in Anspruch ge- **15**

---

17 OLG Frankfurt, Beschl. v. 22.10.2008, 6 UF 174/08.

nommen werden. Dies gilt insbesondere bei Verkehrsstraftaten für die nach § 3 PflVersG eventuell mithaftende Haftpflichtversicherung.[18] Eine im Adhäsionsverfahren gegen den Schädiger ergehende Entscheidung entfaltet auch keine Bindungswirkung gegenüber Dritten, auch nicht gegenüber dem Haftpflichtversicherer des Schädigers und bindet auch nicht das in einem Folge-Zivilprozess zur Entscheidung berufene Gericht.[19]

16 Nach § 81 JGG ist das Adhäsionsverfahren gegen Jugendliche ausgeschlossen, wobei hier auf den Tatzeitpunkt[20] und nicht den Zeitpunkt der Verhandlung abzustellen ist. Dies gilt auch nach § 104 Abs. 1 Nr. 14 JGG für Verfahren von Jugendlichen vor den allgemeinen Strafgerichten.

17 Gegen Heranwachsende ist dagegen das Adhäsionsverfahren uneingeschränkt zulässig, d.h. insbesondere auch dann, wenn der Heranwachsende lediglich nach Jugendstrafrecht verurteilt wird, vgl. § 81 JGG i.V.m. § 109 Abs. 2 JGG.

§ 81 JGG Entschädigung des Verletzten

Die Vorschriften der Strafprozessordnung über die Entschädigung des Verletzten (§§ 403 bis 406c der Strafprozessordnung) werden im Verfahren gegen einen Jugendlichen nicht angewendet.

§ 109 JGG Verfahren

(1) (…)

(2) Wendet der Richter Jugendstrafrecht an (§ 105), so gelten auch die §§ 45, 47 Abs. 1 Satz 1 Nr. 1, 2 und 3, Abs. 2, 3, §§ 52, 52a, 54 Abs. 1, §§ 55 bis 66, 74 und 79 Abs. 1 entsprechend. § 66 ist auch dann anzuwenden, wenn die einheitliche Festsetzung von Maßnahmen oder Jugendstrafe nach § 105 Abs. 2 unterblieben ist. § 55 Abs. 1 und 2 ist nicht anzuwenden, wenn die Entscheidung im beschleunigten Verfahren des allgemeinen Verfahrensrechts ergangen ist. § 74 ist im Rahmen einer Entscheidung über die Auslagen des Verletzten nach § 472a der Strafprozessordnung nicht anzuwenden.

(3) (…)

18 Der Antragsgegner muss, wie für das übrige Strafverfahren auch, verhandlungsfähig sein, nicht jedoch prozessfähig i.S.d. § 52 ZPO. Soll im Adhäsionsverfahren ein Vergleich über den zivilrechtlichen Anspruch geschlossen werden, bedarf es bei fehlender Geschäftsfähigkeit des Antragsgegners der Mitwirkung des gesetzlichen Vertreters.

---

18 *Schirmer*, DAR 1988, 121.
19 BGH, Urt. v. 18.12.2012, VI ZR 55/12.
20 *Eisenberg*, JGG, § 81 Rn 3.

D. Antragstellung

I. Strafverfahren

Der Adhäsionsantrag ist im Strafverfahren zu stellen. Damit kann er nur im Straf- **19**
befehlsverfahren gestellt werden, wenn es nach einem Einspruch gegen den Strafbefehl zu einer Hauptverhandlung kommt.[21] Auch kann der Antrag im Privatklageverfahren gestellt werden.[22] Ein Adhäsionsantrag im Sicherungsverfahren ist
dagegen unzulässig.[23]

II. Zeitpunkt

Der Antrag kann schon im Ermittlungsverfahren gestellt werden, wird aber erst **20**
nach § 404 Abs. 2 Satz 2 StPO mit Eingang bei Gericht wirksam.[24] Damit ist
Rechtshängigkeit gegeben, ungeachtet der Frage, ob und wann der Antrag dem Antragsgegner zugestellt wird oder ob bereits eine Anklage der Staatsanwaltschaft
vorliegt. Damit ist die Verjährung unterbrochen.[25]

Der Antrag muss nach § 404 Abs. 1 Satz 1 StPO spätestens bis zum Beginn der **21**
Schlussvorträge (Plädoyers) gestellt werden. Da die Staatsanwaltschaft üblicherweise zuerst plädiert, muss der Antrag bis dahin gestellt worden sein. Kommt es zu
mehrmaligen Plädoyers, z.B. weil das Gericht nach den Plädoyers nochmals in die
Beweisaufnahme eingetreten ist, kann der Antrag bis zum Beginn der letzten Plädoyers gestellt werden.[26]

Der Adhäsionsantrag kann auch noch im Berufungsverfahren, dort auch wieder bis **22**
zum Beginn der Schlussvorträge gestellt werden.[27] Eine Antragstellung im Revisionsverfahren ist dagegen nicht mehr möglich.[28] Wird allerdings die Sache vom Revisionsgericht zur erneuten Verhandlung und Entscheidung an das Tatgericht wieder zurückverwiesen, kann der Antrag wieder gestellt werden.[29]

---

21 LR-*Hilger*, § 403 Rn 20.
22 OLG Düsseldorf JMBlNW 1988, 178.
23 Das Sicherungsverfahren ist kein Strafverfahren.
24 LR-*Hilger*, § 404 Rn 2, 7.
25 Vgl. zur Problematik der Verjährung OLG Karlsruhe NJW-RR 1997, 508 f.; OLG Rostock OLG-
NL 2000, 117.
26 LR-*Hilger*, § 404 Rn 4.
27 LR-*Hilger*, § 404 Rn 4; LG Gießen NJW 1949, 727.
28 *Meyer-Goßner*, § 404 Rn 4.
29 BGH DAR 2001, 207.

23 Wird der Adhäsionsantrag außerhalb der Hauptverhandlung gestellt, muss er nach § 404 Abs. 3 StPO von Amts wegen (förmlich) zugestellt werden. Unterbleibt die Zustellung, muss der Antrag in der Hauptverhandlung bis zum Beginn der Plädoyers gestellt werden (vgl. oben Rn 21), damit er Wirksamkeit entfaltet. Wird er erst im Plädoyer gestellt, ist er verspätet,[30] es sei denn das Gericht tritt danach nochmals in die Beweisaufnahme ein.[31]

24 Hat das Gericht in 1. Instanz von einer Entscheidung im Adhäsionsverfahren abgesehen, kann im Berufungsverfahren erneut Adhäsionsantrag gestellt werden, da die Absehensentscheidung nicht in Rechtskraft erwächst.[32]

§ 404 StPO Antrag des Verletzten

(1) Der Antrag, durch den der Anspruch geltend gemacht wird, kann schriftlich oder mündlich zur Niederschrift des Urkundsbeamten, in der Hauptverhandlung auch mündlich bis zum Beginn der Schlussvorträge gestellt werden. Er muss den Gegenstand und Grund des Anspruchs bestimmt bezeichnen und soll die Beweismittel enthalten. Ist der Antrag außerhalb der Hauptverhandlung gestellt, so wird er dem Beschuldigten zugestellt.

(2) Die Antragstellung hat dieselben Wirkungen wie die Erhebung der Klage im bürgerlichen Rechtsstreit. Sie treten mit Eingang des Antrages bei Gericht ein.

(3) Ist der Antrag vor Beginn der Hauptverhandlung gestellt, so wird der Antragsteller von Ort und Zeit der Hauptverhandlung benachrichtigt. Der Antragsteller, sein gesetzlicher Vertreter und der Ehegatte oder Lebenspartner des Antragsberechtigten können an der Hauptverhandlung teilnehmen.

(4) Der Antrag kann bis zur Verkündung des Urteils zurückgenommen werden.

(5) Dem Antragsteller und dem Angeschuldigten ist auf Antrag Prozesskostenhilfe nach denselben Vorschriften wie in bürgerlichen Rechtsstreitigkeiten zu bewilligen, sobald die Klage erhoben ist. § 121 Abs. 2 der Zivilprozessordnung gilt mit der Maßgabe, dass dem Angeschuldigten, der einen Verteidiger hat, dieser beigeordnet werden soll; dem Antragsteller, der sich im Hauptverfahren des Beistandes eines Rechtsanwalts bedient, soll dieser beigeordnet werden. Zuständig für die Entscheidung ist das mit der Sache befasste Gericht; die Entscheidung ist nicht anfechtbar.

III. Form

25 Der Adhäsionsantrag ist nach § 404 Abs. 1 Satz 1 StPO schriftlich oder mündlich zur Niederschrift des Urkundsbeamten in der Hauptverhandlung zu stellen. Der

---

30 BGH StV 1988, 515.
31 BGH NStZ 2009, 566.
32 KG NStZ-RR 2001, 266.

Antrag ist dann als wesentliche Förmlichkeit der Hauptverhandlung nach § 273 Abs. 1 StPO zu protokollieren. Auch ist eine Antragstellung außerhalb der Hauptverhandlung zur Niederschrift des Urkundsbeamten zulässig.[33]

Allerdings stellt der Antrag auf Prozesskostenhilfe oder die Ankündigung eines **26** Adhäsionsantrages[34] noch keine wirksame Antragstellung dar.

IV. Inhalt

Der Adhäsionsantrag kann nur einen aus der Straftat erwachsenen vermögensrecht- **27** lichen Anspruch beinhalten, der noch nicht anderweitig gerichtlich anhängig ist. Ein vermögensrechtlicher Anspruch ist gegeben, wenn er sich aus Vermögensrechten ableitet oder auf Vermögensrechte gerichtet ist.[35] In der Praxis werden meist Ansprüche auf Schadensersatz, insbesondere Schmerzensgeld, geltend gemacht. Ist der Schadensersatz noch nicht bezifferbar oder es besteht z.b. zur Verjährungsunterbrechung ein rechtliches Interesse nach § 256 Abs. 1 ZPO, kann auch ein Feststellungsantrag im Adhäsionsverfahren gestellt werden.

Das Schmerzensgeld oder der Schadensersatz wird grundsätzlich als Einmalzah- **28** lung geleistet. Ausnahmsweise kann das Schmerzensgeld auch in Form einer lebenslangen Rente gewährt werden. Dies kommt dann in Betracht, wenn das Opfer einen lebenslangen Dauerschaden erlitten hat, dem es sich immer wieder neu und schmerzlich bewusst wird und der auch zukünftig sein seelisches und körperliches Wohlbefinden oder seine Lebensfreunde beeinträchtigt.[36] Die Schmerzensgeldrente darf aber nicht höher als das Schmerzensgeld bei einer Einmalzahlung sein.[37]

Da Schmerzensgeldansprüche vererblich sind, ist auch zu prüfen, ob das Opfer bis **29** zum Eintritt des Todes eventuell noch einen Schmerzensgeldanspruch erworben hat, der dann mit Todeseintritt auf seine Erben übergegangen ist und nunmehr für diese geltend gemacht werden kann.

Neben dem Schmerzensgeldanspruch können als weitere Schadenspositionen, z.b. **30** die Arzt- und Behandlungskosten, welche zur Wiederherstellung des ursprünglichen Gesundheitszustandes erforderlich sind, geltend gemacht werden. Dies al-

---

33 *Meyer-Goßner*, § 404 Rn 2.
34 BGH NStZ 1990, 230.
35 *Granderath*, NStZ 1984, 400.
36 BGH VersR 1968, 476.
37 BGH DAR 1976, 244.

lerdings nur, soweit sie nicht z.B. auf eine Krankenversicherung übergegangen sind.

31 Üblicherweise handelt es sich hierbei um Eigenanteile bzw. Zuzahlungen für Behandlungskosten, Arzneimittel und Brillen, sowie Krankentransportkosten, Fahrt- und Parkkosten[38] wegen Arztbesuchen, ärztlich verordnete Kuraufenthalte, sofern sie vom Sozialversicherungsträger nicht übernommen werden,[39] Kosten für medizinisch notwendiges Muskelaufbautraining in einem Fitnessstudio,[40] Kosten für kosmetische Narbennachbehandlungen[41] bzw. auch Kosten für ein Fernsehgerät in einem Krankenhaus, wenn dies gesundheitsförderlich ist.[42] Ggf. sind auch Besuchskosten naher Angehöriger bei einem Opfer, welches sich in stationärer Behandlung befindet, zu ersetzen, wenn der Besuch des nahen Angehörigen medizinisch notwendig ist, um die durch die Tat verursachte psychische Beeinträchtigung zu lindern.[43]

32 Hat das Opfer aufgrund der Tat eine dauernde Beeinträchtigung seines Wohlbefindens erlitten, können sog. vermehrte Bedürfnisse ebenfalls als Schadensposition geltend gemacht werden.[44] Hierbei kommen insbesondere Kurkosten,[45] ggf. orthopädisches Schuhwerk,[46] Aufwand für Pflegepersonal[47] oder erhöhte Ausbildungskosten[48] in Betracht.

33 Darüber hinaus ist an die Geltendmachung des sog. Erwerbsschadens zu denken. Unter Erwerbsschaden sind diejenigen Schadenspositionen zu verstehen, die aus dem schadensbedingten Arbeitsausfall des Opfers entstehen. Bei einem abhängigen Beschäftigten, der für die ersten sechs Wochen Entgeltfortzahlung erhält, entsteht ein Erwerbsschaden damit frühestens nach Ablauf dieses Zeitraumes. Danach erhält er Krankengeld, welches in der Regel 70 % des letzten Brutto-, aber höchstens 90 % des Nettoeinkommens beträgt, so dass diese Differenz als Erwerbsschaden geltend gemacht werden kann.

---

38 OLG Frankfurt VersR 1981, 239.
39 BGH VersR 1967, 903, 904.
40 OLG Köln VRS 1998, 414.
41 BGH NJW 1975, 640.
42 OLG Düsseldorf NJW-RR 1994, 352.
43 BGH NJW 1991, 2340 ff.
44 BGH VRS 1974, 162.
45 LG Bonn VersR 1996, 381.
46 LG Hannover VRS 7, 404.
47 BGH NJW 1974, 41 f.
48 BGH NJW-RR 1992,791.

Bei Selbstständigen, bei denen selbstverständlich eine Lohnfortzahlung nicht stattfindet, besteht der Erwerbsschaden aus denjenigen Einbußen, die aufgrund des tatbedingten Arbeitsausfalls konkret erlitten werden. Bei der Bezifferung des Schadens ist daher ein Nachweis konkret entgangener Geschäfte oder der konkreten Gewinnminderung erforderlich. Da dies regelmäßig relativ problematisch nachzuweisen ist, kann sich durchaus anbieten, eine Ersatzkraft einzustellen; die hierfür entstehenden Kosten können unproblematisch als Schaden geltend gemacht werden.[49]   **34**

Handelt es sich bei dem Opfer um einen Schüler, Auszubildenden oder ein Kind, besteht der Erwerbsschaden ggf. in einem tatbedingten verspäteten Eintritt in das Berufsleben.   **35**

War das Opfer nicht berufstätig, kann es trotzdem einen Erwerbsschaden erleiden. Dies kann dann der Fall sein, wenn es aufgrund seiner tatbedingten Verletzungen seinen Haushalt nicht mehr führen kann. Diese Haushaltsführung stellt auch eine Erwerbstätigkeit nach § 842 BGB dar. Damit wird auch ein Anspruch auf Ausgleich vermehrter Bedürfnisse gemäß § 843 BGB begründet.[50]   **36**

37

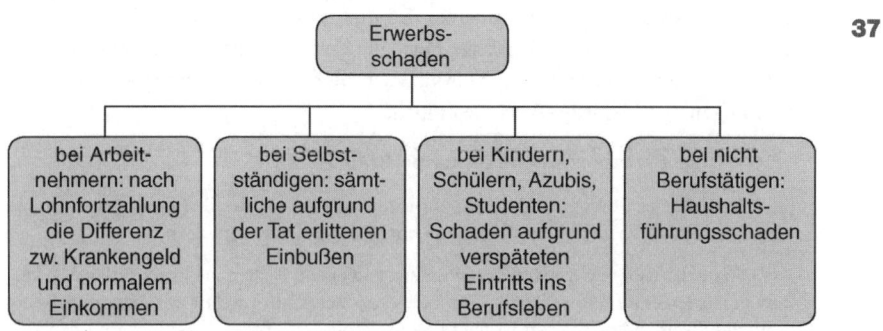

Der oder die Erben können, wie bereits dargestellt, Ansprüche des Getöteten, die auf sie übergegangen sind, im Wege des Adhäsionsverfahrens geltend machen. Dies gilt also auch insbesondere für das Schmerzensgeld, welches nach einer Gesetzesänderung im Jahr 1990 auch vererblich ist.

Da allerdings auch mittelbar Verletzte einen ihnen aus der Straftat erwachsenen vermögensrechtlichen Anspruch geltend machen können, kommt als Anspruchsgrundlage für den mittelbar Verletzten insbesondere § 844 BGB (Ersatzansprüche   **38**

49 BGH VersR 1977, 916.
50 BGH NJW 1974, 41.

Dritter bei Tötung) in Betracht. Es können damit zunächst die Beerdigungskosten, also Kosten für die Grabstelle, den Sarg, die Trauerfeier, Todesmeldung in der Zeitung, Trauerkleidung[51] und ggf. Überführungskosten eines Ausländers in sein Heimatland[52] geltend gemacht werden.

39 Als weitere wichtige Schadensposition kommt hier der sog. Unterhaltsschaden in Betracht, wenn das getötete Opfer gegenüber Dritten gesetzlich zum Unterhalt verpflichtet war. Der Täter hat solange den Unterhalt zu übernehmen, wie dieser auch vom Opfer hätte bezahlt werden müssen. Der konkrete Unterhaltsanspruch richtet sich nicht nach dem, was das Opfer tatsächlich bezahlt hat, sondern was er aufgrund der gesetzlichen Unterhaltsvorschriften schuldete.[53]

40 Darüber hinaus hat der Täter hier auch den sog. Haushaltsführungsschaden zu ersetzen. Auch kommen neben dem geerbten Anspruch auf Schmerzensgeld (Schmerzensgeld für Schmerzen des Opfers, die im Wege der Erbfolge übergegangen sind) auch eigene Ansprüche des Erben wegen sog. Schockschäden in Betracht. Es handelt sich hierbei um solche Schäden, die dadurch entstehen, dass ein naher Angehöriger bei der Überbringung der Todesnachricht oder der Nachricht von einer schweren Verletzung einer Straftat einen Schock erleidet.[54] Diese Schockschäden begründen allerdings nur dann einen Schmerzensgeldanspruch eines Dritten, wenn hierdurch ein Maß überschritten wird, das „üblicherweise" bei Mitteilungen über derartige Vorfälle eintritt.[55]

§ 844 BGB Ersatzansprüche Dritter bei Tötung

(1) Im Falle der Tötung hat der Ersatzpflichtige die Kosten der Beerdigung demjenigen zu ersetzen, welchem die Verpflichtung obliegt, diese Kosten zu tragen.

(2) Stand der Getötete zur Zeit der Verletzung zu einem Dritten in einem Verhältnis, vermöge dessen er diesem gegenüber kraft Gesetzes unterhaltspflichtig war oder unterhaltspflichtig werden konnte, und ist dem Dritten infolge der Tötung das Recht auf den Unterhalt entzogen, so hat der Ersatzpflichtige dem Dritten durch Entrichtung einer Geldrente insoweit Schadensersatz zu leisten, als der Getötete während der mutmaßlichen Dauer seines Lebens zur Gewährung des Unterhalts verpflichtet gewesen sein würde; die Vorschrift des § 843 Abs. 2 bis 4 findet entsprechende Anwendung. Die Ersatzpflicht tritt auch dann ein, wenn der Dritte zur Zeit der Verletzung gezeugt, aber noch nicht geboren war.

---

51   OLG Köln VersR 1956, 646, 647.
52   LG Gießen DAR 1984, 151.
53   BGH VersR 1988, 166.
54   BGH zfs 1989, 298.
55   BGH VersR 1971, 905, 906.

Die Genugtuungsfunktion des Schmerzensgeldes entfällt auch nicht bei einer straf- **41** rechtlichen Verurteilung des Täters zu einer Freiheitsstrafe, da diese Verurteilung in erster Linie den Interessen der Gesellschaft und nicht der Genugtuung des Opfers dient.[56]

Der im Adhäsionsverfahren geltend gemachte Anspruch muss in die Zuständigkeit **42** der ordentlichen Gerichte fallen, darf also insbesondere nicht in die ausschließliche Zuständigkeit der Arbeitsgerichte fallen. Wurde allerdings über einen derartigen Anspruch, der nicht in die Zuständigkeit der ordentlichen Gerichte fällt, im Adhäsionsverfahren entschieden, ist die Entscheidung trotzdem wirksam.[57]

Im Adhäsionsverfahren gelten die zivilprozessualen Streitwertgrenzen nach § 403 **43** StPO nicht, so dass auch bei einem Strafverfahren vor dem Amtsgericht Adhäsionsansprüche, gleich in welcher Höhe, geltend gemacht werden können. Hieraus folgt weiter, dass für das Adhäsionsverfahren, unabhängig von der Höhe des geltend gemachten Anspruchs, kein Anwaltszwang nach § 78 ZPO besteht.

Die inhaltlichen Anforderungen an den Adhäsionsantrag ergeben sich aus § 404 **44** Abs. 1 StPO. Nach § 404 Abs. 1 Satz 2 StPO hat der Antrag den Gegenstand und den Grund des Anspruchs genau zu bezeichnen. Er soll zudem die Beweismittel enthalten.

Gegenstand des Antrags bedeutet, dass der Antragsteller einen bestimmten Antrag **45** mit vollstreckungsfähigem Inhalt stellen muss, da das Adhäsionsurteil ggf. Grundlage für eine spätere Zwangsvollstreckung ist. Er muss also den Erfordernissen einer normalen zivilrechtlichen Klage gerecht werden. In der Regel wird also der begehrte Geldbetrag der Höhe nach zu beziffern sein. Bei der Geltendmachung von Schmerzensgeld kann die Höhe in das Ermessen des Gerichts gestellt werden, so dass hier kein bestimmter Betrag im Rahmen des Antrages genannt werden muss. Dieser ist aber für die Angabe des Streitwertes erforderlich,[58] so dass sich im Rahmen der Begründung des Adhäsionsantrages Ausführungen zu den betragsmäßigen Vorstellungen des Antragstellers gebieten. An diesen Betrag ist das Gericht allerdings bei seiner Entscheidung nicht gebunden, es kann nach oben von ihm abweichen.

Das Schmerzensgeld soll immaterielle Schäden, die das Opfer erlitten hat, ausglei- **46** chen und soll darüber hinaus zu einer Genugtuung führen.

---

56 BGH NJW 1995, 781, 782.
57 BGHSt 3, 210, 213.
58 *Zöller-Greger*, ZPO, § 253 Rn 14.

47 Das Schmerzensgeld ist unter Berücksichtigung aller Umstände des Einzelfalls zu bestimmen, wobei es in einem angemessenen Verhältnis zu Art und Dauer der erlittenen Verletzungen des Opfers stehen soll. Hierbei sind Bemessungskriterien, die in der Person des Opfers, des Täters, die beide betreffen, in der Tat, und den Tatfolgen liegen, zu beachten, wobei die, die das Opfer betreffen im Vordergrund stehen.[59]

48 Zu den Bemessungskriterien, die in der Tat selbst liegen, zählen z.b.:

- Umstände der Tat,
- Dauer,
- Einsatz gefährlicher Gegenstände,
- Einsatz von Waffen,
- Todesdrohungen,
- erniedrigende Behandlung,
- entwürdigende Umstände,
- brutale Ausführung.[60]

49 Zu den Bemessungskriterien, die an das Opfer anknüpfen, zählen z.B.:

- Alter (Wahrnehmbarkeit und Verarbeitung der Belastung),
- Belastung durch erneutes Durchleben der Tat bei Vernehmungen, z.B. weil Täter leugnet und das Opfer in Hauptverhandlung nochmals vernommen werden muss,
- Alkoholisierung,
- Hineinbegeben in eine erkennbar problematische Situation,
- nicht: wirtschaftliche Situation,
- nicht: geistige Behinderung und damit Unfähigkeit, die Kompensation durch das Schmerzensgeld zu erkennen.[61]

50 Zu den Bemessungskriterien, die an den Täter anknüpfen, zählen z.B.:

- mangelnde Reue,
- menschen- oder frauenfeindliche Gesinnung,
- Leugnen der Tat,
- nicht: strafrechtliche Verurteilung,[62]
- nicht: verminderte oder ausgeschlossene Schuldfähigkeit,[63]

---

59 *Palandt*, § 253 BGB Rn 15.
60 LG Bielefeld NJW-RR 2006, 746.
61 OLG Hamm v. 27.5.2008, 9 W 11/08.
62 BGH NJW 1995, 781.
63 LG Berlin NZV 2006, 389.

■ nicht: wirtschaftliche Verhältnisse,[64] wobei der BGH zuletzt den Adhäsionsausspruch in einem Urteil aufgehoben hat, mit der Begründung, die wirtschaftlichen Verhältnisse des Täters, die dort nicht berücksichtigt waren, seien zu berücksichtigen, weil damit insbesondere verhindert werden soll, dass „die Verpflichtung zur Zahlung eines Schmerzensgeldes zur unbilligen Härte für diesen führen wird".[65]

Zu den Bemessungskriterien, die an Täter und Opfer anknüpfen, zählt nicht die familiäre Beziehung zwischen Täter und Opfer.[66] **51**

Zu den Bemessungskriterien, die an die Tatfolgen anknüpfen, zählen z.B.: **52**

■ Einschränkung der Erwerbsfähigkeit,

■ Dauer und Beeinträchtigung durch Krankenhausaufenthalt,

■ Verzögerung des Schulabschlusses, Abschlusses einer Ausbildung oder eines Studiums,

■ Art und Dauer der Verletzungen und deren Ausmaß allgemein.

Zwar haben sich die Gerichte bei der Bemessung des Schmerzensgeldes an anderen in der Rechtsprechung entschiedenen Fällen im Ausgangspunkt zu orientieren;[67] die in Schmerzensgeldtabellen ausgewiesenen Beträge dienen auch als Orientierungsmaßstab, sind aber nicht schematisch auf den konkret vorliegenden Fall anzuwenden.[68] Die Gerichte können und müssen ggf. sogar – dann mit besonderer Begründung – auch deutlich von bislang in ähnlich gelagerten Fällen ausgeurteilten Schmerzensgeldbeträgen abweichen.[69] **53**

Es bedarf einer generellen Anhebung der Schmerzensgeldbeträge in Fällen extremer sexueller Gewalt.[70] Derartige Fälle sollen im Bereich des Schmerzensgeldes eine Sonderstellung einnehmen, da der aus der Tat resultierende unmittelbare Schaden im Vergleich zu den nach der Tat häufig gravierenden und zum Teil die Opfer ihr Leben lang begleitenden psychischen Beeinträchtigungen zwar relativ

---

64 *Palandt*, § 253 Rn 17.
65 BGH Beschl. v. 24.2.2011, 2 StR 461/10; Diese Begründung des BGH ist ein „Schlag ins Gesicht" jedes Opfers und ein Rückschritt bei den Opferrechten. Will der BGH wirklich das einem Opfer zustehende Schmerzensgeld kürzen, damit der Täter, der z.B. eine Frau brutal vergewaltigt hat, nicht unbillig (?) belastet wird? Soll dies eine Aufforderung an wirtschaftlich Schlechtergestellte sein, „billiger" Straftaten begehen zu können?
66 BGH VersR 1989, 1056.
67 BGH VersR 1970, 281.
68 OLG München SVR 2006, 180.
69 OLG Celle NJWE-VHR 1997, 136.
70 LG Wuppertal, Urt. v. 5.2.2013 – 16 O 95/12 – noch nicht rkr.

gering sei, es aber für die Bemessung des Schmerzensgeldes keinen Unterschied machen dürfe, ob ein Opfer nach einem Verkehrsunfall durch eine Querschnittslähmung sein bisheriges Leben nicht mehr führen kann, oder ob das Opfer einer Vergewaltigung infolge der hieraus dauerhaft resultierenden Beeinträchtigungen, welche deutlich schwieriger zu beschreiben und medizinisch gesichert festzustellen sind, ein Weiterleben wie vor der Tat unmöglich gemacht wird, weil die Fähigkeit Beziehungen gleich welcher Art zu anderen Menschen aufzubauen und zu unterhalten, dauerhaft verändert wurde.[71]

Es sei zudem Aufgabe der Gerichte, die unspezifischen Folgen der Sexualstraftat bei Fällen extremer sexueller Gewalt zu berücksichtigen, auch wenn sich diese häufig nicht in konkreten Krankheitsbildern niederschlagen oder vom Opfer selbst wahrgenommen werden.[72]

54 Nicht alle beim Opfer nach der Tat bestehenden Beeinträchtigungen sind durch das Gericht zur Bestimmung des Schmerzensgeldes aufzuklären. Dass ein Opfer nach einem schweren sexuellen Übergriff z.B. an fortwirkenden psychischen Beeinträchtigungen, häufigem Wiedererinnern in Alltagssituationen, insbesondere kurz nach der Tat leidet, und ihm dies das Führen eines normalen Lebens erschwert, ergibt sich auch ohne Vorlage entsprechender Atteste aus dem gesunden Menschenverstand.[73] Es liegt auch auf der Hand, dass ein Opfer einer derartigen Straftat bleibende Probleme mit Kontakt, vor allem auch intimer Art zu anderen Personen hat und sich sein Leben lang immer wieder in bestimmten Situationen an die Tat erinnern wird.[74] Auch ist es nach schweren sexuellen Übergriffen selbstverständlich, dass das Opfer langjährige therapeutische Hilfe benötigt, ohne dass es darauf ankommt, ob tatsächlich eine posttraumatische Belastungsstörung oder eine Depression mit Krankheitswert besteht, da das Opfer die Tat selbst nie vergessen wird.[75]

55 Auch ist eine Bezifferung des Antrags entbehrlich, wenn sich der Betrag erst nach der durchgeführten Beweisaufnahme, etwa nach Anhörung eines Sachverständigen, bestimmen lässt.[76] Bei einem Schmerzensgeldantrag ist ein Mindestbetrag anzugeben. Dies sollte auch deutlich zum Ausdruck gebracht werden. Der Schmerzensgeldbetrag braucht und sollte nicht bestimmt beziffert werden.

---

71 LG Wuppertal, Urt. v. 5.2.2013 – 16 O 95/12 – noch nicht rkr.
72 LG Wuppertal, Urt. v. 5.2.2013 – 16 O 95/12 – noch nicht rkr.; *Slizyk*, Beck'sche Schmerzensgeldtabelle, Stand: 1.11.2011, VII.
73 LG Wuppertal, Urt. v. 5.2.2013 – 16 O 95/12 – noch nicht rkr.
74 LG Wuppertal, Urt. v. 5.2.2013 – 16 O 95/12 – noch nicht rkr.
75 LG Wuppertal, Urt. v. 5.2.2013 – 16 O 95/12 – noch nicht rkr.
76 OLG Stuttgart NJW 1978, 2209.

Anstatt eines Leistungsantrags bzw. zusätzlich zu einem Leistungsantrag kann der Antragsteller auch einen Feststellungsantrag stellen, wenn der Schaden im Adhäsionsverfahren noch nicht (vollständig) bezifferbar ist und wegen drohender Verjährung er ein berechtigtes Interesse i.S.d. § 256 Abs. 1 ZPO an der Feststellung hat. Dies bietet sich z.b. immer dann an, wenn bei verständiger Beurteilung mit weiteren Folgen oder Spätfolgen zu rechnen ist.[77]

Das Vorliegen eines Feststellungsinteresses könnte zukünftig zumindest bei Vorsatztaten mit dem Hinweis auf die durch das StORMG verlängerte Verjährungsfrist des § 197 Abs. 1 Nr. 1 BGB (vgl. unten Rn 68) abgelehnt werden, da nunmehr Schadenersatzansprüche, die auf der vorsätzlichen Verletzung des Lebens, des Körpers, der Gesundheit, der Freiheit oder der sexuellen Selbstbestimmung beruhen, erst nach 30 Jahren verjähren. Das erforderliche Feststellungsinteresse für einen Feststellungsantrag im Adhäsionsverfahren ergibt sich allerdings nicht nur aus Verjährungsgründen, sondern insbesondere auch aus der Tatsache, dass diese Ansprüche aufgrund der Beweislastverteilung in einem späteren Zivilverfahren nicht mehr zu titulieren sind, wenn der Angeklagte dann bestreitet und keine objektiven Beweise vorhanden sind, wie dies z.B. oft bei Sexualstraftaten, bei denen es keine weiteren Zeugen als das Opfer gibt, der Fall ist. Der Feststellungsanspruch wird aber im Adhäsionsverfahren wie der bezifferte Anspruch tituliert, weil der Angeklagte verurteilt wird und die Gefahr von Spät- bzw. weiteren Folgen besteht. Insofern ergibt sich das erforderliche Feststellungsinteresse unabhängig von Verjährungsfragen aus der Tatsache der Titulierung alleine aufgrund der Verurteilung des Täters.

Da der Antragsteller ggf. kein Kostenrisiko eingehen möchte für den Fall, dass das Gericht keine Prozesskostenhilfe bewilligt, kann er seinen Antrag unter dem Vorbehalt der Prozesskostenhilfebewilligung stellen. Der Antrag wird dann erst mit der Bewilligung der Prozesskostenhilfe durch das Gericht wirksam. Lehnt das Gericht dagegen die Bewilligung von Prozesskostenhilfe ab, wird der Antrag nicht wirksam. Der Antragsteller muss nun entscheiden, ob er auf seinen Antrag verzichtet oder ihn mit eigenem Kostenrisiko stellt.

56 Neben der Angabe des Gegenstandes des Antrags muss der Antragsteller nach § 404 Abs. 1 Satz 2 StPO auch den Antragsgrund angeben. Hierzu zählen alle Angaben des Lebenssachverhalts, die den Antrag schlüssig machen. Bestehen hier Defizite, hat das Gericht nach § 139 ZPO darauf hinzuweisen.[78] Erfolgt daraufhin

---

77 BGH VersR 1989, 1055.
78 KK-*Engelhardt*, § 404 Rn 5.

durch den Antragsteller keine Nachbesserung, kann der Antrag durch das Gericht als unzulässig abgewiesen werden.[79]

57 Beweismittel sollen, müssen aber nicht, angegeben werden. Ihr Fehlen ist unschädlich, da der Amtsermittlungsgrundsatz nach § 244 Abs. 2 StPO gilt.

58 Im Antrag ist der Beschuldigte als Antragsgegner mit Name und Adresse zu bezeichnen.[80] Gleiches gilt für die Angabe des Antragstellers.[81] Bei der Angabe des Antragstellers, kann die Angabe der Adresse des Antragstellers entbehrlich sein, wenn dieser ein Geheimhaltungsinteresse, z.B. wegen Gefährdung oder Stalkings hat.

59 Der Streitwert des Adhäsionsantrages bestimmt sich nach der Höhe des Anspruchs. Der Wert eines unbezifferten Schmerzensgeldantrags richtet sich nach dem zu erwartenden Anspruch.[82] Dabei ist der objektive Sachvortrag des Adhäsionsklägers maßgebend und nicht seine subjektiven Vorstellungen.[83] Wird ein Feststellungsantrag geltend gemacht, beträgt dessen Wert 1/3 des Schmerzensgeldanspruchs.[84]

▼

60 Muster 9.2: Adhäsionsantrag mit PKH

An das

Amtsgericht/Landgericht █████

In dem Strafverfahren

gegen █████

AZ: █████

stelle ich namens und in Vollmacht der Verletzten

█████

– Antragstellerin –

gegen

den Angeklagten

█████

– Antragsgegner –

79 *Meyer-Goßner*, § 406 Rn 10.
80 OLG Karlsruhe NJW-RR 1997, 508.
81 KMR-*Stöckel*, § 403 Rn 12.
82 KG Berlin StraFo 2009, 306.
83 KG Berlin StraFo 2009, 306.
84 OLG Osnabrück, Beschl. v. 29.4.2010 – 15 Qs/321 Js 34591/09–6/10.

folgende Adhäsionsanträge:

1. der Antragsgegner wird verurteilt, an die Antragstellerin ein angemessenes Schmerzensgeld zu zahlen.

2. Der Antragsgegner trägt die Kosten des Adhäsionsverfahrens.

Begründung:

Zur Begründung wird auf die Anklageschrift verwiesen. Hiernach hat ▨

Die damals ▨-jährige Nebenklägerin leidet heute noch unter dem Eindruck des körperlichen Übergriffs und der Vergewaltigung des Angeklagten.

Die Nebenklägerin hält ein Schmerzensgeld in Höhe von mindestens ▨ EUR für angemessen.

Die Genugtuungsfunktion des Schmerzensgeldes entfällt auch nicht bei einer strafrechtlichen Verurteilung des Täters zu einer Freiheitsstrafe, da diese Verurteilung in erster Linie den Interessen der Gesellschaft und nicht der Genugtuung des Opfers dient (vgl. BGH NJW 1995, 781, 782).

Es wird beantragt, der Nebenklägerin für den Adhäsionsantrag Prozesskostenhilfe unter Beiordnung des Unterzeichners zu bewilligen.

Die Nebenklägerin ist nach ihren persönlichen und wirtschaftlichen Verhältnissen nicht in der Lage die Kosten der Prozessführung aufzubringen. Insoweit wird auf die beigefügten Prozesskostenhilfeunterlagen verwiesen.

Rechtsanwalt

Muster 9.3: Adhäsionsantrag mit Feststellungsantrag und PKH **61**

An das

Amtsgericht/Landgericht ▨

In dem Strafverfahren

gegen ▨

AZ: ▨

stelle ich namens und in Vollmacht der Verletzten

▨

– Antragstellerin –

249

gegen

den Angeklagten

– Antragsgegner –

folgende Adhäsionsanträge:

1. Der Antragsgegner wird verurteilt, an die Antragstellerin ein angemessenes Schmerzensgeld zu zahlen.
2. Es wird festgestellt, dass der Antragsgegner verpflichtet ist, der Antragstellerin sämtliche materielle und immaterielle Schäden, die ihr in Zukunft aufgrund der Tat vom ▨▨▨▨▨ entstehen werden, zu ersetzen, soweit sie nicht auf Sozialversicherungsträger oder sonstige Dritte übergehen oder übergegangen sind.
3. Der Antragsgegner trägt die Kosten des Adhäsionsverfahrens.

Begründung:

Zur Begründung wird auf die Anklageschrift verwiesen. Hiernach hat ▨▨▨▨▨.

Die damals ▨▨▨▨▨-jährige Nebenklägerin leidet heute noch unter dem Eindruck des körperlichen Übergriffs und der Vergewaltigung des Angeklagten.

Die Nebenklägerin hält ein Schmerzensgeld in Höhe von mindestens ▨▨▨▨▨ EUR für angemessen.

Die Genugtuungsfunktion des Schmerzensgeldes entfällt auch nicht bei einer strafrechtlichen Verurteilung des Täters zu einer Freiheitsstrafe, da diese Verurteilung in erster Linie den Interessen der Gesellschaft und nicht der Genugtuung des Opfers dient (vgl. BGH NJW 1995, 781, 782).

Es wird beantragt, der Nebenklägerin für den Adhäsionsantrag Prozesskostenhilfe unter Beiordnung des Unterzeichners zu bewilligen.

Die Nebenklägerin ist nach ihren persönlichen und wirtschaftlichen Verhältnissen nicht in der Lage die Kosten der Prozessführung aufzubringen. Insoweit wird auf die beigefügten Prozesskostenhilfeunterlagen verwiesen.

Rechtsanwalt

▲

V. Exkurs: Verjährung von Schadenersatzansprüchen

1. Bisherige Rechtslage

62 Schadenersatzansprüche verjähren nach der regelmäßigen Verjährungsfrist des § 195 BGB innerhalb von drei Jahren, wobei die Verjährungsfrist mit dem Schluss des Jahres beginnt, in dem der Anspruch entstanden ist, und der Anspruchsinhaber von den ihn begründenden Umständen Kenntnis erlangt hat oder ohne grobe Fahrlässigkeit hätte erlangen müssen, vgl. § 199 Abs. 1 BGB. Die absolute Verjährungsfrist des § 199 Abs. 2 BGB von 30 Jahren bei den dort aufgeführten Tatbeständen ist hier meist unbeachtlich, da das Opfer selbstverständlich in der Regel von dem schädigenden Ereignis Kenntnis hat.

Nach dem BGH[85] kann aber die für den Beginn der Verjährung erforderliche Kenntnis des Geschädigten fehlen, wenn dieser infolge der durch die Verletzung erlittenen retrograden Amnesie keine Erinnerung an das Geschehen hat.

Wird das Opfer über diese (relativ kurze) Verjährungsfrist des § 195 BGB nicht beraten, besteht die Gefahr, dass mögliche Schadenersatzansprüche gegen den Täter verjähren, insbesondere wenn diese nicht gleich in einem Adhäsionsverfahren mit geltend gemacht werden oder wurden. Ist die Geltendmachung der Schadenersatzansprüche in einem Adhäsionsverfahren beabsichtigt, ist dennoch diese Verjährungsfrist im Auge zu behalten, da nicht immer sichergestellt ist, dass Prozessbeginn in der Strafsache innerhalb der Verjährungsfrist ist und somit dann auch mögliche Schadenersatzansprüche in einem Adhäsionsverfahren bereits verjährt wären.   **63**

Sind Schadenersatzansprüche gegen den Täter tituliert, gilt dann die 30-jährige Verjährungsfrist des § 197 BGB. Nach § 197 Abs. 1 Nr. 3 BGB verjähren rechtskräftig festgestellte Ansprüche in 30 Jahren. Zu beachten ist allerdings die dreijährige Verjährungsfrist des § 197 Abs. 2 BGB, wonach Ansprüche nach § 197 Abs. 1 Nr. 3–5 BGB, also auch rechtskräftig festgestellte Ansprüche, innerhalb der regelmäßigen Verjährungsfrist, also von drei Jahren, verjähren, sofern es sich um künftig fällig werdende regelmäßig wiederkehrende Leistungen handelt.   **64**

Die dreijährige Verjährungsfrist des § 197 Abs. 2 BGB beginnt gemäß § 199 Abs. 1 BGB mit Ende des Jahres, in dem die Ansprüche fällig geworden sind. Dies gilt auch für Spätschäden, die innerhalb des Laufs der Verjährungsfrist auftreten.

Gemäß § 207 BGB wird die Verjährung aus familiären oder ähnlichen Gründen gehemmt.   **65**

Gemäß § 207 Abs. 1 S. 1 BGB ist die Verjährung von Ansprüchen zwischen Ehegatten gehemmt, solange die Ehe besteht.

---

85   BGH, Urt. v. 4.12.2012 – VI ZR 217/11.

Gemäß § 207 Abs. 1 S. 2 Nr. 2 BGB ist die Verjährung für Ansprüche zwischen dem Kind und seinen Eltern oder zwischen dem Kind und dem Ehegatten oder Lebenspartner eines Elternteils bis zur Vollendung des 21. Lebensjahres des Kindes gehemmt. Die Hemmung endet, wenn das Kind 18 Jahre alt wird. Bei Ansprüchen zwischen dem Kind und dem Stiefelternteil endet die Hemmung schon mit Auflösung der Ehe, die das Stiefkindverhältnis begründet.[86]

66   Bei Ansprüchen/Schadenersatzansprüchen wegen Verletzung der sexuellen Selbstbestimmung ist die Verjährung gemäß § 208 BGB bis zur Vollendung des 21. Lebensjahres des Opfers gehemmt. Lebt das Opfer bei Beginn der Verjährung mit dem Täter in häuslicher Gemeinschaft, so ist die Verjährung auch bis zur Beendigung der häuslichen Gemeinschaft gemäß § 208 S. 2 BGB gehemmt. Dies bedeutet, dass das Opfer mit dem Täter bei Beginn der Verjährung, d.h. dem Jahresende der Anspruchsentstehung gemäß § 199 BGB, in häuslicher Gemeinschaft lebt.

67   Gemäß § 209 BGB wird der Zeitraum, währenddessen die Verjährung gehemmt ist, in die Verjährungsfrist nicht eingerechnet, d.h. die Verjährungszeit wird um die Hemmungszeit verlängert. Im Falle einer Hemmung nach § 208 BGB beginnt die Verjährungszeit ab dem dort genannten Zeitpunkt (Zeitpunkt der Aufhebung der Hemmung).

Im Falle eines minderjährigen Opfers eines Sexualdeliktes endet also die Verjährung mit Vollendung des 24. Lebensjahres, es sei denn eine häusliche Gemeinschaft zu dem Täter besteht darüber hinaus noch weiter.

2.   Rechtslage nach Inkrafttreten des StORMG

68   Die bisherige Rechtslage wurde als unzureichend empfunden, dies trotz der Hemmungstatbestände der §§ 207 f. BGB, da häufig Opfer von Gewalttaten und sexuellen Übergriffen lange nicht in der Lage sind, die Taten bei den Strafverfolgungsbehörden anzuzeigen oder zivilrechtliche Schadenersatzansprüche gerichtlich geltend zu machen. Darüber hinaus haben die Hemmungstatbestände der §§ 207 f. BGB bei Weitem nicht alle Fälle der Geltendmachung von Schadenersatzansprü-

---

86   OLG Schleswig, NJW-RR 2007, 1017.

chen durch Geschädigte erfasst. In diesen Fällen wurde deshalb durch das StORMG[87] bereits die gesetzliche Verjährungsfrist verlängert, so dass nunmehr gemäß § 197 Abs. 1 Nr. 1 BGB Schadenersatzansprüche, die auf der vorsätzlichen Verletzung des Lebens, des Körpers, der Gesundheit, der Freiheit oder der sexuellen Selbstbestimmung beruhen, in 30 Jahren und nicht mehr nach der regelmäßigen Verjährungsfrist des § 195 BGB in drei Jahren verjähren. Die Verlängerung der Verjährungsfrist wirkt sich nicht nur auf Ansprüche gegen den Schädiger selbst, sondern auch auf Schadenersatzansprüche gegenüber Dritten aus, die für das Fehlverhalten des Schädigers aus Vertrag oder Delikt haften, weil es ihnen nach § 31 BGB oder § 78 BGB zuzurechnen ist.[88] Die Verlängerung der Verjährungsfrist wird damit begründet, dass die besondere Schutzbedürftigkeit der Rechtsgüter es rechtfertige, dem Geschädigten eine längere Frist einzuräumen. Insbesondere komme für den Schädiger die Geltendmachung von Schadenersatzansprüchen durch den Geschädigten nicht unerwartet, da dieser aufgrund seiner vorangegangenen Straftat damit rechnen musste, dass irgendwann einmal Schadenersatzansprüche gegen ihn geltend gemacht werden können, und er sich darauf einstellen musste.[89]

Durch die Ausdehnung der Verjährungsfrist in § 197 Abs. 1 Nr. 1 BGB bedurfte es nunmehr nicht mehr der Hemmungsvorschrift des § 208 BGB, weshalb diese aufgehoben wurde.

Die geänderte Verjährungsvorschrift des § 197 Abs. 1 Nr. 1 BGB gilt für alle bei Inkrafttreten der Änderung[90] noch nicht verjährten Ansprüche. Schadenersatzansprüche, die bei Inkrafttreten allerdings bereits verjährt waren, bleiben verjährt.

Die Aufhebung des § 208 BGB gilt nur für die Zukunft, d.h. soweit Schadenersatzansprüche vor Inkrafttreten des StORMG bereits gehemmt waren, sind die Hemmungszeiträume nicht in die Verjährungsfrist einzurechnen.

Praxistipp
Wurde das Opfer einer Straftat vertreten, ohne dass zivilrechtliche Ansprüche mit tituliert worden sind, z.B. weil das Mandat nur bzgl. der Nebenklagevertretung oder einer allgemeinen Opfervertretung bestand, ergibt sich dennoch aus

---

87 Gesetz zur Stärkung der Rechte von Opfern sexuellen Missbrauchs.
88 Beschlussempfehlung und Bericht des Rechtsausschusses zum StORMG, BT-Drucks 17/12735, S. 28.
89 Beschlussempfehlung und Bericht des Rechtsausschusses zum StORMG, BT-Drucks 17/12735, S. 28.
90 Geändert durch das Gesetz zur Stärkung der Rechte von Opfern sexuellen Missbrauchs (StORMG).

dem Anwaltsvertrag eine Aufklärungspflicht bzgl. weiterer Ansprüche des Opfers und insbesondere bzgl. der Verjährung von zivilrechtlichen Ansprüchen. Nach dem Bundesgerichtshof[91] besteht für den Rechtsanwalt die Nebenpflicht zur Warnung des Auftraggebers vor Gefahren auch außerhalb des, wenn überhaupt, beschränkten Mandatsgegenstandes, soweit sie dem Anwalt bekannt oder offenkundig sind. Hieraus ergibt sich immer für den Opferanwalt, dass dieser das Opfer bzgl. der möglichen zivilrechtlichen Ansprüche und insbesondere bzgl. deren Verjährung beraten muss, auch wenn die zivilrechtliche Schadensregulierung nicht Gegenstand des (beschränkten) anwaltlichen Mandates ist.

Daher ist vom Opferanwalt das Opfer immer noch über einen möglichen materiellen und immateriellen Schadenersatz sowie über Zukunftsschadenabsicherung und die entsprechenden Verjährungsfristen zu belehren.

E. Antragsrücknahme

69 Nach § 404 Abs. 3 StPO kann der Adhäsionsantrag bis zur Verkündung des Urteils zurückgenommen werden. Einer Zustimmung des Antragsgegners bedarf es hierbei nicht. Die Antragsrücknahme kann auch noch im Berufungsverfahren erfolgen, nicht aber in der Revisionsinstanz.

Nach Antragsrücknahme kann der Antragsteller erneut den Anspruch, auch in einem gesonderten Zivilverfahren, geltend machen.[92]

F. Rechte des Adhäsionsklägers

70 Neben den allgemeinen Rechten, die mit dem Adhäsionsantrag verbunden sind, wie z.B. das Recht Prozesskostenhilfe zu beantragen, kann sich der Adhäsionskläger am Strafverfahren durch die Ausübung eines Fragerechts und Ausübung des Beweisantragsrechts beteiligen, sofern beides der Adhäsionsklage dient. Auch kann der Adhäsionskläger Zeugen oder Sachverständige, die dem Adhäsionsantrag dienen, im Wege des Selbstladeverfahrens zum Gerichtstermin laden.

71 Der Adhäsionskläger kann ferner nach § 238 Abs. 2 StPO Anordnungen des Vorsitzenden beanstanden und einen Gerichtsbeschluss beantragen.

---

91   BGH, NJW 1997, 1268, 1269.
92   *Schirmer*, DAR 1988, 123.

Darüber hinaus kann er auch einen Schlussvortrag (Plädoyer) halten.   **72**

Ob dem Adhäsionskläger das Recht zusteht, Richter oder Sachverständige (wegen   **73**
Besorgnis der Befangenheit) abzulehnen, war früher strittig. Das Bundesverfassungsgericht hat nunmehr die Richterablehnung ausdrücklich anerkannt.[93] Dies
muss damit auch für die Ablehnung von Sachverständigen gelten.

G. Verfahrensgrundsätze

Für das Adhäsionsverfahren und die Entscheidung über den Adhäsionsantrag gilt   **74**
grundsätzlich das Strafprozessrecht, es sei denn, die Vorschriften über das Adhäsionsverfahren verweisen direkt auf die Zivilprozessordnung, wie z.b. § 404 Abs. 5
StPO i.V.m. § 114 ZPO. Gleiches gilt, wenn eine strafprozessuale Regelungslücke
oder Unklarheit vorliegt, wie z.b. § 406 StPO i.V.m. § 313b Abs. 1 ZPO.

Der Vorrang des strafprozessualen Verfahrens bedeutet insbesondere, dass nicht   **75**
der zivilprozessuale Beibringungsgrundsatz, sondern der strafprozessuale Amtsermittlungsgrundsatz nach § 244 Abs. 2 StPO gilt.

Weiterer Vorteil besteht darin, dass der Antragsteller im Adhäsionsverfahren für   **76**
eine Beweiserhebung keinen Kostenvorschuss leisten muss oder einen Auslagen-
vorschuss nach §§ 379, 402 ZPO zu leisten hat.

Allerdings gilt die zivilprozessuale Beweiserleichterung des § 287 ZPO, wonach   **77**
das Gericht bei der Schadensermittlung unter Würdigung aller Umstände nach seiner freien Überzeugung entscheidet, was sowohl die Kausalität zwischen haftungs-
begründenden und haftungsausfüllenden Tatbestand, sowie die Feststellungen zur
Schadenshöhe betrifft.

Auch gilt nach herrschender Meinung die zivilprozessuale Hinweispflicht des Ge-   **78**
richts nach § 139 ZPO im Adhäsionsverfahren.[94] Hiernach besteht eine Pflicht des
Gerichts auf entscheidungserhebliche Gesichtspunkte hinzuweisen und somit
Überraschungsentscheidungen zu vermeiden.

H. Unfreiwillig abwesender Adhäsionskläger

Ist der Adhäsionskläger unfreiwillig an der Teilnahme der Hauptverhandlung ge-   **79**
hindert, stellt sich die Frage, ob der Richter trotz seiner Abwesenheit von seinem

---

93 BVerfG, Beschl. v. 27.12.2006 – 2 BvR 958/06.
94 *Plüür/Herbst*, NJ 2005, 153, 154.

Antrag nach unten abweichen kann und damit nur den Anspruch teilweise zuerkennen kann oder ob die Hauptverhandlung unterbrochen werden muss und erst wieder bei Anwesenheit des Adhäsionsklägers fortgeführt werden kann. Diese Frage ist bislang noch nicht gerichtlich geklärt. Sofern die Unterbrechung der Hauptverhandlung nicht unverhältnismäßig ist, dürfte ein Abwarten auf die Anwesenheit des Adhäsionsklägers vorzuziehen sein, da insbesondere auch bei Anwesenheit des Adhäsionsklägers ein Vergleichsschluss über die Adhäsionsforderung möglich ist.[95]

I. Vergleich

80 Bis die gesetzliche Vorschrift des § 405 StPO, die den Vergleich im Adhäsionsverfahren regelt, in die Strafprozessordnung eingeführt wurde, war umstritten, ob ein Vergleichsschluss im Adhäsionsverfahren überhaupt möglich ist.[96] Dieser Streit ist durch die Einführung des § 405 StPO obsolet geworden.

§ 405 StPO Vergleich

(1) Auf Antrag des Verletzten oder seines Erben und des Angeklagten nimmt das Gericht einen Vergleich über die aus der Straftat erwachsenen Ansprüche in das Protokoll auf. Es soll auf übereinstimmenden Antrag der in Satz 1 Genannten einen Vergleichsvorschlag unterbreiten.

(2) Für die Entscheidung über Einwendungen gegen die Rechtswirksamkeit des Vergleichs ist das Gericht der bürgerlichen Rechtspflege zuständig, in dessen Bezirk das Strafgericht des ersten Rechtszuges seinen Sitz hat.

81 Der Vergleichsschluss im Adhäsionsverfahren setzt damit die Beteiligung im Adhäsionsverfahren voraus.

82 Die Personen, die nach § 405 Abs. 1 Satz 1 StPO einen Vergleich schließen können, sind mit den Personen, die Beteiligte eines Adhäsionsverfahrens sein können, identisch.

83 Der Vergleich muss sich auf die Straftat beziehen, wobei es unbeachtlich ist, ob z.B. eine Verfahrensbeschränkung nach § 154 StPO vorgenommen worden ist.

84 Gegenstand des Vergleichs brauchen nicht nur vermögensrechtliche Ansprüche, wie z.B. Schadensersatz oder Schmerzensgeld, zu sein. Es kann auch z.B. die Abgabe einer Ehrenerklärung mit in den Vergleich aufgenommen werden. Der Ver-

---

95 *Weiner/Ferber*, Rn 89.
96 BGHSt 37, 263, 264.

gleich kann, wie jeder zivilrechtliche Vergleich, z.B. Ratenzahlungsklauseln oder Abgeltungsklauseln enthalten oder mit einer Widerrufsmöglichkeit binnen einer bestimmten Frist geschlossen werden.

Der Vergleich kann, und wird regelmäßig, unabhängig vom Ausgang des Strafverfahrens geschlossen werden. **85**

Ein Vergleich im Adhäsionsverfahren kann für beide Seiten – Opfer und Täter – **86** vorteilhaft sein. Das Opfer erhält einen vollstreckbaren Titel über die Vergleichsforderung, der Täter wird seine Bereitschaft zur Schadenswiedergutmachung im Rahmen der Strafzumessung gegen ihn als positiven Aspekt anführen können.

Ist ein Vergleich zustande gekommen, ist die rechtshängige Adhäsionsklage been **87** det, so dass das Gericht selbstverständlich keine Entscheidung mehr über die Adhäsionsklage im Urteil zu treffen hat.

Nach § 405 Abs. 1 Satz 1 StPO protokolliert das Gericht auf Antrag eines der Be **88** teiligten im Adhäsionsverfahren einen – bereits zwischen den Beteiligten verhandelten – Vergleich.

Nach § 405 Abs. 1 Satz 2 StPO soll das Gericht einen eigenen Vergleichsvorschlag **89** erarbeiten und den Parteien unterbreiten, wenn die Parteien übereinstimmend erklären, dass sie dies wünschen. Ohne eine übereinstimmende Bitte der Parteien auf Unterbreitung eines gerichtlichen Vergleichsvorschlages dürfte das Gericht eher davon abzusehen haben, auf eigene Veranlassung einen Vergleichsvorschlag zu unterbreiten, da es sich allzu schnell in die Gefahr der Befangenheit begeben könnte.[97]

Aus dem geschlossenen Vergleich kann dann unmittelbar nach § 794 Abs. 1 Satz 1 **90** ZPO vollstreckt werden.

Sollte eine Partei Einwendungen über die Rechtswirksamkeit des Vergleiches erhe **91** ben, ist nach § 405 Abs. 2 StPO das Zivilgericht zuständig, welches seinen Sitz im Bezirk des Strafgerichts erster Instanz hat. § 405 Abs. 2 StPO enthält allerdings keine Regelung über die sachliche Zuständigkeit des Zivilgerichtes. Teilweise wird daher vertreten, dass die zivilrechtlichen Streitwertgrenzen nach §§ 23, 71 GVG hier bedeutungslos sind und das Zivilgericht hier sachlich zuständig sein soll, welches dem Strafgericht erster Instanz entspricht.[98] Da sich aber aus den Gesetzesmaterialien kein Anhaltspunkt für die Abweichung von den normalen zivilrecht-

---

97 BT-Drucks 15/1976, 15.
98 *Plüür/Herbst*, www.kammergericht.de, 24.

lichen, auch sachlichen, Zuständigkeiten ergibt, dürfte von den üblichen Zuständigkeiten auszugehen sein. Damit ist das Verfahren über die Rechtswirksamkeit eines im Adhäsionsverfahren geschlossenen Vergleichs streitwertabhängig.

J. Entscheidung des Gerichts

92 Das Gericht kann nach § 406 StPO dem Antrag entweder ganz oder dem Grunde nach stattgeben oder von einer Entscheidung absehen. Andere Entscheidungsmöglichkeiten hat das Gericht nicht.

§ 406 StPO Entscheidung

(1) Das Gericht gibt dem Antrag in dem Urteil statt, mit dem der Angeklagte wegen einer Straftat schuldig gesprochen oder gegen ihn eine Maßregel der Besserung und Sicherung angeordnet wird, soweit der Antrag wegen dieser Straftat begründet ist. Die Entscheidung kann sich auf den Grund oder einen Teil des geltend gemachten Anspruchs beschränken; § 318 der Zivilprozessordnung gilt entsprechend. Das Gericht sieht von einer Entscheidung ab, wenn der Antrag unzulässig ist oder soweit er unbegründet erscheint. Im Übrigen kann das Gericht von einer Entscheidung nur absehen, wenn sich der Antrag auch unter Berücksichtigung der berechtigten Belange des Antragstellers zur Erledigung im Strafverfahren nicht eignet. Der Antrag ist insbesondere dann zur Erledigung im Strafverfahren nicht geeignet, wenn seine weitere Prüfung, auch soweit eine Entscheidung nur über den Grund oder einen Teil des Anspruchs in Betracht kommt, das Verfahren erheblich verzögern würde. Soweit der Antragsteller den Anspruch auf Zuerkennung eines Schmerzensgeldes (§ 253 Abs. 2 des Bürgerlichen Gesetzbuches) geltend macht, ist das Absehen von einer Entscheidung nur nach Satz 3 zulässig.

(2) Erkennt der Angeklagte den vom Antragsteller gegen ihn geltend gemachten Anspruch ganz oder teilweise an, ist er gemäß dem Anerkenntnis zu verurteilen.

(3) Die Entscheidung über den Antrag steht einem im bürgerlichen Rechtsstreit ergangenen Urteil gleich. Das Gericht erklärt die Entscheidung für vorläufig vollstreckbar; die §§ 708 bis 712 sowie die §§ 714 und 716 der Zivilprozessordnung gelten entsprechend. Soweit der Anspruch nicht zuerkannt ist, kann er anderweit geltend gemacht werden. Ist über den Grund des Anspruchs rechtskräftig entschieden, so findet die Verhandlung über den Betrag nach § 304 Abs. 2 der Zivilprozessordnung vor dem zuständigen Zivilgericht statt.

(4) Der Antragsteller erhält eine Abschrift des Urteils mit Gründen oder einen Auszug daraus.

(5) Erwägt das Gericht, von einer Entscheidung über den Antrag abzusehen, weist es die Verfahrensbeteiligten so früh wie möglich darauf hin. Sobald das Gericht nach Anhörung des Antragstellers die Voraussetzungen für eine Entscheidung über den Antrag für nicht gegeben erachtet, sieht es durch Beschluss von einer Entscheidung über den Antrag ab.

93

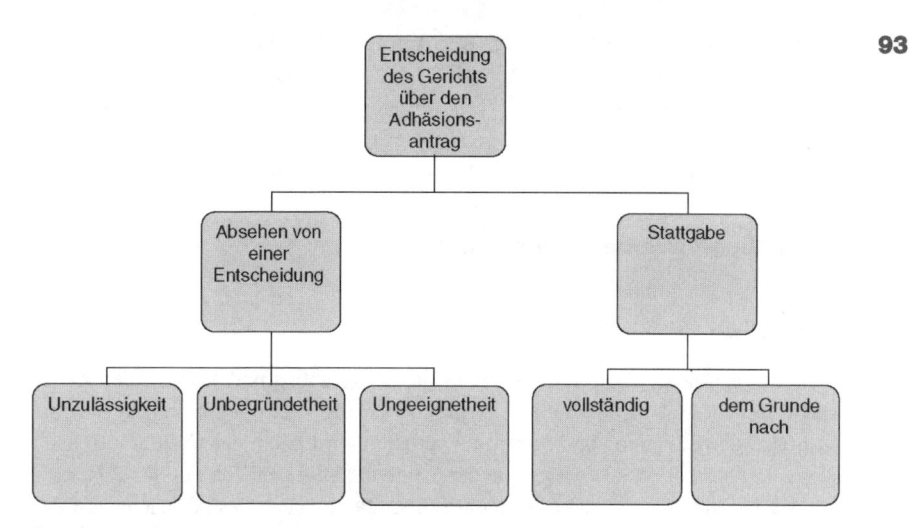

Übersicht: Entscheidung des Gerichts über den Adhäsionsantrag

K. Absehen von einer Entscheidung

Nach § 406 Abs. 1 Satz 3–6 StPO kann das Gericht von einer Entscheidung über den Adhäsionsantrag absehen. Dafür kommen allerdings nur drei Gründe in Betracht. Das Gericht kann von einer Entscheidung im Adhäsionsverfahren absehen, wenn der Antrag unzulässig ist, wenn der Antrag unbegründet oder nicht für die Erledigung im Strafverfahren geeignet ist. **94**

I. Unzulässigkeit des Antrags

Ein Antrag im Adhäsionsverfahren ist unzulässig, wenn es schon z.b. an der Antragsberechtigung nach § 403 StPO oder den weiteren Tatbestandsvoraussetzungen, wie z.b. der ordnungsgemäßen Begründung oder der Rechtzeitigkeit der Antragsstellung, fehlt.[99] Darüber hinaus ist der Antrag als unzulässig abzuweisen, wenn es an der deutschen Gerichtsbarkeit fehlt oder eine entgegenstehende Rechtskraft vorliegt. **95**

Die Abtretung des Anspruchs durch den Anspruchsinhaber an einen Dritten (Zessionar), z.b. eine Versicherung, die bereits eine Versicherungssumme geleistet hat, **96**

---

99   Vgl. oben § 7 Rn 21 f., 26 ff.

macht den Antrag nicht unzulässig. Der Antrag ist lediglich dahingehend zu ändern, dass der Anspruchsteller nunmehr Leistung an den Abtretungsempfänger (z.B. die Versicherung) verlangt.[100] Der Abtretungsempfänger kann, wenn er nicht zum Personenkreis des § 403 StPO gehört, was regelmäßig nicht der Fall sein dürfte, selbst nicht Anspruchsteller im Adhäsionsverfahren sein.

II. Unbegründetheit des Antrags

97 Der Adhäsionsantrag kann zum Einen aus strafrechtlicher und zum Anderen aus zivilrechtlicher Sicht unbegründet sein.

98 Aus strafrechtlicher Sicht ist der Adhäsionsantrag unbegründet, wenn der Angeklagte der Straftat nicht schuldig gesprochen wird[101] und gegen ihn auch keine Maßregel der Besserung und Sicherung verhängt wird. Sieht das Gericht z.B. nach §§ 60, 157, 158, 199, 233 StGB von der Strafe ab, liegt dennoch ein Schuldspruch vor, so dass der Adhäsionsantrag nicht schon allein wegen des Absehens von der Strafe unbegründet ist.

99 Der Adhäsionsantrag ist auch unbegründet, wenn der Angeklagte zwar verurteilt wird, aber nicht wegen einer Straftat, aus der sich der Adhäsionsanspruch ergibt. Es muss also eine Identität zwischen dem Adhäsionsgrund und der verurteilten Straftat vorliegen.[102] Dies bedeutet ferner, dass für den Fall, dass das Verfahren hinsichtlich einer Tat nach § 154 eingestellt wird, diesbezüglich das Adhäsionsverfahren ausscheidet. Wurde der Adhäsionsanspruch gerade auf die nach § 154 StPO eingestellte Tat gestützt, ist der Adhäsionsantrag unbegründet.

100 Wurde eine Straftat, auf die der Adhäsionsanspruch gestützt wird, dagegen nach § 154a StPO ausgeschieden, ist zu prüfen, ob die ausgeschiedene Tat mit der verurteilten Tat in Tateinheit nach § 52 StGB oder in Tatmehrheit nach § 53 StGB steht. Besteht Tateinheit zu der verurteilten Tat, bleibt der Adhäsionsantrag auch nach Ausscheiden der Tat nach § 154a StPO begründet. Besteht dagegen Tatmehrheit zu der verurteilten Tat, ist der Adhäsionsantrag auch nach Ausscheiden der Tat nach § 154a StPO unbegründet.

101 Aus zivilrechtlicher Sicht ist der Adhäsionsantrag aus den Gründen unbegründet, aus denen eine normale zivilrechtliche Klage auch unbegründet wäre. In Frage kommt hier insbesondere, wenn ein bestimmter Schaden nicht nachgewiesen wird,

---

100 LR-*Hilger*, § 405 Rn 4.
101 BGH NStZ 2003, 321.
102 BGH NStZ 2003, 321.

weil z.B. keine Belege zur Schadenshöhe vorgelegt werden, oder weil die Kausalität zwischen Schadenereignis und Schaden nicht nachgewiesen werden kann.

Wird der Adhäsionsantrag ganz oder teilweise abgelehnt, kann der nicht zuerkannte Anspruch danach nochmals bei einem Zivilgericht geltend gemacht werden.[103]

102

III. Fehlende Eignung

Auch kann das Gericht nach § 406 Abs. 1 Satz 4 StPO von einer Entscheidung absehen, wenn sich der Antrag, auch unter Berücksichtigung der berechtigten Belange des Antragstellers, zur Erledigung im Strafverfahren nicht eignet. Der Antrag ist nach § 406 Abs. 1 Satz 5 StPO insbesondere dann zur Erledigung im Strafverfahren nicht geeignet, wenn seine weitere Prüfung, auch soweit eine Entscheidung nur über den Grund oder einen Teil des Anspruchs in Betracht kommt, das Verfahren erheblich verzögern würde.

103

Damit soll die Entscheidung über den Adhäsionsantrag den Regelfall, das Absehen wegen fehlender Eignung den Ausnahmefall darstellen.[104] Dies wird auch dadurch deutlich, dass nunmehr – im Gegensatz zu der früheren Gesetzesfassung – eine „erhebliche" Verzögerung nach dem Gesetzeswortlaut für das Absehen vom Adhäsionsantrag erforderlich ist.

104

Damit rechtfertigen bloße kurzfristige Verzögerungen, wie z.B. die Unterbrechung der Hauptverhandlung, ein Absehen nicht. Müsste wegen des Adhäsionsantrages allerdings die Verhandlung ausgesetzt werden, kann von einer Entscheidung über den Adhäsionsantrag abgesehen werden.

105

Eine erhebliche Verfahrensverzögerung wurde allerdings auch schon angenommen, wenn bei einer 1-tägigen Hauptverhandlung, nur wegen einer weiteren Beweisaufnahme für das Adhäsionsverfahren, ein weiterer Verhandlungstag notwendig würde.[105] Eine mehrtägige Hauptverhandlung wird aber in der Regel, ohne dass eine erhebliche Verfahrensverzögerung anzunehmen sein wird, um einen weiteren Tag wegen des Adhäsionsverfahrens verlängerbar sein.[106]

106

Bevor ein komplettes Absehen in Frage kommt, muss erst geprüft werden, ob die Möglichkeit des Erlasses eines Grund- oder Teilurteils ohne eine erhebliche Ver-

107

103   BGH Beschl. v. 15 4 2008 – 4 StR 103/08.
104   KMR-*Stöckel*, § 406 Rn 14.
105   KMR-*Stöckel*, § 406 Rn 19.
106   KMR-*Stöckel*, § 406 Rn 19.

fahrensverzögerung besteht, so dass dann nur ein teilweises Absehen von einer Entscheidung notwendig wäre.

108 Ob das Gericht wegen einer erheblichen Verfahrensverzögerung von der Entscheidung über den Adhäsionsantrag absieht, ist seine Ermessenssache. Hierbei ist eine umfassende Abwägung zwischen den Interessen des Geschädigten, insbesondere seine Ansprüche im Adhäsionsverfahren geltend zu machen, sowie den Interessen des Angeklagten an einem fairen und schnellen Verfahren und dem Interesse des Staates, seinen Strafanspruch möglichst effektiv und zeitnah zu verfolgen, erforderlich.[107]

109 Die erhebliche Verfahrensverzögerung stellt einen Beispielsfall für die Ungeeignetheit der Entscheidung im Adhäsionsverfahren dar, ist aber nicht der einzig mögliche Grund dafür. Dies ergibt sich aus der Formulierung des § 406 Abs. 1 Satz 5 StPO, wonach der Antrag insbesondere dann zur Erledigung im Strafverfahren nicht geeignet ist, wenn seine weitere Prüfung, auch soweit eine Entscheidung nur über den Grund oder einen Teil des Anspruchs in Betracht kommt, das Verfahren erheblich verzögern würde.

110 Als weitere Gründe für die Nichteignung kommen daher schwierige zivilrechtliche Rechtsfragen,[108] eine übermäßig hohe Schadensersatzforderung[109] (763 Mio. EUR), das Haftungsrisiko des Pflichtverteidigers[110] oder z.B. Fragen des internationalen Privatrechts[111] in Betracht.

111 Auch kann das in Haftsachen geltende Beschleunigungsgebot eine Nichteignung begründen.[112]

112 Nach § 406 Abs. 1 Satz 6 StPO kann nicht wegen fehlender Eignung von der Entscheidung abgesehen werden, soweit der Antragsteller einen Anspruch auf Zuerkennung eines Schmerzensgeldes (§ 253 Abs. 2 BGB) geltend macht. Ein Absehen

---

107 OLG Hamburg NStZ-RR 2006, 347.
108 BGH DAR 2004, 256.
109 OLG Hamburg NStZ-RR 2006, 347.
110 Die Beiordnung des Pflichtverteidigers erstreckt sich nach der früher überwiegend vertretenen Auffassung auch auf die Abwehr des Adhäsionsantrages. Ein diesbezügliches hohes Haftungsrisiko birgt die Gefahr, dass sich der Pflichtverteidiger nicht mehr auf die Verteidigung, sondern nur noch auf das Adhäsionsverfahren konzentriert, was dem Grundsatz des fairen Verfahrens für den Angeklagten zuwiderlaufen würde; vgl. OLG Hamburg NStZ-RR 2006, 347, 349.
111 BGH StV 2004, 61.
112 OLG Celle StV 2007, 293.

von einer Entscheidung im Adhäsionsverfahren ist hier nur möglich, wenn der Antrag entweder unzulässig oder unbegründet ist.

Nach § 406 Abs. 5 StPO hat das Gericht, sofern es erwägt von einer Entscheidung **113** im Adhäsionsverfahren abzusehen, die Verfahrensbeteiligten so früh wie möglich darauf hinzuweisen und ihnen Gelegenheit zur Stellungnahme zu geben. Erwägt das Gericht lediglich eine Teilabsehung, d.h. beabsichtigt es nur ein Teil- oder Grundurteil zu erlassen, ist der Hinweis nicht erforderlich.[113]

Das (vollständige) Absehen von einer Entscheidung im Adhäsionsverfahren erfolgt **114** nach § 406 Abs. 5 Satz 2 StPO durch gerichtlichen Beschluss. Wurde der Adhäsionsantrag vor Beginn der Hauptverhandlung gestellt und erfolgte die Ablehnung vor Urteilsverkündung und ist das Urteil auch bislang noch nicht verkündet, kann der Beschluss mit der sofortigen Beschwerde, also binnen einer Woche nach Bekanntgabe der Entscheidung, angefochten werden. Die Beschwerde wird allerdings unzulässig, sobald ein Urteil oder eine andere das Strafverfahren beendende Entscheidung ergeht.

L. Stattgabe

Liegt ein begründeter Adhäsionsantrag vor, von dem auch nicht wegen einer even- **115** tuellen erheblichen Verfahrensverzögerung abgesehen worden ist, gibt das Gericht dem Adhäsionsantrag im Urteil statt. Die Stattgabe erfolgt im Strafurteil gegen den Angeklagten, mit dem er entweder schuldig gesprochen wird oder gegen ihn eine Maßregel der Besserung oder Sicherung angeordnet wird. Hierbei erfolgt keine Trennung des Urteils in ein Straf- und ein Zivilurteil.

Wie bereits ausgeführt, kann mittels Strafbefehl nicht über einen Adhäsions- **116** anspruch entschieden werden.[114] Dies gilt allerdings nicht für ein Strafurteil, welches aufgrund einer Hauptverhandlung nach einem Einspruch gegen einen Strafbefehl ergeht.

Das Urteil kann, je nach Antrag und ggf. bei teilweisem Absehen von einer Ent- **117** scheidung, als Zahlungsurteil, Feststellungsurteil, Anerkenntnisurteil, Grundurteil oder Teilurteil ergehen.

Da die Adhäsionsentscheidung vollstreckbar sein muss, muss sie die dafür nach **118** zivilrechtlichen Grundsätzen erforderlichen Angaben nach § 313 Abs. 1 Nr. 1 ZPO

---

113 *Meier/Dürre*, JZ 2006, 24.
114 BGH NJW 1982, 1047, 1048.

enthalten. Damit sind grundsätzlich die Parteien mit Namen und Anschrift zu bezeichnen. Hat der Adhäsionskläger allerdings ein Geheimhaltungsinteresse, weil er Repressalien oder Stalking durch den Verurteilten befürchtet, kann von der Angabe der Anschrift des Adhäsionsklägers abgesehen werden. Er muss allerdings so genau bezeichnet werden, dass seine Identität zweifelsfrei feststeht.[115] Dies wird in der Regel durch Angabe seines Geburtsdatums und Geburtsortes oder durch Angabe seiner Arbeitsstelle erreicht.[116]

119 Das Adhäsionsurteil wird dann nach normalen zivilrechtlichen Regelungen vollstreckt, wobei für die Vollstreckung das Zivilgericht nach § 406b Satz 2 StPO zuständig ist, in dessen Bezirk das Strafgericht erster Instanz seinen Sitz hat.

M. Rechtsmittel

I. Antragsteller

120 Nach § 406a Abs. 1 Satz 1 StPO steht dem Antragsteller, wenn das Gericht von einer Entscheidung (vollständig) im Adhäsionsverfahren nach § 406 Abs. 5 Satz 2 StPO durch gerichtlichen Beschluss abgesehen hat und der Adhäsionsantrag vor Beginn der Hauptverhandlung gestellt wurde und die Ablehnung des Adhäsionsantrages vor Urteilsverkündung erfolgt ist und das Urteil auch bislang noch nicht verkündet wurde, die sofortige Beschwerde, also binnen einer Woche nach Bekanntgabe der Entscheidung, zu. Die Beschwerde wird allerdings unzulässig, sobald ein Urteil oder eine andere das Strafverfahren beendende Entscheidung ergeht.

121 Im Übrigen, d.h. gegen das Urteil, mit dem das Gericht vom Adhäsionsantrag ganz oder teilweise absieht, steht dem Antragsteller nach § 406a Abs. 1 Satz 2 StPO kein Rechtsmittel zu. Die ablehnende Entscheidung erwächst nicht in Rechtskraft, so dass der Antragsteller den Adhäsionsantrag in einem Berufungsverfahren oder vor einem Zivilgericht weiter verfolgen kann.[117]

122 Da die ablehnende Entscheidung nicht in Rechtskraft erwächst, kann der Anspruchsteller seinen Anspruch erneut auf dem Zivilrechtsweg geltend machen.

123 Hat das Gericht allerdings den Adhäsionsantrag fehlerhaft zurück- oder abgewiesen, kann der Antragsteller diese Entscheidung mit den normalen Rechtsmitteln

---

115 *Thomas/Putzo*, § 750 Rn 3.
116 BGH, Urt. v. 31.10.2000 – VI ZR 198/99.
117 KG StraFo 2007, 336.

(Berufung, Revision, Beschwerde) anfechten, sofern keine Umdeutung in eine Absehensentscheidung in Betracht kommt.

§ 406a StPO Rechtsmittel

(1) Gegen den Beschluss, mit dem nach § 406 Abs. 5 Satz 2 von einer Entscheidung über den Antrag abgesehen wird, ist sofortige Beschwerde zulässig, wenn der Antrag vor Beginn der Hauptverhandlung gestellt worden und solange keine den Rechtszug abschließende Entscheidung ergangen ist. Im Übrigen steht dem Antragsteller ein Rechtsmittel nicht zu.

(2) Soweit das Gericht dem Antrag stattgibt, kann der Angeklagte die Entscheidung auch ohne den strafrechtlichen Teil des Urteils mit dem sonst zulässigen Rechtsmittel anfechten. In diesem Falle kann über das Rechtsmittel durch Beschluss in nichtöffentlicher Sitzung entschieden werden. Ist das zulässige Rechtsmittel die Berufung, findet auf Antrag des Angeklagten oder des Antragstellers eine mündliche Anhörung der Beteiligten statt.

(3) Die dem Antrag stattgebende Entscheidung ist aufzuheben, wenn der Angeklagte unter Aufhebung der Verurteilung wegen der Straftat, auf welche die Entscheidung über den Antrag gestützt worden ist, weder schuldig gesprochen noch gegen ihn eine Maßregel der Besserung und Sicherung angeordnet wird. Dies gilt auch, wenn das Urteil insoweit nicht angefochten ist.

II. Angeklagter

Der Angeklagte kann das Urteil mit den normalen strafprozessualen Rechtsmitteln, also Berufung oder Revision, anfechten, wobei ihm die Möglichkeit zusteht, die Anfechtung auf den strafrechtlichen oder zivilrechtlichen Teil zu beschränken. **124**

Im Falle der Berufung gegen das Strafurteil verhandelt das Berufungsgericht als weitere Tatsacheninstanz über den Anspruch komplett neu. **125**

Im Falle einer Annahmeberufung nach § 313 StPO, d.h. einer strafrechtlichen Verurteilung bis zu 15 Tagessätzen, dürfte auch die Verurteilung im Adhäsionsverfahren, auch wenn diese die zivilrechtliche Berufungssumme nach § 511 ZPO von 600 EUR überschreitet, nichts an der Tatsache ändern, dass es der Annahme durch das Berufungsgericht weiter bedarf. **126**

Wurde durch den Angeklagten gegen das Strafurteil das Rechtsmittel der Revision eingelegt, kommt eine Zurückverweisung der Sache an ein Strafgericht im Falle der Bestätigung des strafrechtlichen Teils alleine wegen der Adhäsionsentscheidung nicht in Betracht.[118] Hier hat nach § 406 Abs. 3 StPO ein Absehen von der Adhäsionsentscheidung zu erfolgen. Ggf. muss das Revisionsgericht unter Beach- **127**

118 BGH NStZ 1988, 237.

tung des § 406 StPO die Grundentscheidung aufrechterhalten und lediglich bzgl. der Höhe von einer Entscheidung absehen.

N. Wiederaufnahme gegen das Adhäsionsurteil

128 Nach § 406c StPO kann der Angeklagte, und nur dieser, die Wiederaufnahme des Verfahrens über den zivilrechtlichen Teil, d.h. die Verurteilung im Adhäsionsverfahren, beantragen. Ziel des Angeklagten muss es dabei nach § 406c StPO sein, eine wesentlich andere Entscheidung über die Adhäsionsentscheidung herbeizuführen. Eine wesentliche Änderung ist gegeben, wenn nunmehr der Adhäsionsanspruch ganz entfällt, es zu einer Teilung des Anspruchs durch Mitverschulden einer anderen Person kommt oder der Anspruch nicht nur unwesentlich verringert wird.[119]

§ 406c StPO Wiederaufnahme des Verfahrens

(1) Den Antrag auf Wiederaufnahme des Verfahrens kann der Angeklagte darauf beschränken, eine wesentlich andere Entscheidung über den Anspruch herbeizuführen. Das Gericht entscheidet dann ohne Erneuerung der Hauptverhandlung durch Beschluss.

(2) Richtet sich der Antrag auf Wiederaufnahme des Verfahrens nur gegen den strafrechtlichen Teil des Urteils, so gilt § 406a Abs. 3 entsprechend.

129 Möchte das Gericht im Wiederaufnahmeverfahren den Adhäsionsanspruch teilweise oder ganz aberkennen, muss es wieder diesbezüglich von einer Entscheidung absehen.

130 Das Gericht entscheidet hier nach § 406c Abs. 1 Satz 2 StPO ohne Hauptverhandlung durch Beschluss.

O. Kostenentscheidung

131 Die Kostenfolgen des Adhäsionsverfahrens sind in § 472a StPO geregelt.

132 Hat der Antragsteller des Adhäsionsantrags vollumfänglich seinen geltend gemachten Anspruch zuerkannt bekommen, hat der Angeklagte die durch den Adhäsionsantrag entstandenen besonderen Kosten nach § 472a Abs. 1 StPO zu tragen.

133 Ergeht statt des beantragten Zahlungsurteils nur ein Grund- oder Feststellungsurteil oder sieht das Gericht teilweise von einer Entscheidung ab, so richten sich die Kos-

---

119 SK-*Velten*, § 406c Rn 2; KMR-*Stöckel*, § 406c Rn 2; LR-*Hilger*, § 406c Rn 2.

tenfolgen nicht mehr nach § 472a Abs. 1 StPO, sondern nach § 472a Abs. 2 StPO, da nunmehr kein vollumfängliches Obsiegen mehr vorliegt.

Liegt nur ein teilweises Obsiegen des Adhäsionsklägers vor, bestimmen sich die **134** Kostenfolgen nach § 472a Abs. 2 Satz 1 StPO, d.h. das Gericht entscheidet nach pflichtgemäßem Ermessen, wer in welchem Verhältnis die Kosten trägt. Dies gilt auch, wenn das Gericht statt dem begehrten Zahlungsurteil nur ein Grund- oder Teilurteil erlässt. Es hat damit eine Quotenbildung zu erfolgen.

Macht der Adhäsionskläger Schmerzensgeld geltend, kann er zwar die Bestim- **135** mung des Schmerzensgeldes in das Ermessen des Gerichts stellen. Er muss aber einen Mindestbetrag angeben.[120] Bleibt der ausgeurteilte Betrag hinter diesem Betrag zurück, muss der Antragsteller die entsprechenden Kosten tragen. Allerdings soll hier der Rechtsgedanke des § 92 Abs. 2 ZPO herangezogen werden können, wonach bei einer verhältnismäßig geringen Zuvielforderung die Kosten die unterliegende Partei alleine trägt. Im Adhäsionsverfahren soll dies großzügig gehandhabt werden. Gleiches muss wohl gelten, wenn lediglich ein Grundurteil statt des begehrten Leistungsurteils erlassen wird oder solange der Adhäsionskläger mit weniger als 1/3 seines Antrags nicht durchdringt, da ihm zu Gute kommen muss, dass er einen – auch für den Angeklagten – günstigeren Weg gewählt hat.

Auch ist es möglich, nach § 472a Abs. 2 Satz 2 StPO die gerichtlichen Kosten der **136** Staatskasse aufzuerlegen, sofern die Belastung der Beteiligten damit unbillig wäre. Dies dürfte insbesondere der Fall sein, wenn das Gericht nach § 406 Abs. 1 Satz 4– 5 StPO von der Entscheidung im Adhäsionsverfahren absieht oder nur ein Grundurteil bezüglich Schmerzensgeld erlässt, obwohl der Antragsteller im Adhäsionsverfahren ein Leistungsurteil begehrt hatte.

Der Adhäsionskläger kann die gerichtliche Kostenentscheidung nach §§ 406a **137** Abs. 1 Satz 2 i.V.m. 464 Abs. 3 Satz 1 StPO nicht anfechten,[121] auch nicht nach einer Antragsrücknahme des Adhäsionsantrages nach § 404 Abs. 4 StPO, vgl. § 472a Abs. 2 StPO.[122]

Nach § 464 Abs. 3 Satz 1 StPO kann der Angeklagte, soweit ihm die Kosten und **138** Auslagen des Adhäsionsverfahrens auferlegt worden sind, die gerichtliche Kostenentscheidung mit der sofortigen Beschwerde anfechten.

---

120   BGH NJW 1982, 340 f; BGH NJW 1996, 2425 f.
121   BGH Beschl. v. 18.12.2007 – 5 StR 578/07.
122   OLG Düsseldorf JurBüro 1989, 240.

P. Rechtskraft

139 Da die Entscheidung im Adhäsionsverfahren nach § 406 Abs. 3 StPO einem zivilrechtlichen Urteil gleich steht, bestimmt sich der Eintritt der Rechtskraft nach strafprozessualen Grundsätzen, die Wirkung der Rechtskraft hingegen nach zivilrechtlichen.

140 Damit tritt die Rechtskraft der Adhäsionsentscheidung mit Ablauf der Rechtsmittelfrist, Verzicht oder Rücknahme des Rechtsmittels ein, aber nicht vor Rechtskraft des Schuldspruchs.[123]

141 Für die Wirkung der Rechtskraft gelten insbesondere die §§ 322, 323, 325 ZPO.

142 Der Adhäsionsanspruch kann erneut vor einem Zivilgericht oder im Berufungsverfahren geltend gemacht werden, wenn das Strafgericht ihn ablehnt oder nur teilweise zuerkennt.[124]

143 Nach § 406a Abs. 3 StPO ist aber eine dem Adhäsionsantrag stattgebende Entscheidung – auch nach Rechtskraft – aufzuheben, wenn der Angeklagte unter Aufhebung der Verurteilung wegen der Straftat, auf die sich der Adhäsionsanspruch bezieht, weder schuldig gesprochen wurde, noch gegen ihn eine Maßregel der Besserung oder Sicherung angeordnet worden ist, unabhängig davon, ob die Adhäsionsentscheidung insoweit angefochten wurde oder nicht.

Q. Vorläufige Vollstreckbarkeit

144 In einer dem Adhäsionsantrag stattgebenden Entscheidung trifft das Gericht auch nach § 406 Abs. 3 Satz 2 StPO eine Entscheidung über die vorläufige Vollstreckbarkeit. Nach § 406 Abs. 3 Satz 2 StPO finden dafür die Vorschriften der §§ 708–712 und §§ 714–716 ZPO entsprechende Anwendung.

145 Damit kann der Adhäsionskläger mit einer stattgebenden Entscheidung noch vor Rechtskraft des Strafurteils die Zwangsvollstreckung betreiben, ggf. nach § 709 ZPO mit Sicherheitsleistung bzw. nach § 708 ZPO ohne Sicherheitsleistung.

---

123 OLG Neustadt NJW 1952, 718.
124 KG StraFo 2007, 336.

R. Vollstreckung des Anspruchs

Die Vollstreckung der Adhäsionsentscheidung ist in § 406b StPO geregelt. Hiernach richtet sich diese nach den zivilrechtlichen Vorschriften, die für die Vollstreckung von Urteilen und Prozessvergleichen gelten. Damit wird für die Vollstreckung eine sog. vollstreckbare Ausfertigung der Entscheidung benötigt. Diese erteilt nach §§ 724 Abs. 2, 725–730, 733, 734 ZPO der Urkundsbeamte des Strafgerichts.

146

S. Prozesskostenhilfe und Beiordnung eines Rechtsanwaltes

Dem Antragsteller im Adhäsionsverfahren und dem Angeklagten kann für das Adhäsionsverfahren nach § 404 Abs. 5 StPO Prozesskostenhilfe nach den zivilrechtlichen Vorschriften bewilligt werden. Auch kann eine Beiordnung eines Rechtsanwalts erfolgen.

147

Ob der Angeklagte, der durch einen Pflichtverteidiger vertreten wird, einen gesonderten – also weiteren – Antrag auf Beiordnung des Rechtsanwalts im Adhäsionsverfahren gegen ihn stellen muss, war bislang umstritten. Die nunmehr herrschende Meinung geht davon aus, dass der Pflichtverteidiger nicht gleichzeitig und automatisch für das Adhäsionsverfahren beigeordnet ist, so dass immer getrennt Prozesskostenhilfe für das Adhäsionsverfahren zu beantragen ist.[125]

148

Voraussetzung für die Prozesskostenhilfe ist eine gewisse Bedürftigkeit des Antragstellers und dass der Antrag hinreichende Aussicht auf Erfolg bietet und nicht mutwillig ist.

149

Der Prozesskostenhilfeantrag kann nach § 404 Abs. 4 Satz 1 StPO gestellt werden, sobald die Klage, also Anklage oder Privatklage, erhoben ist sowie in einem Verfahren nach Einspruch gegen einen Strafbefehl ab Terminanberaumung durch das Gericht.[126]

150

Der Prozesskostenhilfeantrag muss spätestens bis zum Abschluss der Instanz gestellt werden. Er wirkt dann regelmäßig bis zur Antragstellung zurück,[127] d.h. der Antragsteller erhält für das komplette bisherige Verfahren die Prozesskostenhilfe. Eine nachträgliche Beantragung ist nicht möglich.

151

---

125 OLG Oldenburg StraFo 2010, 306; OLG Karlsruhe StraFo 2013, 84 f.; OLG Hamm StraFo 2013, 85 f.
126 KMR-*Stöckel*, § 404 Rn 20.
127 *Zöller-Philippi*, § 119 Rn 39 ff.

152 Da sich die Prozesskostenhilfe nach zivilrechtlichen Vorschriften richtet, ist für die Antragstellung § 117 ZPO maßgebend. Hiernach muss im Prozesskostenhilfeantrag das Streitverhältnis, unter Angabe von Beweismitteln, dargestellt werden. Üblicherweise wird der Prozesskostenhilfeantrag des Adhäsionsklägers mit dem Adhäsionsantrag verbunden, so dass sich hieraus die erforderlichen Angaben ergeben. Auch können sowohl Adhäsionskläger als auch Angeklagter auf den Akteninhalt der Strafakten verweisen.[128]

153 Stellt der Adhäsionskläger seinen Adhäsionsantrag (unbedingt) und verbindet er dies mit seinem Prozesskostenhilfeantrag, so besteht die Gefahr, dass er selbst das Kostenrisiko für den Antrag zu tragen hat, wenn das Gericht die begehrte Prozesskostenhilfe nicht bewilligt.

154 Daher kann er zunächst Prozesskostenhilfe unter Beifügung eines Entwurfes der Adhäsionsklage beantragen. Lehnt das Gericht die beantragte Prozesskostenhilfe ab, ist der Adhäsionsantrag noch nicht gestellt, so dass für ihn kein Kostenrisiko besteht. Bewilligt das Gericht die begehrte Prozesskostenhilfe, kann der Adhäsionsantrag dann unproblematisch gestellt werden. Gleiches gilt auch für den Fall, dass der Antragsteller im Adhäsionsverfahren, der Prozesskostenhilfe begehrt, z.B. bei Schmerzensgeld keinen, aus der Sicht des Gerichts, überhöhten Antrag stellen möchte, mit der Folge, dass das Gericht ihm nur teilweise Prozesskostenhilfe bewilligen würde. Allerdings besteht für den Antragsteller bei Prozesskostenhilfebewilligung durch das Gericht für einen Schmerzensgeldantrag in einer bestimmten Höhe immer noch das Risiko, dass das Gericht im Urteil dem Adhäsionsantrag, abweichend von der Prozesskostenhilfebewilligung, nur teilweise stattgibt. Der Streitwert und die Kostenquote richten sich dann nach allgemeinen Grundsätzen, nach dem gestellten Antrag. Eine Herabsetzung des Streitwertes kann nur erfolgen, wenn der Antragsteller nach Anhörung durch das Gericht mit einem geringeren Schmerzensgeldanspruch einverstanden ist.[129]

155 Für die Beantragung von Prozesskostenhilfe muss der Antragsteller den amtlichen Vordruck über seine persönlichen und wirtschaftlichen Verhältnisse ausfüllen und mit Belegen dem Prozesskostenhilfeantrag beifügen. Hiermit prüft das Gericht die Bedürftigkeit des Antragstellers, d.h. ob dieser in der Lage ist, die Kosten der Prozessführung im Adhäsionsverfahren selbst aufzubringen oder nicht. Von diesen Angaben erhält die Gegenseite nach § 127 Abs. 1 Satz 3 ZPO keine Kenntnis. Sie

---

128 LR-*Hilger*, § 404 Rn 25.
129 OLG Frankfurt, Beschl. v. 16.7.2010, 4 W 24/10.

erhält auch keine Kopie der Erklärung über die persönlichen und wirtschaftlichen Verhältnisse des Antragstellers.

Wann jemand bedürftig ist, regeln die §§ 114 ff. ZPO. **156**

Neben der Bedürftigkeit setzt die Prozesskostenhilfebewilligung nach § 114 Satz 1 **157** ZPO noch voraus, dass die beabsichtigte Rechtsverfolgung hinreichende Aussicht auf Erfolg bietet und nicht mutwillig ist. Hier prüft das Gericht neben der Frage der Beweisbarkeit des Anspruches auch seine Höhe. Ggf. bewilligt das Gericht nur für einen Teil Prozesskostenhilfe, z.B. wenn es der Auffassung ist, das beantragte Schmerzensgeld sei zu hoch oder einige Schadenspositionen seien nicht belegt.

Der Zivilrechtsweg und das Adhäsionsverfahren sind grundsätzlich gleichwertige **158** Verfahrensarten, so dass es dem Opfer frei steht, auf welchem Weg es seine An- sprüche geltend macht. Mutwilligkeit i.S.d. § 114 ZPO im Zivilverfahren liegt da- mit nicht vor, wenn das Opfer den Zivilrechtsweg anstatt des Adhäsionsverfahrens wählt.[130]

Lehnt das Gericht im Adhäsionsverfahren den Prozesskostenhilfeantrag ab, ist dies **159** gemäß § 404 Abs. 5 Satz 3 StPO nicht anfechtbar.

Bewilligt das Gericht im Adhäsionsverfahren die Prozesskostenhilfe, gilt dies nur **160** für die jeweilige Instanz.[131] Damit ist Prozesskostenhilfe für jede Instanz des Ad- häsionsverfahrens neu zu beantragen und dies auch unabhängig davon, ob ggf. die für eine Nebenklagebeiordnung bewilligte Prozesskostenhilfe weiter wirkt.[132]

Wurde Prozesskostenhilfe bewilligt, ist die Partei nach § 121 Abs. 1 Nr. 1 ZPO von **161** den Gerichts- und Gerichtsvollzieherkosten befreit.

Nach § 121 Abs. 1 ZPO wird ein Rechtsanwalt beigeordnet, wenn die Vertretung **162** durch einen Rechtsanwalt vorgeschrieben ist, d.h. also ein sog. Anwaltsprozess vorliegt oder nach § 121 Abs. 2 ZPO, wenn die Vertretung durch einen Rechts- anwalt erforderlich erscheint oder der Gegner auch anwaltlich vertreten ist.

Ob eine Vertretung erforderlich ist, ist im Einzelfall zu prüfen. Hier kommt es u.a. **163** auf die Schwierigkeit der Sach- und Rechtslage[133] und auf die Fähigkeiten des An- tragstellers an, so dass auch bei einem einfach gelagerten Sachverhalt oder bei ein-

---

130 OLG Rostock AGS 2010, 450.
131 BGH NStZ-RR 2009, 190.
132 BGH NStZ-RR 2009, 253.
133 LR-*Hilger*, § 404 Rn 26; *Meyer-Goßner*, § 404 Rn 16; AnwK-StPO/*Kauder*, § 404 Rn 11.

fachen Rechtsfragen eine Beiordnung in Betracht kommt, wenn die Partei hilflos erscheint.[134] Bei der Frage, ob der Gegner anwaltlich vertreten ist, kommt es beim Angeklagten nicht darauf an, dass er verteidigt ist, sondern, dass er auch von seinem Verteidiger oder einem anderen Rechtsanwalt im Adhäsionsverfahren vertreten wird.[135]

164 Zu beachten ist, dass eine anderweitige Beiordnung, z.B. für die Nebenklage, nicht automatisch auch für das Adhäsionsverfahren gilt, so dass immer noch die Erstreckung der Beiordnung auf das Adhäsionsverfahren bzw. andere Verfahrensteile beantragt werden muss.

165 Der beigeordnete Rechtsanwalt macht nunmehr nach § 45 RVG seine Gebührenansprüche nicht mehr gegenüber der Partei, sondern der Staatskasse geltend. Ist nach einem Obsiegen der Gegner zur Kostentragung verpflichtet, hat dieser unabhängig von der Prozesskostenhilfe des Obsiegenden die Kosten des dem Obsiegenden beigeordneten Rechtsanwaltes zu zahlen, wobei hier die Gebühren nach § 13 RVG und nicht nur die nach § 49 RVG zu übernehmen sind.

166 Hat das Opfer seinen Schadensersatzanspruch nicht in einem Strafverfahren gegen den Täter in einem Adhäsionsverfahren geltend gemacht und begehrt nunmehr für ein anschließendes Zivilverfahren Prozesskostenhilfe, kann die Gefahr bestehen, dass ihm für das Zivilverfahren die Prozesskostenhilfe wegen Mutwilligkeit nach § 114 Abs. 1 Satz 1 ZPO versagt wird, da die Verfolgung des Anspruchs kostengünstiger ist. Vor Inkrafttreten des 1. Opferrechtsreformgesetzes wurde die Mutwilligkeit u.a. mit der Begründung verneint,[136] dass im Adhäsionsverfahren, insbesondere bei Schmerzensgeldansprüchen, die Gefahr des Absehens von einer Entscheidung bestehe. Da nach Inkrafttreten des 1. Opferrechtsreformgesetzes bei Schmerzensgeldansprüchen nur noch nach § 405 Abs. 1 Satz 3 StPO in Betracht kommt, stellt sich die Frage, ob dies weiterhin noch so gilt.

167 Das OLG Frankfurt[137] hat die Frage zur Rechtslage vor dem 1. Opferschutzreformgesetz in 2007 bestätigt und ausgeführt, dass keine Mutwilligkeit der Schadensersatzklage vor dem Zivilgericht besteht, wenn der Antragsteller als Nebenkläger die Möglichkeit des Adhäsionsverfahrens im Rahmen des gegen den einzigen Antragsgegner geführten Strafverfahrens nicht genutzt hat.

---

134 LR-*Hilger*, § 404 Rn 26.
135 KMR-*Stöckel*, § 404 Rn 22.
136 LG Itzehoe NJÜZ 2002, 849 f.
137 OLG Frankfurt, Beschl. v. 17.8.2007 – 4 W 41/07.

Zur Vermeidung eines Kostenrisikos bei einem anschließenden Zivilverfahren sollte daher immer gleich der Anspruch im Adhäsionsverfahren geltend gemacht werden. **168**

Praxistipp: Adhäsionsverfahren **169**
Das Adhäsionsverfahren soll dem Verletzten einer Straftat die Möglichkeit eröffnen, seine ihm zustehenden zivilrechtlichen Schadensersatzansprüche gleich mit in einem Strafverfahren gegen den Täter geltend zu machen, ohne dass es eines gesonderten Zivilprozesses bedarf.

Nach § 403 StPO ist der Verletzte einer Straftat oder sein Erbe im Adhäsionsverfahren antragsberechtigt.

Im Adhäsionsverfahren gelten die zivilprozessualen Streitwertgrenzen nach § 403 StPO nicht.

Das Gericht kann von einer Entscheidung über den Adhäsionsantrag absehen, wenn der Antrag unzulässig ist, wenn der Antrag unbegründet oder nicht für die Erledigung im Strafverfahren geeignet ist.

Dem Antragsteller im Adhäsionsverfahren und dem Angeklagten kann für das Adhäsionsverfahren Prozesskostenhilfe nach den zivilrechtlichen Vorschriften bewilligt werden. Auch kann eine Beiordnung eines Rechtsanwalts erfolgen.

Ob der Angeklagte, der durch einen Pflichtverteidiger vertreten wird, einen gesonderten, also weiteren, Antrag auf Beiordnung des Rechtsanwalts im Adhäsionsverfahren gegen ihn stellen muss, ist umstritten.

§ 10 Opferentschädigungsgesetz

A. Anwendungsbereich

Das Gesetz über die Entschädigung für Opfer von Gewalttaten (Opferentschädigungsgesetz – OEG)[1] gewährt Personen, welche in Folge eines vorsätzlichen, rechtswidrigen tätlichen Angriffs gegen ihre oder eine andere Person oder durch dessen rechtmäßige Abwehr eine gesundheitliche Schädigung erhalten haben, eine finanzielle Entschädigung. Diese Personen können auf Antrag wegen der gesundheitlichen und wirtschaftlichen Folgen dieses Angriffs Versorgung in entsprechender Anwendung der Vorschriften des Bundesversorgungsgesetzes gemäß § 1 Abs. 1 OEG erhalten.

1

§ 1 OEG Anspruch auf Versorgung

(1) Wer im Geltungsbereich dieses Gesetzes oder auf einem deutschen Schiff oder Luftfahrzeug infolge eines vorsätzlichen, rechtswidrigen tätlichen Angriffs gegen seine oder eine andere Person oder durch dessen rechtmäßige Abwehr eine gesundheitliche Schädigung erlitten hat, erhält wegen der gesundheitlichen und wirtschaftlichen Folgen auf Antrag Versorgung in entsprechender Anwendung der Vorschriften des Bundesversorgungsgesetzes. Die Anwendung dieser Vorschrift wird nicht dadurch ausgeschlossen, dass der Angreifer in der irrtümlichen Annahme von Voraussetzungen eines Rechtfertigungsgrunds gehandelt hat.

(2) Einem tätlichen Angriff im Sinne des Absatzes 1 stehen gleich

1. die vorsätzliche Beibringung von Gift,
2. die wenigstens fahrlässige Herbeiführung einer Gefahr für Leib und Leben eines anderen durch ein mit gemeingefährlichen Mitteln begangenes Verbrechen.

(3) Einer Schädigung im Sinne des Absatzes 1 stehen Schädigungen gleich, die durch einen Unfall unter den Voraussetzungen des § 1 Abs. 2 Buchstabe e oder f des Bundesversorgungsgesetzes herbeigeführt worden sind; Buchstabe e gilt auch für einen Unfall, den der Geschädigte bei der unverzüglichen Erstattung der Strafanzeige erleidet.

(4) Ausländer haben einen Anspruch auf Versorgung,

1. wenn sie Staatsangehörige eines Mitgliedstaates der Europäischen Gemeinschaften sind oder
2. soweit Rechtsvorschriften der Europäischen Gemeinschaften, die eine Gleichbehandlung mit Deutschen erforderlich machen, auf sie anwendbar sind oder
3. wenn die Gegenseitigkeit gewährleistet ist.

---

1 In der Fassung der Bekanntmachung vom 7.1.1985 (BGBl 1, S. 1), zuletzt geändert durch Artikel 1 des Gesetzes vom 25.6.2009 (BGBl 1, S. 1580).

(5) Sonstige Ausländer, die sich rechtmäßig nicht nur für einen vorübergehenden Aufenthalt von längstens sechs Monaten im Bundesgebiet aufhalten, erhalten Versorgung nach folgenden Maßgaben:

1. Leistungen wie Deutsche erhalten Ausländer, die sich seit mindestens drei Jahren ununterbrochen rechtmäßig im Bundesgebiet aufhalten;

2. ausschließlich einkommensunabhängige Leistungen erhalten Ausländer, die sich ununterbrochen rechtmäßig noch nicht drei Jahre im Bundesgebiet aufhalten.

Ein rechtmäßiger Aufenthalt im Sinne dieses Gesetzes ist auch gegeben, wenn die Abschiebung aus rechtlichen oder tatsächlichen Gründen oder aufgrund erheblicher öffentlicher Interessen ausgesetzt ist. Die in Anlage I Kapitel VIII Sachgebiet K Abschnitt III Nr. 18 des Einigungsvertrages vom 31. August 1990 (BGBl 1990 II S. 885, 1069) genannten Maßgaben gelten entsprechend für Ausländer, die eine Schädigung im Beitrittsgebiet erleiden, es sei denn, sie haben ihren Wohnsitz, ihren gewöhnlichen Aufenthalt oder ständigen Aufenthalt in dem Gebiet, in dem dieses Gesetz schon vor dem Beitritt gegolten hat.

(6) Versorgung wie die in Absatz 5 Nr. 2 genannten Ausländer erhalten auch ausländische Geschädigte, die sich rechtmäßig für einen vorübergehenden Aufenthalt von längstens sechs Monaten im Bundesgebiet aufhalten,

1. wenn sie mit einem Deutschen oder einem Ausländer, der zu den in Absatz 4 oder 5 bezeichneten Personen gehört, bis zum dritten Grade verwandt sind oder in einem den Personenkreisen des Absatzes 8 entsprechenden Verhältnis zu ihm stehen oder

2. wenn sie Staatsangehörige eines Vertragsstaates des Europäischen Übereinkommens vom 24. November 1983 über die Entschädigung für Opfer von Gewalttaten sind, soweit dieser keine Vorbehalte zum Übereinkommen erklärt hat.

(7) Wenn ein Ausländer, der nach Absatz 5 oder 6 anspruchsberechtigt ist,

1. ausgewiesen oder abgeschoben wird oder

2. das Bundesgebiet verlassen hat und seine Aufenthaltstitel erloschen ist oder

3. ausgereist und nicht innerhalb von sechs Monaten erlaubt wieder eingereist ist,

erhält er für jedes begonnene Jahr seines ununterbrochen rechtmäßigen Aufenthalts im Bundesgebiet eine Abfindung in Höhe des Dreifachen, insgesamt jedoch mindestens in Höhe des Zehnfachen, höchstens in Höhe des Dreißigfachen der monatlichen Grundrente. Dies gilt nicht, wenn er aus einem der in den §§ 53, 54 oder 55 Abs. 2 Nr. 1 bis 4 des Aufenthaltsgesetzes genannten Gründe ausgewiesen wird. Mit dem Entstehen des Anspruchs auf die Abfindung nach Satz 1 oder mit der Ausweisung nach Satz 2 erlöschen sämtliche sich aus den Absätzen 5 und 6 ergebenden weiteren Ansprüche; entsprechendes gilt für Ausländer, bei denen die Schädigung nicht zu einem rentenberechtigenden Grad der Schädigungsfolgen geführt hat. Die Sätze 1 und 3 gelten auch für heimatlose Ausländer sowie für sonstige Ausländer, die im Bundesgebiet die Rechtsstellung nach dem Abkommen vom 28. Juli 1951 über die Rechtsstellung der Flüchtlinge (BGBl 1953 II S. 559) oder nach dem Übereinkommen vom 28. September 1954 über die Rechtsstellung der Staatenlosen (BGBl 1976 II S. 473) genießen, wenn die Tat nach dem 27. Juli 1993 begangen worden ist. Die Sätze 1 bis 4 gelten entsprechend auch für Hinterbliebene, die sich nicht im Geltungsbereich dieses Gesetzes aufhalten.

(8) Die Hinterbliebenen eines Geschädigten erhalten auf Antrag Versorgung in entsprechender Anwendung der Vorschriften des Bundesversorgungsgesetzes. Die in den Absätzen 5 bis 7 genannten Maßgaben sowie § 10 Satz 3 sind anzuwenden. Soweit dies günstiger ist, ist bei der Bemessung der Abfindung nach Absatz 7 auf den Aufenthalt der Hinterbliebenen abzustellen. Partner einer eheähnlichen Gemeinschaft erhalten Leistungen in entsprechender Anwendung der §§ 40, 40a und 41 des Bundesversorgungsgesetzes, sofern ein Partner an den Schädigungsfolgen verstorben ist und der andere unter Verzicht auf eine Erwerbstätigkeit die Betreuung eines gemeinschaftlichen Kindes ausübt; dieser Anspruch ist auf die ersten drei Lebensjahre des Kindes beschränkt.

(9) Einer Schädigung im Sinne des Absatzes 1 stehen Schädigungen gleich, die ein Berechtigter oder Leistungsempfänger nach Absatz 1 oder 8 Verbindung mit § 10 Abs. 4 oder 5 des Bundesversorgungsgesetzes, eine Pflegeperson oder eine Begleitperson bei einer notwendigen Begleitung des Geschädigten durch einen Unfall unter den Voraussetzungen des § 8a des Bundesversorgungsgesetzes erleidet.

(10) Einer gesundheitlichen Schädigung im Sinne des Absatzes 1 steht die Beschädigung eines am Körper getragenen Hilfsmittels, einer Brille, von Kontaktlinsen oder von Zahnersatz gleich.

(11) Dieses Gesetz ist nicht anzuwenden auf Schäden aus einem tätlichen Angriff, die von dem Angreifer durch den Gebrauch eines Kraftfahrzeugs oder eines Anhängers verursacht worden sind.

(12) § 64e des Bundesversorgungsgesetzes findet keine Anwendung. § 1 Abs. 3, die §§ 64 bis 64d, 64f sowie 89 des Bundesversorgungsgesetzes sind mit der Maßgabe anzuwenden, dass an die Stelle der Zustimmung des Bundesministeriums für Arbeit und Soziales die Zustimmung der für die Kriegsopferversorgung zuständigen obersten Landesbehörde tritt, sofern ein Land Kostenträger ist (§ 4). Dabei sind die für deutsche Staatsangehörige geltenden Vorschriften auch für von diesem Gesetz erfasste Ausländer anzuwenden.

(13) § 20 des Bundesversorgungsgesetzes ist mit den Maßgaben anzuwenden, dass an die Stelle der in Absatz 1 Satz 3 genannten Zahl die Zahl der rentenberechtigten Beschädigten und Hinterbliebenen nach diesem Gesetz im Vergleich zur Zahl des Vorjahres tritt, dass in Absatz 1 Satz 4 an die Stelle der dort genannten Ausgaben der Krankenkassen je Rentner die bundesweiten Ausgaben je Mitglied treten, dass Absatz 2 Satz 1 für die oberste Landesbehörde, die für die Kriegsopferversorgung zuständig ist, oder die von ihr bestimmte Stelle gilt und dass in Absatz 3 an die Stelle der in Satz 1 genannten Zahl die Zahl 1,3 tritt und die Sätze 2 bis 4 nicht gelten.

(14) Im Rahmen der Heilbehandlung sind auch heilpädagogische Behandlung, heilgymnastische und bewegungstherapeutische Übungen zu gewähren, wenn diese bei der Heilbehandlung notwendig sind.

2

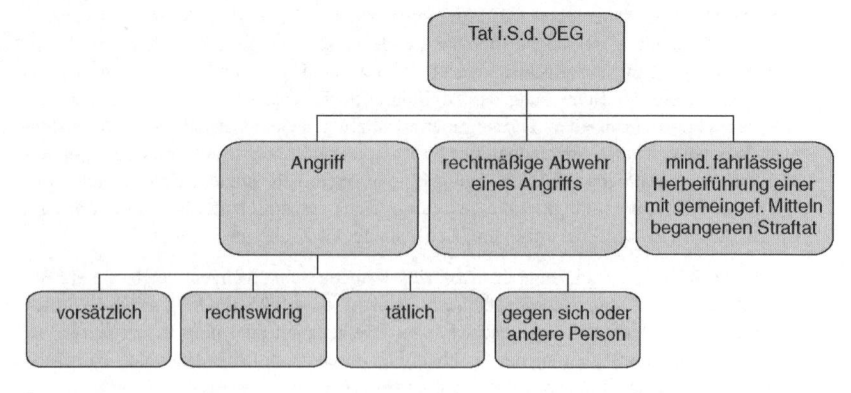

Übersicht: Tat i.S.d. OEG

B. Zielsetzung

3 Das Opferentschädigungsgesetz trägt damit der Tatsache Rechnung, dass Opfer von Straftaten regelmäßig nicht nur eine körperliche Beeinträchtigung, sondern darüber hinaus auch wirtschaftliche Einbußen in erheblichem Maße erleiden, z.B. weil der Ernährer, welcher Opfer einer Straftat wird, die Familie dadurch zukünftig nicht mehr ernähren kann.

4 Diese wirtschaftlichen Folgen werden durch Renten aus der gesetzlichen Rentenversicherung bzw. aus privaten Versicherungen bzw. durch die Sozialhilfe nicht immer genügend ausgeglichen.

5 Auch führen eventuelle Schadensersatzansprüche gegen den Täter in den wenigsten Fällen zu einem kompletten Ausgleich, da der Täter entweder nicht ermittelbar oder nicht wirtschaftlich leistungsfähig ist.

6 Hinter dem Opferentschädigungsgesetz steht der Grundgedanke, dass der Staat wenigstens für die Opfer von Straftaten einstehen muss, wenn es ihm trotz seiner Anstrengungen zur Verbrechensverhütung nicht gelingt, die Straftaten zu verhindern.

7 Durch das Opferentschädigungsgesetz wird nicht nur das Opfer selbst, sondern auch seine Familie geschützt, die oft auch die Folgen der Straftat mitzutragen hat.

8 Das Opferentschädigungsgesetz gewährt Leistungen als soziale Leistungen i.S.d. § 5 SGB I, auf Basis des Leistungskataloges des Bundesversorgungsgesetzes.

C. Voraussetzungen

Nach § 1 OEG sind, wie bereits ausgeführt, grundsätzlich Opfer von Gewalttaten, **9** d.h. Personen, die aufgrund eines vorsätzlichen, rechtswidrigen tätlichen Angriffs gesundheitliche Schädigungen erlitten haben, anspruchsberechtigt. Gleiches gilt für Personen, die bei einer rechtmäßigen Abwehr eines solchen Angriffs gesundheitliche Schädigungen erlitten haben.

Damit sind selbstverständlich natürliche Personen anspruchsberechtigt. Auch zählt der Nasciturus (d.h. die gezeugte, aber ungeborene Leibesfrucht) ebenfalls zum anspruchsberechtigten Personenkreis.[2] Da der Begriff der „unmittelbaren Schädigung" im OEG sehr weit ausgelegt wird, hat sogar ein nondum conceptus (d.h. das noch nicht gezeugte Kind) Anspruch nach dem OEG, z.B. wenn er nach einer Schädigung der Mutter (Infektion der Mutter mit AIDS bei einer Vergewaltigung) und seiner Zeugung angesteckt wird.[3] Auch hat ein Kind aus einer Inzestbeziehung der Mutter grds. Anspruch auf Versorgung nach dem OEG.[4]

Der Anspruch auf Opferentschädigung ist auch nicht deswegen ausgeschlossen, **10** weil der Angreifer in der irrtümlichen Annahme eines Rechtfertigungsgrundes gehandelt hat, vgl. § 1 Abs. 1 OEG.

Einem tätlichen Angriff steht nach § 1 Abs. 2 OEG auch die vorsätzliche Beibringung von Gift oder die wenigstens fahrlässige Herbeiführung einer Gefahr für Leib und Leben eines anderen mit gemeingefährlichen Mitteln begangenes Verbrechen (z.B. Bombenanschlag) gleich. **11**

Dies gilt auch für eine Schädigung, die durch einen Unfall unter den Voraussetzungen des § 1 Abs. 2 Buchstabe e oder f des Bundesversorgungsgesetzes herbeigeführt worden ist oder für einen Unfall, den der Geschädigte bei der unverzüglichen Erstattung der Strafanzeige erleidet. **12**

Allerdings führt das Opferentschädigungsgesetz nicht zu einer Entschädigung des Opfers für reine Vermögensschäden. Es greift aber dort ein, wo die wirtschaftliche Existenz eines unschuldigen Opfers bedroht ist bzw. in Fällen, in denen das Verbrechensopfer aufgrund der durch die Tat erlittenen körperlichen oder seelischen Schäden daran gehindert ist, zukünftig mit eigener Kraft seine Existenz zu sichern. Die Leistungen nach dem Opferentschädigungsgesetz werden nur auf Antrag er- **13**

---

2 BSGE 18, 55; die Rechtsprechung zum BSG wird auf das OEG angewendet.
3 BSGE 89, 199.
4 BSGE 89, 199.

bracht, wobei der Antrag bei dem für den Wohnort des Opfers zuständigen Versorgungsamt zu stellen ist.

14 Einen Anspruch auf Leistungen hat nicht nur das Opfer selbst, sondern, wenn dieses durch die Straftat stirbt, auch die Hinterbliebenen des Opfers, also die Witwe oder der Witwer, die Kinder des Opfers und ggf. auch die Eltern.[5] Die Großeltern des Opfers kommen nur als Anspruchsberechtigte in Betracht, wenn das Opfer ihnen Unterhalt gewährt hätte.

15 Selbst der geschiedene Ehepartner kann Leistungen erhalten. Geschiedene Ehefrauen werden Witwen gleichgestellt, wenn das verstorbene Opfer Unterhalt zu leisten gehabt hätte oder geleistet hat.

16 Durch das Opferentschädigungsgesetz können auch lediglich mittelbar Geschädigte Leistungen erhalten. Auch haben mittelbar Geschädigte oder Sekundäropfer, als Personen, die z.B. Schockschäden erlitten haben, einen Anspruch nach dem OEG.[6] Dies betrifft z.B eine Mutter, die infolge der überbrachten Todesnachricht ihrer Tochter einen schweren Schock erleidet.[7]

Dies gilt aber auch für einen Tatzeugen einer schweren Gewalttat, auch unabhängig von der Nähebeziehung zum Opfer.[8]

Erleidet eine Person, die zwar kein Tatzeuge ist, aber z.B. das Opfer nach der Tat auffindet, einen Schock, besteht ein Anspruch nach dem OEG nur, wenn eine besondere emotionale Beziehung zum Opfer bestand.[9]

Auch soll ein Anspruch auf Opferentschädigung bestehen, wenn schlimme Bilder von der Tat im TV einen Schock auslösen.[10]

17 Da das Opferentschädigungsgesetz keine reinen wirtschaftlichen Schäden ausgleicht, ist Voraussetzung für einen Entschädigungsanspruch, dass das Opfer durch die Tat eine körperliche oder seelische Beeinträchtigung erfahren hat.

---

5 *Kunz/Zellner/Gelhausen/Weiner*, § 1 Rn 74; die Eltern des Opfers sind nach § 3a OEG allerdings nur anspruchsberechtigt, wenn die Straftat nicht im Ausland verübt worden ist, vgl. *Kunz/Zellner/Gelhausen/Weiner*, Anhang I § 4, 27.

6 BSGE 44, 98.

7 BSG a.a.O.

8 BMA Rdschr. v. 20.1.2006, IVc2–47035/3.

9 BMA Rdschr. a.a.O.

10 *Heinz*, ZfS 1999, 4 ff.

Die Verletzung des Opfers muss durch einen vorsätzlichen, rechtswidrigen tätlichen Angriff gegen sich oder eine andere Person oder durch dessen rechtmäßige Abwehr erfolgt sein, so dass auch Ansprüche in Betracht kommen, wenn eine andere Person angegriffen wurde und das Opfer dabei verletzt wurde, weil es z.b. versucht hat, die Straftat abzuwehren. Eine Entschädigung kommt allerdings auch in Betracht, wenn das Opfer vor einem solchen Angriff versucht zu fliehen und dabei einen Schaden, z.b. durch einen Sturz oder Herzinfarkt erleidet. Angriff ist dabei eine in feindseliger Willensrichtung unmittelbar auf den Körper eines anderen zielende gewaltsame Einwirkung,[11] wobei Rechtsfeindlichkeit reicht.[12] Mobbing stellt in aller Regel, außer in Extremfällen, (noch) keinen Angriff dar, da es nur verbal erfolgt.[13] Stalking kann einen Angriff i.S.d. OEG darstellen. **18**

Ein Anspruch nach dem Opferentschädigungsgesetz scheidet allerdings aus, wenn die Tat mittels eines Kraftfahrzeuges oder einem Anhänger begangen worden ist, da hier die Verkehrsopferhilfe vorrangig eintritt. **19**

Ferner hat nach § 1 Abs. 1 S. 1 OEG nur derjenige Anspruch auf eine Entschädigung, der im Geltungsbereich des Opferentschädigungsgesetzes, also im Bundesgebiet, Opfer einer Straftat geworden ist. Nach § 1 OEG besteht ein Anspruch nur, wenn der Angriff oder die rechtmäßige Abwehr eines Angriffs im Geltungsbereich des OEG erfolgte. Bei einer Schädigung kommt es auf den Erfolgs- und nicht auf den Handlungsort an. Damit hat auch eine Mutter Anspruch auf Entschädigung nach dem OEG, deren Kind im Ausland getötet wurde und die im Inland die Todesnachricht erhält und einen Schockschaden erleidet.[14] **20**

Wurde die Straftat im Ausland begangen, besteht ein Anspruch unter den Voraussetzungen des § 3a OEG.

Leistungen nach dem OEG werden nur auf Antrag gewährt. Wird kein Antrag oder kein Antrag in nicht verjährter Zeit gestellt, kann keine Entschädigung gewährt werden. Das Verhalten der Sorgeberechtigten ist grds. ihren Kindern zuzurechnen. Das Verschulden des Sorgeberechtigten ist dem Kind nicht zuzurechnen, wenn der Sorgeberechtigte eigene Täterinteressen verfolgt oder den Ehegatten schützt.[15] **21**

---

11 BSGE 81, 42, 43.
12 BSGE 77, 7 zu sexuellen Übergriffen.
13 Zfs 2001, 166 ff.
14 BSGE 90, 190 zur alten Rechtsauffassung.
15 BSGE 94, 282.

22

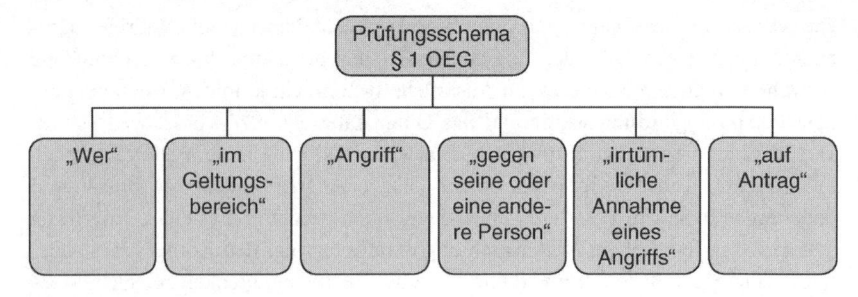

Prüfungsschema § 1 OEG

D. Leistungen für Ausländer

23 Nach § 1 Abs. 4 bzw. Abs. 5 OEG haben Ausländer auch einen Anspruch auf Leistungen nach dem OEG. Hierbei ist zwischen Ausländern nach Abs. 4 zu unterscheiden, die einen Anspruch haben, wenn sie Staatsangehörige eines Mitgliedsstaates der EU sind bzw. soweit Rechtsvorschriften der EU die Gleichbehandlung dieser Ausländer mit Deutschen erforderlich machen bzw. wenn die Gegenseitigkeit gewährleistet ist.

24 Nach § 1 Abs. 5 OEG haben sonstige Ausländer, die sich rechtmäßig nicht nur für einen vorübergehenden Aufenthalt der letzten sechs Monate in der Bundesrepublik Deutschland aufhalten, ebenfalls einen Anspruch auf Entschädigungen, mit der Maßgabe, dass sie Leistungen wie Deutsche erhalten, wenn sie mindestens drei Jahre ununterbrochen in der Bundesrepublik Deutschland sich aufgehalten haben bzw. ausschließlich einkommensunabhängige Leistungen erhalten, wenn sie ununterbrochen rechtmäßig noch nicht drei Jahre in der Bundesrepublik Deutschland aufenthaltlich waren.

25 Einschränkungen gelten hier jedoch, wenn diese ausgewiesen oder abgeschoben wurden, das Bundesgebiet verlassen haben und der Aufenthaltstitel erloschen ist, oder ausgereist und nicht innerhalb von sechs Monaten wieder erlaubt eingereist sind.

E. Grenzüberschreitende Fälle

26 Problematisch ist auch immer die Abwicklung bzw. Geltendmachung von Entschädigungsleistungen nach dem Opferentschädigungsgesetz bei Auslandstaten. Um die Abwicklung dieser Verfahren zu erleichtern, hat der Rat der Europäischen Union am 29.4.2004[16] eine Richtlinie zur Entschädigung der Opfer von Straftaten erlassen. Diese Richtlinie regelt allerdings nur die verfahrensrechtliche Abwicklung der Ansprüche von Opfern; die Frage des Bestehens und des Umfangs der Ansprüche selbst richtet sich bei Taten im Ausland nach dem dort geltenden ausländischen materiellen Recht.

Der Deutsche Gesetzgeber will zusätzlich auch für Deutsche oder denen gleichgestellte Personen einstehen, wenn diese Opfer von Straftaten im Ausland werden. Für Leistungsansprüche von Deutschen oder denen nach § 3a OEG i.V.m. § 1 Abs. 4 oder 5 OEG gleichgestellten Ausländern, regelt eben § 3a OEG die materiellen Voraussetzungen und den Umfang der Leistungen nach dem OEG, wenn diese dort genannten Personen Opfer einer Straftat im Ausland geworden sind. **27**

Nach § 3a OEG erhalten Deutsche oder Ausländer Leistungen gem. § 1 Abs. 4, 5 OEG, wenn sie ihren gewöhnlichen Aufenthalt in der BRD haben oder sich zum Tatzeitpunkt für max. sechs Monate im Ausland vorübergehend aufgehalten haben.

Zu beachten ist ferner, dass die Leistungen für Auslandstaten gemäß § 3a OEG nicht mit den Leistungen vergleichbar sind, die gewährt werden, wenn die Tat im Inland geschehen ist. Zwar können Opfer von Auslandstaten auch Leistungen für die Heilbehandlung und medizinische Rehabilitation erhalten. Allerdings werden keine Renten gezahlt, sondern lediglich nach dem Grad der Schädigungsfolgen gestaffelte Einmalzahlungen. Dies begründet sich damit, dass der deutsche Staat nicht für Auslandstaten haftet bzw. geradestehen will, allerdings aufgrund seiner Fürsorgepflicht gegenüber Deutschen und den gleichgestellten Ausländern selbst bei Taten auf einem fremden Hoheitsgebiet mit Leistungen helfen möchte. **28**

Zu beachten sind ferner die Ausschlussgründe des § 3a Abs. 5 OEG, wobei insbesondere ein Ausschluss der Leistungen bei fahrlässiger Nichtbegründung von Versicherungsschutz bzw. bei Vorrang von Ansprüchen aus öffentlichen und privaten Sicherungssystemen besteht.

Die Richtlinie 2004/80/EG vom 29.4.2004 soll insbesondere die Antragstellung in grenzüberschreitenden Opferentschädigungsfällen vereinfachen. Die Richtlinie führt in Erwägungsgrund 7 dazu aus: „Mit dieser Richtlinie wird ein System der Zusammenarbeit eingeführt, damit Opfer von Straftaten in grenzüberschreitenden Fällen leichter Zugang zur Entschädigung erhalten …". Die Richtlinie gilt, wie bereits ausgeführt, lediglich für den verfahrensrechtlichen Ablauf. Die Frage ob **29**

---

16 Richtlinie 2004/80/EG.

und welche Leistungen zu erbringen sind, richtet sich nach dem (materiellen) innerstaatlichen Recht des Tatortstaates.

Nach Art. 1 der Richtlinie 2004/80/EG hat das Opfer, selbst bei einer Auslandstat, ein Recht auf Antragstellung im Wohnsitz-Mitgliedsstaat. Es kann daher, nachdem es Opfer im Ausland geworden ist, ohne irgendwelche Fristen zu versäumen, zunächst wieder nach Hause reisen und dort von zu Hause aus die Opferentschädigung betreiben.

30 Nach Art. 2 der Richtlinie wird die Entschädigung dann von der zuständigen Behörde des Mitgliedsstaates gezahlt, in dessen Hoheitsgebiet die Straftat begangen wurde.

Nach Art. 3 richtet jedes Land eine sog. Unterstützungs- und eine sog. Entschädigungsbehörde ein. Die Unterstützungsbehörde befindet sich im Inland, also im Wohnsitzland des Opfers und soll dem Opfer Hilfe leisten bei der Antragstellung im Ausland.

Nach Art. 5 stellt die Unterstützungsbehörde die Informationen und insbesondere auch die erforderlichen Antragsformulare dem Opfer zur Verfügung. Sie hilft dem Opfer beim Ausfüllen des Antrags, sie nimmt allerdings keine rechtliche Bewertung des Antrags vor.

Nach Art. 6 übermittelt die Unterstützungsbehörde den Antrag und die entsprechenden Unterlagen so schnell als möglich an die sog. Entscheidungsbehörde. Die Entscheidungsbehörde befindet sich im Tatortstaat, also im Ausland. Diese entscheidet dort nach dem dort geltenden nationalen Recht über den Antrag. Dies bedeutet, dass das ganze Verfahren und sämtliche Korrespondenz unter Einschaltung der Unterstützungsbehörde mit der Entscheidungsbehörde geführt werden. Die Unterstützungsbehörde ist damit sowohl Anlaufstelle als auch Hilfeeinrichtung für Deutsche, die im Ausland Opfer geworden sind.

Unterstützungsbehörde für Opfer mit Wohnsitz in Deutschland gemäß § 6a OEG ist: Das Bundesministerium für Arbeit und Soziales, Referat IV c 2, Rochusstraße 1, 53123 Bonn.

Diese ist auch für den umgekehrten Fall als Empfänger von ausländischen Anträgen zunächst zuständig und leitet dann diese an das zuständige Versorgungsamt als deutsche Entscheidungsbehörde weiter.

> *Praxistipp*
> Sollte eine Entschädigung im Ausland geltend zu machen sein, kann man sich auf folgender Homepage einen Überblick über die entsprechenden zuständigen Behörden und das dort geltende innerstaatliche Recht verschaffen: http://ec.europa.eu/justice_home/judicialatlascivil/html/index_de.htm. Insbesondere findet man dort auch die entsprechenden Antragsformulare der Mitgliedsstaaten, welche meist mehrsprachig hinterlegt sind.

F. Versagungsgründe

Nach § 2 OEG ist eine Entschädigung zu versagen, wenn das Opfer die Schädigung **31** verursacht hat oder wenn es aus sonstigen, insbesondere in dem eigenen Verhalten des Opfers liegenden Gründen unbillig wäre, eine Entschädigung zu gewähren. Das Opfer darf also insbesondere den Täter nicht gereizt oder beleidigt haben, sich an einer politischen Auseinandersetzung in seinem Heimatstaat aktiv beteiligt haben. Die Schädigung darf auch nicht darauf beruhen, dass sich das Opfer an kriegerischen Auseinandersetzungen in seinem Heimatstaat aktiv beteiligt hat, wobei die Schädigung im Zusammenhang damit stehen muss. Das Opfer darf ferner nicht in die organisierte Kriminalität verwickelt gewesen sein. Eine Versagung der Entschädigung wegen Mitverursachung kommt allerdings nur in Betracht, wenn das Verhalten des Opfers eine annähernd gleichwertige Bedingung neben dem Tatbeitrag des Angreifers darstellt.

Nach § 2 Abs. 2 OEG können die Leistungen nach dem Opferentschädigungsgesetz **32** auch dann versagt werden, wenn es der Geschädigte unterlassen hat, an der Aufklärung des Sachverhalts und der Verfolgung des Täters mitzuwirken, insbesondere unverzüglich Anzeige zu erstatten.

Damit der Sachverhalt komplett aufgeklärt werden kann, ist die Erstattung einer **33** Strafanzeige bei den Strafverfolgungsbehörden erforderlich. Dies ist auch Voraussetzung für die Gewährung einer Entschädigung. Eine Anzeigepflicht besteht allerdings nur bei Möglichkeit und damit auch bei Zumutbarkeit für den Geschädigten. Eine Anzeigepflicht besteht daher nicht, wenn sich das Opfer selbst oder eine ihm nahestehende Person der Gefahr der Strafverfolgung aussetzt oder es dem Opfer aus psychischen Gründen unzumutbar ist.

G. Verjährung/Fristen

34 Unbedingt zu beachten ist, dass Ansprüche nach dem Opferentschädigungsgesetz gemäß § 45 SGB I in vier Jahren nach Ablauf des Kalenderjahres, in dem sie entstanden sind, verjähren. Eine weitere Antragsfrist kennt das OEG dagegen zwar nicht, allerdings können Leistungen nach § 60 Abs. 1 u. 2 BVG erst frühestens ab dem Antragsmonat gewährt werden. Wird der Antrag auf Opferentschädigung allerdings binnen eines Jahres nach der Tat gestellt, ist auch nach § 60 Abs. 1 Satz 2 eine Versorgung auch für den Zeitraum vor Antragstellung zu gewähren.

H. Leistungen

35 Nach dem OEG kann z.B. die medizinische Heilbehandlung eines Opfers übernommen werden, die nach § 11 BVG u.a. umfasst:

- ambulante ärztliche und zahnärztliche Behandlung,
- stationäre Behandlung in einem Krankenhaus,
- Arznei- und Verbandsmittel,
- Krankengymnastik, Bewegungstherapie,
- Brille u. Kontaktlinsen,
- Hilfsmittel und Körperersatzstücke (vgl. auch § 13 BVG),
- häusliche Krankenpflege,
- Behandlung in einer Rehabilitationseinrichtung,
- Psychotherapie, z.B. auch bei posttraumatischen Belastungsstörungen.

36 Ist das Opfer aufgrund der Tat arbeitsunfähig erkrankt, kann zum Ausgleich des Verdienstausfalles Versorgungsgeld gezahlt werden, was dem normalen Krankengeld entspricht.

37 Zur Wiedereingliederung des Opfers in das Berufsleben sind auch berufsfördernde Leistungen zur Rehabilitation nach § 26 BVG möglich.

38 Je nach dem Grad der Schädigung (GdS) können Beschädigte eine monatliche Grundrente erhalten. Diese geht von mtl. 123,00 EUR (bei 30 %) bis mtl. 646,00 EUR (bei 100 %). Für Schwerbeschädigte, d.h. Beschädigte ab 50 % erhöhen sich die Beträge ab dem 65. Lebensjahr. Bei Beschädigten mit 100 % kann eine Schwerstbeschädigtenzulage gewährt werden, wenn diese außergewöhnlich betroffen sind.

39 Erleidet das Opfer aufgrund der Straftat berufliche Nachteile, z.B. weil es nunmehr weniger verdient, können diese nach § 30 Abs. 3 ff. BVG, neben der Erhöhung der Grundrente, noch ausgeglichen werden. Dies stellt eine Mischung zwischen individuellem und pauschalem Ausgleich dar. Auch kann eine neue Berufsausbildung, eine berufliche Anpassung, Fortbildung oder Umschulung finanziert werden.

I. Klage

Konnte der Anspruch auf Opferentschädigung nicht im Verwaltungsverfahren, d.h. **40** nach Antragstellung und einem ggf. erforderlichen Widerspruchsverfahren nach Ablehnung des Antrags durchgesetzt werden, muss Klage zum Sozialgericht erhoben werden.

Der Antrag ist mittels Anfechtungsklage/Leistungsklage bzw., wenn derzeit z.b. **41** noch kein Rentenanspruch besteht, mittels Anfechtungsklage/Verpflichtungsklage geltend zu machen.

Die Klage ist gegen das Bundesland, in dem die Straftat erfolgt ist und nicht in **42** dem später der Schaden eingetreten ist, zu richten.[17] Wenn die beteiligte Behörde beteiligtenfähig ist, kann die Klage auch gegen die Behörde gerichtet werden.

Im Antrag sind die begehrten Leistungen konkret zu bezeichnen. **43**

Im Klageverfahren besteht ein sog. begrenzter Amtsermittlungsgrundsatz, d.h. es **44** ist durchaus möglich, eine erneute Zeugenvernehmung der Zeugen aus dem Strafverfahren durchzuführen.[18]

---

17 BSG v. 12.2.2003.
18 BSG v. 21.10.1998.

§ 11 Gewaltschutzverfahren

A. Einleitung

Das Gewaltschutzgesetz[1] (GewSchG) trat zum 1.1.2002 in Kraft. Mit ihm sollen **1** vorrangig weitere Gewalttaten durch Schaffung einer räumlichen Distanz zwischen Opfer und Täter verhindert werden. Es enthält ausdrückliche Rechtsgrundlagen für zivilrechtliche Schutzanordnungen für Opfer, wenn die widerrechtliche Verletzung des Körpers, der Gesundheit oder Freiheit des Opfers vorsätzlich oder im Rausch begangen wurde (vgl. § 1 Abs. 3 GewSchG). Gleiches gilt für der Drohung mit derartigen Verletzungen (vgl. § 1 Abs. 2 S. 1 Nr. 1 GewSchG). Eine Schutzanordnung kann auch beim widerrechtlichen Eindringen in die Wohnung (vgl. § 1 Abs. 2 Nr. 2a GewSchG) oder bei unzumutbaren Belästigungen durch Nachstellen (Stalking) oder bei Verfolgung mit Telekommunikationsmitteln (vgl. § 1 Abs. 2 Nr. 2b GewSchG) beantragt werden.

Ferner enthält das GewSchG eine Anspruchsgrundlage für die Überlassung einer **2** gemeinsam genutzten Wohnung (vgl. § 2 GewSchG).

Gewaltschutzverfahren sind nach § 210 FamFG ausschließlich Verfahren nach den §§ 1 und 2 GewSchG.

§ 1 GewSchG Gerichtliche Maßnahmen zum Schutz vor Gewalt und Nachstellungen **3**

(1) Hat eine Person vorsätzlich den Körper, die Gesundheit oder die Freiheit einer anderen Person widerrechtlich verletzt, hat das Gericht auf Antrag der verletzten Person die zur Abwendung weiterer Verletzungen erforderlichen Maßnahmen zu treffen. Die Anordnungen sollen befristet werden; die Frist kann verlängert werden. Das Gericht kann insbesondere anordnen, dass der Täter es unterlässt,

1. die Wohnung der verletzten Person zu betreten,
2. sich in einem bestimmten Umkreis der Wohnung der verletzten Person aufzuhalten,
3. zu bestimmende andere Orte aufzusuchen, an denen sich die verletzte Person regelmäßig aufhält,
4. Verbindung zur verletzten Person, auch unter Verwendung von Fernkommunikationsmitteln, aufzunehmen,
5. Zusammentreffen mit der verletzten Person herbeizuführen, soweit dies nicht zur Wahrnehmung berechtigter Interessen erforderlich ist.

---

1 Gesetz zur Verbesserung des zivilrechtlichen Schutzes bei Gewalttaten und Nachstellungen sowie zur Erleichterung der Überlassung der Ehewohnung bei Trennung vom 11.12.2001; BGBl I 2001 S. 3513.

(2) Absatz 1 gilt entsprechend, wenn

1. eine Person einer anderen mit einer Verletzung des Lebens, des Körpers, der Gesundheit oder der Freiheit widerrechtlich gedroht hat oder

2. eine Person widerrechtlich und vorsätzlich

   a) in die Wohnung einer anderen Person oder deren befriedetes Besitztum eindringt oder

   b) eine andere Person dadurch unzumutbar belästigt, dass sie ihr gegen den ausdrücklich erklärten Willen wiederholt nachstellt oder sie unter Verwendung von Fernkommunikationsmitteln verfolgt.

   Im Falle des Satzes 1 Nr. 2 Buchstabe b liegt eine unzumutbare Belästigung nicht vor, wenn die Handlung der Wahrnehmung berechtigter Interessen dient.

(3) In den Fällen des Absatzes 1 Satz 1 oder des Absatzes 2 kann das Gericht die Maßnahmen nach Absatz 1 auch dann anordnen, wenn eine Person die Tat in einem die freie Willensbestimmung ausschließenden Zustand krankhafter Störung der Geistestätigkeit begangen hat, in den sie sich durch geistige Getränke oder ähnliche Mittel vorübergehend versetzt hat.

4   **§ 2 GewSchG Überlassung einer gemeinsam genutzten Wohnung**

(1) Hat die verletzte Person zum Zeitpunkt einer Tat nach § 1 Abs. 1 Satz 1, auch in Verbindung mit Abs. 3, mit dem Täter einen auf Dauer angelegten gemeinsamen Haushalt geführt, so kann sie von diesem verlangen, ihr die gemeinsam genutzte Wohnung zur alleinigen Benutzung zu überlassen.

(2) Die Dauer der Überlassung der Wohnung ist zu befristen, wenn der verletzten Person mit dem Täter das Eigentum, das Erbbaurecht oder der Nießbrauch an dem Grundstück, auf dem sich die Wohnung befindet, zusteht oder die verletzte Person mit dem Täter die Wohnung gemietet hat. Steht dem Täter allein oder gemeinsam mit einem Dritten das Eigentum, das Erbbaurecht oder der Nießbrauch an dem Grundstück zu, auf dem sich die Wohnung befindet, oder hat er die Wohnung allein oder gemeinsam mit einem Dritten gemietet, so hat das Gericht die Wohnungsüberlassung an die verletzte Person auf die Dauer von höchstens sechs Monaten zu befristen. Konnte die verletzte Person innerhalb der vom Gericht nach Satz 2 bestimmten Frist anderen angemessenen Wohnraum zu zumutbaren Bedingungen nicht beschaffen, so kann das Gericht die Frist um höchstens weitere sechs Monate verlängern, es sei denn, überwiegende Belange des Täters oder des Dritten stehen entgegen. Die Sätze 1 bis 3 gelten entsprechend für das Wohnungseigentum, das Dauerwohnrecht und das dingliche Wohnrecht.

(3) Der Anspruch nach Absatz 1 ist ausgeschlossen,

1. wenn weitere Verletzungen nicht zu besorgen sind, es sei denn, dass der verletzten Person das weitere Zusammenleben mit dem Täter wegen der Schwere der Tat nicht zuzumuten ist oder

2. wenn die verletzte Person nicht innerhalb von drei Monaten nach der Tat die Überlassung der Wohnung schriftlich vom Täter verlangt oder

3. soweit der Überlassung der Wohnung an die verletzte Person besonders schwerwiegende Belange des Täters entgegenstehen.

(4) Ist der verletzten Person die Wohnung zur Benutzung überlassen worden, so hat der Täter alles zu unterlassen, was geeignet ist, die Ausübung dieses Nutzungsrechts zu erschweren oder zu vereiteln.

(5) Der Täter kann von der verletzten Person eine Vergütung für die Nutzung verlangen, soweit dies der Billigkeit entspricht.

(6) Hat die bedrohte Person zum Zeitpunkt einer Drohung nach § 1 Abs. 2 Satz 1 Nr. 1, auch in Verbindung mit Abs. 3, einen auf Dauer angelegten gemeinsamen Haushalt mit dem Täter geführt, kann sie die Überlassung der gemeinsam genutzten Wohnung verlangen, wenn dies erforderlich ist, um eine unbillige Härte zu vermeiden. Eine unbillige Härte kann auch dann gegeben sein, wenn das Wohl von im Haushalt lebenden Kindern beeinträchtigt ist. Im Übrigen gelten die Absätze 2 bis 5 entsprechend.

Für Anträge im Gewaltschutzverfahren ist nunmehr das Familiengericht zuständig,[2] unabhängig von der Frage, ob die Beteiligten einen auf Dauer angelegten Haushalt führen oder innerhalb von sechs Monaten vor der Antragstellung geführt haben.[3] Dies bedeutet also, dass das Familiengericht („großes Familiengericht") auch für Fälle zuständig ist, bei denen zwischen den Beteiligten des Gewaltschutzverfahrens kein familienrechtliches Verhältnis besteht. **5**

Für Gewaltschutzverfahren gelten die Grundsätze der freiwilligen Gerichtsbarkeit, mit der Folge der erleichterten Antragstellung (der Antrag muss den strengen Erfordernissen des § 253 ZPO nicht genügen) und der Folge des nach § 26 FamFG bestehenden Amtsermittlungsgrundsatzes und des Freibeweises. **6**

Verhandlungstermine in Gewaltschutzverfahren sind nach § 170 S. 1 GVG nicht öffentlich. **7**

In Gewaltschutzverfahren ist der Richter ausdrücklich nach § 36 Abs. 1 S. 2 GewSchG nicht dazu verpflichtet, zwischen den Beteiligten eine gütliche Einigung herbeizuführen. **8**

Ferner sollen die Gerichte nach § 33 Abs. 1 S. 2 FamFG eine getrennte Anhörung der Beteiligten vornehmen, wenn dies zum Schutz eines Beteiligten erforderlich erscheint. Nach § 33 Abs. 2 FamFG kann eine Anhörung sogar ganz unterbleiben, wenn erhebliche Nachteile für die Gesundheit eines Beteiligten durch die Anhörung zu befürchten sind. Die getrennte Anhörung oder das Unterlassen der Anhörung sollte, sofern die Voraussetzungen gegeben sind, gleich mit in der Antragsschrift beantragt werden. **9**

---

2   § 23a Abs. 1 S. 1 GVG, §§ 111 Abs. 6, 210 FamFG, §§ 1, 2 GewSchG.
3   So die Rechtslage für Anträge bis zum 31.8.2009.

10 Nach § 216a FamFG sind Anordnungen im Gewaltschutzverfahren gegenüber den örtlich zuständigen Polizeibehörden oder anderen öffentlichen Stellen, die von der Durchführung der Anordnung betroffen sind, unverzüglich mitzuteilen. Eine andere öffentliche Stelle kann hierbei ein Kindergarten oder eine Schule darstellen, welche ein betroffenes Kind besucht. Gleiches gilt auch für die Änderung oder Aufhebung einer Gewaltschutzanordnung. Eine derartige Mitteilung kann lediglich unterbleiben, wenn schutzwürdige Interessen eines Beteiligten an dem Ausschluss der Übermittlung das Schutzbedürfnis anderer Beteiligter oder das öffentliche Interesse an der Übermittlung überwiegen. Derartige Fälle sind allerdings praktisch nur schwer denkbar.

B. Schutzmaßnahmen nach § 1 GewSchG

11 Mögliche Schutzmaßnahmen nach erfolgter oder bei erst angedrohter Gewaltanwendung oder nach Stalking[4] sind in § 1 Abs. 1 S. 3 GewSchG beispielhaft aufgeführt.

12 Im Rahmen der Auswahl und Anordnung der Schutzmaßnahmen ist stets der Grundsatz der Verhältnismäßigkeit zu beachten, so dass insbesondere in der Regel eine Befristung zu erfolgen hat.[5] Die Bestimmung der konkreten Frist richtet sich nach den Umständen des Einzelfalls,[6] dürfte aber in der Regel bis zu sechs Monaten betragen.

13 Nach § 1 Abs. 1 S. 3 GewSchG kann daher insbesondere angeordnet werden:
- ein Wohnungsbetretungsverbot (Nr. 1),
- ein Näherungsverbot bezüglich eines bestimmten Umkreises der Wohnung der verletzten Person (Nr. 2),
- ein Näherungsverbot bezüglich zu bestimmenden anderen Orten, an denen sich die verletzte Person regelmäßig aufhält, wie z.B. Arbeitsplatz oder Schule (Nr. 3),
- ein Kontaktverbot zur verletzten Person, auch unter Verwendung von Fernkommunikationsmitteln (Nr. 4),
- ein Zusammentreffen mit der verletzten Person herbeizuführen (Nr. 5).

14 Die Maßnahmen, die beispielhaft aufgezählt sind, können auch kombiniert werden.

---

4 *v. Pechstaedt*, NJW 2007, 1233 f.
5 OLG Saarbrücken FamFR 2010, 377.
6 OLG Naumburg FPR 2003, 376 zur einstweiligen Anordnung.

Voraussetzung hierfür ist entweder nach § 1 Abs. 1 S. 1 GewSchG, dass der Antragsgegner vorsätzlich den Körper, die Gesundheit oder die Freiheit[7] des Antragstellers widerrechtlich verletzt hat und dass der Antragsteller einen entsprechenden Antrag stellt.

Eine Anordnung kann ebenfalls nach § 1 Abs. 2 S. 1 GewSchG erfolgen, wenn der **15** Antragsgegner dem Antragsteller mit einer Verletzung des Lebens, des Körpers, der Gesundheit oder der Freiheit widerrechtlich gedroht hat, wobei eine ernsthafte Drohung vorliegen muss, die den Tatbestand der §§ 240, 241 StGB erfüllt.[8] Hier reichen allerdings bloße Prahlereien oder Beschimpfungen und Verwünschungen nicht aus.[9] Es ist erforderlich, dass aus der Sicht eines objektiven Dritten, unter Würdigung aller Umstände des Einzelfalls, der Eindruck der Ernsthaftigkeit erweckt wird.[10]

Auch kann eine Schutzanordnung nach § 1 Abs. 2 S. 1 GewSchG ergehen, wenn **16** der Antragsgegner widerrechtlich und vorsätzlich entweder in die Wohnung, aber nicht in die Geschäftsräume[11] des Antragstellers oder dessen befriedetes Besitztum eindringt oder den Antragsteller dadurch unzumutbar belästigt, dass er ihm gegen seinen ausdrücklich erklärten Willen wiederholt nachstellt oder ihn unter Verwendung von Fernkommunikationsmitteln (z.B. SMS, E-Mails, Briefe, Faxe) verfolgt.

Ein Nachstellen liegt noch nicht vor, wenn der Antragsteller lediglich zwei Mal **17** aus einer Entfernung von mehr als 500 m beobachtet wird.[12]

Eine unzumutbare Belästigung liegt dagegen nicht vor, wenn die Handlung der **18** Wahrnehmung berechtigter Interessen dient.

Der materiell-rechtliche Unterlassungsanspruch richtet sich nach dem allgemeinen **19** Recht der unerlaubten Handlungen. Die Voraussetzungen des § 1 GewSchG entsprechen damit dem Anspruch aus § 823 Abs. 1 BGB.[13]

---

7 OLG Brandenburg NJW-RR 2006, 220 (Einsperren für 10 min.).
8 OLG Bremen MDR 2010, 746.
9 FA-FamR/*Klein/Weinreich,* Kap. 8 Rn 430.
10 OLG Bremen MDR 2010, 746.
11 BT-Drucks 14/5429, S. 529.
12 OLG Koblenz NJW-RR 2010, 660.
13 *Palandt,* § 1 GewSchG Rn 5.

20 Eine Gewaltschutzanordnung kann damit ergehen bei physischer und psychischer Gewalt (wie z.b. Schlafstörungen)[14] und bei auch nur kurzfristigem Einsperren des Antragstellers, aber nicht bei dessen Aussperren.

Eine Gewaltschutzanordnung kann ferner ergehen bei widerrechtlichen und ernsthaften Drohungen i.S.d. §§ 240, 241 StGB, also insbesondere mit Drohungen, den Antragsteller zu töten, am Körper oder der Gesundheit zu verletzen oder der Freiheit zu berauben.

Eine Gewaltschutzanordnung kann auch ergehen, wenn eine schwerwiegende und unzumutbare Verletzung des Hausrechts der privaten Wohnung vorliegt oder bei andauernden Nachstellungen.

21 Die Gewaltschutzanordnung kann selbst ergehen, wenn der Antragsgegner bei Begehung der Tat nur eingeschränkt schuldfähig war, weil er z.B. unter dem Einfluss von Alkohol oder Drogen stand.[15] Die Gewaltschutzanordnung kann dagegen nach § 1 Abs. 3 GewSchG nicht ergehen, wenn der Antragsgegner andauernd schuldunfähig ist. Hier ist eine allgemeine Unterlassungsanordnung, die auf die §§ 823, 1004 BGB gestützt wird, zu beantragen.

22 Eine Gewaltschutzanordnung kann nach § 1 Abs. 1 S. 1 GewSchG wegen ihres präventiven Charakters nur ergehen, wenn eine Wiederholungsgefahr besteht. Die Wiederholungsgefahr wird allerdings durch das rechtswidrige Verhalten des Antragsgegners indiziert, so dass es an ihm im Rahmen einer eventuellen Verteidigung gegen die Gewaltschutzanordnung liegt, diese auszuräumen.[16]

C. Schutzmaßnahmen nach § 2 GewSchG

23 Nach § 2 GewSchG kann eine gemeinsam genutzte Wohnung einem Beteiligten allein überlassen werden. Handelt es sich bei den Beteiligten des Gewaltschutzverfahrens aber um Ehegatten, die getrennt leben oder bei denen Trennungsgründe bestehen, hat eine Zuweisung der Ehewohnung nach § 1361b BGB Vorrang.[17]

24 Vorraussetzung für eine Überlassung einer Wohnung nach § 2 Abs. 1 GewSchG ist, dass der Antragsteller zum Zeitpunkt einer Tat nach § 1 Abs. 1 S. 1 GewSchG,

---

14 BT-Drucks 14/5329, S. 19.
15 *Palandt*, § 1 GewSchG Rn 15.
16 FA-FamR/*Klein/Weinreich*, Kap. 8 Rn 436.
17 BT-Drucks 14/5429, S. 21.

auch in Verbindung mit § 1 Abs. 3 GewSchG, mit dem Antragsgegner einen auf Dauer angelegten gemeinsamen Haushalt geführt hat.

Unter der Führung eines auf Dauer angelegten gemeinsamen Haushaltes ist lediglich das Bestehen einer auf Dauer angelegten Lebensgemeinschaft zu verstehen, das sich durch eine innere Bindung auszeichnet, ohne dass Bindungen gleicher Art zu Dritten möglich sind. Damit muss der auf Dauer angelegte gemeinsame Haushalt über eine reine Wohn- und Wirtschaftsgemeinschaft hinausgehen. Es muss ein gegenseitiges Füreinandereinstehen gegeben sein. Der auf Dauer angelegte Haushalt entspricht daher der „eheähnlichen Gemeinschaft", ohne dass hierfür eine geschlechtliche Beziehung zwischen den Beteiligten bestehen muss. **25**

Ob die Wohnung sich im gemeinsamen Eigentum der Beteiligten befindet, ist unbeachtlich, sie muss lediglich gemeinsam genutzt werden. Ein gemeinsamer Haushalt besteht ferner nicht, wenn innerhalb eines Hauses von den Beteiligten zwei verschiedene Wohnungen bewohnt werden, selbst wenn gewisse Räume, wie z.B. ein Bad oder eine Küche, gemeinsam genutzt werden. **26**

Ein auf Dauer angelegter Haushalt kann z.B. bei Lebensgemeinschaften von gleich- oder verschiedengeschlechtlichen Partnerschaften, bei Lebensgemeinschaften von älteren Menschen, die in einer Altenwohngemeinschaft als Alternative zu einem Alten- oder Pflegeheim zusammenleben, zusammenlebenden Geschwistern oder bei einem Mehr-Generationenhaushalt bestehen.[18] **27**

Ein auf Dauer angelegter gemeinsamer Haushalt i.S.d. GewSchG liegt dagegen nicht vor, wenn sich Personen nur lose zum Sparen von Miet- oder Lebenshaltungskosten zusammengeschlossen haben, wie z.B. bei einer bloßen Wohngemeinschaft.[19] **28**

Nach § 2 Abs. 3 GewSchG ist der Anspruch auf Wohnungsüberlassung, in den dort abschließend aufgezählten Fällen, ausgeschlossen. **29**

Nach § 2 Abs. 3 Nr. 1 GewSchG ist der Anspruch ausgeschlossen bei mangelnder Wiederholungsgefahr. Auch hier wird die Wiederholungsgefahr durch die Tat des Antragsgegners indiziert und es obliegt ihm, darzulegen und zu beweisen, dass sie nicht besteht, also keine weiteren Taten drohen.[20] An die Widerlegung sind allerdings hohe Anforderungen zu stellen.[21] Trotz nicht mehr bestehender Wieder- **30**

---

18 *Palandt*, § 2 GewSchG Rn 2.
19 *Palandt*, § 2 GewSchG Rn 2.
20 BT-Drucks 14/5429, S. 31.
21 OLG Jena FamRZ 2007, 1337.

holungsgefahr kann die Gewaltschutzanordnung dennoch ergehen, wenn die (einmalige) Tat aufgrund ihrer Schwere ein weiteres Zusammenleben des Opfers mit dem Täter unmöglich macht. Zu denken ist hierbei an Fälle einer Vergewaltigung oder versuchten Tötung.

31 Nach § 2 Abs. 3 Nr. 2 GewSchG ist der Anspruch ferner ausgeschlossen, wenn die Überlassung der Wohnung nicht binnen einer Frist von drei Monaten seit der Tat schriftlich verlangt worden ist. Für die Wahrung der Frist genügt selbstverständlich auch die fristgerechte Zustellung einer Gewaltschutzanordnung nach § 2 GewSchG.

32 Ferner ist der Anspruch nach § 2 Abs. 3 Nr. 3 GewSchG ausgeschlossen, wenn schwerwiegende Interessen des Täters der Nutzungsüberlassung an das Opfer entgegenstehen. Dies dürfte ausnahmsweise vorliegen, wenn z.B. der Täter behindert ist und sich keinen geeigneten Ersatzwohnraum beschaffen kann.

33 Parallel zur Nutzungsüberlassung der Wohnung sollte noch die Räumung und Herausgabe der Wohnung zur Klarstellung beantragt werden, da die alleinige Nutzungsüberlassung noch keinen Räumungstitel darstellt. Eine sofortige Räumung dürfte, unter Beachtung des Verhältnismäßigkeitsgrundsatzes, nur ausnahmsweise bei einer konkreten Gefahr für Leib oder Leben des Antragstellers anzuordnen sein. Dies ist anzunehmen, wenn eine Wiederholungsgefahr für eine Tat nach § 1 Abs. 1 S. 1 FamG besteht oder Drohungen nach § 1 Abs. 2 S. 1 FamFG erfolgt sind. Ansonsten hat das Gericht eine angemessene Frist zur Räumung zu bestimmen.

34 Auch kann die Herausgabe der Wohnungsschlüssel beantragt werden, damit sich der Antragsteller sicher sein kann, dass der Antragsgegner zukünftig keinen Zutritt zur Wohnung mehr hat.

35 Nach § 2 Abs. 2 GewSchG ist die Dauer der Überlassung der Wohnung zu befristen, wenn dem Täter das Eigentum, das Erbbaurecht oder der Nießbrauch an dem Grundstück, auf dem sich die Wohnung befindet, zusteht oder der Antragsteller mit dem Täter die Wohnung gemietet hat. Steht dem Täter allein oder gemeinsam mit einem Dritten das Eigentum, das Erbbaurecht oder der Nießbrauch an dem Grundstück zu, auf dem sich die Wohnung befindet, oder hat er die Wohnung allein oder gemeinsam mit einem Dritten gemietet, so hat das Gericht die Wohnungsüberlassung an den Antragsteller auf die Dauer von höchstens sechs Monaten zu befristen. Konnte der Antragsteller innerhalb der vom Gericht bestimmten Frist anderen angemessenen Wohnraum zu zumutbaren Bedingungen nicht beschaffen, so kann das Gericht die Frist um höchstens weitere sechs Monate verlängern, es sei denn, überwiegende Belange des Täters oder des Dritten stehen entgegen. Dies gilt entsprechend für das Wohnungseigentum, das Dauerwohnrecht und das dingliche Wohnrecht.

Nach § 180 Nr. 4 GVGA kommt dann allerdings eine Entfernung der beweglichen **36** Sachen des Antragsgegners gegen seinen Willen nicht in Betracht.

Eine Befristung kommt dagegen nicht in Betracht, wenn dem Antragsteller das **37** Recht an der Wohnung alleine zusteht.

Die Sachen des Antragsgegners sind ihm nach der Überlassung der Wohnung an **38** den Antragsteller außerhalb der Wohnung zu übergeben.

Aus § 2 Abs. 4 GewSchG ergibt sich ein Kündigungsverbot des Antragsgegners, da **39** er hiernach alles zu unterlassen hat, was geeignet ist, die Ausübung des Wohnnutzungsrechtes zu erschweren oder zu vereiteln. Das Gericht kann daher auch eine Kündigung des Mietverhältnisses oder den Abschluss eines Aufhebungsvertrages durch den Antragsgegner, sofern dieser Mieter ist, untersagen. Kündigt der Mieter dennoch, ist seine Kündigung gemäß §§ 135, 136 BGB unwirksam. Dem Vermieter kann aber nicht untersagt werden, das Mietverhältnis nach den allgemeinen Vorschriften zu kündigen.

Nach § 2 Abs. 5 GewSchG kann der Antragsgegner vom Antragsteller für die Nut- **40** zungsüberlassung eine Nutzungsvergütung verlangen, sofern dies der Billigkeit entspricht. Dies entspricht der in § 1361b Abs. 3 S. 2 BGB enthaltenen Regelung für eine Nutzungsvergütung, so dass die dazu ergangene Rechtsprechung auch hier anwendbar sein dürfte.

D. Anwaltszwang

Es besteht nach § 10 Abs. 1 FamFG kein Anwaltszwang, weder im Verfahren vor **41** dem Amtsgericht noch in der Rechtsmittelinstanz vor dem Oberlandesgericht. Lediglich im Verfahren vor dem Bundesgerichtshof in 3. Instanz besteht nach § 10 Abs. 4 S. 1 FamFG Anwaltszwang, d.h. die Beteiligten müssen sich durch einen beim Bundesgerichtshof zugelassenen Rechtsanwalt vertreten lassen.

Ein Anwaltszwang in 1. und 2. Instanz ergibt sich auch nicht aus § 114 Abs. 1 **42** FamFG, da es sich beim Gewaltschutzverfahren nicht um eine Familiensache handelt.

E. Antragstellung

43 Da im Gewaltschutzverfahren in 1. und 2. Instanz kein Anwaltszwang besteht (vgl. oben Rn 41), kann der Antragsteller den Antrag selbst schriftlich bei Gericht einreichen oder nach § 25 Abs. 1 FamFG zur Niederschrift gegenüber der Geschäftsstelle des Gerichts erklären. Erfolgt die Antragstellung gegenüber einem unzuständigen Gericht, hat dieses den Antrag nach § 25 Abs. 2, 3 FamFG unverzüglich an das zuständige Gericht zu übermitteln.

44 Der Antrag nach § 214 Abs. 1 S. 1 FamFG im Gewaltschutzverfahren ist kein Sachantrag, sondern lediglich ein das Verfahren eröffnender Verfahrensantrag, so dass das Gericht an ihn nicht gebunden ist. Der Antrag soll nach § 23 FamFG unter Angabe der Beteiligten, Tatsachen und Beweismittel begründet werden. Urkunden sollen beigefügt werden. Er ist nach § 23 Abs. 1 S. 4 FamFG zu unterschreiben. Der Antrag kann nach § 51 Abs. 1 S. 2 FamFG nur als unzulässig zurückgewiesen werden, wenn die Begründung fehlt, nicht aber wenn z.b. Tatsachen und Beweismittel nicht angegeben sind. § 51 Abs. 1 S. 2 FamFG stellt damit eine Spezialvorschrift zu § 23 FamFG dar. Für das Gericht gilt nach § 26 FamFG der Amtsermittlungsgrundsatz, wobei das Gericht gemäß §§ 29, 30 FamFG nach pflichtgemäßem Ermessen entscheidet, ob es im Wege des Frei- oder Strengbeweises vorgeht.

45 Im Falle der Beantragung einer einstweiligen Anordnung sind die Voraussetzungen für die Anordnung gemäß § 51 Abs. 1 S. 2 FamFG glaubhaft zu machen (vgl. unten Rn 60).

F. Zuständigkeit

46 Sachlich zuständig für den Erlass einer Gewaltschutzanordnung, gleich ob im Eil- oder Hauptsacheverfahren, ist nach § 23a Abs. 1 Nr. 1 GVG, §§ 111 Nr. 6, 210 FamFG das Familiengericht, gleichgültig ob zwischen den Beteiligten ein familienrechtliches Verhältnis besteht oder nicht (vgl. oben Rn 5).

47 Nach § 211 FamFG ist das Familiengericht örtlich ausschließlich zuständig, in dessen Bezirk die Tat begangen worden ist[22] bzw. in dessen Bezirk die gemeinsam genutzte Wohnung gelegen ist oder in dessen Bezirk der Antragsgegner seinen gewöhnlichen Aufenthalt hat. Hier hat der Antragsteller die Wahl zwischen den verschiedenen möglichen Gerichtsständen, ohne dass hier eine Rangfolge bestünde. Hierdurch wird auch sichergestellt, dass der Antragsteller seinen Aufenthaltsort

---

22 Handlungs- oder Erfolgsort.

geheim halten kann und durch die Wahl eines bestimmten Gerichtsstandes nicht einen Hinweis darauf geben muss.

Eine Verweisung erfolgt später nicht mehr, selbst wenn die Beteiligten Ehegatten **48** sind und anderweitig eine Ehesache anhängig gemacht wird, da § 621 Abs. 3 ZPO nicht mehr gilt und eine andere, dem § 621 Abs. 3 ZPO entsprechende Regelung nicht existiert.

Sobald aber der Antragsteller einen Gerichtsstand gewählt hat, ist dieser aus- **49** schließlich zuständig.

Der Ort der Tatbegehung ist dort, wo eines der wesentlichen Tatbestandsmerkmale **50** erfüllt worden ist. Ort der Tatbegehung ist demnach auch der Ort, an dem die Handlung vollzogen wurde, nicht nur der Ort, an dem die Rechtsgutverletzung eintritt. Bei letzterem würde sich wieder ein Rückschluss auf den Aufenthaltsort des Opfers ergeben können. Bei Telefonterror kann damit der Ort der Tatbegehung der Ort sein, an dem das Opfer den Drohanruf erhält und auch der Ort, von dem aus es angerufen wird.

Gemäß § 105 FamFG besteht eine internationale Zuständigkeit der deutschen Ge- **51** richte, wenn ein deutsches Gericht örtlich zuständig ist.[23]

Funktionell zuständig ist immer ein Richter, ohne dass eine Übertragung der Zu- **52** ständigkeit auf einen Rechtspfleger möglich ist.

G. Beteiligte

Das FamFG spricht nicht mehr von Parteien, sondern von Beteiligten. Beteiligt **53** sind das Opfer (die verletzte Person) und der Täter.

Nach der allgemeinen Vorschrift des § 7 FamFG sind der Antragsteller und Antragsgegner Beteiligte.

Nach § 212 FamFG ist das Jugendamt in Verfahren nach § 2 GewSchG zu betei- **54** ligen, wenn ein Kind in dem Haushalt lebt, bei dem eine Wohnung überlassen werden soll. Es wird sich dabei um ein minderjähriges Kind handeln müssen, ohne dass es darauf ankommt, dass das Kind einen auf Dauer angelegten Haushalt gemeinsam mit dem Antragsteller und dem Antragsgegner führt. Nach § 213 Abs. 1

---

23 Theorie der Doppelfunktionalität.

S. 1 FamFG soll das Kind immer angehört werden, nicht nur bei einer ablehnenden Entscheidung.

55 Das Jugendamt hat hier sogar nach §§ 213 Abs. 2 S. 2, 58, 59 Abs. 3 FamFG ein eigenes Beschwerderecht.

H. Einstweilige Anordnung

56 Das Gericht kann nach § 214 Abs. 1 S. 1 FamFG eine einstweilige Anordnung treffen, ohne dass es eines Hauptsacheantrages bedarf. Wird mit dem Antrag auf Erlass einer einstweiligen Anordnung gleichzeitig ein Hauptsacheantrag gestellt, ist das einstweilige Anordnungsverfahren nach § 51 Abs. 3 S. 1 FamFG ein selbstständiges Verfahren. Das einstweilige Anordnungsverfahren bleibt auch als selbstständiges Verfahren nach § 51 Abs. 1 S. 3 FamFG bestehen, wenn danach ein Hauptsacheantrag oder eine Ehesache anhängig gemacht wird. Eine Verweisung findet auch dann nicht statt.

57 Das nach § 49 Abs. 1 FamFG dringende Bedürfnis für den Erlass einer einstweiligen Anordnung liegt nach § 214 Abs. 1 S. 2 FamFG regelmäßig vor, wenn entweder eine Tat nach § 1 GewSchG begangen wurde oder aufgrund konkreter Umstände mit deren Begehung zu rechnen ist.

58 Liegt eine Tat bereits mehrere Wochen zurück, kommt regelmäßig der Erlass einer einstweiligen Anordnung nicht mehr in Betracht. Es ist sodann Hauptsacheantrag zu stellen.

59 Nach § 51 Abs. 2 S. 2 FamFG kann das Gericht auch ohne mündliche Verhandlung entscheiden.

60 Nach § 51 Abs. 1 S. 2 FamFG muss der Antragsteller die Voraussetzungen für die Anordnung glaubhaft machen. Neben sonstigen Beweismitteln kommt hier insbesondere die eidesstattliche Versicherung nach § 31 Abs. 1 FamFG in Betracht. Diese muss den zu versichernden Sachverhalt selbstständig enthalten. Eine Bezugnahme in der eidesstattlichen Versicherung etwa auf den Inhalt der Antragsschrift genügt nicht.

61 Nach § 31 Abs. 2 FamFG sind präsente Beweismittel für eine eventuelle mündliche Verhandlung erforderlich, d.h. diese sind selbst vom Beteiligten mitzubringen.

Bei Gewalttätigkeiten bietet sich immer an, ärztliche Atteste oder Fotos der Verletzungen beizufügen.

▼

Muster 11.1: EA Antrag §1 GewSchG   **62**

Amtsgericht

Familiengericht

Antrag auf Erlass einer einstweiligen Gewaltschutzanordnung nach §1 GewSchG

In Sachen

A

Verfahrensbevollmächtigte: RAe

– Antragsteller –

gegen

B

Verfahrensbevollmächtigte: RAe

– Antragsgegner –

zeigen wir die Vertretung des Antragstellers an.

Namens und in Vollmacht des Antragstellers beantragen wir, im Wege der einstweiligen Anordnung gemäß §1 GewSchG i.V.m. §214 FamFG, wegen der Dringlichkeit ohne mündliche Verhandlung:

1. Dem Antragsgegner wird verboten:
   a den Antragsteller zu bedrohen, zu beleidigen, zu belästigen, zu verletzen oder körperlich zu misshandeln,
   b die Wohnung des Antragstellers in der XY-Straße, Nr., Ort, zu betreten, sich in einem Umkreis von 100 m der Wohnung des Antragstellers oder des Antragstellers selbst aufzuhalten,
   c den Arbeitsplatz des Antragstellers bei der Firma XY, XY-Straße, Nr., Ort, aufzusuchen,
   d Verbindung zum Antragsteller, auch unter Verwendung von Fernkommunikationsmitteln, aufzunehmen,
   e ein Zusammentreffen mit dem Antragsteller herbeizuführen.
2. Sollte es zu einem zufälligen Zusammentreffen der Beteiligten kommen, hat der Antragsgegner sofort einen Abstand von mind. 100 m herzustellen.
3. Dem Antragsgegner wird für den Fall jeder Zuwiderhandlung gegen die Anordnungen nach Ziffer 1 und 2 ein Ordnungsgeld bis 250.000,00 EURO, ersatzweise Ordnungshaft bis zu sechs Monaten, angedroht.
4. Die sofortige Wirksamkeit der Gewaltschutzanordnung wird angeordnet.

5. Die Zulässigkeit der Vollstreckung vor der Zustellung der Gewaltschutzanordnung an den Antragsgegner wird angeordnet.

6. Der Antragsgegner trägt die Kosten des Verfahrens.

7. Der Streitwert wird auf 1.000,00 EURO festgesetzt.

8. Dem Antragsteller wird Verfahrenskostenhilfe unter Beiordnung des Unterzeichners bewilligt.

Begründung:

Der Antragsteller ist der neue Lebensgefährte der Ex-Freundin des Antragsgegners. Der Antragsgegner hat den Antragsteller am ▓▓▓▓ in ▓▓▓▓ mehrfach geschlagen, wodurch der Antragsteller einen Nasenbeinbruch erlitt. Der Antragsgegner hat dem Antragsteller gedroht ihn bei nächster Gelegenheit wieder zu verprügeln. (...)

Zur Glaubhaftmachung wird auf die beigefügten Atteste bezüglich der Verletzungen des Antragstellers und seine eidesstattliche Versicherung verwiesen.

Der Antragsteller ist nach seinen persönlichen und wirtschaftlichen Verhältnissen nicht in der Lage die Kosten der Prozessführung aufzubringen. Insoweit wird auf die Erklärung der Partei über die persönlichen und wirtschaftlichen Verhältnisse im amtlichen Vordruck nebst den dazugehörigen Belegen verwiesen.

Rechtsanwalt

▲

▼

63 Muster 11.2: Eidesstattliche Versicherung

Ich, A, bin über die strafrechtlichen Folgen einer falschen Versicherung an Eides statt belehrt worden.

§ 156 StGB lautet:

„Wer vor einer für die Abnahme einer Versicherung an Eides statt zuständigen Behörde eine solche Versicherung falsch abgibt oder unter Berufung auf eine solche Versicherung falsch aussagt, wird mit Freiheitsstrafe bis zu drei Jahren oder mit Geldstrafe bestraft."

Nach dieser Belehrung versichere ich, A., ▓▓▓▓, Folgendes an Eides statt:

 (genaue Darstellung des Sachverhaltes)

Ort, Datum   Unterschrift

302

▼

Muster 11.3: Einstweiliger Gewaltschutzantrag nach § 2 GewSchG **64**

Amtsgericht

Familiengericht

Antrag auf Erlass einer einstweiligen Gewaltschutzanordnung nach § 2 GewSchG

In Sachen

A ▒▒▒▒▒

Verfahrensbevollmächtigte: RAe ▒▒▒▒▒

– Antragstellerin –

gegen

B ▒▒▒▒▒

Verfahrensbevollmächtigte: RAe ▒▒▒▒▒

– Antragsgegner –

zeigen wir die Vertretung der Antragstellerin an.

Namens und in Vollmacht der Antragstellerin beantragen wir, im Wege der einstweiligen Anordnung gemäß § 2 GewSchG i.V.m. § 214 FamFG, wegen der Dringlichkeit ohne mündliche Verhandlung:

1. Die Wohnung in der XY-Straße, Nr., Ort, 2. OG links, wird der Antragstellerin zur alleinigen Nutzung zugewiesen.
2. Der Antragsgegner hat die Wohnung unverzüglich zu verlassen, zu räumen und an die Antragstellerin herauszugeben.
3. Der Antragsgegner hat sämtliche zur Wohnung gehörende Schlüssel an die Antragstellerin herauszugeben.
4. Dem Antragsgegner wird untersagt, die Wohnung erneut, ohne Zustimmung der Antragstellerin, zu betreten.
5. Dem Antragsgegner wird verboten, das Mietverhältnis betreffend der Wohnung zu kündigen oder sonst zu beenden.
6. Die sofortige Wirksamkeit der Gewaltschutzanordnung wird angeordnet.
7. Die Zulässigkeit der Vollstreckung vor der Zustellung der Gewaltschutzanordnung an den Antragsgegner wird angeordnet.
8. Der Antragsgegner trägt die Kosten des Verfahrens.
9. Der Streitwert wird auf 1.500,00 EURO festgesetzt.
10. Der Antragstellerin wird Verfahrenskostenhilfe unter Beiordnung des Unterzeichners bewilligt.

Begründung:

Die Antragstellerin ist die Lebensgefährtin des Antragsgegners. Der Antragsgegner hat die Antragstellerin am ▮▮▮▮ in ▮▮▮▮ im Rahmen von wiederholten Beziehungsstreitigkeiten mehrfach geschlagen, wodurch die Antragstellerin u.a. einen Nasenbeinbruch erlitt. Die Antragstellerin hat sich daraufhin vom Antragsgegner getrennt.

Der Antragsgegner hat der Antragstellerin gedroht, sie bei nächster Gelegenheit wieder zu verprügeln, wenn sie nicht zu ihm zurückkehrt. (...)

Zur Glaubhaftmachung wird auf die beigefügten Atteste bzgl. der Verletzungen der Antragstellerin und ihre eidesstattliche Versicherung verwiesen.

Die Antragstellerin ist nach ihren persönlichen und wirtschaftlichen Verhältnissen nicht in der Lage die Kosten der Verfahrensführung aufzubringen. Insoweit wird auf die beigefügte Erklärung der Partei über die persönlichen und wirtschaftlichen Verhältnisse im amtlichen Vordruck nebst den dazugehörigen Belegen verwiesen.

Rechtsanwalt

▲

65 Das Gericht entscheidet über den Antrag durch Beschluss.

I. Hauptsacheantrag

66 Das Gericht wird hier, wie auch beim einstweiligen Anordnungsverfahren, nur auf Antrag tätig.

67 Es gilt der Amtsermittlungsgrundsatz nach § 26 FamFG (vgl. oben Rn 6), wobei das Gericht nach §§ 29, 30 FamFG nach pflichtgemäßem Ermessen entscheidet, ob es im Frei- oder Strengbeweisverfahren vorgeht.

Auch hier bietet sich bei Gewalttätigkeiten immer an, ärztliche Atteste oder Fotos der Verletzungen beizufügen.

▼

68 **Muster 11.4: Hauptsacheantrag § 1 GewSchG**

Amtsgericht ▮▮▮▮

Familiengericht

▮▮▮▮

Antrag auf Erlass einer Gewaltschutzanordnung nach § 1 GewSchG

In Sachen

A ▓▓▓▓

Verfahrensbevollmächtigte: RAe ▓▓▓▓

– Antragsteller –

gegen

B ▓▓▓▓

Verfahrensbevollmächtigte: RAe ▓▓▓▓

– Antragsgegner –

zeigen wir die Vertretung des Antragstellers an.

Namens und in Vollmacht des Antragstellers beantragen wir gemäß § 1 GewSchG:

1. Dem Antragsgegner wird verboten:
   a den Antragsteller zu bedrohen, zu beleidigen, zu belästigen, zu verletzen oder körperlich zu misshandeln,
   b die Wohnung des Antragstellers in der XY-Straße, Nr., Ort, zu betreten, sich in einem Umkreis von 100 m der Wohnung des Antragstellers oder des Antragstellers selbst aufzuhalten,
   c den Arbeitsplatz des Antragstellers bei der Firma XY, XY-Straße, Nr., Ort, aufzusuchen,
   d Verbindung zum Antragsteller, auch unter Verwendung von Fernkommunikationsmitteln, aufzunehmen,
   e ein Zusammentreffen mit dem Antragsteller herbeizuführen.
2. Sollte es zu einem zufälligen Zusammentreffen der Beteiligten kommen, hat der Antragsgegner sofort einen Abstand von mindestens 100 m herzustellen.
3. Dem Antragsgegner wird für den Fall jeder Zuwiderhandlung gegen die Anordnung nach Ziffer 1 und 2 ein Ordnungsgeld bis 250.000,00 EURO, ersatzweise Ordnungshaft bis zu sechs Monaten, angedroht.
4. Die sofortige Wirksamkeit der Gewaltschutzanordnung wird angeordnet.
5. Die Zulässigkeit der Vollstreckung vor der Zustellung der Gewaltschutzanordnung an den Antragsgegner wird angeordnet.
6. Der Antragsgegner trägt die Kosten des Verfahrens.
7. Der Streitwert wird auf 2.000,00 EURO festgesetzt.
8. Dem Antragsteller wird Verfahrenskostenhilfe unter Beiordnung des Unterzeichners bewilligt.

Begründung:

Der Antragsteller ist der neue Lebensgefährte der Ex-Freundin des Antragsgegners. Der Antragsgegner hat den Antragsteller am ▓▓▓▓ in ▓▓▓▓ mehrfach geschlagen, wodurch der Antragsteller einen Nasenbeinbruch erlitt.

Beweis: Attest

Der Antragsgegner hat dem Antragsteller gedroht ihn bei nächster Gelegenheit wieder zu verprügeln. (...)

Beweis: Zeuge XY

Der Antragsteller ist nach seinen persönlichen und wirtschaftlichen Verhältnissen nicht in der Lage die Kosten der Prozessführung aufzubringen. Insoweit wird auf die Erklärung der Partei über die persönlichen und wirtschaftlichen Verhältnisse im amtlichen Vordruck nebst den dazugehörigen Belegen verwiesen.

Rechtsanwalt

▲

▼

69 **Muster 11.5: Hauptsacheantrag nach § 2 GewSchG**

Amtsgericht

Familiengericht

Antrag auf Erlass einer Gewaltschutzanordnung nach § 2 GewSchG

In Sachen

A

Verfahrensbevollmächtigte: RAe

– Antragstellerin –

gegen

B

Verfahrensbevollmächtigte: RAe

– Antragsgegner –

zeigen wir die Vertretung der Antragstellerin an.

Namens und in Vollmacht der Antragstellerin beantragen wir gemäß § 2 GewSchG:

1. Die Wohnung in der XY-Straße, Nr., Ort, 2. OG links, wird der Antragstellerin zur alleinigen Nutzung zugewiesen.
2. Der Antragsgegner hat die Wohnung unverzüglich zu verlassen, zu räumen und an die Antragstellerin herauszugeben.
3. Der Antragsgegner hat sämtliche zur Wohnung gehörende Schlüssel an die Antragstellerin herauszugeben.
4. Dem Antragsgegner wird untersagt, die Wohnung erneut, ohne Zustimmung der Antragstellerin, zu betreten.

5. Dem Antragsgegner wird verboten, das Mietverhältnis betreffend der Wohnung zu kündigen oder sonst zu beenden.
6. Die sofortige Wirksamkeit der Gewaltschutzanordnung wird angeordnet.
7. Die Zulässigkeit der Vollstreckung vor der Zustellung der Gewaltschutzanordnung an den Antragsgegner wird angeordnet.
8. Der Antragsgegner trägt die Kosten des Verfahrens.
9. Der Streitwert wird auf 3.000,00 EURO festgesetzt.
10. Der Antragstellerin wird Verfahrenskostenhilfe unter Beiordnung des Unterzeichners bewilligt.

Begründung:

Die Antragstellerin ist die Lebensgefährtin des Antragsgegners. Der Antragsgegner hat die Antragstellerin am ▮▮▮▮▮ in ▮▮▮▮▮ im Rahmen von wiederholten Beziehungsstreitigkeiten mehrfach geschlagen, wodurch die Antragstellerin u.a. einen Nasenbeinbruch erlitt.

Beweis: Attest

Die Antragstellerin hat sich daraufhin vom Antragsgegner getrennt.

Der Antragsgegner hat der Antragstellerin gedroht, sie bei nächster Gelegenheit wieder zu verprügeln, wenn sie nicht zu ihm zurückkehrt. (...)

Beweis: Zeuge XY

Die Antragstellerin ist nach ihren persönlichen und wirtschaftlichen Verhältnissen nicht in der Lage die Kosten der Verfahrensführung aufzubringen. Insoweit wird auf die beigefügte Erklärung der Partei über die persönlichen und wirtschaftlichen Verhältnisse im amtlichen Vordruck nebst den dazugehörigen Belegen verwiesen.

Rechtsanwalt

Das Gericht entscheidet über den Antrag durch Beschluss.　　**70**

J.　Ordnungsmittel/Vollstreckung

Die Gewaltschutzanordnung wird nach § 216 Abs. 1 S. 1 FamFG erst mit ihrer **71** Rechtskraft wirksam. Das Gericht kann in der Gewaltschutzanordnung nach § 53 Abs. 2 S. 1 FamFG im Falle der einstweiligen Anordnung und nach § 216 Abs. 2 S. 1 FamFG im Falle einer Hauptsacheentscheidung anordnen, dass die Vollstreckung bereits vor der Zustellung der Entscheidung an den Antragsgegner zulässig ist. In diesem Fall kann auch bereits vor der Zustellung nach § 216 Abs. 2 S. 1 FamFG vollstreckt werden. Die Wirksamkeit der Entscheidung tritt hier nach

§ 216 Abs. 2 S. 1 FamFG bei Eingang der Entscheidung auf der Geschäftsstelle des Gerichts ein, wenn die Bekanntmachung erfolgen soll.

72 Ansonsten sieht § 87 Abs. 2 FamFG vor, dass erst mit oder nach der Zustellung vollstreckt werden kann.

73 Eine Vollstreckungsklausel ist nach §§ 53 Abs. 1, 86 Abs. 3 FamFG nicht erforderlich.

74 Der Antrag auf Erlass einer einstweiligen Anordnung gilt nach § 214 Abs. 2 FamFG gleichzeitig als Auftrag an das Gericht, den Antrag mittels Gerichtsvollzieher zuzustellen und zu vollstrecken, für den Fall, dass die Entscheidung ohne mündliche Verhandlung ergeht.

75 Der Antragsteller kann aber bestimmen, dass die Vollstreckung nicht vor der Zustellung erfolgt, um ihn zu schützen.

76 Für den Fall, dass der Antragsgegner der Gewaltschutzanordnung zuwider handelt, kann ihm in der Gewaltschutzanordnung ein Ordnungsgeld angedroht werden. Dies richtet sich nach § 96 Abs. 1 S. 3 FamFG i.V.m. § 890 ZPO. Nach § 890 Abs. 2 ZPO muss der Verurteilung zu einem Ordnungsgeld eine entsprechende Androhung vorausgehen, so dass es auf jeden Fall ratsam ist, die Androhung des Ordnungsgeldes im Gewaltschutzantrag mit zu beantragen. Ansonsten muss diese vor der Festsetzung des Ordnungsgeldes in einem gesonderten Beschluss nachgeholt werden.

Dauert dann die Zuwiderhandlung nicht mehr an, kann der Antragsteller nach § 890 ZPO mit Ordnungsgeld vollstrecken, d.h. ein Ordnungsgeld gegen den Antragsgegner beantragen, sofern die Zuwiderhandlung schuldhaft erfolgt war.

77 Ansonsten wird eine Schutzanordnung nach § 1 GewSchG nach § 96 Abs. 1 FamFG durch den Gerichtsvollzieher, d.h. durch Anwendung unmittelbaren Zwangs, vollstreckt. Der Gerichtsvollzieher kann hierzu gemäß § 96 Abs. 1 S. 2 FamFG i.V.m. §§ 758 Abs. 3, 759 ZPO Gewalt anwenden und sich polizeilicher Vollstreckungsorgane bedienen. Der Antragsteller kann also z.B. den Antragsgegner mittels des Gerichtsvollziehers aus der gerichtlich angeordneten „Bannmeile" entfernen lassen, gleichgültig, ob sich der Antragsgegner dort schuldhaft befindet oder nicht. Leistet der Antragsgegner dem Gerichtsvollzieher Widerstand, muss dieser gemäß § 96 Abs. 1 S. 2 FamFG nach §§ 758 Abs. 3, 759 ZPO verfahren und den Widerstand mit Gewalt, z.B. mit Unterstützung der Polizei brechen. Dies dürfte allerdings in den wenigsten Fällen praktisch möglich sein, da hierzu der Antragsgegner noch gegen die Schutzanordnung zuwider handeln müsste, was in den seltensten Fällen bis zum Eintreffen des Gerichtsvollziehers noch der Fall sein dürfte. Z.B. dürfte ein Antragsgegner, gegen den ein Näherungsverbot verhängt worden ist, bis zum Eintreffen des Gerichtsvollziehers sich schon längst wieder aus dem Nähebereich des Antragstellers entfernt haben.

Eine Gewaltschutzanordnung nach § 2 GewSchG wird gemäß § 96 Abs. 2 FamFG **78** nach § 885 ZPO vollstreckt. Hierbei kann der Gerichtsvollzieher auch gemäß §§ 758, 759 ZPO Gewalt anwenden. Ist die Gewaltschutzanordnung nach § 2 GewSchG in Form einer einstweiligen Anordnung ergangen, kann hieraus gemäß § 96 Abs. 2 S. 1 FamFG auch mehrfach vollstreckt werden, wenn z.b. der Antragsgegner wieder gegen, aber auch zunächst mit dem Willen des Antragstellers in den Mitbesitz der Wohnung gelangt ist.

Außergerichtliche Vergleiche der Beteiligten sind allerdings nicht vollstreckbar. **79**

K. Verfahrenswert

In Hauptsacheverfahren beträgt der Verfahrenswert nach § 49 Abs. 1 FamGKG für **80** Verfahren nach § 1 GewSchG 2.000 EUR und für Verfahren nach § 2 GewSchG 3.000 EUR.

Im einstweiligen Verfügungsverfahren beträgt der Verfahrenswert nach § 49 Abs. 1 **81** FamGKG für Verfahren nach § 1 GewSchG 1.000 EUR und für Verfahren nach § 2 GewSchG 1.500 EUR.

L. Verfahrenskostenhilfe

Im hauptsacheunabhängigen einstweiligen Anordnungsverfahren und Hauptsache- **82** verfahren kann nach §§ 76 ff. FamFG i.V.m. §§ 114 ff. ZPO Verfahrenskostenhilfe bewilligt werden, wenn dies beantragt wird und der die Verfahrenskostenhilfe Beantragende nach seinen persönlichen und wirtschaftlichen Verhältnissen nicht in der Lage ist, die Kosten des Verfahrens zu tragen, eine hinreichende Erfolgsaussicht besteht und der Antrag nicht mutwillig ist. Hiervon ist die Beiordnung eines Rechtsanwaltes zu unterscheiden. Da im Gewaltschutzverfahren in 1. und 2. Instanz kein Anwaltszwang besteht, kommt darüber hinaus eine Beiordnung eines Rechtsanwaltes nach § 78 Abs. 2 FamFG nur in Betracht, wenn dies wegen der Schwierigkeit der Sach- und Rechtslage erforderlich erscheint, was in Gewaltschutzverfahren selten der Fall sein dürfte. Es ist auch darauf hinzuweisen, dass § 121 Abs. 2 ZPO hier nicht gilt, so dass nach den Grundsätzen der Waffengleichheit auch keine Beiordnung eines Rechtsanwaltes zu erfolgen hat, wenn der Gegner anwaltlich vertreten ist.

83 Selbstverständlich kann nach allgemeinen Grundsätzen der Gewaltschutzantrag auch unter die Bedingung der Bewilligung der Verfahrenskostenhilfe gestellt werden.

84 Wird ein Hauptsacheverfahren neben einem einstweiligen Anordnungsverfahren betrieben, ist jeweils gesondert Verfahrenskostenhilfe zu beantragen. Allerdings soll nach einer Entscheidung des OLG Celle[24] ein Hauptsacheantrag in der Regel mutwillig im Sinne von § 114 ZPO sein, wenn er zeit- und inhaltsgleich mit einem Antrag auf Erlass einer einstweiligen Anordnung gestellt wird. Zur Begründung führt das OLG Celle aus, dass mit dem Inkrafttreten des FamFG das einstweilige Anordnungsverfahren ein selbstständiges Verfahren ist, und nicht, wie bei der Rechtslage bis zum Inkrafttreten des FamFG, von der Durchführung eines Hauptsacheverfahrens abhängig ist. Damit muss ein Beteiligter, der Verfahrenskostenhilfe begehrt, nicht mehr zwingend zwei Verfahren nebeneinander betreiben. Aus Kostengründen habe er abzuwägen, welche Verfahrensart er wählt, um sein Rechtsschutzziel möglichst günstig zu erreichen. Es dürfte daher für ihn zumutbar sein, abzuwarten, ob nach der Einleitung des einstweiligen Anordnungsverfahrens, die Einleitung eines Hauptsacheverfahrens überhaupt noch erforderlich ist, je nach dem, wie sich die Dinge weiter entwickeln.

M. Rechtsmittel und Beschwerdefrist

85 Die Beschwerdefrist beträgt bei Entscheidungen im einstweiligen Anordnungsverfahren nach § 63 Abs. 2 Nr. 1 FamFG zwei Wochen und bei Entscheidungen in der Hauptsache nach § 63 Abs. 1 FamFG einen Monat (Notfrist).

86 Die Frist beginnt nach § 63 Abs. 3 S. 1 FamFG mit der schriftlichen Bekanntgabe der Entscheidung, jedoch spätestens fünf Monate nach Erlass des Beschlusses, wenn die Bekanntgabe der Entscheidung an einen Beteiligten nicht bewirkt werden kann.

Eine einstweilige Anordnung kann nach § 57 FamFG nur begrenzt angefochten werden.

87 Eine einstweilige Anordnung, die ohne mündliche Verhandlung ergangen ist, kann grundsätzlich nur über einen Antrag auf Einleitung der Hauptsache nach § 52

---

24 OLG Celle v. 10.5.2010 – 10 WF 147/10.

Abs. 2 FamFG, über einen Antrag auf Abänderung nach § 54 Abs. 1 FamFG oder einen Antrag auf mündliche Verhandlung nach § 54 Abs. 2 FamFG überprüft werden.

Eine darüber hinausgehende Beschwerde nach § 58 FamFG ist nur nach § 57 S. 2 Nr. 4 FamFG möglich, wenn die Entscheidung nach mündlicher Verhandlung ergangen ist.

Eine Entscheidung in der Hauptsache ist mit der befristeten Beschwerde nach §§ 58 ff. FamFG anfechtbar. **88**

Die Beschwerde, gleichgültig ob im einstweiligen Anordnungs- oder Hauptsacheverfahren, ist gemäß § 64 Abs. 1 FamFG bei dem Gericht einzulegen, dessen Entscheidung angefochten wird, also in 1. Instanz beim Amtsgericht. Die Beschwerde soll, muss aber nicht begründet werden. Nach § 119 Abs. 1 Nr. 1a GVG entscheidet das OLG über die Beschwerde, wobei eine eigene Abhilfebefugnis des Amtsgerichts nach § 68 Abs. 1 S. 2 FamFG nicht besteht. **89**

Das OLG kann gegen seine Beschwerdeentscheidung die Rechtsbeschwerde nach § 70 Abs. 1, 2 FamFG zum BGH zulassen. **90**

Darüber hinaus kann gegen eine Entscheidung des Amtsgerichts die Sprungbeschwerde nach § 75 FamFG zum BGH, unter den dort genannten Voraussetzungen, eingelegt werden, was sich aber eher selten anbieten wird.

Auch können rechtskräftige Entscheidungen nach § 48 Abs. 1 FamFG aufgehoben oder abgeändert werden, wenn das Gericht des ersten Rechtszuges eine Entscheidung ohne Befristung getroffen hat. **91**

N. Strafbewehrung

Der Verstoß gegen eine vollstreckbare Gewaltschutzanordnung nach § 1 GewSchG stellt eine Straftat (Vergehen) dar, die mit Geldstrafe oder Freiheitsstrafe bis zu einem Jahr geahndet werden kann. **92**

§ 4 GewSchG Strafvorschriften **93**

Wer einer bestimmten vollstreckbaren Anordnung nach § 1 Abs. 1 Satz 1 oder 3, jeweils auch in Verbindung mit Abs. 2 Satz 1, zuwiderhandelt, wird mit Freiheitsstrafe bis zu einem Jahr oder mit Geldstrafe bestraft. Die Strafbarkeit nach anderen Vorschriften bleibt unberührt.

Hierzu muss ein rechtswidriger und vorsätzlicher Verstoß gegen die Gewaltschutzanordnung vorliegen. **94**

95 Im Rahmen des Strafverfahrens hat das Strafgericht inzident die Rechtmäßigkeit der Gewaltschutzanordnung zu überprüfen.[25] Hätte die Gewaltschutzanordnung nicht ergehen dürfen, so ist auch der Straftatbestand des § 4 GewSchG nicht erfüllt[26] und der Täter ist freizusprechen.

96 Auch ist eine Strafbarkeit nur gegeben, wenn die Gewaltschutzanordnung dem Täter wirksam zugestellt worden ist.[27]

97 Nach § 4 S. 2 GewSchG bleibt neben der Strafbarkeit aus § 4 GewSchG die Strafbarkeit aus anderen Normen unberührt, d.h. daneben bestehen.

98 **Tabelle: materiell-rechtliche Regelungen im Zusammenhang mit Gewaltschutz**

	Maßnahmen nach § 1 GewSchG	**Maßnahmen nach § 2 GewSchG**	**Maßnahmen nach § 1361b BGB**
Ziel	Schutz vor Gewalt und Nachstellungen	Wohnungsüberlassung bei auf Dauer angelegtem gemeinsamen Haushalt	Wohnungsüberlassung (Ehewohnung) bei Getrenntleben der Ehegatten
Voraussetzungen	■ ausgeübte Gewalt ■ angedrohte Gewalt ■ Hausfriedensbruch ■ unzumutbare Belästigungen	■ ausgeübte Gewalt ■ angedrohte Gewalt & unbillige Härte	■ ausgeübte Gewalt ■ angedrohte Gewalt ■ unbillige Härte ohne eigenes Fehlverhalten
mögliche Regelungen	■ Bedrohungs-, Belästigungs-, Verletzungs- und Misshandlungsverbot ■ Bannmeile ■ Kontaktverbot	■ Wohnungsüberlassung ■ Schlüsselherausgabe ■ Kündigungsverbot	Wohnungszuweisung
Befristung	angemessene Frist	i.d.R. sechs Monate	Trennungszeit

25 OLG Celle NdsRPfl 2007, 162.
26 BT-Drucks 14/5429, S. 32.
27 BGH FamRZ 2007, 812.

312

§ 12 Vergütung des Opferanwalts

A. Verletztenbeistand

Der Verletztenbeistand (§ 406f StPO) erhält nach Vorb. 4 Abs. 1 in analoger An- **1**
wendung der Vorschriften über den 4. Teil des VV RVG die dort für den Verteidiger geregelten Gebühren.

I. Wahlanwalt

Der nicht nebenklageberechtigte Verletzte kann sich nach § 406f Abs. 1 StPO zwar **2**
auch eines Beistands bedienen, dieser kann ihm aber nicht beigeordnet werden.
Der Verletztenbeistand erhält also hier, je nach der von ihm tatsächlich ausgeübten
Tätigkeit, die gesetzlichen Gebühren eines Wahlanwalts.

Er erhält damit grundsätzlich zunächst die Grundgebühr nach VV 4100 RVG. Je **3**
nachdem in welchen Verfahrensstadien er tätig wird, erhält er die entsprechende
Verfahrensgebühr (VV 4104, 4106, 4124, 4130).

Nimmt der Verletztenbeistand an einem gerichtlichen Termin teil, entsteht die ent- **4**
sprechende Terminsgebühr. Nach allgemeinen Regeln fallen diese Gebühren mit
Haftzuschlag an, wenn sich der eigene Mandant (der Verletzte) nicht auf freiem
Fuß befindet.

Macht der Verletztenbeistand vermögensrechtliche Ansprüche des Opfers oder sei- **5**
ner Erben isoliert im Adhäsionsverfahren geltend, so erhält er die Verfahrensgebühr nach Nr. 4143 VV RVG. Es handelt sich hierbei um eine Wertgebühr, deren
Höhe, wie normale zivilrechtliche Gebühren, von der Höhe des geltend gemachten
Anspruchs abhängt. Im Weiteren wird auf die Darstellung der Gebühren des Opferanwalts im Adhäsionsverfahren verwiesen, da es für das Entstehen der dortigen
Ansprüche irrelevant ist, ob der Rechtsanwalt, der für ein Opfer vermögensrechtliche Ansprüche geltend macht, dieses auch im Rahmen der Nebenklage oder ausschließlich als Zeugen- oder Verletztenbeistand vertritt. Die Verfahrensgebühr
nach VV 4143 bzw. VV 4144 RVG gilt auch für das „Betreiben des Geschäfts" im
Allgemeinen, so dass keine gesonderte Geschäftsgebühr mehr entsteht. Gleiches
gilt für die Terminswahrnehmung in der Hauptverhandlung, so dass für das Adhäsionsverfahren keine gesonderte Terminsgebühr mehr entsteht.[1]

---

1 *Schneider*, AGS 2009, 1.

6 Macht der Rechtsanwalt außerhalb eines gerichtlichen Verfahrens Entschädigungsansprüche geltend, entsteht nach allgemeinen Grundsätzen die Geschäftsgebühr nach VV 2300 RVG.

7 Nimmt der Verletztenbeistand darüber hinaus als Zeugenbeistand an Vernehmungen teil oder vertritt die Nebenklage, fallen die jeweils dort dargestellten Gebühren an.

II. Beigeordneter Beistand

8 Nur dem (an sich) nebenklageberechtigten Verletzten kann nach § 406g Abs. 3 StPO ein Beistand bestellt werden. § 406g Abs. 3 StPO verweist hierbei ausdrücklich auf das Prozesskostenhilfeverfahren im Rahmen der Beiordnung eines Vertreters für den Nebenkläger, so dass auch diesbezüglich hier darauf verwiesen werden kann (vgl. unten Rn 39).

9 Wird er beigeordnet, erhält der Rechtsanwalt die Gebühren der Höhe nach wie ein Pflichtverteidiger.

10 Die Gebühren, die entstehen können, sind dieselben wie beim nicht beigeordneten Verletztenbeistand.

11 Der beigeordnete Rechtsanwalt kann auch, wie ein Pflichtverteidiger, eine Pauschalvergütung nach § 51 RVG geltend machen.

III. Vertretung mehrerer Verletzter

12 Vertritt ein Verletztenbeistand mehrere Verletzte im selben Verfahren, sei es als Wahlanwalt oder beigeordneter Rechtsanwalt, liegt nur eine Angelegenheit nach § 7 Abs. 1 RVG vor. Die Verfahrensgebühr wird allerdings nach VV 1008 entsprechend erhöht.[2] Zu beachten ist allerdings, dass wenn die Verletzten an verschiedenen Hauptverhandlungstagen vertreten werden, für jeden Hauptverhandlungstag eine Terminsgebühr anfällt. Werden mehrere Verletzte an einem Hauptverhandlungstag vertreten, fällt aber insgesamt nur eine Terminsgebühr an, ohne dass diese auch noch nach VV 1008 RVG entsprechend erhöht wird.

---

2 OLG Düsseldorf JurBüro 2010, 33 für den Zeugenbeistand.

IV. Beratungshilfe

Nach § 2 Abs. 2 S. 2 BerhG wird in Strafsachen Beratungshilfe nur in Form der **13** Beratung gewährt und damit nicht für eine außergerichtliche Vertretung.

V. Beispiel

Fall: Verletztenbeistand **14**
Der Rechtsanwalt vertritt einen Verletzten einer Straftat und beantragt im Ermittlungsverfahren gegen den Täter Akteneinsicht nach § 406e StPO. Er macht außergerichtlich Schmerzensgeld in Höhe von 3.000 EUR für den Verletzten geltend, das der Täter auch zahlt.

Kostenrechnung

Grundgebühr für Verteidiger § 14, Nr. 4100 VV RVG	165,00 EUR
Verfahrensgebühr für Ermittlungsverfahren § 14, Nr. 4104 VV RVG	140,00 EUR
Gegenstandswert: 3.000,00 EUR	
1,3 Geschäftsgebühr §§ 13, 14 RVG, Nr. 2300 VV RVG	245,70 EUR
Pauschale für Post und Telekommunikation Nr. 7002 VV RVG	40,00 EUR
Zwischensumme netto	590,70 EUR
19 % Umsatzsteuer Nr. 7008 VV RVG	112,23 EUR
Gesamtbetrag	702,93 EUR

B. Zeugenbeistand

Der Zeugenbeistand erhält nach Vorb. 4 Abs. 1 in analoger Anwendung der Vor- **15** schriften über den 4. Teil des VV RVG die dort für den Verteidiger geregelten Gebühren.[3] Wird er nach § 68b Abs. 2 StPO beigeordnet (Vernehmungsbeistand), erhält der Rechtsanwalt die Gebühren wie ein Pflichtverteidiger.

Nach mittlerweile wohl h.M.[4] erfolgt die Bestimmung der Gebühren nach VV Teil **16** 4 Abschnitt 1, da dem Zeugenbeistand durch den Zeugen in der Regel dessen komplette Interessenwahrnehmung übertragen wird und es sich deshalb nicht nur um

---

3 *Burhoff*, RVG B. Vorb. 4.1 6.
4 KG StraFo 2007, 41; OLG Düsseldorf StRR 2008, 78.

eine bloße Einzeltätigkeit handelt, wenn nicht dieser ausnahmsweise für eine Einzeltätigkeit beauftragt wird. Dies soll durch das 2. Kostenrechtsmodernisierungsgesetz durch die Änderung der Vorbem. 4 Abs. 1 nunmehr klargestellt werden.

17 Hat der Rechtsanwalt den Zeugen, den er nunmehr als Zeugenbeistand vertritt, früher verteidigt oder verteidigt er ihn noch parallel, liegt nicht mehr dieselbe Angelegenheit i.S.d. § 15 Abs. 2 RVG vor. Es fallen hier gesonderte Gebühren, auch die Grundgebühr nach VV 4100 RVG, an.[5] Da aber hier ggf. eine gesonderte Einarbeitung in das Verfahren entfällt oder sich als einfacher darstellt, kann dies bei einem Wahlanwalt über § 14 RVG gebührenmindernd berücksichtigt werden.

I. Wahlanwalt

18 Da die Gebühren nach VV Teil 4 Abschnitt 1 zu bestimmen sind, erhält der Zeugenbeistand damit grundsätzlich zunächst die Grundgebühr nach VV 4100 RVG. Je nachdem in welchen Verfahrensstadien er tätig wird, erhält er die entsprechende Verfahrensgebühr (VV 4104, 4106, 4124, 4130). Nimmt der Zeugenbeistand an einem gerichtlichen Termin teil, entsteht die entsprechende Terminsgebühr. Nach allgemeinen Regeln fallen diese Gebühren mit Haftzuschlag an, wenn sich der eigene Mandant (der Verletzte) nicht auf freiem Fuß befindet.

19 Der Zeugenbeistand hat auch grundsätzlich Anspruch auf dieselbe Höhe der Gebühren wie ein Verteidiger.[6] Entscheidend ist hier, wie beim Verteidiger, der Einzelfall zur Bestimmung der Gebühr im Gebührenrahmen des § 14 RVG.

II. Beigeordneter Rechtsanwalt

20 Der Zeugenbeistand kann unter den Voraussetzungen des § 68 Abs. 2 StPO beigeordnet werden. Auch hier fallen die Gebühren nach VV Teil 4 Abschnitt 1 an, selbst wenn der Beiordnungsbeschluss auf „Beiordnung für die Vernehmung" lautet, da auch dieser Wortlaut nicht auf eine Einzeltätigkeit des Rechtsanwalts hindeutet.[7]

21 Es können damit die gleichen Gebühren wie bei dem Wahlanwalt anfallen, jedoch der Höhe nach wie die Gebühren eines Pflichtverteidigers.

22 Der beigeordnete Rechtsanwalt kann auch, wie ein Pflichtverteidiger, eine Pauschalvergütung nach § 51 RVG geltend machen.

---

5 OLG Düsseldorf StRR 2008, 78; OLG Koblenz NStZ-RR 2006, 254.
6 *Burhoff*, Vorb. 4.1, Rn 5.
7 OLG Brandenburg NStZ-RR 2007, 287; OLG Köln StraFo 2008, 222.

III. Vertretung mehrerer Zeugen

Bei Vertretung mehrerer Zeugen im selben Verfahren, sei es als Wahlanwalt oder **23** beigeordneter Rechtsanwalt, liegt nur eine Angelegenheit nach § 7 Abs. 1 RVG vor. Die Verfahrensgebühr wird allerdings nach VV 1008 entsprechend erhöht.[8] Zu beachten ist allerdings, dass wenn die Zeugen an verschiedenen Hauptverhandlungstagen vertreten werden, für jeden Hauptverhandlungstag eine Terminsgebühr anfällt. Werden mehrere Zeugen an einem Hauptverhandlungstag vertreten, fällt aber insgesamt nur eine Terminsgebühr an, ohne dass diese nach VV 1008 RVG entsprechend erhöht wird.

IV. Beratungshilfe

Nach § 2 Abs. 2 S. 2 BerhG wird in Strafsachen Beratungshilfe nur in Form der **24** Beratung gewährt und damit nicht für eine außergerichtliche Vertretung.

V. Beispiele

Grundfall Zeugenbeistand **25**
Der Rechtsanwalt wird beauftragt, ein schwersttraumatisiertes Opfer bei seiner Vernehmung beim Ermittlungsrichter zu begleiten.

Kostenrechnung

Grundgebühr für Verteidiger § 14, Nr. 4100 VV RVG	165,00 EUR
Verfahrensgebühr für Ermittlungsverfahren § 14, Nr. 4104 VV RVG	140,00 EUR
Terminsgebühr für Teilnahme an richterlicher Vernehmung § 14, Nr. 4102 Nr. 1 VV RVG	140,00 EUR
Pauschale für Post und Telekommunikation Nr. 7002 VV RVG	20,00 EUR
Zwischensumme netto	465,00 EUR
19 % Umsatzsteuer Nr. 7008 VV RVG	88,35 EUR
Gesamtbetrag	553,35 EUR

Abwandlung 1 **26**
Der Rechtsanwalt wird von einem Zeugen, dem unter Umständen ein Auskunftsverweigerungsrecht nach § 55 StPO zusteht, noch im Ermittlungsverfah-

---

8 OLG Düsseldorf JurBüro 2010, 33.

ren beauftragt. Er nimmt mit dem Zeugen an einer polizeilichen Vernehmung im Ermittlungsverfahren und einer Vernehmung des Zeugen in einem Hauptverhandlungstermin vor dem Landgericht – Große Strafkammer – teil.

Kostenrechnung

Grundgebühr für Verteidiger § 14, Nr. 4100 VV RVG	165,00 EUR
Verfahrensgebühr für Ermittlungsverfahren § 14, Nr. 4104 VV RVG	140,00 EUR
Terminsgebühr für Teilnahme an Vernehmungen durch Staatsanwaltschaft oder andere Strafverfolgungsbehörde § 14, Nr. 4102 Nr. 2 VV RVG	140,00 EUR
Verfahrensgebühr für ersten Rechtszug vor Strafkammer/ Jugendkammer § 14, Nr. 4112 VV RVG	155,00 EUR
Terminsgebühr für Hauptverhandlung vor Strafkammer § 14, Nr. 4114 VV RVG	270,00 EUR
Pauschale für Post und Telekommunikation Nr. 7002 VV RVG	20,00 EUR
Zwischensumme netto	890,00 EUR
19 % Umsatzsteuer Nr. 7008 VV RVG	169,10 EUR
Gesamtbetrag	1.059,10 EUR

27 *Abwandlung 2*

Der Rechtsanwalt wird von zwei Zeugen, denen unter Umständen ein Auskunftsverweigerungsrecht nach § 55 StPO zusteht, beauftragt, diese als Zeugenbeistand im selben Verfahren zu vertreten. Er nimmt mit den Zeugen an einer polizeilichen Vernehmung im Ermittlungsverfahren und einer Vernehmung der Zeugen in je einem Hauptverhandlungstermin vor dem Landgericht – Große Strafkammer – teil.

Kostenrechnung

Grundgebühr für Verteidiger § 14, Nr. 4100 VV RVG	165,00 EUR
Verfahrensgebühr für Ermittlungsverfahren § 14, Nr. 4104 VV RVG – Gebührenerhöhung Nr. 1008 VV RVG um 30 % wegen zwei Auftraggebern –	182,00 EUR
Terminsgebühr für Teilnahme an Vernehmungen durch Staatsanwaltschaft oder andere Strafverfolgungsbehörde § 14, Nr. 4102 Nr. 2 VV RVG	140,00 EUR

Verfahrensgebühr für ersten Rechtszug vor Strafkammer/ Jugendkammer § 14, Nr. 4112 VV RVG	201,50 EUR
– Gebührenerhöhung Nr. 1008 VV RVG um 30 % wegen zwei Auftraggebern –	
Terminsgebühr für Hauptverhandlung vor Strafkammer § 14, Nr. 4114 VV RVG	270,00 EUR
Terminsgebühr für Hauptverhandlung vor Strafkammer § 14, Nr. 4114 VV RVG	270,00 EUR
Pauschale für Post und Telekommunikation Nr. 7002 VV RVG	20,00 EUR
Zwischensumme netto	1.248,50 EUR
19 % Umsatzsteuer Nr. 7008 VV RVG	237,22 EUR
Gesamtbetrag	1.485,72 EUR

Abwandlung 3   **28**

Der Rechtsanwalt wird von einem Zeugen, den er auch in einem noch nicht rechtskräftig abgeschlossenen, aber diesem gegenüber bereits abgerechneten Strafverfahren vertreten hat, und dem unter Umständen ein Auskunftsverweigerungsrecht nach § 55 StPO zusteht, noch im Ermittlungsverfahren beauftragt. Er nimmt mit dem Zeugen an einer polizeilichen Vernehmung im Ermittlungsverfahren und einer Vernehmung des Zeugen in einem Hauptverhandlungstermin vor dem Landgericht – Große Strafkammer – teil.

Kostenrechnung

Grundgebühr § 14, Nr. 4100 VV RVG	165,00 EUR
Verfahrensgebühr für Ermittlungsverfahren § 14, Nr. 4104 VV RVG	140,00 EUR
Terminsgebühr für Teilnahme an Vernehmungen durch Staatsanwaltschaft oder andere Strafverfolgungsbehörde § 14, Nr. 4102 Nr. 2 VV RVG	140,00 EUR
Verfahrensgebühr für ersten Rechtszug vor Strafkammer/ Jugendkammer § 14, Nr. 4112 VV RVG	155,00 EUR
Terminsgebühr für Hauptverhandlung vor der Strafkammer § 14, Nr. 4114 VV RVG	270,00 EUR
Pauschale für Post und Telekommunikation Nr. 7002 VV RVG	20,00 EUR
Zwischensumme netto	890,00 EUR
19 % Umsatzsteuer Nr. 7008 VV RVG	169,10 EUR
Gesamtbetrag	1.059,10 EUR

C. Nebenklagevertreter

29 Der Vertreter eines Nebenklägers erhält nach Vorb. 4 Abs. 1 in analoger Anwendung der Vorschriften über den 4. Teil des VV RVG die dort für den Verteidiger geregelten Gebühren. Wird er beigeordnet, erhält der Rechtsanwalt die Gebühren wie ein Pflichtverteidiger.

30 Nach § 48 Abs. 5 S. 1 RVG erhält der im ersten Rechtszug bestellte oder beigeordnete Nebenklagevertreter die Vergütung auch für seine Tätigkeit vor dem Zeitpunkt seiner Bestellung, einschließlich seiner Tätigkeit vor Erhebung der öffentlichen Klage. Wird er erst in einem späteren Rechtszug (z.b. Berufung oder Revision) beigeordnet, erhält er nach § 48 Abs. 5 S. 2 RVG seine Vergütung in diesem Rechtszug auch für seine Tätigkeit vor dem Zeitpunkt seiner Bestellung, aber nicht für die bereits abgeschlossenen Rechtszüge. Werden Verfahren verbunden, kann das Gericht nach § 48 Abs. 5 S. 3 RVG die Wirkungen des § 48 Abs. 5 S. 1 RVG auch auf diejenigen Verfahren erstrecken, in denen vor der Verbindung keine Beiordnung oder Bestellung erfolgt war.

I. Nebenklagevertreter als Wahlanwalt

31 Aufgrund der analogen Anwendung der Verteidigergebühren auf den Nebenklägervertreter, bestimmt dieser auch nach § 14 RVG als Wahlanwalt seine (angemessenen) Gebühren innerhalb des jeweils vorgegebenen Gebührenrahmens.

32 Die Tätigkeit des Nebenklägervertreters ist nicht von geringerem Wert, wie die eines Verteidigers, auch wenn dieser neben dem Staatsanwalt tätig ist.[9] Bei der Bemessung seiner ihm konkret zustehenden Gebühren im Gebührenrahmen kann es auch nicht darauf ankommen, wie aktiv er z.B. an der Hauptverhandlung teilgenommen hat, da es nicht seine Aufgabe ist, das Verfahren erkennbar zu beeinflussen.[10] Eine (stille) Kontrolle des Verfahrens kann ausreichen.

33 In einem durchschnittlichen Strafverfahren sind daher auch die Mittelgebühren angemessen.[11] Bei einem überdurchschnittlichen Verfahren ist auch der Ansatz der Höchstgebühren gerechtfertigt.[12]

---

9   OLG Koblenz NJW 2005, 917 zur BRAGO.
10 *Gerold/Schmidt*, § 14 Rn 23.
11 OLG Düsseldorf NStZ 1990, 287.
12 LG Rottweil AGS 2007, 505 f.

Ansonsten sind die angemessenen Gebühren nach denselben Grundsätzen, wie die   **34**
des Verteidigers, zu bestimmen.

Hierzu zählen der Umfang des Verfahrens, also u.a. der zeitliche Aufwand. Bei der   **35**
Terminsgebühr ist die Dauer des Hauptverhandlungstages ein Kriterium für die
Angemessenheit z.b. der Mittelgebühr, wenn die Dauer des Hauptverhandlungs-
tages vor dem Gericht durchschnittlich war. Für die Bemessung des Umfangs des
Verfahrens ist aber auch auf den Aktenumfang abzustellen. Auch ist die Frage der
Schwierigkeit des Verfahrens und der Bedeutung der Angelegenheit für den Man-
danten beachtlich.

II. Beiordnung eines Beistands ohne Prozesskostenhilfevoraussetzungen

In bestimmten Fällen sieht die StPO, wie z.b. im Bereich der Nebenklage bei   **36**
§ 397a Abs. 1 StPO, eine Bestellung eines Beistands für das Opfer vor, und zwar
unabhängig von dessen Einkommen. Es handelt sich hierbei um eine privilegierte
Beiordnung eines Rechtsanwalts zu Lasten der Staatskasse. Bei bestimmten
schweren Delikten (§ 397a Abs. 1 Nr. 1 StPO), bestimmten schweren Folgen
(§ 397a Abs. 1 Nr. 2 StPO) oder Opfern mit einem Alter bis 18 Jahren (§ 397a
Abs. 1 Nr. 3 StPO) geht der Gesetzgeber von einer besonderen Schutzbedürftigkeit
des Opfers aus.

Die Gebühren des Rechtsanwaltes bestimmen sich dann nach Teil 4 VV RVG. Der   **37**
Beistand erhält dann im Wesentlichen die Gebühren und Auslagen, die auch ein
Strafverteidiger erhält.

Der beigeordnete Rechtsanwalt kann auch, wie ein Pflichtverteidiger, eine Pau-   **38**
schalvergütung nach § 51 RVG geltend machen.

III. Beiordnung eines Beistands mit Prozesskostenhilfevoraussetzungen

Im Rahmen der Beiordnung eines Beistands unter Prozesskostenhilfegewährung   **39**
bei § 397a Abs. 2 StPO, also wenn ein Opfer seine Interessen nicht selbst ausreichend wahrnehmen kann oder dies ihm nicht zuzumuten ist, richten sich lediglich
die wirtschaftlichen und persönlichen Verhältnisse des Opfers nach §§ 114 ff. ZPO.

40 Nach § 397a Abs. 2 S. 2 StPO ist aber § 114 S. 1 2. Hs. ZPO nicht anzuwenden. Damit kommt es hier nicht, im Gegensatz z.b. auch zur Prozesskostenhilfe für das Adhäsionsverfahren, auf die Erfolgsaussicht der Rechtsverfolgung an.

41 Nach § 397a Abs. 2 S. 2 StPO ist außerdem § 121 Abs. 1–3 ZPO nicht anzuwenden. Damit kann dem Opfer der Rechtsanwalt insbesondere nicht nur zu den Bedingungen eines ortsansässigen Rechtsanwalts beigeordnet werden, da § 121 Abs. 3 ZPO ausdrücklich nicht gilt. Damit ist eine Beiordnung zu den Bedingungen eines ortsansässigen Rechtsanwalts unzulässig.[13]

42 Der beigeordnete Rechtsanwalt kann auch, wie ein Pflichtverteidiger, eine Pauschalvergütung nach § 51 RVG geltend machen.

IV. Vertretung mehrerer Nebenkläger

43 Bei Vertretung mehrerer Nebenkläger im selben Verfahren, sei es als Wahlanwalt oder beigeordneter Rechtsanwalt, liegt nur eine Angelegenheit nach § 7 Abs. 1 RVG vor, jedenfalls dann, wenn sie nicht entgegengesetzte Interessen haben; dass jeder allerdings eigene Interessen verfolgt, schadet nicht.[14] Die Verfahrensgebühr wird allerdings nach VV 1008 entsprechend erhöht.[15] Dies gilt auch, wenn diese nur außerhalb der Hauptverhandlung vertreten werden. Zu beachten ist allerdings, dass wenn die Nebenkläger an verschiedenen Hauptverhandlungstagen vertreten werden, für jeden Hauptverhandlungstag eine Terminsgebühr anfällt. Werden mehrere Nebenkläger an einem Hauptverhandlungstag vertreten, fällt aber insgesamt nur eine Terminsgebühr an, ohne dass diese auch noch nach VV 1008 RVG entsprechend erhöht wird.

V. Beratungshilfe

44 Nach § 2 Abs. 2 S. 2 BerhG wird in Strafsachen Beratungshilfe nur in Form der Beratung gewährt und damit nicht für eine außergerichtliche oder gerichtliche Vertretung.

---

13 OLG Brandenburg StraFo 2006, 214.
14 OLG Düsseldorf JurBüro 1990, 1614.
15 OLG Düsseldorf JurBüro 2010, 33.

VI. Beispiele

Grundfall **45**
Der Rechtsanwalt wird von einem Opfer einer Sexualstraftat noch im Ermittlungsverfahren beauftragt, dieses im Rahmen der Nebenklage zu vertreten. Er nimmt an einem Hauptverhandlungstermin vor dem Landgericht – Große Strafkammer – teil, an dem der Täter verurteilt wird.

Kostenrechnung

Grundgebühr für Verteidiger § 14, Nr. 4100 VV RVG	165,00 EUR
Verfahrensgebühr für Ermittlungsverfahren § 14, Nr. 4104 VV RVG	140,00 EUR
Verfahrensgebühr für ersten Rechtszug vor Strafkammer § 14, Nr. 4112 VV RVG	155,00 EUR
Terminsgebühr für Hauptverhandlung vor Strafkammer § 14, Nr. 4114 VV RVG	270,00 EUR
Pauschale für Post und Telekommunikation Nr. 7002 VV RVG	20,00 EUR
Zwischensumme netto	750,00 EUR
19 % Umsatzsteuer Nr. 7008 VV RVG	142,50 EUR
Gesamtbetrag	892,50 EUR

Ggf. sind noch Fotokopiekosten, Aktenversendungspauschale und Fahrtkosten einzuberechnen.

Abwandlung **46**
Der Rechtsanwalt wird beauftragt von den Hinterbliebenen, Ehefrau und Bruder des Opfers eines Tötungsdelikts, diese als Nebenkläger zu vertreten. Die Bestellung des Rechtsanwalts erfolgt im Ermittlungsverfahren. Der Rechtsanwalt nimmt für die Nebenkläger, die er gemeinsam vertritt, an zwei Hauptverhandlungstagen teil.

Kostenrechnung

Grundgebühr für Verteidiger § 14, Nr. 4100 VV RVG	165,00 EUR
Verfahrensgebühr für Ermittlungsverfahren § 14, Nr. 4104 VV RVG	182,00 EUR
– Gebührenerhöhung Nr. 1008 VV RVG um 30 % wegen zwei Auftraggebern –	
Verfahrensgebühr für ersten Rechtszug vor Strafkammer § 14, Nr. 4112 VV RVG	201,50 EUR

– Gebührenerhöhung Nr. 1008 VV RVG um 30 % wegen zwei Auftraggebern –	
Terminsgebühr für Hauptverhandlung vor Strafkammer § 14, Nr. 4114 VV RVG	270,00 EUR
Terminsgebühr für Hauptverhandlung vor Strafkammer § 14, Nr. 4114 VV RVG	270,00 EUR
Pauschale für Post und Telekommunikation Nr. 7002 VV RVG	20,00 EUR
Zwischensumme netto	1.108,50 EUR
19 % Umsatzsteuer Nr. 7008 VV RVG	210,62 EUR
Gesamtbetrag	1.319,12 EUR

D. Adhäsionsverfahren

I. Verfahrensgebühr

47 Der Rechtsanwalt erhält für die Vertretung des Opfers oder seiner Hinterbliebenen im Adhäsionsverfahren oder auch im Verfahren über den TOA oder bei § 153a StPO zunächst die Verfahrensgebühr nach VV 4143 RVG. Maßgebend für die Entstehung der Gebühr im TOA oder im Rahmen des § 153a StPO ist allerdings, dass dort vermögensrechtliche Ansprüche des Opfers mit erledigt werden und der Rechtsanwalt daran beteiligt ist.

48 Erfolgt eine Vertretung im Berufungs- oder Revisionsverfahren, bestimmt sich die Verfahrensgebühr nach VV 4144 RVG. Wie im Zivilprozess handelt es sich hier um eine Wertgebühr, so dass sich die konkrete Höhe der Gebühr nach dem Wert des mit erledigten Anspruchs bestimmt.

49 Wird der Adhäsionsanspruch erstmalig im Berufungsverfahren geltend gemacht, entsteht nach Anm. 1 zu VV 4143 RVG allerdings nur die Gebühr nach VV 4143 und nicht die nach VV 4144. Damit entsteht eine Gebühr nach VV 4144 im Berufungsverfahren nur, wenn der Adhäsionsanspruch bereits in 1. Instanz geltend gemacht worden ist und nunmehr weiter verfolgt wird.

50 Die Verfahrensgebühr für das Adhäsionsverfahren entsteht neben anderen Gebühren, z.B. also neben den Gebühren für die Nebenklagevertretung. Sie wird gemäß Anm. 2 zu VV 4143 RVG lediglich zu einem Drittel auf die Verfahrensgebühr, die für einen bürgerlichen Rechtsstreit wegen desselben Anspruchs entsteht, angerechnet.

Die Verfahrensgebühr nach VV 4143 bzw. VV 4144 RVG gilt auch für das „Betreiben des Geschäfts" im Allgemeinen, so dass keine gesonderte Geschäftsgebühr mehr entsteht. Gleiches gilt für die Terminswahrnehmung in der Hauptverhandlung, so dass für das Adhäsionsverfahren keine gesonderte Terminsgebühr mehr entsteht.[16] **51**

Die Verfahrensgebühr für das erstinstanzliche oder Rechtsmittelverfahren entsteht damit nicht erst mit Tätigwerden vor Gericht, sondern bereits mit dem ersten Tätigwerden, z.b. der Informationsentgegennahme. Macht der Rechtsanwalt außerhalb eines gerichtlichen Verfahrens Entschädigungsansprüche geltend, entsteht nach allg. Grundsätzen die Geschäftsgebühr nach VV 2300 RVG. **52**

Wird der Rechtsanwalt im Rahmen des Strafrechtsentschädigungsgesetzes für seinen Mandanten tätig, erhält er ebenfalls die Gebühren nach VV 4143, 4144 RVG im sog. Grundverfahren. **53**

II. Gebührenhöhe

Ist der Rechtsanwalt Wahlanwalt und nicht im Rahmen von Prozesskostenhilfe beigeordnet, berechnen sich die Gebühren nach § 13 RVG. Wurde der Rechtsanwalt im Rahmen von Prozesskostenhilfe beigeordnet, besteht die Gebührenbegrenzung des § 49 RVG. **54**

III. Mehrere Auftraggeber

Vertritt der Rechtsanwalt mehrere Auftraggeber im Rahmen des Adhäsionsverfahrens, so erhält er eine Gebührenerhöhung nach VV 1008 RVG. **55**

IV. Einigungsgebühr

Wirkt der Rechtsanwalt an einer Einigung (z.B. Vergleich) mit, erhält er gemäß Vorb. 1 zu VV 1000 ff. RVG auch die Einigungsgebühr nach VV 1000 ff. RVG. **56**

Erfolgt die Einigung in erster Instanz lediglich über den geltend gemachten Adhäsionsanspruch, fällt die Gebühr nach VV 1003 RVG in Höhe von 1,0 an. Werden darüber hinaus auch noch weitere Ansprüche erledigt, die nicht Gegenstand des Adhäsionsverfahrens sind, entsteht die Einigungsgebühr nach VV 1000 RVG in **57**

---

16 *Schneider*, AGS 2009, 1.

Höhe von 1,5. In diesem Falle erhöht sich auch der Gegenstandswert der Verfahrensgebühr nach VV 4143 RVG um den mit erledigten Betrag.

58 Erfolgt die Einigung in der Berufung erhält der Rechtsanwalt eine Gebühr nach VV 1004 RVG in Höhe von 1,3, es sei denn, der Adhäsionsanspruch wurde erstmalig im Berufungsverfahren geltend gemacht, dann entsteht lediglich die Einigungsgebühr nach VV 1003 RVG in Höhe von 1,0.

V. Beschwerdegebühr

59 Sieht das Gericht von einer Entscheidung im Adhäsionsverfahren nach § 406 Abs. 5 S. 2 StPO ab und legt der Rechtsanwalt im Namen seiner Mandantschaft dagegen Beschwerde ein, entsteht eine Beschwerdegebühr nach VV 4145 RVG.

VI. Prozesskostenhilfe

60 Für das Adhäsionsverfahren kann gesondert Prozesskostenhilfe nach den allgemeinen Regeln beantragt werden. Damit erfolgt hier eine Prüfung, ob die beabsichtigte Rechtsverfolgung hinreichende Aussicht auf Erfolg bietet und nicht mutwillig erscheint.

61 Wurde für die Nebenklagebeiordnung im Rahmen des § 397a Abs. 2 StPO Prozesskostenhilfe bewilligt, gilt diese nicht automatisch für das Adhäsionsverfahren. Die Prozesskostenhilfe muss nach §§ 404 Abs. 5 S. 2 StPO, § 121 Abs. 2 ZPO auf Antrag des Rechtsanwalts ausdrücklich auf das Adhäsionsverfahren erstreckt werden. Hierbei ist darauf zu achten, dass nicht nur Prozesskostenhilfe bewilligt wird, sondern dass, was gerade vielen Strafrichtern unbekannt ist, auch der Rechtsanwalt im Rahmen der Prozesskostenhilfe ausdrücklich beizuordnen ist, da sonst eine Erstattung der Rechtsanwaltsgebühren aus der Staatskasse nicht erfolgen kann. Auch sollte die Prozesskostenhilfe auf einen eventuell erfolgten Vergleich ausdrücklich erweitert werden.

VII. Beispiele

62 *Grundfall*
Der Rechtsanwalt wird ausschließlich beauftragt, Schadensersatzansprüche, d.h. insbesondere Schmerzensgeldansprüche im Rahmen eines Adhäsionsverfahrens gegen den Täter geltend zu machen. Eine weitergehende Vertretung des Opfers ist nicht gewünscht. Im Strafverfahren gegen den Täter stellt er einen Adhäsionsantrag (Gegenstandswert 10.000 EUR).

Kostenberechnung

Grundgebühr für Verteidiger § 14, Nr. 4100 VV RVG	165,00 EUR
Gegenstandswert: 10.000,00 EUR	
2,0 Verfahrensgebühr für Verfahren über vermögensrechtliche Ansprüche des Verletzten oder seines Erben § 13, Nr. 4143 VV RVG	972,00 EUR
Pauschale für Post und Telekommunikation Nr. 7002 VV RVG	20,00 EUR
Zwischensumme netto	1.157,00 EUR
19 % Umsatzsteuer Nr. 7008 VV RVG	219,83 EUR
Gesamtbetrag	1.376,83 EUR

Abwandlung 1 **63**
Der Rechtsanwalt wird ausschließlich beauftragt, Schadensersatzansprüche, d.h. insbesondere Schmerzensgeldansprüche im Rahmen eines Adhäsionsverfahrens gegen den Täter geltend zu machen. Eine weitergehende Vertretung des Opfers ist nicht gewünscht. Im Strafverfahren gegen den Täter stellt er einen Adhäsionsantrag (Gegenstandswert 10.000 EUR). Im Termin erfolgt ein Vergleich über 8.000 EUR.

Kostenberechnung

Grundgebühr für Verteidiger § 14, Nr. 4100 VV RVG	165,00 EUR
Gegenstandswert: 10.000,00 EUR	
2,0 Verfahrensgebühr für Verfahren über vermögensrechtliche Ansprüche des Verletzten oder seines Erben § 13, Nr. 4143 VV RVG	972,00 EUR
1,0 Einigungsgebühr, gerichtliches Verfahren § 13 RVG, Nr. 1003, 1000 VV RVG	486,00 EUR
Pauschale für Post und Telekommunikation Nr. 7002 VV RVG	20,00 EUR
Zwischensumme netto	1.643,00 EUR
19 % Umsatzsteuer Nr. 7008 VV RVG	312,17 EUR
Gesamtbetrag	1.955,17 EUR

Abwandlung 2: Nebenklage und Adhäsion **64**
Der Rechtsanwalt wird von einem Opfer bereits im Ermittlungsverfahren beauftragt, dieses im Rahmen der Nebenklage zu vertreten. In der Hauptverhandlung vor dem Amtsgericht – Schöffengericht – stellt er einen Adhäsionsantrag und verlangt ein Schmerzensgeld in Höhe von 15.000 EUR. Es wird ein Ver-

gleich in Höhe von 10.000 EUR geschlossen. Es fand lediglich ein Hauptverhandlungstag statt.

Kostenrechnung

Grundgebühr für Verteidiger § 14, Nr. 4100 VV RVG	165,00 EUR
Verfahrensgebühr für Ermittlungsverfahren § 14, Nr. 4104 VV RVG	140,00 EUR
Verfahrensgebühr für ersten Rechtszug vor dem Amtsgericht § 14, Nr. 4106 VV RVG	140,00 EUR
Terminsgebühr für Hauptverhandlung vor dem Amtsgericht § 14, Nr. 4108 VV RVG	230,00 EUR
Gegenstandswert: 15.000,00 EUR	
2,0 Verfahrensgebühr für Verfahren über vermögensrechtliche Ansprüche des Verletzten oder seines Erben § 13, Nr. 4143 VV RVG	1.132,00 EUR
1,0 Einigungsgebühr, gerichtliches Verfahren § 13 RVG, Nr. 1003, 1000 VV RVG	566,00 EUR
Pauschale für Post und Telekommunikation Nr. 7002 VV RVG	20,00 EUR
Zwischensumme netto	2.393,00 EUR
19 % Umsatzsteuer Nr. 7008 VV RVG	454,67 EUR
Gesamtbetrag	2.847,67 EUR

E. Privatklage

I. Grundsatz

65 Der Beistand eines Privatklägers erhält nach Vorb. 4 Abs. 1 in analoger Anwendung der Vorschriften über den 4. Teil des VV RVG die dort für den Verteidiger geregelten Gebühren. Wird er beigeordnet, erhält der Rechtsanwalt die Gebühren wie ein Pflichtverteidiger. Es entstehen daher die Grundgebühr, die jeweilige Verfahrensgebühr(en) und ggf. eine oder mehrere Terminsgebühr(en).

II. Mehrere Auftraggeber

Vertritt ein Rechtsanwalt mehrere Auftraggeber, liegt eine Auftraggebermehrheit **66** nach Nr. 1008 VV RVG vor.[17]

III. Sühnetermin

Nimmt der Rechtsanwalt zusätzlich am Sühnetermin nach § 380 StPO teil, erhält **67** er zusätzlich eine Gebühr nach Nr. 4102 Ziffer 5 VV RVG. Hierzu ist keine aktive Teilnahme des Rechtsanwalts erforderlich. Auch ist ohne Belang, ob der Rechtsanwalt auf Seiten des späteren Privatklägers oder des Privatbeklagten auftritt. Sühneverfahren und Privatklageverfahren sind gebührenrechtlich unterschiedliche Angelegenheiten, mit der Folge, dass z.b. die Auslagenpauschale nach Nr. 7002 VV RVG in jedem Verfahren getrennt entsteht.[18]

IV. Fertigung der Privatklageschrift

Für die Fertigung oder/und Unterzeichnung der Privatklageschrift erhält der **68** Rechtsanwalt eine Verfahrensgebühr für Einzeltätigkeiten nach Nr. 4301 Ziffer 1 VV RVG, wenn der Rechtsanwalt nicht als Vollvertreter des Privatklägers tätig wird.

V. Einstellungsgebühr

Wird das Privatklageverfahren vom Gericht außerhalb der Hauptverhandlung ein- **69** gestellt und so eine Hauptverhandlung vermieden, bekommt der Rechtsanwalt eine Gebühr nach Nr. 4141 Anmerkung 1 Ziffer 1 VV RVG.

Dies gilt auch, wenn im vorbereitenden Verfahren ein Vergleich geschlossen wird. **70**

Wirkt der Rechtsanwalt an der Rücknahme der Privatklage mit, und wird das Ver- **71** fahren dann eingestellt, entsteht die Einstellungsgebühr nach Nr. 4141 VV RVG ebenfalls. Erfolgt allerdings die Rücknahme vor Eröffnung des Hauptverfahrens, erfolgt keine Einstellung, sondern gemäß § 383 StPO eine Zurückweisung der Privatklage. Da Nr. 4141 Anmerk. 1 Nr. 2 VV RVG lediglich den Privatbeklagten, nicht aber den Privatkläger betrifft, war bislang kein Gebührentatbestand für diesen Fall für den Privatkläger einschlägig. Durch das 2. Kostenrechtsmodernisierungs-

---

17 OLG Koblenz StraFo 2005, 526.
18 *Burhoff*, RVG A. Rn 92.

gesetz soll nunmehr der Anwendungsbereich der Nr. 4141 VV RVG erweitert werden, wonach die Nr. 3 auch auf den Beistand oder Vertreter eines Privatklägers entsprechend anzuwenden ist, wenn die Privatklage zurückgenommen wird.

72 Zu beachten ist bei der Einstellungsgebühr für den Fall, dass bereits ein Hauptverhandlungstermin bestimmt ist, dass diese nur nach Nr. 4141 Ziffer 1 Nr. 3 VV RVG anfällt, wenn die 2-Wochen-Frist eingehalten ist.

VI. Einigungsgebühr

73 Kommt es im Privatklageverfahren zu einer Einigung bezüglich des Straf- oder Kostenerstattungsanspruchs, so erhält der Rechtsanwalt eine Einigungsgebühr nach Nr. 1000 VV, wenn er an der Einigung mitgewirkt hat. Die Einigungsgebühr entsteht auch, wenn die Einigung im Sühnetermin oder in der Hauptverhandlung erfolgt. Eine Einigung liegt bereits dann vor, wenn ein Übereinkommen erzielt wird, das zur Beendigung des Privatklageverfahrens führt und damit eine Privatklage erledigt oder vermieden wird.

74 Die Höhe der Einigungsgebühr richtet sich nach Nr. 4147 VV.

75 Wird daneben noch eine Einigung über vermögensrechtliche Angelegenheiten erzielt, entsteht nach der Anmerkung zu Nr. 4147 VV eine weitere Einigungsgebühr nach Nr. 1000 VV bzw. Nr. 1003 VV nach den allgemeinen Regeln. Diese Gebühr entsteht ggf. neben den allgemeinen Gebühren für die zivilrechtliche Bearbeitung des vermögensrechtlichen Anspruchs, wenn der Rechtsanwalt bereits mit der zivilrechtlichen Geltendmachung beauftragt war. Gleiches gilt für einen Auftrag für ein Adhäsionsverfahren.

VII. Beschwerde gegen Einstellung

76 Ist der Rechtsanwalt lediglich beauftragt, Beschwerde nach § 383 Abs. 2 S. 3 StPO gegen die Einstellung des Privatklageverfahrens einzulegen, erhält er eine Verfahrensgebühr für Einzeltätigkeiten nach Nr. 4302 Ziffer 1 VV.

VIII. Prozesskostenhilfe

77 Dem Privatkläger und Privatbeklagten kann Prozesskostenhilfe bewilligt werden, wenn wirtschaftliches Unvermögen und eine ausreichende Erfolgsaussicht besteht. Dem Privatkläger kann ein Rechtsanwalt beigeordnet werden, wenn entweder dessen Mitwirkung vorgeschrieben ist (vgl. § 390 Abs. 2 StPO) oder die Vertretung durch einen Rechtsanwalt nach § 121 Abs. 2 ZPO erforderlich erscheint. Letzteres ist dann anzunehmen, wenn eine schwierige Sach- oder Rechtslage besteht oder wenn Akteneinsicht erforderlich ist, die der Privatkläger lediglich nach § 385 Abs. 3 StPO über einen Rechtsanwalt erhalten kann. Eine Beiordnung hat nicht schon deshalb zu erfolgen, weil der Gegner anwaltlich vertreten ist.[19]

Wird ein auswärtiger Rechtsanwalt beigeordnet, kann dies nach § 379 Abs. 3 StPO, § 121 Abs. 3 ZPO nicht zu den Bedingungen eines ortsansässigen Rechtsanwalts, sondern zu den Bedingungen eines im Bezirk des Gerichts niedergelassenen Rechtsanwalts erfolgen.[20] **78**

IX. Beispiel

Fall: Privatklage **79**
Die Staatsanwaltschaft stellt das Ermittlungsverfahren gegen den Täter wegen Beleidigung ein und verweist es auf den Privatklageweg. Der Rechtsanwalt vertritt seinen Mandanten im Privatklageverfahren, nachdem er mit ihm den Sühnetermin wahrgenommen hat und eine Privatklageschrift eingereicht hat. Es findet ein Hauptverhandlungstermin vor dem Amtsgericht statt. In der Hauptverhandlung wird eine Einigung über den Ausgang und die Kosten des Verfahrens erzielt und das Verfahren beendet.

Kostenrechnung

Grundgebühr für Verteidiger § 14, Nr. 4100 VV RVG	165,00 EUR
Verfahrensgebühr für Ermittlungsverfahren § 14, Nr. 4104 VV RVG	140,00 EUR
Terminsgebühr für Teilnahme an Sühneterminen nach § 380 StPO § 14, Nr. 4102 Nr. 5 VV RVG	140,00 EUR
Verfahrensgebühr für ersten Rechtszug vor dem Amtsgericht § 14, Nr. 4106 VV RVG	140,00 EUR
Terminsgebühr für Hauptverhandlung vor dem Amtsgericht § 14, Nr. 4108 VV RVG	230,00 EUR
Einigungsgebühr im Privatklageverfahren bezüglich Straf- und Kostenerstattungsanspruch § 14 RVG, Nrn. 4147, 1000 VV RVG	85,00 EUR

---

19 BVerfG NJW 1983, 1599.
20 OLG Celle JurionRS 2011, 14777.

Pauschale für Post und Telekommunikation	<u>20,00 EUR</u>
Nr. 7002 VV RVG	
Zwischensumme netto	920,00 EUR
19 % Umsatzsteuer Nr. 7008 VV RVG	<u>174,80 EUR</u>
Gesamtbetrag	1.094,80 EUR

F. Klageerzwingung

80 Vertritt (Beistandsleistung) der Rechtsanwalt den Verletzten im Beschwerdeverfahren gegen den Einstellungsbescheid der Staatsanwaltschaft, mit dem das Ermittlungsverfahren eingestellt worden ist, erhält er eine Verfahrensgebühr für Einzeltätigkeiten nach Nr. 4302 Ziffer 3 VV.[21]

81 Wird der Rechtsanwalt dagegen nur mit der Einlegung der Beschwerde gegen die Einstellungsverfügung der Staatsanwaltschaft beauftragt, erhält er eine Verfahrensgebühr nach Nr. 4302 Ziffer 1 VV.

82 Nach Nr. 4301 Ziffer 5 VV erhält der Rechtsanwalt für den Antrag auf gerichtliche Entscheidung, also die Beistandsleistung im Klageerzwingungsverfahren eine Verfahrensgebühr für Einzeltätigkeiten.

83 Wird der Rechtsanwalt mit der Einstellungsbeschwerde und dem Antrag auf gerichtliche Entscheidung beauftragt, liegen verschiedene Angelegenheiten vor,[22] so dass die Gebühren nach Nr. 4302 VV und Nr. 4301 Ziffer 5 VV entstehen.

84 Wurde der Rechtsanwalt als Beistand bestellt, entstehen die Gebühren nach VV Teil 4 Abschnitt 1[23] und nicht die Gebühr nach Nr. 4301 Ziffer 5 VV bzw. Nr. 4302 Ziffer 3 VV.

85 *Fall: Klageerzwingungsverfahren*
Der Rechtsanwalt vertritt ein Opfer im Ermittlungsverfahren gegen den Täter. Das Ermittlungsverfahren gegen den Täter wird von der Staatsanwaltschaft eingestellt. Gegen die Einstellung wurde Beschwerde eingelegt. Die Beschwerde wurde zurückgewiesen. Der Rechtsanwalt führt nunmehr ein komplettes Klageerzwingungsverfahren durch. Nachdem das OLG die Staatsanwaltschaft angewiesen hat, die Ermittlungen wieder aufzunehmen und diese wieder

---

21 *Burhoff*, Nr. 4301 VV Nr. 17.
22 *Burhoff*, a.a.O.
23 OLG Stuttgart v. 24.4.2008 – 2 ARs 21/08.

aufgenommen wurden, stellt die Staatsanwaltschaft erneut das Ermittlungsverfahren ein.

Kostenrechnung

Grundgebühr für Verteidiger § 14, Nr. 4100 VV RVG	165,00 EUR
Verfahrensgebühr für Ermittlungsverfahren § 14, Nr. 4104 VV RVG	140,00 EUR
Verfahrensgebühr für Einlegung eines Rechtsmittels § 14, Nr. 4302 Nr. 1 VV RVG	135,00 EUR
Verfahrensgebühr für Anfertigung oder Unterzeichnung einer Privatklage § 14, Nr. 4301 Nr. 1 VV RVG	210,00 EUR
Pauschale für Post und Telekommunikation Nr. 7002 VV RVG	20,00 EUR
Zwischensumme netto	670,00 EUR
19 % Umsatzsteuer Nr. 7008 VV RVG	127,30 EUR
Gesamtbetrag	797,30 EUR

G. Erstattung einer Strafanzeige

Für die Erstattung einer Strafanzeige erhält der Rechtsanwalt eine Gebühr nach Nr. 4302 Ziffer 2 VV RVG (Verfahrensgebühr für Einzeltätigkeiten). Wird der Rechtsanwalt danach weiter mit der Vertretung im Verfahren beauftragt, wird diese Gebühr nach Vorbemerkung 4.3 Abs. 4 auf die dann entstehenden Gebühren angerechnet.

86

H. Vorschuss

Gemäß § 9 RVG hat der Wahlanwalt, sei es als Verletztenbeistand, Zeugenbeistand, Nebenklägervertreter, Vertreter im Adhäsionsverfahren, Vertreter im Privatklageverfahren oder Vertreter im Klageerzwingungsverfahren einen Anspruch auf Kostenvorschuss gegen seinen Auftraggeber.

87

Die Höhe des zu beanspruchenden Vorschusses bestimmt sich nach dem Gesamtbetrag, der bereits entstanden ist und nach den voraussichtlich noch entstehenden Gebühren und Auslagen.[24] Es kann damit also die komplette voraussichtlich entstehende Vergütung, ggf. auch die nach einer Vergütungsvereinbarung, im Wege des Vorschusses verlangt werden.

88

---

24 *Gerold/Schmidt*, § 9 Rn 7.

89 Wurde der Rechtsanwalt dem Nebenkläger, dem Zeugen, dem Verletzten, dem Privatkläger oder dem Antragsteller im Klageerzwingungsverfahren beigeordnet, hat dieser keinen Anspruch auf Vorschuss gemäß § 9 RVG gegen den Mandanten.[25] Bei der Staatskasse kann hier ein Vorschuss nach § 47 RVG angefordert werden.

I. Vergütungsvereinbarung

90 Selbstverständlich kann auch ein Opferanwalt mit seiner Mandantschaft eine Vergütungsvereinbarung schließen.[26]

91 Ist der Rechtsanwalt dem Opfer beigeordnet, entweder mit Prozesskostenhilfe oder als Beistand ohne Prozesskostenhilfe, kann er keine weiteren Gebühren gegen seinen Mandanten, auch nicht aus einer Vergütungsvereinbarung geltend machen. Dies gilt auch für Differenzgebühren zwischen Wahlanwalts- und Pflichtverteidigergebühren. Im Falle der Bewilligung von Prozesskostenhilfe ergibt sich dies aus § 3a Abs. 3 S. 1 RVG, im Falle der Bestellung als Beistand aus § 53 Abs. 3 RVG.

J. Reisekosten

92 Der Rechtsanwalt kann selbstverständlich mit seinem eigenen oder geleasten Pkw zu einem Termin anreisen. Hier erhält er gemäß VV 7003 RVG 0,30 EUR pro km.

93 Nach VV 7006 RVG können sonstige Auslagen ersetzt werden, soweit sie angemessen sind. Hierunter fallen insbesondere Parkgebühren bei Benutzung des Pkws.

94 Nach VV 7004 RVG erhält der Rechtsanwalt aber auch die Fahrtkosten für eine Geschäftsreise bei Benutzung eines anderen Verkehrsmittels, soweit sie angemessen sind. Der Rechtsanwalt kann damit frei wählen, ob er anstatt mit seinem Pkw mit der Bahn reist. Bei einer Bahnreise sind ihm die Kosten der 1. Klasse zu erstatten. Dies ergibt sich aus § 5 JVEG, da der Rechtsanwalt nicht schlechter stehen darf, als die Partei, für die § 5 JVEG gilt.

95 Eine BahnCard ist nicht, auch nicht anteilig, erstattungsfähig,[27] selbst wenn der Steuerzahler dadurch einen erheblichen Vorteil hätte.

96 Der Rechtsanwalt darf, ohne dass es eine Einschränkung gibt, ein Flugzeug benutzen. Dies ergibt sich aus § 5 JVEG, da der Rechtsanwalt nicht schlechter stehen

25 *Gerold/Schmidt*, § 9 Rn 4.
26 Zur Vergütungsvereinbarung vgl. *Peter*, Das 1x1 der Hauptverhandlung, § 50.
27 OLG Celle AGS 2005, 175.

darf, als die Partei, für die § 5 JVEG gilt. Allerdings begrenzt § 5 Abs. 3 JVEG die zu erstattenden Kosten grundsätzlich auf diejenigen, die bei einer Bahnreise 1. Klasse anfallen würden.

Entstehen allerdings bei der Benutzung des Flugzeugs höhere Kosten, können diese auch anerkannt werden, wenn z.b. dadurch eine größere Zeitersparnis erreicht wird[28] oder die Mehrkosten nicht zu der Zeitersparnis außer Verhältnis stehen.[29] **97**

Der Rechtsanwalt hat grundsätzlich keinen Anspruch auf Benutzung der Business-class.[30] Er hat die Economyclass zu benutzen und zwar den Tarif, der mit einer eventuellen Umbuchungsgebühr günstiger ist.[31] Der Rechtsanwalt ist allerdings nicht verpflichtet, einen Billigflug ohne Umbuchungsmöglichkeit zu buchen, da oft nicht einschätzbar ist, wie lange Gerichtstermine dauern und man ihm nicht zumuten kann, entweder von vornherein ein Zeitpolster einzuplanen oder lange auf den Flug zu warten.[32] **98**

Die Benutzung eines Taxis ist grundsätzlich angemessen.[33] **99**

Selbstverständlich stehen dem Rechtsanwalt das übliche Tage- und Abwesenheitsgeld nach VV 7005 RVG und Übernachtungskosten nach VV 7006 RVG zu. Übernachtungskosten sind zu erstatten, wenn die Geschäftsreise vor 6:00 Uhr morgens hätte angetreten werden müssen[34] oder länger als 22:00 Uhr dauern würde. **100**

---

28 3 Std. Ersparnis: OLG Hamburg JurBüro 2008, 432.
29 OLG Naumburg JurBüro 2006, 87.
30 OLG Frankfurt MDR 2008, 1005.
31 LAG Hamburg RVGreport 2010, 33.
32 OLG Leipzig MDR 2007, 433.
33 OLG Köln AGS 2009, 27.
34 OLG Celle RVGreport 2009, 193.

Stichwortverzeichnis

fette Zahlen = Paragrafen, magere Zahlen = Randnummern